HISTOIRE DE NAPOLÉON,

RÉDIGÉE

D'APRÈS LES PAPIERS D'ÉTAT, LES DOCUMENS OFFICIELS, LES MÉMOIRES ET LES NOTES SECRÈTES DE SES CONTEMPORAINS ;

SUIVIE D'UN PRÉCIS

SUR LA FAMILLE BONAPARTE ;

ET PRÉCÉDÉE DE RÉFLEXIONS GÉNÉRALES SUR NAPOLÉON

PAR M. P.-F. TISSOT,

MEMBRE DE L'ACADÉMIE FRANÇAISE.

2 VOL. IN-8°, PAPIER FIN SATINÉ, ORNÉS DE PORTRAITS ET PLANS.

PRIX : 14 FRANCS.

Prospectus.

Il est des hommes privilégiés sur qui la postérité prononce un jugement définitif sans qu'il ait passé par l'épreuve du temps, ou plutôt à l'égard desquels elle ne fera que ratifier la conviction unanime d'une génération encore palpitante des souvenirs de leur vie, et dont la voix aura parlé trop haut pour n'être pas entendue.

Napoléon est un exemple de cette vérité, lui dont la grande figure historique s'est reflétée avec tout son éclat dans la fin d'un siècle et dans le commencement d'un autre; homme étonnant, et qui grandit à être vu à distance; captif à envier dans son infortune sans égale, puisqu'il a pu, encore vivant, assister, des hauteurs de Sainte-Hélène, aux attaques livrées à sa réputation, et dont sa réputation sortait à jamais victorieuse!

Dans le cours des années qui ont suivi 1814, l'annonce d'une histoire de Napoléon aurait équivalu à celle d'une entreprise de louanges outrées ou d'invectives sanglantes. Aujourd'hui que les passions refroidies se sont fondues dans un besoin de justice et d'impartialité, et que ses fautes ne sont pas plus contestées que son génie, une telle publication ne saurait soulever de défiance, si ce n'est contre l'authenticité des documens, ou contre un penchant naturel à faire du neuf aux dépens de la vérité. Ce double écueil, l'auteur de la vie de Napoléon a la confiance de s'en être garanti, en puisant aux bonnes sources, c'est-à-dire dans le *Moniteur*, dans les actes officiels, dans les papiers d'État, ou bien en mettant à contribution divers ouvrages favorablement accueillis du public, et dont les auteurs, MM. Bignon, Philippe de Ségur, de Norvins, Arnault, l'abbé de Montgaillard, Mme d'Abrantès, etc., etc., dans un but et avec un genre de talent différent, ont fait poser Napoléon devant nous, soit comme grand politique, soit comme général, soit comme empereur, soit comme tribun, soit enfin comme simple particulier.

L'auteur de la vie de Napoléon ne s'est pas fait faute de ce qu'il a trouvé de neuf, d'intéressant et d'authentique chez ses devanciers. Et de ces emprunts coordonnés après un mûr examen, avec les documens qu'il s'est procurés lui-même, il résulte que son ouvrage présentera à la fois un résumé de toutes les histoires connues de Napoléon, et une histoire originale.

Ce ne sera pas un des moindres attraits pour le public que d'y trouver pour introduction de savans et ingénieux aperçus jusqu'ici inédits, et dont un académicien connu par la flexibilité et la pureté de sa plume a bien voulu enrichir cette édition.

Nota. — L'ouvrage que nous annonçons ne laisse rien à désirer, tant pour l'impression que pour le papier. Les portraits, gravés sur acier, ont été exécutés par un de nos meilleurs artistes, M. Villerey fils, déjà connu par les productions sorties de son burin.

Il a été tiré quelques exemplaires sur grand papier vélin, avec les portraits sur papier de Chine. Prix : 28 fr.

PARIS.
DELANGE-TAFFIN,
RUE DE PROVENCE, N. 56;

ED. LAGNY, LIBRAIRE-COMMISSIONNAIRE,
RUE DE SEINE-SAINT-GERMAIN, N. 16.

1833.

EN VENTE CHEZ LES MÊMES :

SECONDE ÉDITION.

NOUVEAU CODE

ET

MANUEL PRATIQUE

DES HUISSIERS,

PAR

MM. LAVENAS FILS, ANCIEN HUISSIER A ÉVREUX (EURE),
ET MARIE, AVOCAT ;

REVU ET CORRIGÉ

PAR M. PAPILLON AÎNÉ, HUISSIER A PARIS.

PUBLIÉ

avec l'approbation

des chambres syndicales de Paris, Evreux, etc.,

ET

Augmenté de la loi du 17 avril 1832, sur la contrainte par corps, et d'un supplément de décrets, lois, ordonnances, avis du conseil d'état.

2 VOL. IN-8°. PRIX : 16 FRANCS.

―――

PARIS, IMPRIMERIE DE BÉTHUNE,
Rue Palatine, n. 5.

HISTOIRE
DE
NAPOLÉON.

TOME I.

PARIS, IMPRIMERIE DE BÉTHUNE,
Rue Palatine, n. 5.

HISTOIRE
DE
NAPOLÉON,

RÉDIGÉE

D'APRÈS LES PAPIERS D'ÉTAT, LES DOCUMENS OFFICIELS, LES
MÉMOIRES ET LES NOTES SECRÈTES DE SES CONTEMPORAINS;

SUIVIE D'UN PRÉCIS

SUR LA FAMILLE BONAPARTE.

L'ouvrage, orné de portraits et plans,

EST PRÉCÉDÉ DE RÉFLEXIONS GÉNÉRALES SUR NAPOLÉON

PAR M. P. F. TISSOT,

MEMBRE DE L'ACADÉMIE FRANÇAISE.

TOME I.

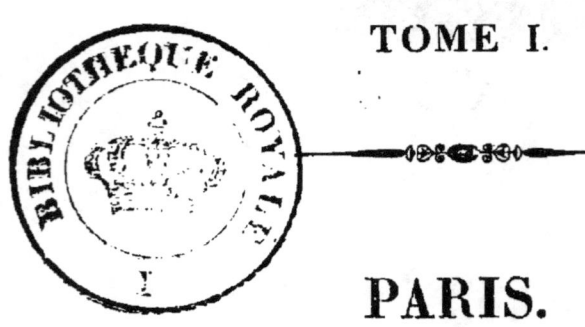

PARIS.

DELANGE-TAFFIN,
RUE DE PROVENCE, N. 56;

ED. LAGNY, LIBRAIRE-COMMISSIONNAIRE,
RUE DE SEINE-SAINT-GERMAIN, N. 16.

1833.

QUELQUES OBSERVATIONS

SUR NAPOLÉON.

Napoléon est un homme à part, et qui n'a peut-être pas son semblable dans l'histoire, quoique les fastes du passé nous présentent un assez grand nombre de personnages célèbres qui, ainsi que lui, se sont élevés du sein de l'obscurité jusqu'au faîte de la gloire et au pouvoir suprême : en général, tous les hommes extraordinaires sont fils de leurs œuvres.

De l'aveu de Napoléon lui-même, son enfance n'aurait eu rien de remarquable que la curiosité jointe à l'obstination ; mais avec un esprit à la fois si pénétrant, si prompt, et pourtant réfléchi, la première de ces dispositions renfermait le germe de cet insatiable désir de connaître, de cette aptitude à apprendre, de cette faculté de retenir, qui furent des éléments de son immense supériorité. Quant à l'obstination, défaut insupportable dans le premier âge pour les parens et les maîtres qu'il rebute ou qu'il irrite, nous l'avons vu former, avec le temps et la raison, cette puissance de volonté qui maintint l'empereur pendant quatorze ans à la tête de l'Europe.

Relégué sur le rocher de Sainte-Hélène, et recueillant tous ses souvenirs pour le siècle qu'il voulait occuper encore, pour la postérité, qu'il regardait toujours avec une ame avide d'espérance, Napoléon a fait l'éloge de sa mère, Lætitia Ramolino; mais peut-être n'a-t-il point senti assez profondément, ou du moins peut-être n'a-t-il point retracé avec assez de conviction et d'énergie l'influence que cette mère avait exercée sur lui dès le berceau. Belle comme une statue antique, imposante, maîtresse d'elle-même, pleine d'ordre et d'économie, toujours occupée du soin de régir sa nombreuse famille, madame Bonaparte était digne à tous égards du nom de la femme forte. Elle possédait encore le courage, la constance, et d'autres qualités supérieures, qu'elle transmit à son fils. Mais ce ne sont pas là les seuls présens de la tendresse maternelle au futur empereur. En voyant chez lui tous les signes d'un caractère fougueux et passionné que des résistances imprudentes ou un despotisme mal entendu pouvaient rendre indomptable, elle s'appliqua de bonne heure à le soumettre au joug d'une volonté inflexible, mais judicieuse; l'enfant, rebelle à tous les autres pouvoirs, cédait sans murmurer à la sainte autorité de celle qui l'avait porté dans son sein au milieu des périls d'une expédition militaire, comme s'il entré dans la destinée du premier capitaine du siècle d'assister à des combats pour la liberté dès le ventre de sa mère. Le crédule et bon Plutarque n'aurait pas manqué de relever cette circonstance comme l'un de ces présages dans lesquels la superstitieuse antiquité aimait à voir l'explication d'une destinée.

L'avenir de Napoléon n'eut pas d'apparitions précoces et anticipées comme celles de l'avenir de César ou d'Alexandre; on ne commença à entrevoir sa destinée que dans les écoles militaires, dont l'un des maîtres disait des compositions de son jeune disciple : « C'est du granit chauffé dans » un volcan. » D'autres instituteurs prédirent que Napoléon irait loin, mais sans avoir aucun moyen de mesurer eux-mêmes la portée de leur prédiction. Et, en effet, qui donc aurait pu, à cette époque, lever le voile derrière lequel se cachait la révolution, et prévoir que Napoléon devait en sortir comme la Minerve de la fable s'élança tout armée du cerveau de Jupiter? Napoléon lui-même ne paraît avoir eu, à cette époque, aucun de ces pressentimens qui, lancés comme des traits de lumière au milieu d'une obscurité profonde, élèvent si haut les secrètes espérances des âmes privilégiées qu'ils illuminent un moment. Au sortir des écoles militaires, sa plus haute ambition, sans doute, était d'obtenir un jour les épaulettes de colonel d'artillerie. Dans l'ancien régime, à chaque pas, on rencontrait un obstacle, et l'on voyait toujours devant soi la barrière qu'il était impossible de franchir, à moins d'être favorisé par des circonstances extraordinaires. Il faut de grandes commotions, des renversemens d'état pour ouvrir un champ illimité aux êtres d'une trempe supérieure. Sans la révolution française, le grand homme deviné par Paoli et par une femme douée du talent de l'observation (1), restait à jamais inconnu de l'histoire.

La révolution s'empara du jeune officier d'artillerie avec une puissance irrésistible; plusieurs de ses camarades commirent la faute d'émigrer, mais il avait embrassé la noble cause, et ne voulut jamais abandonner le drapeau national, qu'il devait faire triompher dans toute l'Europe. Ici, nous manque un aveu sincère et fait par Napoléon lui-même avec sa mémoire d'observateur, de ce qu'il éprouva d'émotions profondes, d'enthousiasme et d'inspirations sublimes à l'apparition de la liberté sur l'horizon de la France; Napoléon nous devait cette révélation, lui qui n'a point oublié de retracer ses sentimens dans les journées du 21 juin et du 10 août. Quel que soit l'intérêt que lui aient alors inspiré les malheurs de la famille royale, l'histoire contemporaine atteste d'une manière irréfragable que les

---

(1) Madame du Colombier qui accueillit Napoléon avec une bonté parfaite à Valence.

deux grandes époques de 1793 et de 1794 exercèrent un immense ascendant sur son esprit. Il fut subjugué tout entier par la puissance des idées du temps. Déjà exaspéré contre les Anglais, qui, devenus maîtres de la Corse, l'avaient forcé de s'expatrier avec tous les siens, il épousa surtout la haine nationale des Français contre ce peuple. Il s'indignait de voir un gouvernement sans cesse occupé du projet non moins insensé que barbare de vouloir interdire à trente millions d'hommes toute espèce de rapports avec le reste du monde, comme les Romains interdisaient le feu et l'eau aux coupables et aux proscrits qu'ils voulaient réduire à la nécessité de mourir. Ces sentimens entrèrent plus profondément dans son cœur après la prise de Toulon et les affreuses dévastations commises par les Anglais dans l'un des plus beaux ports de France, qu'ils avaient occupé au nom de Louis XVIII, et sous le voile de l'alliance. A cette époque commença entre nos voisins et lui cette longue et sanglante querelle, triste héritage de plusieurs siècles de rivalité entre les deux pays, et qui ne pouvait finir que par la ruine de l'un des deux gouvernemens acharnés l'un contre l'autre.

La reprise de Toulon venait de montrer un moment Napoléon à l'opinion; mais, connu à l'armée de siége, il restait ignoré de la France : son nom ne pouvait encore trouver d'écho dans le peuple. Quelques nouveaux et brillans services rendus à l'armée d'Italie sous les ordres du général Dubermion ne firent guère sonner plus haut la réputation du jeune général, perdu dans la foule ; son heure n'était pas venue. La journée du 9 thermidor éclate, on le destitue comme suspect de jacobinisme, à cause de ses liaisons avec Robespierre le jeune, alors en mission à l'armée. Déchu de ses brillantes espérances, il vient végéter dans Paris, réduit à dévorer des injustices qui lui rongent le cœur. Quoi! ce général d'artillerie destitué, qui a tant de peine à vivre, même avec le secours de quelques amis, nous cache un homme extraordinaire! quoi! cette vie presque obscure est le commencement de la plus haute destinée ! Personne au monde, pas même lui, ne soupçonnait une métamorphose si étonnante et si prochaine. Qu'il se soit senti appelé au commandement d'une armée, qu'il ait débuté dans la carrière avec la certitude et la conviction de triompher des Autrichiens, rien de plus positif assurément ; mais entrevoir, même dans le plus vaste essor de son ambition actuelle, le rôle qui l'attend sur la scène du monde, jamais une telle illusion ne se présenta devant sa pensée.

Au 13 vendémiaire, Napoléon, appelé par les représentans qui l'avaient connu à l'armée d'Italie, contribue à sauver la convention, en modérant, autant que possible, l'effusion du sang humain. Le voilà de nouveau en évidence; mais, après avoir récompensé ce service important, on pouvait confiner Napoléon dans un commandement sans éclat, et le laisser oublier de la victoire. Le hasard, qui a tant de part dans les choses humaines, un mariage avec Joséphine, et la protection de Barras font donner au vainqueur des sections le commandement de l'armée d'Italie. A peine il a touché le sommet des Alpes, un grand capitaine se déclare. Là, son génie qu'il ne connaissait pas encore lui apparaît sous des formes extraordinaires, et vient habiter dans son intérieur comme un démon familier qui ne le quittera désormais qu'à la mort. Arrêtons-nous ici, et n'omettons pas de signaler l'une des plus puissantes causes des prodiges que le nouveau général va enfanter sous le drapeau de la liberté. Quoique la nature lui eût accordé ces dons extraordinaires qu'elle n'accorde qu'à quelques âmes privilégiées, jamais il ne se fût élevé et si vite et si haut sans les leçons et les exemples que lui avaient donnés deux années immortelles de notre révolution; l'une féconde en désastres et couverte d'un voile de deuil, l'autre illuminée de triomphes, et pleine des transports de l'enthousiasme général. Les prodiges de nos quatorze armées républicaines l'avaient frappé d'une admiration qui ne pouvait rester stérile dans un esprit comme le sien; il se sentit grandir devant ce spectacle vraiment sublime. Après avoir vu le peuple français remonter de l'abîme au faîte de la gloire, il comprit que rien n'était impossible avec un peuple si facile à oublier et si prompt à réparer ses malheurs; il comprit que la révolution avait des forces surnaturelles, qu'elle tenait dans ses mains un levier capable de soulever l'Europe. Cette conviction lui servit de règle de conduite. Dès son début à l'armée, c'est la révolution qui parle, qui agit, qui commande avec une autorité sans bornes. Une alliance intime se forme entre le génie de cette révolution et le génie de Napoléon, rien ne saurait résister à l'harmonie de leurs efforts. Mais aussi quelles armées ces deux puissances trouvèrent pour seconder la grandeur de leurs entreprises! Il semblait que les soldats du Var, des Alpes, des Pyrénées, du Texel, du Rhin, de la Sambre et du Danube, envoyés tour à tour par la république comme des représentans de ses victorieuses armées pour prendre part aux campagnes d'Italie, eussent juré de se surpasser eux-mêmes, comme le nouveau chef de nos légions avait résolu de surpasser les autres généraux enfantés comme lui par la révolution. Hoche, le plus grand de tous, Hoche, doué aussi des éminentes qualités de l'homme de guerre et de l'homme de l'état, Hoche, placé à la tête de l'armée de Sambre-et-Meuse naguère couronnée des palmes de Fleurus, et de tant d'autres encore, était capable peut-être de lutter de prodiges avec Napoléon; les contemporains pensent que son ardent amour de la liberté l'aurait conduit à lever l'étendard au moment où le César futur essaierait de porter ses mains hardies sur le gouvernement républicain; mais il mourut, et celui qui allait conquérir le nom de l'*Italique* resta seul à la hauteur où personne ne pouvait plus l'atteindre.

Quelle réunion de qualités extraordinaires Napoléon nous revèle à ses premières batailles! Les inspirations d'Alexandre et son éloquence militaire, avec un cachet oriental dans la pensée comme dans l'expression; l'audace et la rapidité de César, son irrésistible ascendant sur les soldats et sur leurs chefs, son ardeur à marcher sur les traces du succès pour ne pas laisser un moment de repos à la fortune, ses coups de foudre, et enfin le talent de tirer de la victoire tous les fruits qu'elle peut procurer à un capitaine qui fait entrer dans ses calculs la terreur de son nom et la force de son ascendant. A vingt-six ans, Napoléon montre déjà cette profonde connaissance des hommes, qui n'est ordinairement qu'une conquête du temps et de l'expérience. Où donc a-t-il appris la science de l'administration, partie si importante de l'art militaire que, sans elle, les plus hautes conceptions, les plus miraculeux triomphes peuvent aboutir à la ruine du vainqueur? A quelle école a-t-il étudié la politique, qu'il va bientôt manier avec vigueur et dextérité, comme il conduit la guerre avec génie? De quel maître avait-il reçu des leçons de gouvernement, lorsque nous le vîmes tout-à-coup régir si habilement l'Italie presqu'entière, après l'avoir soumise? D'où venait en lui ce talent de fonder, d'organiser, de constituer des états sagement pondérés? Il jouait alors le plus beau des rôles, celui de libérateur de douze millions d'hommes. Aussi il était vraiment une espèce d'idole pour l'Italie, qui lui aurait volontiers décerné le nom de *Sauveur*, prodigué par l'Égypte à des princes qui n'en furent pas toujours dignes.

L'ivresse de la victoire, l'enthousiasme des peuples, le spectacle de la république, qui était frappée au cœur pendant qu'elle jetait encore un si grand éclat au-dehors, lui inspirèrent enfin des projets d'ambition; et, quoiqu'il ait contribué à soutenir le gouvernement qui triompha au 18 fructidor, peut-être avait-il déjà marqué sa place aux Tuileries; l'on peut dire même qu'il venait d'essayer la royauté à sa cour de Milan pendant les négociations qui amenèrent la paix de Campo-Formio. Les ménagemens, les égards qu'il avait témoignés pour le pontife romain, la paix qu'il avait accordée à Pie VI, presque malgré les ordres du Directoire, et certainement en désaccord avec l'opinion publique en France, donnèrent beaucoup à penser, et annonçaient un homme déjà résolu à relever l'autel pour en faire un jour le marchepied du trône. On avait d'ailleurs entendu sortir de sa bouche un mot qui restera : « Je serai le Brutus des rois et le César de la France. » Ce mot prophétique explique la fortune et la chute de Napoléon. Il ne fallait être ni Brutus ni César, mais le premier magistrat d'un peuple libre. Avant de quitter le brillant théâtre de sa gloire, il faut consigner ici une observation qui n'est pas sans importance. A travers tout l'éclat et la grandeur des campagnes d'Italie, ses ennemis et d'autres juges attentifs remarquèrent en lui quelque chose des témérités d'Alexandre, avec un certain penchant à exposer toute sa fortune sur un coup de dés dans le grand jeu de la guerre. Le reproche était vrai ; il s'applique à toute la carrière de Napoléon. Cependant jamais homme n'a tant médité, tant réfléchi, tant considéré toutes les faces des choses avant d'agir ; mais ses pareils reçoivent d'en haut des illuminations si soudaines, dont ils voient jaillir des conséquences si extraordinaires, leur génie donne de tels démentis aux calculs ordinaires de la prudence humaine, et même aux leçons de l'expérience, qu'à la fin ils se laissent emporter au souffle d'une inspiration irrésistible.

De retour à Paris, Napoléon reçut un accueil distingué ; toutefois cet accueil n'eut point le caractère magique de l'enthousiasme des peuples d'Italie pour leur libérateur. Sa présence aurait pu exciter des transports, il ne se montra nulle part en public. A Milan sa demeure était un palais, à Paris il vint habiter une maison modeste. Ainsi, celui qui avait fait le roi à Milan, aujourd'hui perdu en quelque sorte dans cette grande capitale où l'on oublie si promptement les hommes et les choses, ne semblait plus qu'un citoyen illustre, qui s'appliquait à voiler sa gloire pour ne point causer d'ombrage à l'autorité. Cependant on ne rougissait pas de célébrer sa gloire devant lui; on ne cessait de le consulter avec une déférence extrême; on lui prodiguait les caresses; mais il avait trop de pénétration pour ne pas soupçonner la sincérité de ces démonstrations politiques. De son côté, nul doute qu'il n'aspirât dès-lors au pouvoir. La question qui fit long-temps délibérer César, excita un violent orage dans le cœur de Napoléon; enfin, après avoir long-temps tenu conseil en lui-même, sa haute raison lui fit sentir que l'heure n'était pas venue de franchir le dernier degré de l'échelle de l'ambition, dont ses pareils regardent toujours le faîte avec des yeux qui dévorent l'espace et le temps. Quelque faible que paraisse un gouvernement, si on l'attaque avant qu'il soit mûr pour sa chute, on succombe. D'ailleurs le Directoire renfermait dans son sein un homme de tête, de caractère et de capacité, qui, au jour du péril, aurait pu se souvenir des traditions du comité de salut public ou de la Convention. Cet homme était Rewbel, et soutenu par lui, Barras pouvait devenir redoutable, en marchant au nom de la constitution et des lois à la tête d'une force essentiellement obéissante.

Napoléon, après avoir calculé les chances de succès et de revers, ajourna ses desseins. Néanmoins les membres du Directoire, inquiets de la présence du général, et ne pouvant lire au fond de cette âme solitaire, adoptèrent avec empressement une entreprise grande, extraordinaire comme son auteur, une entreprise qui pouvait avoir une influence immense sur l'avenir de notre patrie, et qui d'ailleurs écartait un rival dangereux, en l'envoyant avec quarante mille hommes et de nombreux vaisseaux r'ouvrir la communication de l'Egypte avec l'Inde. Lui-même dès long-temps avait les yeux constamment attachés sur cet Orient encore tout rempli de la mémoire d'Alexandre. Nul doute que ce cœur insatiable ne fût enflammé alors de l'enivrante espérance de fonder aussi une renommée impérissable dans l'Asie, l'antique gardienne des éternels souvenirs. Une autre pensée, non moins dominatrice, occupait encore son esprit; convaincu que la France et lui n'avaient qu'un seul ennemi vraiment redoutable, qu'il trouverait partout les Anglais entre lui et l'accomplissement de ses desseins pour la grandeur de la France, il espérait se frayer un passage jusqu'au centre de leur puissance, et leur porter un coup mortel. Napoléon avait résolu de prendre le même chemin que suit aujourd'hui Ibrahim dans sa marche victorieuse sur Constantinople.

Après une traversée presque miraculeuse au milieu des flottes anglaises qui pouvaient ruiner en partie notre marine, et détruire la plus belle des armées françaises, Napoléon débarque heureusement sur la côte d'Egypte. La victoire l'avait suivi, et marche sous ses drapeaux. Il est maître d'Alexandrie et du Caire. Un affreux désastre succède à ces premiers succès ; la flotte française est anéantie ; le voilà enfermé dans sa conquête. Quel renversement d'espérances pour un homme qui rêvait un empire en Orient! Napoléon grandit en face de cette terrible épreuve; il résista au découragement de ses plus intrepides amis, aux murmures et presque à la révolte de l'armée, et continua de soumettre l'Égypte par le glaive, la parole et les bienfaits de la civilisation. Ici on ne sait ce qu'on doit le plus admirer du général, de l'administrateur ou du gouvernant. La colonie de savans qu'il avait amenés avec lui pour faire renaître les lumières dans l'antique patrie de Sésostris, rendit des services immortels, mais sans Napoléon, leur savoir, leur zèle, leur génie pour les découvertes, leurs créations variées eussent été stériles, ou du moins n'auraient pas produit de miracles. Napoléon était l'âme de l'Egypte, l'âme de l'armée, l'âme de tous les travaux de la guerre et de la paix. Bien plus étonnant que sur le théâtre de l'Italie riche de tous les trésors de la civilisation, il déploya en Egypte, où tout était à créer, une fécondité de ressources sans exemple ; mais surtout des progrès immenses dans l'art de gouverner marquèrent le cours de sa nouvelle expédition. On eût dit qu'il connaissait à

fond le peuple superstitieux et à moitié barbare qu'il avait à régir, au milieu des obstacles de tous genres qu'opposait la différence des mœurs, des coutumes et des lois. Le respect pour la religion nationale fut l'un des plus puissans ressorts de sa politique ; quelques généraux, et Kléber lui-même, traitaient avec une espèce de dérision le parti que Napoléon avait pris de se transformer en sectateur du prophète ; mais plus tard il reconnut que l'armée était perdue sans la sagesse de son général à se servir du levier des idées religieuses qui avaient tant d'empire sur le cœur des Égyptiens. Nos armes ne cessèrent pas de triompher jusqu'à l'expédition de Syrie. Après avoir donné par la victoire une immortalité nouvelle à Jaffa, à Nazareth, au Mont-Thabor, il fallut revenir de Saint-Jean-d'Acre avec une armée décimée par le désert, la faim, la soif et la peste. Des prodiges de constance illustrèrent les soldats, les généraux, les savans, et le chef de l'entreprise, profondément blessé de l'infidélité de la fortune, mais supérieur même à un revers dont il mesurait les conséquences dans toute leur étendue. « Si j'eusse pris Saint-Jean-d'Acre, a-t-il dit
» lui-même, j'opérais une révolution dans l'O-
» rient. Les plus petites circonstances conduisent
» les plus grands événemens; j'aurais atteint Cons-
» tantinople et les Indes ; j'eusse changé la face du
» Monde. » Dès-lors il avait évidemment résolu de quitter l'Égypte ; il en sortit comme il y était entré,

par une mémorable victoire, et fit voile pour la France?

Le revers de Saint-Jean-d'Acre était ignoré en Europe. Le général agrandi dans l'imagination des peuples, arriva couvert des palmes d'Orient, qui faisaient refleurir ses palmes d'Italie. En son absence, la patrie avait été malheureuse et humiliée; malgré deux brillantes victoires en Hollande et en Helvétie, la France affaiblie par des divisions intérieures, et épuisée par des sacrifices sans termes, semblait pencher de nouveau sur les bords d'un abîme. Napoléon parut, et les peuples l'accueillirent sur son passage comme un envoyé du destin, comme un dieu sauveur, chargé de relever le vaisseau de l'état battu par la tempête et menacé d'un immense naufrage. Lui seul était capable de répondre à de si hautes espérances.

Depuis la mort de Hoche, on n'avait pas pu trouver un homme d'un grand caractère et d'un ascendant irrésistible. Tous ceux qui avaient passé par le pouvoir, soit dans la Convention, soit au Directoire, étaient ou perdus dans l'opinion, ou épuisés par de si longues épreuves, ou désarmés devant les lois constitutionnelles qui ne permettaient plus le secours puissant, mais dangereux, des mesures révolutionnaires, ou enfin dénués du talent propre au gouvernement. Aucun d'eux ne remplissait les conditions nécessaires au chef de la France dans la situation où la République se trouvait alors;

tout tendait à une dissolution. Plus on réfléchit sur cette époque avec la connaissance des faits, et plus on sent que Napoléon vint nous arracher au malheur d'être de nouveau déchirés par la guerre intestine, exposés à l'outrage des revers inévitables que devaient amener de nouveau la plus détestable des administrations et la ruine des finances, ou à subir les calamités d'une révolution nouvelle que le peuple français n'aurait pas pu supporter, parce que les ressorts de la première étaient brisés, et ses moyens tombés dans un discrédit dont aucune puissance humaine ne les eût relevés. Aujourd'hui que la vérité éclate comme la lumière sans voile, on reconnaît que la France entière avait peur d'une révolution, et que la majorité appelait Napoléon pour la soustraire à cette terrible épreuve, mais aussi pour rétablir la liberté.

Malgré ce vœu de la majorité des Français, la violente entreprise de Napoléon, contre les deux conseils et contre le gouvernement directorial, ne fut qu'un attentat qu'il faillit payer de sa tête; malheureux dans son entreprise, rien ne pouvait le soustraire à la mort : le succès justifia son audace sans l'absoudre. Renverser la constitution d'un pays libre, chasser et proscrire les mandataires qui remplissent un devoir sacré en la défendant, fut et sera toujours une action digne des reproches de la postérité. Napoléon vainqueur avait à opter entre le rôle de César et celui de Wasingthon; il préféra le premier de ces deux modèles; un jour ce choix causera sa perte, annoncée au moment même de son élévation par des amis sincères de la liberté, dont la prévoyance fut calomniée par ceux qui venaient de mettre l'état et eux-mêmes à la merci d'un homme.

L'antique célébrité de l'Égypte, la puissance magique des choses lointaines que la vue ne peut toucher, ces noms nouveaux de batailles du Mont-Thabor et des Pyramides; les proclamations de Bonaparte empreintes d'une poésie orientale, expression brûlante et fidèle des pensées d'un homme dont la vaste imagination recule sans cesse les bornes du possible par de magnifiques promesses, avaient accru beaucoup, sans doute, la renommée du conquérant. Toutefois ses campagnes d'Italie, exemptes de tout mélange de revers, imprévues de l'Europe, marquées de cet éclat des premières inspirations de la jeunesse du génie qui se révèle par un essor sublime, resteront à jamais dans la mémoire comme la plus brillante époque de la vie du grand capitaine; de même le consulat formera toujours la plus belle partie de la carrière politique de Napoléon, devenu l'arbitre suprême de nos destinées. La guerre civile éteinte dans l'ouest et au midi, la source des querelles religieuses tarie par le concordat, la réconciliation des cœurs et la fusion des partis, les désordres anciens réparés par l'influence d'une administration sage et vigoureuse, le crédit rétabli sur la base des véritables principes de l'économie politique, la guerre de nouveau conduite avec génie, enfin la paix donnée à l'Europe sont des bienfaits que le siècle et la postérité regarderont toujours comme les titres les plus légitimes à la reconnaissance des peuples. Un grand malheur, l'expédition de Saint Domingue entreprise par les funestes suggestions des anciens colons qui persuadèrent à Napoléon qu'on pouvait facilement reprendre cette colonie et la remettre sous le joug, jette un voile de deuil sur la brillante prospérité du gouvernement consulaire. Assailli par plusieurs conspirations à la fois, Napoléon fit grâce aux Polignac et à M. de Rivière; pourquoi se montra-t-il inflexible envers les Cerrachi, les Aréna, les Topino-Lebrun? En fouillant au fond de cette affaire, il aurait su qu'on pouvait la prévenir ou l'empêcher, et que des complices, peut-être, se cachaient à ses yeux sous le masque de ministres de sa vengeance. La mort du duc d'Enghein, fruit d'une déplorable erreur, suivant les rapports du temps, fut regardée comme un crime et un malheur. Mais l'esprit de parti est si aveugle, il est si emporté par ses passions, il met tellement en oubli les premiers principes de la morale, que les hommes qui ont le plus violemment reproché à Napoléon la mort du dernier rejeton des Condés, n'ont jamais pu trouver dans leur cœur un cri d'indignation et d'horreur contre l'attentat du 3 nivose, contre l'exécrable pensée de faire sauter un quartier de Paris pour immoler un homme. Napoléon fut sublime de sang-froid en face de l'effroyable danger qu'il avait couru. Les coupables appartenaient à la cause royaliste, ils subirent leur juste châtiment. Néanmoins, malgré l'évidence de l'erreur qui avait attribué leur forfait au parti contraire, cent cinquante personnes de ce parti furent condamnées à la déportation par la plus arbitraire et la plus inique des décisions. Les haines de la réaction thermidorienne encore dans toute leur exaltation rugirent autour de Napoléon. Le Sénat, le Corps-Législatif, le Tribunat, les principales autorités poussaient des cris de rage contre les jacobins; il se laissa entraîner, et crut céder à l'opinion et à la raison d'état quand il ne cédait qu'à des passions qui l'auraient jeté hors de toutes ses mesures sans la force de son caractère. Mais on avait tremblé à la seule pensée de la mort du consul; l'horrible complot dont il avait failli être la victime ralliait tout le monde autour de lui. La proscription de tant d'hommes innocens passa comme inaperçue; tout disparaissait devant le mouvement de l'opinion ou s'effaçait devant la gloire et la prospérité de la France. D'ailleurs les immenses préparatifs d'une expédition contre notre plus cruelle ennemie vinrent s'emparer de l'attention générale, et produisirent une émulation de sacrifices, un essor d'enthousiasme qui rappelèrent les dévouemens de 1792 aux approches des armées étrangères. Alors la guerre était si nationale que Napoléon eût trouvé un million d'hommes pour descendre avec lui en Angleterre, s'il eût possédé les moyens de transporter cette immense armée de l'autre côté du canal.

Les hommes les plus graves, les meilleurs esprits, ont pensé qu'indépendamment de l'obligation sacrée de conserver le dépôt de la liberté, remise entre ses mains par une nation confiante et généreuse, Napoléon, même en ne consultant que la saine politique, devait rester premier consul à vie; cette opinion me paraît tout-à-fait judicieuse. En adoptant l'opinion contraire, Napoléon ne sentit pas que la révolution était une puissance mystérieuse, mais irrésistible, que cette puissance qui se reposait alors parce qu'elle avait besoin de lui comme d'un instrument d'ordre, de force et d'action, se réveillerait un jour, et reprendrait nécessairement le cours de ses progrès, suspendus pour un temps. Reconstruire la royauté sous un titre plus imposant, s'emparer du pouvoir absolu en colorant à peine cette usurpation des droits les plus sacrés du peuple par des formes illusoires, c'était renverser l'ouvrage de la révolution, rendre inutiles les conquêtes que nous avions faites sur le despotisme au prix de tant de sang et de trésors; c'était enfin rétablir l'ancien régime sur les ruines de la liberté. L'empire rejetait Napoléon dans toutes les idées du passé, dans un chemin rétrograde, où il tournaît le dos à l'étoile polaire du peuple français, avec lequel sa gloire, ses interêts, son avenir, lui ordonnaient de marcher la tête haute en regardant la liberté. L'empire est le premier degré de la restauration; il a frayé la route au retour de l'ancienne dynastie; mais voici la plus grande des fautes commises par Napoléon. En substituant un homme à une nation, il plaça toutes nos destinées sur sa tête, et réduisit à des limites que l'on pouvait connaître ce qui n'avait point de limites dans la pensée des princes accablés par les prodiges de notre lutte héroïque avec eux. Le jour du malheur arrivera : le peuple, appelé faiblement, et presque à la dernière extrémité, ne se trouvera pas prêt et sous les armes; Napoléon restera presque seul en face de l'Europe conjurée contre nous, et malgré le génie immense qui mettait un si grand poids dans la balance de la fortune, il succombera, et sa chute sera un des plus grands malheurs pour notre patrie, qu'il n'aura pu sauver.

La création de l'empire et la fête du couronnement firent verser des larmes de douleur aux amis sincères de la liberté, et même à des partisans de Napoléon, qui le trouvaient plus grand et plus assuré au consulat que sur le trône. L'idée de créer une noblesse, que le captif de Sainte-Hélène cherche à justifier en la montrant comme appuyée sur l'égalité, et surtout comme destructive de la noblesse féodale, produisit encore une impresion plus triste et plus fâcheuse sur beaucoup de bons esprits, mais l'événement a prouvé que Napoléon n'avait que trop bien connu la puissance de cette amorce et la vivacité de l'amour des distinctions dans les cœurs. Il voulut, dit-il, réconcilier la France avec l'Europe en paraissant adopter ses mœurs; la raison ordonnait, au contraire, de donner à la France des mœurs simples et des institutions morales, sources des grandes vertus qui font triompher la cause des peuples et fondent à jamais la liberté. Mais, chose étrange! contraste singulier! Napoléon, le plus révolutionnaire des hommes, Napoléon, qui était à plusieurs égards la révolution assise sur le trône, avait en même temps les racines les plus profondes dans l'ancien régime; il croyait à l'influence souveraine des choses du passé qui portaient avec elles la sanction des âges. Si Napoléon commit alors deux grandes fautes, du moins ne se laissa-t-il pas arrêter long-temps par la distraction des fêtes du couronnement. On le vit bientôt se rendre au camp de Boulogne, et s'occuper tout entier de la descente en Angleterre. L'immensité des préparatifs de l'expédition est l'un des prodiges de sa vie. On reste confondu devant le tableau que M. Matthieu Dumas a tracé des détails de cette gigantesque entreprise; mais surtout on ressent la plus vive douleur quand on voit de ses propres yeux que l'amiral Villeneuve, par l'inconcevable inexécution des conceptions du génie de l'empereur, nous a seul empêchés de prendre à jamais l'ascendant sur l'Angleterre, en délivrant toutes les puissances toutes les mers du monde de son injuste et despotique influence. Sans doute il ne fallait pas souhaiter la ruine de l'Angleterre : elle aurait fait un vide irréparable dans la civilisation ; mais son abaissement eût donné de longues années de paix au continent, et porté la prospérité de la France au plus haut degré. Peut-être même Napoléon, n'ayant plus à soutenir un combat à mort avec le peuple le plus riche et le plus redoutable de l'univers, se serait-il décidé à détendre par degré les ressorts de son pouvoir, et à revenir dans les voies d'une sage liberté. Au reste, comme on a pu l'observer dans ses pareils, la destinée semblait toujours tenir en réserve quelque événement extraordinaire pour désabuser Napoléon au moment où il donnait l'essor aux plus vastes espérances. Saint-Jean-d'Acre lui avait arraché l'Orient, qu'il croyait déjà tenir dans ses serres; la bataille de Trafalgar lui ravit la supériorité qu'il était au moment d'obtenir sur les mers comme sur le continent. Jamais aucun homme au monde n'eût été plus puissant que Napoléon, vainqueur de l'Angleterre.

Pitt, entièrement préoccupé de la flottille, était si loin de deviner le vaste plan du chef de la France, qu'il avait failli se trouver surpris sans défense par les plus grands moyens d'attaque que l'on eût jamais réunis contre l'Angleterre. Il avait tremblé avec raison devant la possibilité d'une descente, que son aveuglement, ses mauvaises mesures, fruit des erreurs dans lesquelles son ennemi l'avait précipité, l'inconcevable dispersion de toutes les forces maritimes du pays, le mettaient également hors d'état de conjurer. Tous ceux qui ont habité Londres à cette époque ne peuvent trouver d'expressions assez fortes pour peindre la terreur qui troublait les trois royaumes ainsi que l'âme du ministre à la fois honteux et indigné de s'être laissé si grossièrement tromper sur les mouvemens, les stations et la réunion de nos flottes. Aussi s'était-il hâté de renouer une coalition, en achetant une diversion sur le continent : de l'or contre du sang, voilà le marché perpétuel de l'Angleterre pendant notre lutte avec elle. Violemment enlevé à un projet favori qu'il croyait parvenu au point de sa maturité, Napoléon marcha vers ses anciens ennemis du continent avec des soldats qui semblaient avoir des ailes tant ils mirent de rapidité dans leur course depuis les bords de la Manche jusqu'aux rives du Rhin, si souvent témoin de nos triomphes. De brillans succès inaugurent l'entrée de la campagne ; mais en les continuant, le vainqueur, engagé au fond de l'Allemagne, peut périr entre les armées de Prusse, d'Autriche et de Russie, qui s'avançaient, de concert, pour l'écraser. C'est du sein même de cette périlleuse extrémité qu'il fait sortir la plus grande de ses batailles, la paix la plus glorieuse, la royauté d'Italie, la souveraineté de l'empire, déguisée sous le nom de confédération du Rhin, et enfin la création de nouvelles royautés qui devaient augmenter la force et l'ascendant de la France. Napoléon était à Vienne quand il apprit le désastre de Trafalgar, qui lui causa des transports de la plus juste fureur; en effet, cet événement nous ôtait tout espoir de réduire l'Angleterre par la force des armes, et d'assurer enfin la liberté des mers. Mais comme un si grand malheur ne semblait aucunement ébranler la puissance impériale, il se perdit dans l'éclat de la bataille d'Austerlitz et de la paix de Presbourg. Cette paix, quoique non ratifiée par la Russie, laissa néanmoins à Napoléon le temps de jouir de sa gloire et de l'admiration des Français, on peut dire même de leur amour; jamais, peut-être, l'empereur ne fut plus populaire qu'à cette époque. Pitt mourut de rage en apprenant les nouvelles prospérités de notre pays; la France, et Napoléon personnellement, se trouvèrent enfin délivrés du plus implacable et du plus dangereux de leurs ennemis. Pitt, c'était le génie du mal appliqué tout entier à notre ruine. L'une des plus éloquentes images de Mirabeau, à la tribune, peut seule exprimer avec assez d'énergie l'acharnement de cet Arimane de la France. Si l'on eût dit au fils de lord Chatam, animé contre nous d'une haine pareille à celle d'Annibal contre Rome : « voilà un gouffre ouvert, vous

» y pouvez jeter la France, et le refermer sur elle;
» le ferez-vous? » il aurait répondu froidement :
« je le ferai, » et il aurait tenu parole. Fox, qui
lui succéda, loin d'adopter cette rage exécrable de
rivalité, pensait au contraire qu'il y avait place
dans le monde pour les deux pays, et voulait les
réconcilier au nom de la raison et de l'humanité.
Le système de Pitt était d'un furieux dont les lumières étaient obscurcies par des passions implacables; la politique de Fox était d'un homme d'état qui voyait juste et loin; malheureusement il
mourut, et Napoléon, qui avait inspiré de la confiance à ce grand citoyen, fut condamné à recommencer la lutte avec l'Angleterre.

La Russie, entraînée de nouveau par les conseils et les subsides de cette puissance, nous menaçait par une attitude hostile; l'empereur Alexandre, oubliant la générosité de Napoléon qui lui
avait accordé un libre passage, ainsi qu'à son armée, après la bataille d'Austerlitz, s'était engagé
dans un serment solennel, sur le tombeau de Frédéric II, à secourir la Prusse. Confiant dans la force
et dans les sentimens de son allié, cette monarchie
courut aux armes avec la plus inconcevable imprudence. Quand nous étions en Moravie, la Prusse
pouvait former, avec 200,000 hommes, le cercle
de fer dans lequel toutes les puissances réunies menaçaient de nous envelopper; elle n'avait point eu
l'audace d'exécuter ce projet, et maintenant elle

venait nous provoquer quand nous étions plus redoutables que jamais ! Six semaines suffirent à Napoléon pour détruire l'armée de Frédéric, éclipser sa gloire et conquérir son royaume. Le mot de César : je suis venu, j'ai vu, j'ai vaincu, caractérise de la manière la plus précise et la plus vraie l'étonnante rapidité d'un tel succès. Après la désastreuse journée d'Iéna, il existait encore un roi de Prusse de nom, mais le roi de fait était Napoléon ; il le sera trop ; il abusera de sa toute puissance, il oubliera que des armes restent aux peuples dépouillés par la victoire.

La réponse de Napoléon, à la défaite de Trafalgar, fut le système du blocus continental, idée grande, féconde, qui faillit ruiner la fortune de l'Angleterre, et produire les avantages d'une descente, sans faire courir au vainqueur les chances variées et redoutables d'une si haute entreprise. L'Europe, alors entre les mains de Napoléon, entrait dans toutes ses vues ; elle avait remis, en quelque sorte, à la disposition du chef de la conjuration continentale, ses cités, ses ports, ses moyens d'attaque et de défense, ses ressources administratives et ses soldats, pour exécuter le vaste blocus qui défendait l'entrée du continent au commerce des usurpateurs de la souveraineté des mers. Malheureusement Alexandre manquait à la coalition, et, loin d'y accéder, il venait de contracter une nouvelle alliance avec le gouvernement que le reste de l'Europe voulait abattre par les mains de la France. En vertu des engagemens du czar, l'armée russe pénétra en Pologne, Napoléon courut au secours de notre alliée naturelle. La campagne fut rude, difficile, et d'un aspect sévère et sombre. Le théâtre de la guerre rebutait nos soldats par des obstacles et des épreuves de toute espèce ; l'ennemi opposait une résistance opiniâtre ; la victoire nous coûtait des efforts extraordinaires et de grands sacrifices ; plus de succès enlevés par une espèce de magie ; plus de ces coups de foudre qui terrassent le vaincu et ne lui laissent pas les moyens de se relever. La France, encore pleine du souvenir de nos triomphes d'Italie, d'Egypte et d'Allemagne, éprouvait, à la lecture de chacun des bulletins de la grande armée, une surprise mêlée d'une douloureuse inquiétude. Le récit de la sanglante bataille d'Eylau inspira de l'horreur et presque de la colère à l'opinion. Chacun se disait: « Quand finira ce jeu cruel ? » Quand cessera cette continuelle effusion de sang » humain ? Si la guerre continue, toute la popula- » tion virile restera sur les champs de bataille. » Napoléon, alors si loin de la France, n'entendait pas ces murmures publics. Fussent-ils parvenus jusqu'à lui, sa résolution n'en aurait pas été ébranlée ; rien ne pouvait le détourner de son but. Du reste, il sentit profondément la nécessité de garder une attitude imposante en face de l'ennemi vaincu et non découragé ; tout autre que ce grand capitaine aurait cru, en reprenant ses positions après la bataille gagnée, céder aux conseils de la plus haute prudence et de la plus impérieuse nécessité; mais il y a pour le génie des résolutions supérieures à la prudence, et qui commandent en quelque sorte à la nécessité elle-même. Dans la vérité, la retraite du vainqueur eût donné de la confiance et de l'audace aux Russes, et peut-être tourné la fortune de leur côté; la victoire de Friedland est fille de la constance de Napoléon, à vaincre des obstacles qui semblaient insurmontables. Cette victoire déchira le voile de deuil étendu sur notre horizon, et fit succéder un jour radieux à une espèce d'éclipse de notre gloire. La paix de Tilsit est l'apogée de la fortune de Napoléon, à moins qu'on ne veuille en reporter l'époque à ses conférences d'Erfurt, où Alexandre et lui achevèrent de régler entre eux le partage du monde en deux grands empires, l'un d'Orient et l'autre d'Occident.

Des acclamations universelles saluèrent le retour de l'empereur; on se pressait en foule pour voir l'homme qui venait d'accomplir de si grandes choses, et faire du continent un piédestal pour la gloire de la France. L'enthousiasme était inexprimable, et peut-être Napoléon se laissa-t-il enivrer par ces témoignages de l'affection du pays. Au milieu d'un si beau triomphe on le voit avec peine saisir l'occasion d'abolir le tribunat, dernier refuge de la liberté mourante.

Tout paraît grandeur, sagesse et prospérité jusques aux événemens d'Espagne. Là commencent les graves erreurs, les déceptions fâcheuses, les fautes irréparables, des revers qui désenchantent la France, et brisent le prestige dont Napoléon avait fasciné les yeux de l'Europe. « Ils peuvent être vaincus, un peuple est plus fort que des armées, voilà ce que l'Europe dit tout bas d'abord, ce qu'elle répétera bientôt en poussant des cris de joie. » De l'insurrection d'Espagne sortira l'insurrection allemande ; l'une donnera le signal de nos malheurs, l'autre y mettra le comble ; il faut pleurer sur ce résultat pour la France, mais aussi pour l'Espagne elle-même. En effet Napoléon, même usurpateur, ne pouvait que répandre des trésors de lumières, de bienfaits, de civilisation sur la Péninsule, et la faire jouir de toutes les conséquences d'un meilleur régime administratif. L'héroïque Espagne n'a point conquis sa liberté, et elle a pour roi Ferdinand, qui la laisse languir dans sa paresse et dans son ignorance ; au lieu de Napoléon qui l'eût puissamment aidé à commencer sa régénération. Avant l'événement qui changea tout-à-coup la face des choses, Napoléon avait admirablement jugé l'état de l'Espagne et les suites de la révolution que pouvait y susciter une grave offense au caractère national. Dans cette circonstance il expia cruellement une faute qu'il a souvent commise, celle de confier de trop grandes entreprises à des hommes d'une portée médiocre, et qu'il croyait avoir transformés par le contact de son génie. Murat était peut-être le plus brave soldat de l'Europe, il pouvait s'illustrer par les plus brillans faits d'armes à la tête d'une nombreuse cavalerie; mais il manquait de tête et d'expérience pour ménager un peuple déjà en fermentation, temporiser avec sagesse, se concilier les esprits, et connaître et saisir le moment opportun qui permet d'employer la force sans s'exposer au danger de produire une insurrection. Les coups de canon tirés dans les rues de Madrid nous ont enlevé l'Espagne; elle attendait Napoléon pour le recevoir sous des arcs de triomphe et sur des tapis de fleurs, en un jour elle prit tout entière les armes contre lui. Si les hommes de la trempe de Napoléon peuvent pleurer quelquefois, aucun événement de son règne ne doit lui avoir coûté plus de larmes et de regrets que l'expédition contre l'Espagne. L'un des premiers fruits de l'insurrection espagnole fut de nous donner une nouvelle guerre avec l'Autriche; cette puissance avait cinq cent cinquante mille hommes sous les armes, y compris la landwehr, quand elle envahit la Bavière. Plus rapide encore que jamais, Napoléon accourut avec une armée sur les bords du Rhin, attaqua les ennemis et les battit dans plusieurs batailles, malgré l'étonnante disproportion de nos forces, entrer à Vienne, et jeter des ponts sur le Danube, voilà l'ouvrage de six semaines,

Rien de plus brillant que ce début de la campagne; encore une victoire, qui ne peut nous manquer, et la guerre est finie par l'entier abaissement de l'Autriche. Mais grâce à la rupture de nos ponts sur le Danube, le prince Charles, si long-temps malheureux dans ses luttes avec Napoléon, toucha au moment de voir son vainqueur et nos troupes ensevelis dans leur triomphe. Ce triomphe, éclatant sans doute, mais qui aboutissait à un désastre, répandit en France la consternation et les plus tristes pressentimens ; pendant les angoisses de la douloureuse attente du dénoûment de la campagne, on croyait notre étoile éclipsée pour toujours. A la terrible affaire d'Esling, les Français eurent deux providences, Masséna et Napoléon. Si, après la retraite opérée par des prodiges d'audace et d'habileté, l'empereur eût quitté l'île de Lobau, comme le voulaient les généraux les plus intrépides, et Masséna lui-même, qui avait un cœur et une tête d'acier sur le champ de bataille, tout était perdu peut-être. Il y eut des travaux de défense dignes des Romains dans l'île de Lobau, et Napoléon y déploya, en face des forces immenses du prince Charles, une constance dont il trouva bientôt la brillante récompense. La journée de Wagram vint après celle d'Esling, comme la journée de Friedland était venue après celle d'Eylau. A ces époques pareilles de sa vie militaire, il n'avait écouté que les conseils de son génie ; puisse-t-il, dans les campagnes suivantes, ne pas laisser briser par le malheur son inflexible volonté! puisse-t-il ne pas laisser fléchir et dégénérer ses hautes inspirations devant les avis aveugles et timides de certains hommes qui ne le comprendront pas!

Les deux années 1810 et 1811, la première qui vit le mariage de Napoléon avec Marie-Louise, la seconde qui lui donna un fils le 20 mars, époque de tant d'anniversaires heureux dans une vie si pleine de grands souvenirs, marquent une époque de gloire, d'enthousiasme et de prospérité pour la France et pour lui. En paix avec le continent tout entier, il poursuivait contre l'Angleterre une guerre plus dangereuse pour elle que la guerre qui se fait les armes à la main; le blocus frappait au dehors comme au dedans la puissance que nous n'avions le moyen de trouver sur un champ de bataille qu'au moment où elle le voudrait. On ne saurait peindre le mal que cette mesure, exécutée avec vigueur, causait à nos mortels ennemis; encore quelque temps de persévérance, et ils étaient obligés de demander merci à Napoléon; le concours unanime et sincère de l'Europe eût amené ce dénoûment avec une rapidité dont le monde aurait été surpris. La guerre de Russie vint sauver le gouvernement anglais.

Jamais Napoléon n'entreprit une guerre plus juste, plus utile, plus nationale et plus européenne; jamais il ne déploya plus de grandeur et plus d'habiletě dans les préparatifs, plus de prévoyance dans les dispositions administratives et militaires, plus de précautions contre l'inconstance de la fortune, plus de génie dans la pensée comme dans la conduite de son immense expédition ; jamais il ne mérita mieux d'obtenir un triomphe complet ; jamais il n'éprouva de plus affreux malheurs. On ne peut retenir ses larmes en voyant, surtout pendant la retraite, comment les plus sages mesures échouèrent par la mollesse, l'incapacité, la désobéissance de certains hommes qu'on peut appeler les fatalités de l'entreprise. La portion de l'armée qui resta engloutie sous les glaces de la Russie, les débris de cette armée qui survécurent au désastre, les héros qui les ramenèrent dans la patrie, après tant de prodiges d'audace et de constance, Napoléon qui résista, avec une poignée de soldats, à des armées considérables arrêtées par la terreur de son nom, ou renversées par son génie, quand il devait succomber avec le dernier Français capable de tenir une épée, ne montrèrent jamais une plus étonnante supériorité. Il faut des calamités pareilles pour mesurer toute la grandeur d'un homme. Mais avec ce surcroît de renommée, la fortune de Napoléon n'en avait pas moins reçu une de ces graves blessures qui dévorent en secret les principes de la vie. Il le sentit profondément, et pourtant il ne laissa entrevoir à personne ce qui se passait dans son cœur brisé par une telle catastrophe. Plus calme encore qu'en Egypte, après la perte de la bataille navale d'Alexandrie, il se montra plein de constance et d'espoir à sa cour, à l'armée, à la nation, sans leur déguiser aucunement la grandeur de nos pertes. Comme tous les gouvernans, Napoléon a dissimulé beaucoup de choses, il en a raconté d'autres en leur donnant une couleur conforme aux besoins de sa politique, mais dans les grandes circonstances, à Esling, à Eylau, pendant la campagne de Pologne, pendant celle de Russie, et après le retour de la fatale expédition, il a été vrai comme l'histoire.

Napoléon avait appris à Moscou la conspiration Mallet, qui lui avait laissé une impression profonde. Cette audacieuse et folle entreprise ne pouvait avoir qu'une issue malheureuse après un succès éphémère ; il ne la considéra pas moins comme une grave atteinte portée à son gouvernement ; elle accrut ses préventions contre les amis de la liberté ; il conçut même de violents soupçons contre plusieurs membres du sénat qu'il jugeait capables de donner volontiers les mains à un changement dans l'ordre des choses, et peut-être d'avoir pris quelques secrets engagemens avec les conspirateurs ; mais il ne voulut pas déclarer toute sa pensée en présence de l'Europe, attentive au moindre signe d'émotion dans l'intérieur de la France. Toutefois il laissa son mécontentement s'échapper en des paroles qui parurent hostiles et menaçantes aux zélés défenseurs de la philosophie et de la liberté, qu'il paraissait attaquer ensemble comme deux conjurées et deux complices. Il fit plus, il se rejeta avec plus de force que jamais dans les idées de monarchie, d'hérédité, de légitimité. Sans doute, dans un tel moment, il ne fallait pas désarmer le pouvoir et détendre les ressorts de l'administration; sans doute il fallait rester maître de l'action publique, et conserver l'influence suprême; mais la raison, la nécessité, la prévoyance de l'avenir, l'incertitude des chances de la prochaine campagne, prescrivaient à un homme tel que Napoléon de rallier à lui les partisans de la cause qui avait eu tant de part à ses premiers triomphes et produit son élévation; il aurait pu prendre cette résolution sans danger, s'emparer de nouveau du peuple, qui aurait répondu à un généreux appel, et ressaisir ainsi cet immense levier qui avait soulevé l'Europe. Peut-être eût-il encore été vaincu en Allemagne, mais à son retour la France tout entière se serait trouvée prête à lui rendre la supériorité sur tous ses ennemis. Au reste, les immenses ressources que la nation lui remit entre les mains pour la nouvelle lutte qui allait s'ouvrir, lui semblèrent suffisantes. Pendant les préparatifs de la campagne il fut plus étonnant que jamais par l'activité, le génie, la fécondité des ressources et la puissance du travail. Les désastres de la fin de la campagne, l'abandon et la fuite de Murat, la dissolution de l'armée, les défections des alliés, les dispositions plus que douteuses de son beau-père, dispositions que la capitale n'aperçut que trop bien à travers les illusions de l'espérance et les voiles de la politique, l'insurrection des peuples allemands appelés à l'indépendance et à la liberté par des princes absolus, l'entrée de la Suède dans la coalition, rien ne put l'ébranler et le détourner des soins de la guerre et du gouvernement. Avant de partir il commit encore la faute de ne pas donner une organisation forte et nationale à la France, de ne pas constituer un gouvernement capable de soutenir l'élan patriotique, en ralliant autour de lui tous les amis de la liberté qui, bien que refroidis pour Napoléon, sentaient tous que les destinées du pays reposaient sur sa tête. Deux victoires immortelles et dignes des plus beaux temps de sa vie héroïque, le fatal armistice qui laissa aux ennemis le temps de rallier toutes leurs forces, composent la première campagne de 1813. La seconde vit la bataille de Dresde qui aurait ramené l'Autriche et conquis la paix, si les lieutenans de Napoléon, malheureux partout où il ne se trouvait pas, n'eussent pas éprouvé défaites sur défaites. De nouvelles défections de la Bavière et du Wurtemberg vinrent mettre le comble à ces malheurs, en changeant le plan hardi que Napoléon avait conçu pour écraser ses ennemis par un coup de son génie. On sait la grande bataille de Leipsick précédée de deux triomphes que la fortune fit aboutir à un désastre.

Tout fut perdu, fors l'honneur, pour la France; tout fut sauvé, fors l'honneur, pour les étrangers, dans cette mémorable campagne, que ce peu de mots résument tout entière. Jamais plus grande leçon n'a été donnée aux chefs des gouvernemens sur les dangers de leur confiance dans la politique des cabinets. Vainement les princes fidèles aux principes de l'honneur voudraient-ils respecter leurs engagemens, il y a autour d'eux une coalition d'intrigues, et un machiavélisme d'intérêts qui les entraînent à fouler aux pieds les traités les plus solennels. Il faut encore remarquer que, malgré son retour aux idées monarchiques, Napoléon, aux yeux des autres gouvernemens, était toujours le représentant de cette révolution, le grand crime de la France; or manquer de parole envers la révolution était une œuvre légitime et sainte, suivant les doctrines du despotisme : Napoléon fut trahi et devait s'y attendre. Il importait d'abattre ce roi de l'épée qui s'était fait souverain par le génie et la victoire. Voilà le but auquel tout le continent conspire désormais avec l'Angleterre. C'est elle qui a empêché Alexandre de faire la paix avec Napoléon, qui était sur le point de ressaisir ainsi toute son influence européenne; c'est elle qui nous a presque enlevé l'Espagne pendant notre lutte avec le continent tout entier ; c'est elle qui vient encore apporter des obstacles invincibles à la conclusion de la paix avec l'Europe, et dicter la proclamation

des alliés qui séparaient Napoléon de la France, pour les abattre plus facilement l'un après l'autre. Il y avait une guerre à mort entre Napoléon et l'Angleterre, ce grand homme en avait la profonde conviction; et nul doute que, dans les délibérations de son génie sur son avenir, ne revînt sans cesse cette question importune, qu'il s'adressait à lui-même : « Qui de nous deux l'emportera de l'An-
» gleterre ou de moi? » Son inconcevable fortune, sa haute confiance en lui-même, le puissant et légitime orgueil qui le soutenait au rang suprême en Europe, lui fournirent souvent une réponse favorable à ses désirs; mais au fond de son cœur existait un doute dévorant qui, après avoir disparu, revenait comme l'un de ces maux rebelles que l'on croit avoir guéris, et qui renaissent parce qu'ils sont dans la masse du sang et dans la nature des choses. Ce doute a été la plus grande préoccupation de la vie de Napoléon, et à l'époque où nous sommes arrivés, il était devenu un tourment de toutes les heures, auquel la victime n'échappait peut-être que par des prodiges de raison, de constance et de ce travail sans relâche qui fait trêve aux plus graves inquiétudes, aux plus tristes pressentimens, même aux plus profondes douleurs.

Pendant l'hiver qui précéda la campagne de 1814, l'horizon politique ne cessa point d'avoir une couleur sombre; les plus cruelles angoisses dévoraient tous les cœurs généreux à l'aspect de la révélation successive de nos malheurs, dont voici le tableau rapide : 32,000 hommes ont capitulé dans Dresde; la ville de Dantzick, prête à se rendre aussi, touche au moment de voir se renouveler sur sa garnison l'attentat dont le maréchal S.-Cyr vient d'être la victime; Stettin a dû ouvrir ses portes après huit mois de blocus; Amsterdam s'est rendue au général Bulow; la Hollande nous échappe; la Suisse, au lieu de faire respecter sa neutralité, a résolu d'ouvrir l'entrée de la France aux alliés; Murat nous abandonne pour embrasser la cause ennemie; la politique nous conseille de rendre à Ferdinand l'Espagne que nous ne pouvons plus garder; la nécessité impose au vénérable roi de Saxe la conclusion d'un armistice avec les Russes; Hambourg renferme le maréchal Davoust avec une armée inutile à notre défense. Le typhus moissonne dans Torgau une garnison de 27,000 hommes, un autre fléau dévore nos malades et nos blessés dans Mayence, et ne peut être arrêté par un préfet plein de zèle et de capacité, auquel l'administration, qui n'a plus le même ressort, ne fournit pas les secours indispensables; enfin, et pour comble de misère, le Béarn, l'Alsace, la Franche-Comté, le Brabant sont envahis.

Au milieu des immenses dangers qui nous environnaient, le Corps-Législatif où les Bourbons avaient de secrètes pratiques avec quelques membres influens, commit la faute de ne pas se rallier fortement à Napoléon pour l'aider à sauver le pays ; de son côté, l'empereur qui n'était pas toujours propre à gouverner ses paroles, ne fit qu'aigrir l'assemblée dans une conférence où il se laissa emporter par son caractère, et par une franchise dangereuse en ce moment. La dissolution du Corps-Législatif, suite naturelle de la mésintelligence survenue, ne laissa plus entre la nation et le chef de l'état que le sénat conservateur trop docile aux volontés du pouvoir pour obtenir de la popularité. Ce sénat accorda libéralement tout ce qu'on voulut, mais il ne prêta aucun appui politique, aucune puissance d'opinion au gouvernement ; d'un autre côté, le peuple n'ayant pas été appelé avec une généreuse confiance et un désir sincère de lui confier aussi le salut commun, Napoléon se trouva presque seul avec une armée de 100,000 combattans : voilà le faible débris qui lui reste de tant d'héroïques phalanges, pour soutenir une lutte de plusieurs mois avec des armées immenses et assises au cœur même de la France. Peu s'en fallut toutefois que son génie, plus admirable que jamais, ne triomphât pour la dernière fois ; peu s'en fallut que toutes les légions de l'Europe ne fussent contraintes de reculer devant une poignée d'hommes et un grand capitaine. Si le succès, qui tint à si peu de chose, nous eut été accordé, la nation, dont une partie s'était associée à la défense du pays, se levait tout entière, et Napoléon dictait encore une paix glorieuse à ses ennemis. Il suffirait de la campagne de 1814 pour créer à jamais la plus haute réputation militaire. Le génie de Napoléon produisit alors tout ce que pouvait produire l'un de ces hommes privilégiés qui semblent avoir reculé les bornes de notre nature; mais il succomba parce qu'il n'avait pas osé ordonner à l'avance l'insurrection nationale contre l'étranger. L'occasion se présenta encore à Fontainebleau de recourir à cette ressource extrême; le cœur lui manqua, comme il en convient dans ses mémoires : enfin Napoléon abdique, l'île d'Elbe reçoit dans sa modeste enceinte celui que l'Europe pouvait à peine contenir, et qui avait eu la pensée de se déborder sur l'Asie.

Le drame impérial paraît fini, cependant un dernier acte, que personne, pas même le principal acteur, ne pouvait deviner, réservait encore une surprise au monde. L'homme de la destinée devait reconquérir un vaste empire en se montrant, et surpasser ainsi ce que l'imagination des poètes avait inventé dans le but de donner à ses héros des proportions plus qu'humaines : l'histoire ne raconte pas d'événement pareil. Partout le peuple se précipita sur les pas de Napoléon; si j'avais voulu, dit-il, j'aurai roulé avec mes deux millions d'hommes jusqu'à Paris. Il craignit le peuple parce que des cris de liberté, des souvenirs de révolution s'étaient mêlés à l'enthousiasme public pour le grand empereur. Cette crainte fut une grave et funeste erreur. Avec l'appui du peuple, il aurait imposé à tout le monde; avec l'appui du peuple, il n'aurait pas trouvé d'hostilité dans le Corps-Législatif; avec l'appui du peuple, personne n'eut osé le trahir; avec l'appui du peuple, il aurait vaincu à Waterloo, ou réparé glorieusement sa défaite. Toutefois, une grande responsabilité morale pèse sur ceux qui le forcèrent à une seconde abdication, et plus encore sur ceux qui lui refusèrent l'honneur d'écraser les Prussiens engagés dans une position où leur perte était certaine. Vainqueur, quels beaux adieux il eût fait à la France, désormais en état de traiter des conditions d'une paix honorable ! Les meneurs de l'intrigue qui voulaient absolument la ruine et l'éloignement de Napoléon, craignirent évidemment qu'après le triomphe il ne voulût reprendre les rênes du gouvernement. On ne doit guère admettre une telle supposition après des promesses aussi solennelles que celles de l'empereur, mais on peut croire que la France lui aurait pardonné sans peine une infraction à sa parole, car tout le monde, excepté quelques personnes aveugles ou entraînées par des intérêts particuliers, sentait profondément le besoin qu'on avait d'un tel défenseur. Peut-être, au lieu de demander une permission qu'on lui refuserait infailliblement, devait-il courir au camp sous Paris, et entraîner l'armée. Toutefois, en examinant la question avec maturité, on hésite à blâmer la retenue de Napoléon, plus capable que personne de mesurer toute l'étendue des conséquences de son audace, si la fortune eût trahi les inspirations de son génie. Le duc d'Otrante, qui traitait secrètement avec les Bourbons, fut à cette époque une des fatalités de la France; c'est lui qui précipita la chute de l'empereur, pour nous livrer sans défense aux Bourbons et aux alliés. La raison ne saurait expliquer l'aveuglement de cet homme qui certes ne manquait ni d'esprit, ni de jugement, ni de lumières. Comment pouvait-il se flatter d'empêcher qu'on ne réveillât contre lui les souvenirs du passé? Comment eut-il assez de folle confiance, ou plutôt de présomption, pour croire qu'il pouvait se soutenir et conserver de l'influence sous une restauration? Vainement les monarques alliés lui prêtèrent leur appui, vainement Wellington écrivait-il à Louis XVIII : « C'est le duc d'Otrante qui vous a rendu la couronne. » Louis XVIII, après beaucoup de ces protestations dont les princes ne sont point avares dans les grandes nécessités, céda sans peine un ministre qu'il ne pouvait plus défendre contre l'emportement des coryphées du parti royaliste dans la chambre des députés. En renversant Napoléon, Fouché croyait presque le remplacer; il espérait du moins exercer une haute influence sous le sceptre des nouveaux Stuarts, il ne faisait que courir à l'exil et à la mort.

Napoléon n'est plus en Europe où il fait un vide immense; la liberté, qui est une chose plus grande que le plus grand des hommes, semblait devoir remplir ce vide, mais des princes victorieux par le secours des peuples ne tardèrent pas à démentir leurs promesses en revenant tout-à-coup aux anciennes doctrines du pouvoir. Jamais il n'y eut une telle déception dans le monde, jamais tant de millions d'hommes ne se virent enlever avec plus d'audace et de rapidité un bien qu'ils avaient acheté du plus pur de leur sang. Dès ce moment, les peuples comprirent qu'ils avaient vaincu, non pour eux, mais pour les princes qui les avaient appelés au combat avec les mots magiques d'indépendance et de liberté. La jeunesse allemande trompée dans les vœux de son enthousiasme et punie de son dévouement héroïque, versa des pleurs de rage sur le malheur de la commune patrie, déshéritée de ses droits les plus chers.

Pendant que les rois de l'Europe déshonoraient ainsi leur victoire, Napoléon était captif à Sainte-Hélène, où chacun de ses mouvemens ébranlait encore le continent, qui avait si long-temps tremblé au bruit des pas du nouveau Charlemagne. Au moment de son divorce, il avait dit à Joséphine, pour calmer l'amertume des regrets de cette épouse chérie : « Je te mets à l'abri, on ne sait pas ce qui peut arriver, le cinquième acte n'est pas joué. » Si ces paroles révélaient un homme qui s'était toujours défié du dénoûment de son drame, à coup sur Napoléon ne prévoyait pas que ce dénoûment aurait lieu sur le rocher de Sainte-Hélène. Du moins le grand acteur y fut sublime, et sa longue mort peut passer pour l'une des plus belles scènes d'une vie semée de merveilles.

P. F. T.

HISTOIRE DE NAPOLÉON.

CHAPITRE PREMIER.

SOMMAIRE : Famille Bonaparte. — Enfance de Napoléon. — Il est admis à l'école militaire et en sort lieutenant d'artillerie. — Révolte de Toulon.—Dugommier.— Prise de Toulon.—Bonaparte est envoyé à l'armée d'Italie et promu au grade de général de brigade. —Victoires d'Italie. — Masséna. — Dumerbion. — 9 thermidor. — Bonaparte est cité à la barre de la Convention.

Napoléon Bonaparte naquit à Ajaccio le 15 août 1769. Son père, Charles Bonaparte, doué d'une belle figure, d'une éloquence naturelle et cultivée, d'une rare intelligence, instruit dans la science des lois à Rome et à Pise, avait fait la guerre de la liberté sous la conduite de Paoli. Sa mère, Lætitia Ramolino, femme d'un grand courage et d'une grande beauté, le portait dans son sein au milieu des périls et des fatigues de l'expédition. Elle en souffrait encore lorsque, surprise par les douleurs de l'accouchement, au milieu des solennités de la fête de l'Assomption, elle se vit forcée de rentrer dans sa demeure, où elle déposa tout-à-coup, sur un tapis, l'enfant qui devait occuper la première place dans un siècle si fécond en hommes extraordinaires, et fils de leurs propres œuvres.

Les Bonaparte étaient originaires de Toscane, et alliés avec les premières familles du pays, telles que les Albizzi, les Alberti et d'autres encore du même rang. Ils avaient occupé des fonctions importantes à Florence, mais, engagés dans les guerres civiles d'Italie, sous la bannière des Gibelins, ils avaient été contraints de fuir leur patrie et de se réfugier en Corse pour éviter la fureur des Guelfes, victorieux et maîtres absolus de la république.

De l'aveu de Bonaparte, son enfance ne se distingua par aucune de ces qualités précoces, par aucun de ces traits extraordinaires qui sont des révélations et des prophéties. Obstiné, curieux, appliqué, querelleur, ne redoutant rien, et sachant se faire craindre des autres, voilà son portrait tracé par lui-même. Mais il avait pour guide une mère douée d'un esprit ferme, intrépide dans le danger, capable de supporter toutes les privations, ennemie de tout ce qui était bas, pleine de finesse sans fausseté, sévère, économe et prudente. Bonaparte, en prenant plaisir à faire l'éloge de sa mère, n'a point assez dit peut-être tout ce qu'il devait à sa première institutrice. Napoléon enfant craignait et respectait sa mère, mais celle-ci, trop habile pour s'exposer à briser ou à exaspérer un caractère de cette trempe, le modérait en lui imposant avec une sage autorité le joug de la raison et le frein de l'obéissance. Madame Lætitia Bonaparte, n'ayant pas joué de rôle, même pendant la splendeur de l'empire, a, pour ainsi dire, enseveli ses hautes qualités dans le silence; toutefois, les personnes admises dans son intimité ont reconnu en elle une femme supérieure, et retrouvé la source de quelques-unes des grandes qualités de son fils.

Bonaparte venait à peine d'accomplir sa dixième année, lorsque son père fut envoyé à Versailles comme député de la noblesse du pays. Ils virent la Toscane et Florence. Le grand-duc leur donna des lettres de recommandation pour la reine Marie-Antoinette sa sœur. Entré à l'école de Brienne par la protection de l'archevêque de ce nom, neveu de M. de Marbœuf, qui commandait en Corse, et protégeait particulièrement la famille Bonaparte, il montra de la régularité dans sa conduite, l'amour de l'ordre, et un esprit sérieux et appliqué : s'il n'annonçait ni zèle ni aptitude pour les lettres, la langue latine et les arts d'agrément, il avait reçu de la nature les plus heureuses dispositions pour les mathématiques, et ne tarda pas à être le plus fort de l'école sur cette science. Le hasard avait placé près de lui, comme répétiteur, le fameux Pichegru, devenu le conquérant de la Hollande, mais ensuite infidèle à sa propre gloire, et honoré d'une statue pour avoir trahi la cause du pays, l'armée nationale, tandis que Napoléon expiait sur un rocher les triomphes de la France. Vers l'âge de la puberté, on vit se développer en Bonaparte une humeur difficile et morose, et quelque chose de la sévérité des pensées d'un homme déjà marqué du sceau des fatalités de la vie. Les souffrances de sa famille, au moment de sa naissance, l'amour de la patrie, si profondément empreint dans le cœur des Corses, la douleur que lui causait la perte de l'indépendance de son pays, douleur telle qu'il blâmait sévèrement son propre père de n'avoir pas suivi jusqu'au bout la fortune de Paoli, contribuaient sans doute à le rendre peu sociable. Plein de ces sentimens au-dessus de son âge, il fuyait les amusemens et la compagnie de ses camarades pour aller s'enfoncer dans la bibliothèque de l'école. Là, il devorait les livres d'histoire, Arrien, Polybe, et surtout Plutarque. Peut-être devons-nous Bonaparte, tel que nous l'avons vu sur la scène du monde, au commerce assidu de cet adorateur des renommées antiques, d'autant plus dangereux qu'il est de bonne foi dans son idolâtrie. C'est en lisant Plutarque que Napoléon s'est monté au ton d'Alexandre et de César.

En 1783, M. de Kéralio, inspecteur des écoles militaires, passant un examen des élèves de Brienne, fut frappé des réponses de Bonaparte. L'élève n'avait alors que quatorze ans, mais M. de Kéralio lui donna une dispense d'âge pour entrer à l'école militaire de Paris. Les moines voulaient s'opposer à cette exception, sous prétexte que Bonaparte avait besoin de se fortifier dans les études autres que celle des sciences mathématiques. L'inspecteur persista en disant : « Je sais ce que je fais. » Si je passe ici par-dessus la règle, ce n'est point une fa- » veur de famille; je ne connais pas celle de cet enfant; » c'est uniquement à cause de lui-même. J'aperçois ici » une étincelle qu'on ne saurait trop cultiver. »

A l'école militaire, Bonaparte se fit tout d'abord remarquer par la même supériorité qui l'avait distingué à Brienne. Un de ses professeurs, M. de l'Éguille, semble dès cette époque avoir prévu les destinées de l'écolier qui devait un jour changer la face du monde, et dans un compte rendu de la capacité de ses élèves, on retrouva plus tard cette note prophétique écrite de sa main : « Bo- » naparte, Corse de nation et de caractère; il ira loin, si » les circonstances le favorisent. »

La carrière militaire s'ouvrit pour Bonaparte à l'âge de seize ans. A la suite d'un brillant examen, il obtint, le 1er septembre 1785, une lieutenance en second au régiment de La Fère; bientôt il fut nommé lieutenant en premier dans le régiment de Valence. Jusque là son âme, uniquement absorbée dans l'étude, était restée étrangère à toute autre passion; à Valence, il fut pour la première fois initié aux charmes de la société : la maison de madame du Colombier, où se réunissait une aimable et brillante compagnie, lui fut ouverte, et il ne tarda pas à s'y faire distinguer par l'affabilité de son caractère autant que par la justesse de son esprit: c'est à Valence aussi qu'il trouva ses deux premiers amis, Sorbier et Lariboisière, que plus tard il nomma inspecteurs-généraux de l'artillerie.

A cette époque, Bonaparte avait vingt ans, le premier cri de liberté, parti de la Bastille, vint réveiller la France, et électriser ses enfans. L'armée accueillit les idées nouvelles avec des sentimens divers. Un grand nombre d'officiers crurent ne pas forfaire à l'honneur en quittant leur poste et leur pays. Bonaparte comprit mieux son devoir, et l'amour bien entendu de la patrie le jeta dans les rangs des partisans de notre grande régénération politique.

La Corse ne resta pas étrangère au mouvement d'enthousiasme imprimé par la France aux amis de l'indépendance. En 1790, Paoli, présenté à l'assemblée constituante par Lafayette, fut nommé lieutenant-général, et commandant de la Corse, qui formait la 26e division militaire. A cette époque, Bonaparte était en congé dans sa famille. Il vit se former sous ses yeux deux partis, l'un tenant pour l'union avec les Français, l'autre voulant l'indépendance de la Corse. Paoli dirigeait dans l'ombre les tentatives de ce dernier. Bonaparte, nommé au commandement temporaire d'un des bataillons levés pour maintenir l'ordre dans l'île, n'hésita pas à marcher contre la garde nationale d'Ajaccio, et la fit rentrer dans le devoir. Dénoncé cependant par un des chefs mécontens, comme ayant provoqué ces mêmes désordres qu'il venait de réprimer, il fut appelé à Paris pour rendre compte de sa conduite.

Sa justification était facile : maintenu dans son grade, il demeura quelque temps à Paris. Il fut alors témoin de plusieurs des journées mémorables de notre révolution, et l'impression profonde que produisirent sur lui les événemens du 20 juin, où les faubourgs pénétrèrent dans les appartemens du roi; du 10 août, où le peuple, comme au 14 juillet, montra que rien ne saurait résister à la puissance des masses, durent faire germer dans son âme ambitieuse d'énergiques réflexions et de profonds calculs. Dès lors l'avenir lui apparut brillant et assuré; aussi, le lendemain du 10 août, écrivait-il à son oncle Paravisini : « Ne soyez pas inquiet de vos neveux, ils sauront se faire » place. »

Bientôt Bonaparte fut de retour en Corse. Tout y paraissait tranquille, quoique Paoli ne cessât de favoriser le parti anti-français. Dans les premiers jours de janvier, une escadre aux ordres de l'amiral Truguet relâcha à Ajaccio. Elle avait mission d'inquiéter la Sardaigne; les forces stationnées en Corse devaient opérer une utile diversion en attaquant les petites îles situées entre la Sardaigne et la Corse; Bonaparte fut chargé spécialement de cette expédition; il partit avec son bataillon; mais force leur fut de revenir à Ajaccio sans avoir mis à bout leur entreprise.

A son retour, il trouva la Corse dans un violent état de fermentation : Paoli, dénoncé à la Convention, avait été porté avec dix-neuf autres généraux sur une liste de proscription. Incessamment menacé d'être arrêté et puni comme traître à la France, il ne vit d'autre refuge pour sauver sa tête, mise à prix, que de lever l'étendard de la révolte. Au mois de mai, il rallia ses partisans, fit un appel à tout ce qu'il y avait de mécontens, et assembla à Corté une *consulta* qui le nomma président et généralissime. Bonaparte, fidèle au devoir et à la patrie qu'il s'était choisie, résiste de tout son pouvoir; on tente vainement de l'enlever; il est assez heureux pour se soustraire aux embûches de ses ennemis, et parvient à gagner Calvi, où il rejoint les représentans du peuple Salicetti et Lacombe Saint-Michel, débarqués avec des forces qui se dirigent aussitôt sur Ajaccio. Cette expédition ne réussit pas, et Bonaparte, qui en faisait partie, ne parvint qu'après les plus grands efforts à soustraire sa famille à la vengeance de Paoli, et à aborder avec elle le port hospitalier de Marseille.

Nommé à cette époque capitaine au 4ᵉ régiment d'artillerie à pied, en garnison à Nice, il établit sa famille dans les environs de Toulon, et se rend à Paris; il y arrive à ce moment glorieux où la France, déployant les plus sublimes ressources de dévouement et d'énergie, soutient une lutte à mort contre l'Europe entière, où quatorze armées sans expérience, sans tactique, mais mues par l'amour de la liberté, volent à la victoire, et font tomber sous leurs premiers coups les troupes aguerries que leur opposent les souverains ligués.

Bientôt tout eut cédé à l'influence de la Convention, et il ne resta plus à soumettre que la Vendée et quelques départemens du midi. Napoléon fit alors partie du corps d'armée commandé par Cartaux, et se trouva à la prise d'Avignon. Les fédéralistes marseillais, fuyant devant les troupes républicaines, se réfugièrent dans les murs de Toulon. Cette ville importante se déclara aussitôt en pleine insurrection. Les représentans du peuple furent arrêtés et enfermés au fort Lamalgue; l'esprit contre-révolutionnaire s'empara comme un vertige de toute la population de Toulon, et malgré le terrible exemple de Lyon, d'Avignon, de Marseille, que le comité de salut public avait si bien su soumettre, on se porta à de graves excès, à de cruelles réactions.

Bientôt cependant la marche de Cartaux calma ces transports, et la peur vint prendre la place de la forfanterie. Désespérant de se pouvoir défendre, trop peu confiante dans la clémence qu'eût méritée une soumission, cette population en délire ne vit son salut que dans un crime, et livra aux amiraux anglais et espagnols la ville, le port, l'arsenal et les forts de Toulon. L'amiral Hood occupa alors la rade avec vingt vaisseaux de ligne et débarqua quatorze mille hommes de troupes d'occupation. Louis XVII fut proclamé roi de France. La garde nationale fut désarmée et le drapeau blanc flotta sur tous les forts.

Cartaux n'avait que douze mille hommes; il se vit forcé d'en laisser quatre mille à Marseille, à peine pacifiée; avec les huit mille autres, il observa les gorges d'Ollioules. Le général Lapoype, échappé de Toulon avec Barras et Fréron, fut chargé par ces deux représentans de soutenir Cartaux avec six mille hommes que l'on détacha de l'armée d'Italie, commandée alors par Brunet. Toutefois, l'amiral Hood ayant occupé les montagnes de Faron, il devenait impossible aux deux généraux républicains d'opérer leur jonction. Ils durent se contenter de se soutenir en attaquant chacun de leur côté, et le 8 septembre Cartaux s'empara des gorges d'Ollioules. Dès-lors la ville se trouva en état de siège.

Bonaparte cependant se trouvait à Paris, où il venait d'être promu au grade de chef de bataillon. Choisi par le comité de salut public pour diriger l'artillerie, il arriva le 12 septembre au quartier-général de Cartaux.

L'armée manquait de tout le matériel nécessaire pour un siége de cette importance. La prodigieuse activité de Bonaparte sut créer des ressources inespérées : en quelques jours, cent pièces de gros calibre furent réunies, et des batteries dressées par ses soins permirent de prendre l'offensive. Les ordres arrivés de Paris enjoignaient de s'emparer de la ville en trois jours, et Cartaux voulait à toute force exécuter ces ordres à la lettre. Le jeune commandant de l'artillerie ne put jamais lui faire comprendre l'impossibilité du succès, et sans l'appui du représentant Gasparin, qui avait été capitaine de dragons, et entendait la guerre, Bonaparte eût été renvoyé de son poste, et la prise de Toulon n'eût pas commencé sa réputation et sa fortune militaire.

Un plan d'attaque rédigé à Paris par le général Darçon, tacticien d'une grande réputation, arriva à cette époque au quartier-général, et fut discuté dans un conseil extraordinaire. Bonaparte, prenant la parole à son tour, fit sentir au conseil que le point de départ étant faux, le plan devenait par cela seul inexécutable. En effet, Darçon supposait l'armée sous Toulon forte de soixante mille hommes, tandis qu'elle se montait au plus à trente mille, avec les renforts venus de Lyon. Il ordonnait donc avec confiance des opérations d'attaque que les positions occupées par l'ennemi du côté de la terre ne permettaient pas de tenter. Bonaparte ouvrit un avis tout opposé. Il répondit de la prise de la place si on pouvait la bloquer par mer comme par terre, et proposa d'établir sur les promontoires de Balaguier et de l'Eguillette deux batteries qui foudroieraient la grande et la petite rades. Tout le conseil se rangea de son opinion, pensant avec lui que si l'on parvenait à s'emparer du fort Mulgrave, où les Anglais avaient fait des travaux formidables, Toulon ne pourrait tenir trois jours.

Cartaux, malgré l'adhésion du conseil et le succès des nouvelles batteries, refusa de se ranger à l'avis de Bonaparte, et se contenta de donner par écrit ses ordres, qui consistaient « à chauffer Toulon pendant trois jours, et à l'attaquer ensuite en trois colonnes. » Le représentant Gasparin, à qui le commandant de l'artillerie communiqua la résolution du général, en y joignant ses propres observations, fit partir pour Paris un courrier extraordinaire, qui à son retour apporta la révocation de Cartaux et la nomination de Doppet, commandant des troupes employées à Lyon. Le 10 novembre, ce général arriva à l'armée de siége.

L'incapacité de Doppet, ancien médecin, était égale à celle de Cartaux, ancien peintre sur émail; le siége traîna en longueur sous son commandement; enfin, il fut remplacé par le général Dugommier, dont la bravoure et les talens, depuis les premières journées de 1790, s'étaient signalés dans toutes les circonstances.

Un tel homme devait reconnaître du premier coup d'œil toute la portée du jeune commandant de l'artillerie; il lui accorda une entière confiance; dès-lors les opérations marchèrent avec ensemble et activité.

Les travaux de construction d'une batterie élevée contre le fort Malbosquet, sur la hauteur des Arênes, avaient échappé à l'attention de l'ennemi, et Bonaparte s'en prémettait le plus heureux effet pour la prise du fort Mulgrave. Les représentans allèrent visiter cette batterie, et en l'absence du commandant ils ordonnèrent aux artilleurs de tirer : cette imprudence détruisit tous les calculs de Bonaparte, et pensa devenir funeste à l'armée. Le lendemain, 30 novembre, le général anglais, sorti de Toulon à la tête de sept mille hommes, culbuta les postes français, encloua la nouvelle batterie, s'avança sur Ollioules et se porta sur le grand parc d'artillerie. Dugommier fit rapidement ses dispositions et marcha à l'ennemi; Bonaparte, en ce moment décisif, après avoir habilement fait masquer son artillerie par un bataillon, se glissa dans le vallon, et, arrivé au pied du fort Malbosquet, où était rangé le corps ennemi, ordonna une décharge sur les deux ailes : cette attaque imprévue jetait déjà de la confusion dans les rangs anglais, lorsque le général en chef, sir O'Hara, qui était monté sur l'épaulement pour reconnaître la force des assaillans, tomba frappé d'une balle. Pris aussitôt par nos soldats, il remit son épée à Bonaparte.

Il fallait cependant à tout prix forcer Toulon à se rendre, et l'on ne pouvait y parvenir qu'en s'emparant du fort Mulgrave, que sa force avait fait surnommer par les Anglais le petit Gibraltar. Une batterie parallèle, élevée à la distance de vingt toises, fut démasquée le 14 septembre; l'artillerie du fort la foudroya aussitôt, et cependant, grâces à l'intrépidité de nos soldats, grâces surtout à l'exemple de Bonaparte, qui commandait le feu, debout sur le parapet, elle fit le plus grand mal aux Anglais, étonnés du peu d'effet de leurs coups.

Dans la nuit du 16 au 17, l'armée marche sur quatre colonnes, dont deux sont destinées à observer les forts Malbosquet, Balaguier et l'Eguillette; la troisième forme la réserve, et la quatrième, à la tête de laquelle se place Dugommier, marche droit au petit Gibraltar. Bonaparte, cependant, fait jeter huit ou dix mille bombes dans le fort, et, voyant faiblir la colonne du général, court chercher la réserve, et la lui amène au moment où il commençait à plier.

A trois heures du matin, le capitaine Muiron pénètre dans le fort, Laborde entre par un autre côté, et, bien que l'ennemi, ayant rallié sa réserve, revienne trois fois à la charge pour reprendre le petit Gibraltar, ce fort important reste en notre pouvoir, et les Anglais battent en retraite. Cette journée coûta mille hommes à la France; les Anglais en perdirent deux mille cinq cents.

A peine maître du petit Gibraltar, Bonaparte tourna toutes ses batteries contre la rade, et cette habile disposition imprima aux alliés une telle terreur, qu'ils se hâtèrent de se rembarquer. Le 18, Dugommier fit occuper par ses troupes les forts de Malbosquet, de Faron, de Saint-Antoine, de Saint-Elme : le fort Lamalgue, nécessaire pour protéger l'évacuation, resta seul au pouvoir des Anglais; à dix heures du soir, le colonel Cervoni brisa une porte de Toulon, et y entra accompagné de deux cents hommes.

Les Anglais, dans leur fuite, avaient détruit le grand magasin; ils avaient incendié l'arsenal; neuf vaisseaux de haut bord et quatre frégates étaient aussi la proie des flammes. Un spectacle tout nouveau s'offrit aux yeux de l'armée lorsqu'elle pénétra dans la ville : les galériens, au nombre de neuf cents, avaient été mis en liberté. Ces hommes, alors que l'Anglais donnait un si cruel exemple de lâcheté et de violence, faisaient preuve du plus noble dévouement, de la plus héroïque abnégation. Au lieu de chercher un abri dans la fuite, au lieu de se livrer aux excès du pillage, ils couraient éteindre l'incendie des frégates, de l'arsenal, de la ville; ils sauvaient leur prison, et, après avoir ainsi conservé à la république ses vaisseaux et ses magasins, tous vinrent avec orgueil reprendre leurs fers, qu'ils préféraient à la liberté donnée par un aussi perfide ennemi.

Le Midi était pacifié : Dugommier, appelé au commandement de l'armée des Pyrénées, voulait emmener Bonaparte avec lui : le comité de la guerre s'y opposa. Chargé d'abord d'organiser la défense des côtes de la Méditerranée, il fut peu de temps après promu au commandement de l'artillerie de l'armée d'Italie, dont Dumerbion venait d'être nommé général en chef. Il s'empressa de rejoindre, et trouva à son arrivée sa nomination au grade de général de brigade, que Dugommier avait sollicitée dans un style tout-à-fait militaire, en écrivant : « Récompensez et avancez ce jeune homme, car si on était ingrat envers lui, il s'avancerait tout seul. »

A son arrivée à Nice, Bonaparte prit immédiatement le commandement en chef de l'artillerie de l'armée d'Italie. Desaix commandait en second, le colonel Gassendi était directeur du parc; le génie était commandé par le général Vial, et les divisions par les généraux Masséna, Macquart, Dallemagne. Jamais armée n'avait compté un ensemble de chefs aussi intrépides, aussi expérimentés; Bonaparte avait choisi pour aides-de-camp Muiron et Duroc.

Le général Bonaparte s'occupa d'abord de reconnaître la position de l'armée, puis il soumit au conseil, composé des représentans Robespierre jeune et Ricard, et des généraux Dumerbion, Vial, Masséna, Macquart, Dallemagne et Desaix, un plan qu'il avait conçu et qui fut adopté.

Dès le 6 avril, on commença les opérations, et le camp de Fougasse fut emporté; le 8, Masséna s'empara d'Oneille, dont le port était occupé par les Anglais; le 16, il livra le combat de Ponte-di-Nova, et se rendit maître le 19 d'Ormeau et de Garessio.

L'armée des Alpes, de son côté, rivalisait d'ardeur avec l'armée d'Italie. Dès le 24, le général Bagdelonne prenait d'assaut les postes retranchés du Petit Saint-Bernard, du Valaisan et de la Thuile, franchissait les neiges de la chaîne des Alpes, et du haut de ces pics que l'on avait crus jusqu'alors inexpugnables, il culbutait les régimens piémontais.

De leur côté, les généraux Masséna et Macquart, avec une ardeur que le succès stimulait encore, escaladaient les hauteurs de Muriatto, prenaient Saorgio, forçaient le Col de Tende, et établissaient ainsi en quelques jours les communications entre les deux armées, qui, le douze mai, plantaient simultanément le drapeau tricolore sur toute la chaîne des Alpes, jusqu'aux Apennins. Le général en chef Dumerbion écrivait alors au comité de la guerre : *C'est au talent du général Bonaparte que je dois les savantes combinaisons qui ont assuré notre victoire.*

Ces succès si brillans, si rapides, firent grandir promptement la réputation de Bonaparte, que la prise de Toulon avait commencée; il lui restait toutefois à consolider son ouvrage en établissant par mer, entre Gênes et la Provence, les communications si utiles au commerce de la France.

La flotte anglaise chassée d'Oneille s'était retirée à Vado, et la neutralité de Gênes était douteuse, tant que cette flotte pourrait combiner ses mouvemens avec ceux des armées austro-sardes. Bonaparte conçut un nouveau plan, dont le succès devait lever tous les obstacles. Le général en chef l'ayant adopté, pénétra à l'improviste dans le Mont-Ferrat à la tête de dix-huit mille hommes, soutenus de vingt pièces de montagnes, longea la Bormida, et descendit dans la plaine, sur les derrières de l'armée autrichienne, qu'il espérait forcer au combat. Saisie de terreur, celle-ci se mit en retraite sur Cairo et Dégo, et le général Cervoni, se lançant à sa poursuite, s'empara des magasins de Dégo et fit de nombreux prisonniers.

L'armée française était aux portes de l'Italie ; toute communication était coupée entre les Anglais et les Autrichiens, Gênes gardait forcément la neutralité, et les riches campagnes du Piémont se développaient devant nos troupes comme un nouveau théâtre promis à leurs triomphes. Bonaparte voulait poursuivre la conquête; son plan de campagne était dressé; Dumerbion, satisfait de ses succès, voulut s'arrêter. Il se replia sur Montenotte et Savone, prit position sur les hauteurs de Vado, qu'il lia par de forts ouvrages, et assura la libre navigation entre Gênes et Marseille, par des batteries qui régnaient tout le long de la côte.

Tandis que le génie de Bonaparte se déployait dans ces préludes d'une guerre immense, les événemens politiques se précipitaient à Paris avec une effrayante rapidité. Bien ou mal comprises, quelques paroles tombées de la tribune avaient fait trembler Vadier, Tallien, Fréron, Billaud-Varennes. Le 9 thermidor, préparé dans l'ombre, éclata tout-à-coup ; Robespierre fut assassiné par la peur, sur l'autel de la patrie ; vingt-deux membres de l'assemblée périrent : on prétendait sauver la République. Les chefs de cette tourbe de lâches et d'hommes corrompus qui abattaient Robespierre se firent ses héritiers ; et la hache thermidorienne ne fut pendant quelque temps ni moins active, ni moins cruelle que le glaive de la terreur.

Bonaparte, dénoncé à cette époque pour avoir partagé l'énergie révolutionnaire de Robespierre jeune, au moment de la prise de Toulon, fut mandé à la barre de la Convention. S'il se rendait à cet ordre, tout lui présageait un sort funeste. Heureusement les démonstrations hostiles de l'ennemi vinrent à son secours, et les représentans en mission à l'armée, assurés qu'avec le général ils perdaient, et la confiance du soldat, et l'espérance du succès de la campagne, écrivirent au comité de salut public qu'il serait dangereux d'éloigner le général Bonaparte du théâtre des opérations : le décret de citation fut alors rapporté.

La journée du 9 thermidor, en bouleversant tout le personnel des comités, avait enlevé à Bonaparte les hommes qui, l'ayant suivi dans sa carrière, étaient seuls à portée de le comprendre. Le représentant Aubry, ancien capitaine d'artillerie, était devenu président du comité de la guerre. Son premier acte fut de rappeler son ancien camarade Bonaparte, et, par une basse jalousie, de lui ôter le commandement de l'artillerie de l'armée d'Italie, pour lui donner une brigade d'infanterie dans la Vendée. Bonaparte avait inutilement insisté pour rester à son poste; il refusa la brigade d'infanterie, et rentra dans la vie privée. Ses amis Sébastiani et Junot l'avaient accompagné à Paris; ils prirent ensemble un logement dans la rue de la Michodière. Peu soucieux de la richesse, comme tous les officiers de nos glorieuses armées républicaines, les trois amis eurent bientôt épuisé leurs faibles ressources ; la détresse se fit sentir : Junot, Sébastiani, vendirent quelques bijoux, et Bonaparte fut obligé de se défaire des livres qui lui étaient indispensables pour compléter ses études dans l'art militaire. Il vécut à Paris dans une détresse profonde, mais il était très-habile à la déguiser, et au moment où il éprouvait les plus cruels embarras il avait encore un domestique; c'était, au reste, le seul luxe qu'il se permît : sa mise était plus que modeste; c'était déjà cette redingote grise qu'il parut toujours affectionner, et qui est aujourd'hui un souvenir plus populaire que ne le fût à une autre époque le panache du Béarnais. Bonaparte passa plusieurs mois au milieu des plus grandes privations : l'inimitié de son compatriote, le représentant Salicetti, alors assez puissant pour lui nuire, contribuait à le retenir dans cet état où il désespérait de son avenir. Cependant Aubry, qui par jalousie s'était officieusement rendu l'instrument de cette inimitié, fut remplacé au sein du comité de la guerre. Doulcet de Pontécoulant, qui lui succéda, loin de s'associer à un injuste ressentiment, ne tarda pas à apprécier le mérite de Bonaparte : frappé de la lucidité des rapports et des projets que le général avait adressés en différentes occasions, il reconnut l'opportunité de l'employer, et obtint qu'il serait attaché au comité topographique, où s'élaboraient les plans que l'on envoyait de Paris aux commandans des armées de la république.

CHAPITRE II.

SOMMAIRE : Insurrection de la garde nationale. — Bonaparte chargé de la comprimer. — Le Directoire. — Mariage de Bonaparte. — Il est nommé général en chef de l'armée d'Italie. — Bataille de Montenotte. — Entrée à Milan. — Le roi de Naples demande un armistice. — Wurmser. — Campagne de cinq jours. — Victoire de Castiglione. — Blocus de Mantoue.

1795 a 1797.

La population de Paris, et peut-être celle de la France, présentent ce singulier caractère qu'elles ne s'exaltent jamais dans un sentiment ou dans une opinion, sans obéir bientôt après à une impulsion directement contraire. De cette fatale disposition résultent la permanence des partis politiques, et, pour eux, la possibilité constante de se réveiller plus forts et plus énergiques dans l'essor d'une réaction. Ainsi, à chaque vicissitude de notre révolution, on voit presque toujours la nation passer, par lassitude ou par dégoût, plutôt que par inconstance, d'un extrême à l'extrême opposé. Vers la fin de 1795, les royalistes, que la terreur semblait avoir anéantis, exploitèrent avec tant d'habileté les souvenirs sanglans des temps orageux de la république, que la garde nationale parisienne, la même qui avait fait la haie au pied de l'échafaud, sur lequel la justice populaire avait fait monter Louis XVI, se laissa aller tout-à-coup à des séductions contre-révolutionnaires. Les sections montraient les dispositions les plus hostiles à l'égard de la Convention, dont l'attitude équivoque et la conduite vacillante excitaient au plus haut degré le mécontentement général : toutes les passions étaient soulevées ; elles fermentaient toutes à la fois : les monarchiens conspiraient et intriguaient ; les républicains véritables, les patriotes à principes étaient indignés contre un gouvernement qui, par sa faiblesse et sa lâcheté, préparait les voies à la tyrannie. La situation était si critique que, de toutes parts, il n'y avait qu'à souffler le feu de la révolte pour la faire éclater. Les bourboniens, décidés à profiter des circonstances qui, depuis la chute du trône, n'avaient pas encore été aussi favorables, ne se montraient pas à face découverte, mais, selon leur coutume, ils s'emparaient des plaintes du peuple ; ils les répétaient avec hypocrisie, ils les reproduisaient sans cesse et à tout propos ; ils demandaient vengeance pour les libertés violées ; l'anéantissement des libertés électorales, détruites par la constitution proposée, étaient surtout le puissant levier dont ils se servaient pour remuer la garde nationale, qu'ils travaillaient dans tous les sens, afin de l'exaspérer et de la porter à l'une de ces résistances qui changent en un jour les destinées d'un peuple. Sur quarante-huit sections dont se composait la milice citoyenne dans Paris, quarante-cinq se formèrent en assemblée délibérante et résolurent de repousser les nouveaux décrets. Le 23 septembre, la Convention n'en proclama pas moins la constitution, comme acceptée par les assemblées primaires, et dès le lendemain, des troubles graves se manifestèrent, l'irritation devint croissante, et le 2 octobre (10 vendémiaire), la section Lepelletier, qui se réunissait dans le couvent des Filles-Saint-Thomas, donna le signal de la guerre civile. La

Convention ordonna la clôture du lieu d'assemblée, et le désarmement de la section : les gardes nationaux répondirent en se rangeant en bataille au haut de la rue Vivienne, et en occupant les maisons. Le général Menou se présente avec des forces imposantes; on lui résiste. Les représentans tentent alors les voies de conciliation auprès du comité des sectionnaires ; mais ils n'obtiennent aucun résultat de leur démarche, et la section Lepelletier, devant laquelle la garnison se retire sans avoir combattu, persiste dans son attitude hostile.

Bonaparte était alors avec ses amis au théâtre Feydeau. A la nouvelle des événemens, il quitte précipitamment la salle et arrive sur le théâtre de l'action, pour être témoin de la retraite des troupes de la Convention. Il court aussitôt aux tribunes de l'assemblée : les représentans qui avaient accompagné Menou dans son expédition dénonçaient sa pusillanimité, et obtenaient son arrestation provisoire.

Dans cette nuit d'agitation, mille projets divers furent exposés à la tribune; le péril était imminent, le parti à prendre décisif. Les orateurs signalaient le danger, mais ils ne pouvaient tomber d'accord sur le choix d'un chef militaire en qui l'on pût se confier avec assurance. Bonaparte, caché dans la foule, attendait avec anxiété le résultat de cette délibération, lorsque plusieurs représentans qui l'avaient connu à l'armée, le proposent à l'assemblée; les membres du comité de la guerre le désignent aussi; il est alors nommé d'une voix unanime.

Bonaparte s'est armé pour la Convention, il en a reçu l'ordre de marcher contre les sectionnaires, et il exécute cet ordre; c'est un chef militaire qui marche contre ses concitoyens, et qui se résigne aux tristes conséquences de l'obéissance passive. Il oublie qu'au sein d'un gouvernement issu de la souveraineté du peuple, le soldat ne peut que se conformer au vœu de ce peuple qui le paie, le nourrit et l'habille. Dans cette grave conjoncture, la conduite de Bonaparte ne fut pas irréprochable. Ses amis même ne purent pas s'empêcher de la blâmer, et tous ceux qui étaient sincèrement attachés à la liberté lui imputèrent à crime la mission terrible qu'il s'était chargé d'accomplir. Quoi qu'il en soit, il paraît que Bonaparte en jugeait autrement, et qu'il crut alors combattre la contre-révolution et sauver la république.

Au sortir de la Convention, il se rendit au comité de salut public, où il était attendu. Il déclara qu'il acceptait le commandement, mais à cette condition seulement qu'il ne recevrait pas comme Menou les ordres des commissaires. Pour trancher la difficulté, le comité délégua à Barras les fonctions des trois commissaires, avec le titre de commandant en chef; Bonaparte ne devait commander qu'en second, mais au même instant Barras lui remit tous ses pouvoirs.

Quarante pièces d'artillerie étaient parquées à la plaine des Sablons; le chef d'escadron Murat alla les chercher pendant la nuit, et au point du jour elles furent placées en batterie à la tête du pont de la Révolution, au pont Royal, à l'angle de la rue de Rohan, au cul-de-sac Dauphin, dans la rue Saint-Honoré et au Pont-Tournant. L'armée de la Convention était forte de huit mille cinq cents hommes.

Les sections, sous les ordres de Danican, occupaient les postes de Saint-Roch, du Théâtre-Français, et les hauteurs de la butte des Moulins; plusieurs de leurs colonnes avaient pris position sur le Pont-Neuf. Danican envoya un parlementaire à la Convention, pour la sommer de retirer ses troupes; la Convention refusa; Bonaparte envoya huit cents fusils pour armer ceux d'entre les citoyens qui étaient venus offrir aux députés le secours de leurs bras, et pour en former une réserve.

A quatre heures du matin, une forte colonne de sectionnaires déboucha au pas de charge par le Pont-Royal; le feu commença, et, malgré la vivacité de leur attaque et leur intrépide défense, les sections, foudroyées par l'artillerie, qu'elles tentèrent vainement d'enlever, furent mises en déroute. Le Pont-Royal, la rue Saint-Honoré, le parvis de Saint-Roch surtout, furent jonchés de morts et de blessés. La Convention décréta que Bonaparte avait sauvé la patrie.

Peu de temps après, la Convention, qui voyait arriver le terme de sa session, ordonna le désarmement général des sections, et la réorganisation de la garde nationale : Bonaparte fut chargé de ces deux opérations, et c'est par lui que furent nommés les officiers et les adjudans de cette garde bourgeoise qui n'eut plus aucun caractère national du moment qu'elle se laissa donner des chefs. Le 16 octobre, Bonaparte, qui était pourvu du commandement suprême dans Paris, fut nommé général de division.

La Convention avait fixé l'époque de sa dissolution au 26 octobre : elle voulut marquer le dernier jour de sa puissance par de nobles résolutions, par de grands bienfaits : la veille, le 25, elle réunit solennellement la Belgique à la France, et pour compléter l'entreprise qu'elle avait formée, en créant quelques mois auparavant l'école polytechnique, elle décréta la formation de l'institut des sciences et des arts. Le 26, avant de se séparer, les conventionnels amnistièrent tous les délits révolutionnaires, et décrétèrent en principe la nécessité d'abolir la peine de mort, qui ne devait être maintenue que jusqu'à la paix générale. Ils terminèrent leurs opérations en se formant en corps électoral, pour compléter par un nouveau tiers la députation nationale.

En quelques jours le gouvernement est réorganisé : les trois tiers réunis se constituent en corps législatif, pour effectuer leur division en deux conseils. Le conseil des anciens siège aux Tuileries, celui des cinq cents à la salle du Manége; la quatrième législature proclamée nomme, sous le titre de Directoire, un conseil exécutif formé de cinq membres : Laréveillière-Lepaux, Letourneur de la Manche, Rewbel, Barras et Carnot. Les directeurs s'établissent au Luxembourg. Un de leurs premiers actes fut la nomination de Bonaparte au commandement en chef de l'armée de l'intérieur, que les nouvelles fonctions dont était revêtu Barras laissaient vacant; peu de jours après il épousa madame Beauharnais, bientôt enfin on le nomma général en chef de l'armée d'Italie.

Il partit de Paris pour Nice, où le quartier-général était établi, et y arriva le 27 mars. Là, mille obstacles l'attendaient. Placé à 26 ans à la tête d'une armée qui jusqu'alors n'avait obéi qu'à des chefs expérimentés, il doit redouter des préventions défavorables à son âge. Les généraux appelés à servir sous lui se sont illustrés dans vingt batailles : c'est Masséna, qui a toujours vaincu; c'est Augereau, Victor, Laharpe, Serrurier, Joubert, Cervoni. Donneront-ils aisément leur confiance à un chef qu'ils ont devancé dans la carrière de la gloire? Et Kellermann, le vainqueur de Valmy, qui commande l'armée des Alpes, n'est-il pas pour lui un dangereux sujet de comparaison?

Ce n'est pas tout, Carnot, qui est à la tête de l'administration de la guerre, lui a donné des états d'après lesquels l'effectif de l'armée serait de cent mille hommes, et il trouve à peine sous les armes trente mille combattans et trente pièces de canon, tandis que l'armée austro-sarde, qui lui est opposée, compte quatre vingt mille hommes et deux cents pièces de canon.

Avec d'aussi faibles ressources, sans argent, sans munitions, presque sans armes, Bonaparte semble encore assuré de la victoire. Un seul point pour lui est important, c'est d'avoir la confiance du soldat : il prend par lui-même connaissance de l'état des divers corps, met à l'ordre du jour la translation du quartier-général à Albergo ; réunit l'armée, parcourt ses rangs, et lui adresse ces mots :

« Soldats !

» Vous êtes nus, mal nourris; le gouvernement vous doit beaucoup, il ne peut rien vous donner. Votre patience, le courage que vous montrez au milieu de ces rochers sont admirables, mais ils ne vous procurent aucune gloire; aucun éclat ne rejaillit sur vous. Je veux vous conduire dans les plus fertiles plaines du monde : de riches provinces, de grandes villes seront en votre pouvoir ; vous y trouverez honneur, gloire et richesses. Soldats d'Italie, manqueriez-vous de courage ou de constance ? »

L'armée répond par des acclamations unanimes, et se met en marche au cri de : *Vive Bonaparte!* Dès ce jour s'établissent entre le général et le soldat une fraternité d'armes, une solidarité de succès. Bonaparte avait trouvé le secret de parler à des Français, et de faire pénétrer dans leur cœur cette étincelle électrique qui produit les énergiques spontanéités de l'enthousiasme, c'est à cette sympathie constante, qui, même au sein des revers, subsista entre lui et le dernier tambour de son armée, qu'il a dû ces triomphes qui étonnèrent le monde, et que les siècles futurs rangeront parmi les récits fabuleux.

La campagne allait commencer avec les premiers jours d'avril. L'armée ennemie se compose de cinquante-cinq mille Autrichiens, commandés par les généraux Argenteau, Mélas, Wukassowich, Lyptay, Sibattendorf; et de vingt-cinq mille Sardes, commandés par les généraux Provera et Leton, qui eux-mêmes sont sous les ordres du général autrichien Colli. Le premier corps compte cent quarante pièces de canon, et le second soixante. Le général en chef est Beaulieu.

L'armée française n'est forte que de trente mille hommes, répartis en quatre divisions d'infanterie, commandées par Masséna, Augereau, Laharpe et Serrurier; les généraux Stengel et Kilmaine ont sous leurs ordres deux mille cinq cents hommes de cavalerie; trente pièces de canon, et deux mille cinq cents hommes d'artillerie et du génie, commandés par le général Dujard, complètent l'effectif de l'armée que guide Bonaparte. Parmi les généraux de brigade on distingue Cervoni, Miollis, Rusca; Berthier est chef d'état-major, et le général en chef a choisi pour aides-de-camp Murat, Junot, Duroc, Muiron et Marmont.

L'infériorité numérique de ses troupes fit sentir à Bonaparte la nécessité de diviser ses ennemis, afin de les battre partiellement : il fit donc observer le camp des Piémontais par Serrurier, et donna ordre à Laharpe de menacer Gênes, tandis que Masséna et Augereau se dirigeraient sur Loano, Final et Savone. Beaulieu, alarmé de ces mouvemens, répartit, comme Bonaparte l'avait prévu, son armée en trois corps ; Colli se porta à Leva, Argenteau à Sacello ; Beaulieu lui-même, se mettant à la tête de l'aile gauche, marcha par la Bocabette sur Valtri. Ce dernier, secondé par la croisière anglaise, qui canonnait vivement les positions de Cervoni, remporta le 10 quelques avantages sur ce général, et le força de se replier sur le corps commandé par Laharpe.

Le 11, Argenteau s'avança, à travers Montenotte supérieur, sur Madone de Savone pour écraser Laharpe : deux redoutes étaient tombées en son pouvoir ; une troisième, située à Montelegino, restait seule à emporter pour mettre à découvert toute l'aile droite des Français. L'intrépidité du colonel Rampon, et les efforts héroïques de ses soldats, qui se défendent deux jours et repoussent dix fois l'ennemi, donnent le temps à Bonaparte d'arriver avec des munitions et des renforts, et de jeter la terreur dans les rangs autrichiens. La résistance de Rampon dans cette position difficile est un des plus beaux faits d'armes que l'histoire ait rapportés. Le même jour, Masséna atteignait les hauteurs d'Altare, et Bonaparte débordait l'aile droite d'Argenteau.

Les impériaux, assaillis de tous côtés, firent une belle défense ; mais leurs généraux Argenteau et Roccavina, blessés tous deux, tentèrent vainement de rétablir l'ordre dans leurs rangs ; une fois que Masséna, entrant en ligne avec ses troupes victorieuses, vint décider du sort de la journée, la déroute fut complète : quinze cents morts, deux mille prisonniers, des drapeaux, des canons, furent le résultat de la bataille de Montenotte. Ce succès redoubla l'ardeur de nos soldats et leur ouvrit l'entrée du Piémont.

Les deux armées battues se replièrent, l'une sur Millésimo, l'autre sur Dégo. Augereau et Masséna y arrivèrent aussitôt qu'elles. Les défilés de Millésimo furent forcés, Dégo fut enlevé, et ces deux affaires brillantes eurent pour résultat la séparation de Beaulieu et de Colli : le premier alla couvrir le Milanais, le second se plaça en avant de Turin.

L'armée piémontaise put se regarder comme perdue à dater de ce jour. Mais le 19, à trois heures du matin, les grenadiers de Wukassowich débusquent de Dégo quelques bataillons français; Bonaparte arrive, reprend Dégo et détruit le corps ennemi; Serrurier alors attaqua Colli dans son camp retranché de Leva, l'en chassa et s'empara de toute son artillerie.

Les Alpes étaient tournées, le plan de Bonaparte se trouvait ainsi accompli; il porta son quartier-général à Lesagno, château voisin du confluent du Tanaro et de la Corsaglia.

Serrurier, toujours attaché à la poursuite de Colli, et secondé par Masséna, parvient à acculer l'armée piémontaise devant Mondovi et à la forcer d'accepter le combat : le succès n'est pas long-temps douteux; les Piémontais perdent deux mille cinq cents hommes, huit pièces de canon, dix drapeaux et cinq cents prisonniers.

Bonaparte marche sur Chérasco, qu'il met en état de défense; les communications se trouvent établies avec Nice, par la jonction de Serrurier et d'Augereau; l'armée d'Italie a changé d'aspect en quelques jours, la discipline et l'abondance y règnent, les renforts arrivent de toutes parts. Bonaparte alors félicite par cet ordre du jour ses compagnons de gloire :

« Soldats !

» Vous avez remporté en quinze jours six victoires, pris vingt-un drapeaux, cinquante-cinq pièces de canon, plusieurs places fortes, et conquis la partie la plus riche du Piémont. Vous avez fait quinze mille prisonniers, tué ou blessé plus de dix mille hommes. Vous vous étiez jusqu'ici battus pour des rochers stériles illustrés par votre courage, mais inutiles à la patrie. Vous égalez aujourd'hui par vos services l'armée de Hollande et celle du Rhin. Dénués de tout, vous avez suppléé à tout. Vous avez gagné des batailles sans canon, passé des rivières sans ponts, fait des marches forcées sans souliers, bivouaqué sans eau-de-vie et souvent sans pain. Les phalanges républicaines, les soldats de la liberté, étaient seuls capables de souffrir ce que vous avez souffert. Grâces vous en soient rendues, soldats ! La patrie reconnaissante vous devra sa prospérité ; et si, vainqueurs de Toulon, vous présageâtes l'immortelle campagne de quatre-vingt-treize, vos victoires actuelles en présagent une plus belle encore.

» Les deux armées qui naguère vous attaquaient avec audace fuient aujourd'hui devant vous. Les hommes pervers qui riaient de votre misère et se réjouissaient dans leur pensée du triomphe de vos ennemis sont confondus et tremblans. Mais, soldats, il ne faut pas vous le dissimuler ; vous n'avez rien fait, tant qu'il vous reste à faire : ni Turin ni Milan ne sont à vous ; les cendres des vainqueurs de Tarquin sont encore foulées par les assassins de Basseville.

» Vous étiez dénués de tout au commencement de la campagne ; vous êtes aujourd'hui abondamment pourvus :

les magasins pris à vos ennemis sont nombreux ; l'artillerie de siége et de campagne est arrivée. Soldats ! la patrie a droit d'attendre de vous de grandes choses ; justifierez-vous son attente ? Les plus grands obstacles sont franchis sans doute, mais vous avez encore des combats à livrer, des villes à prendre, des rivières à passer ! En est-il d'entre vous dont le courage s'amollisse? En est-il qui préfèreraient de retourner sur le sommet de l'Apennin ou des Alpes essuyer patiemment les injures de cette soldatesque esclave ? Non, il n'en est pas parmi les vainqueurs de Montenotte, de Millésimo, de Dégo et de Mondovi ; tous brûlent de porter au loin la gloire du peuple français ; tous veulent humilier ces rois orgueilleux qui osaient méditer de vous donner des fers; tous veulent dicter une paix glorieuse et qui indemnise la patrie des sacrifices immenses qu'elle a faits; tous veulent, en rentrant dans leurs villages, pouvoir dire avec fierté : *J'étais de l'armée conquérante de l'Italie.*

» Amis, je vous la promets cette conquête, mais il est une condition qu'il faut que vous juriez de remplir : c'est de respecter les peuples que vous délivrez, c'est de réprimer les pillages horribles auxquels se livrent les scélérats suscités par vos ennemis. Sans cela vous ne seriez pas les libérateurs des peuples, vous en seriez les fléaux ; vous ne seriez pas l'honneur du peuple français; il vous désavouerait ; vos victoires, votre courage, vos succès, le sang de vos frères morts au combat, tout serait perdu, même l'honneur et la gloire. Quant à moi, et aux généraux qui ont votre confiance, nous rougirions de commander une armée sans discipline, sans frein, qui ne connaîtrait de loi que la force. Mais, investi de l'autorité nationale, fort par la justice, et par la loi, je saurai faire respecter à ce petit nombre d'hommes sans courage et sans cœur les lois de l'humanité et de l'honneur qu'ils foulent aux pieds. Je ne souffrirai pas que des brigands souillent vos lauriers. Je ferai exécuter à la rigueur le réglement que j'ai fait mettre à l'ordre : Les pillards seront impitoyablement fusillés; plusieurs déjà l'ont été. J'ai eu lieu de remarquer avec plaisir l'empressement avec lequel les bons soldats de l'armée se sont portés pour faire exécuter les ordres.

» Peuples de l'Italie ! l'armée française vient pour rompre vos chaînes : le peuple français est l'ami de tous les peuples. Venez avec confiance au-devant de lui : vos propriétés, votre religion et vos usages seront respectés.

» Nous ferons la guerre en ennemis généreux, et nous n'en voulons qu'aux tyrans qui vous asservissent. »

Cette proclamation, si bien faite pour augmenter l'enthousiasme du soldat, devait aussi répandre la confiance parmi les peuples de l'Italie, sur qui depuis long-temps pesait le joug de l'Autriche. Son premier résultat fut d'engager la cour de Turin à solliciter un armistice; des conférences eurent lieu à Chérasco même, et le prince, terrifié à la fin par nos succès et par les progrès que faisaient en Piémont les doctrines révolutionnaires, s'engagea à rompre avec la coalition, et à envoyer un plénipotentiaire à Paris pour traiter de la paix définitive. Les citadelles de Leva, Coni, Tortone, ou à son défaut Alexandrie, devaient être remises immédiatement à l'armée française, avec leur artillerie et leurs magasins; et les troupes devaient continuer d'occuper tout le terrain qu'elles avaient conquis. Les routes restaient ouvertes dans toutes les directions entre la France et l'armée; l'évacuation de la place de Valenza par les Napolitains et sa remise aux

Français avaient été stipulées. Enfin les milices seraient licenciées, et les troupes régulières disséminées dans les garnisons éloignées des places occupées par nos troupes. »

On voit par ces conditions, que le roi s'empressa d'accepter, combien rapidement la face des affaires avait changé entre la France et le Piémont. Murat partit, porteur du traité, de vingt-et-un drapeaux et d'une lettre où Bonaparte disait au directoire :

« ..... Je marche demain sur Beaulieu, je l'oblige à repasser le Pô, je le passe immédiatement après lui, je m'empare de toute la Lombardie; et avant un mois j'espère être sur les montagnes du Tyrol, trouver l'armée du Rhin, et porter de concert avec elle la guerre dans la Bavière. Ce projet est digne de vous, de l'armée et des destinées de la France. Si vous n'accordez pas la paix au roi de Sardaigne, vous m'en préviendrez d'avance, afin que, si je suis en Lombardie, je puisse me replier et prendre des mesures. Quant aux conditions de la paix avec la Sardaigne, vous pouvez dicter ce qui vous convient, puisque j'ai en mon pouvoir les principales places. Ordonnez que quinze mille hommes de l'armée des Alpes viennent me joindre; cela me fera une armée de quarante-cinq mille hommes, dont il sera possible que j'envoie une partie à Rome. Si vous me continuez votre confiance, et que vous approuviez ces projets, je suis sûr de la réussite; l'Italie est à vous. Vous ne devez pas compter sur une révolution en Piémont; cela viendra..... »

La paix fut signée avec la Sardaigne le 15 mai. Conformément au traité, l'armée d'Italie occupa les places de Coni et d'Alexandrie; celles de Suze, de la Brunetta, d'Exilles, furent démolies. Les deux armées d'Italie et des Alpes se trouvèrent dès-lors presque sur la même ligne, et l'Autriche, qui tremblait d'être bientôt attaquée jusque sur son territoire, réunit tous ses efforts pour défendre Mantoue, véritable clé de l'Italie.

Beaulieu passe le Pô à Valenza le 6; il croit que les Français, à qui le traité de Pavie cède le pont de Valenza, tenteront de ce côté le passage; les mouvemens que Bonaparte ordonne à Masséna d'exécuter en avant d'Alexandrie l'entretiennent dans son erreur; il fait sauter le pont et prépare ses moyens de défense. Pendant ce temps, Bonaparte sort de Tortone avec dix bataillons de grenadiers, sa cavalerie et vingt-quatre pièces de canon; le 7 mai, il arrive à Plaisance à marches forcées, afin de chercher un autre passage sur le Pô. Un pont est jeté, il a deux cent cinquante toises de longueur, et sur cette construction improvisée toute l'armée franchit le fleuve.

Bonaparte écrit alors à Carnot : « Nous avons passé le Pô; la seconde campagne est commencée. Beaulieu est déconcerté, il donne constamment dans les piéges qu'on lui tend : peut-être voudra-t-il donner une bataille. Cet homme a l'audace de la fureur, et non celle du génie. Encore une victoire, et nous sommes maîtres de l'Italie. Je vous fais passer vingt tableaux des premiers maîtres, du Corrège et de Michel-Ange. J'espère que les choses vont bien, pouvant vous envoyer une douzaine de millions à Paris. Cela ne vous fera pas de mal pour l'armée du Rhin. »

Le même jour, un armistice est signé à Plaisance avec le duc de Parme, qui livre aux vainqueurs, outre une foule d'objets d'art précieux et ses trésors que Bonaparte dirige sur Paris, seize cents chevaux, des magasins de blé et de fourrage. Le duc de Modène suivit de près l'exemple du duc de Parme; et son frère, le commandeur d'Est, achète la paix moyennant dix millions, payables, deux millions cinq cent mille livres en denrées et munitions de guerre, et sept millions et demi en vingt tableaux de maîtres.

Beaulieu cependant, pour tenter de couvrir Plaisance, avait fait occuper Fombiero par huit mille Autrichiens; le général Lannes enlève la place à l'ennemi qui se retire à Pizzighitone et se retranche près de Lodi; c'est en le poursuivant que le brave général Laharpe périt par suite d'une fatale méprise. Il était jeune encore, et la patrie fondait sur lui les plus hautes espérances.

Le 10, l'armée marcha contre Beaulieu. Ses grenadiers défendirent vaillamment la chaussée de Lodi, mais culbutés, ils se retirèrent en désordre dans la ville, où les Français entrèrent pêle-mêle avec eux. Beaulieu avait formé sa ligne de bataille de l'autre côté de l'Adda; les fuyards le rejoignent, et au moment où les Français vont passer le pont, Beaulieu démasque vingt pièces de canon. Bonaparte oppose un égal nombre de bouches à feu. Cependant on apprend au quartier-général français que dix mille hommes, commandés par Colli, s'avancent sur Cassano pour y passer l'Adda : Bonaparte se résout aussitôt à traverser le fleuve et à couper le corps autrichien. La cavalerie passe la rivière au-dessus du pont, et, soutenue par une batterie d'artillerie légère, engage l'action sur le flanc droit. Les grenadiers, franchissant le pont au pas de course, se précipitent sur les canons autrichiens dont ils s'emparent. Rompu sur sa ligne, l'ennemi se réfugie à Créma, laissant au pouvoir des Français son artillerie, ses drapeaux et trois mille prisonniers.

Beaulieu, désespéré, abandonne le Milanais, et Bonaparte reçoit à Lodi une députation qui lui apporte les clefs de Milan.

Sur le champ de bataille où il vient de conquérir toute la Lombardie à la République, Bonaparte conçoit de plus vastes projets, et il écrit le 11 à Carnot, directeur de la guerre :

« ...... Bientôt il est possible que j'attaque Mantoue. Si j'enlève cette place, rien ne m'arrête plus pour pénétrer dans la Bavière; dans deux décades je puis être au cœur de l'Allemagne. Ne pourriez-vous pas combiner mes mouvemens avec l'opération de vos deux armées? Je m'imagine qu'à l'heure qu'il est, on se bat sur le Rhin; si l'armistice continuait, l'armée d'Italie serait écrasée. Si les deux armées du Rhin entrent en campagne, je vous prie de me faire part de leur position et de ce que vous espérez qu'elles pourront faire, afin que cela puisse me servir de règle pour entrer dans le Tyrol, ou me borner à l'Adige. Il serait digne de la République d'aller signer le traité de paix, les trois armées réunies, dans le cœur de la Bavière ou de l'Autriche étonnée. Quant à moi, s'il entre dans vos projets que les deux armées du Rhin fassent des mouvemens en avant, je franchirai le Tyrol avant que l'empereur s'en soit seulement douté. »

Ce plan hardi ne fut pas accueilli du directoire : il semblait même que Carnot vît avec crainte Bonaparte concevoir de si vastes projets. De leur cabinet de Paris, les directeurs étaient accoutumés à faire mouvoir les généraux. Une dépêche du 7, adressée au vainqueur de Lodi, était conçue de façon à lui faire comprendre que si ses talens et ses triomphes honoraient la république, ses projets pouvaient en compromettre l'existence. Le directoire annonçait aussi l'intention de diviser en deux l'armée d'Italie, et de confier à Kellermann la garde du Milanais, tandis que Bonaparte agirait sur les côtes de la Méditerranée, à Livourne, à Naples, à Rome. Les pouvoirs confiés aux commissaires Garrau et Salicetti étaient maintenus par la dépêche, qui recommandait la prompte occupation de Livourne.

La réponse de Bonaparte ne se fit pas long-temps attendre, et prenant le ton d'un homme qui a la conscience de sa supériorité et de ses bonnes intentions, il écrivit de Lodi :

Au directoire exécutif.

« Je reçois à l'instant le courrier parti le 18 de Paris. Vos espérances sont réalisées, puisqu'à l'heure qu'il est, toute la Lombardie est à la république. Hier j'ai fait partir une division pour cerner le château de Milan. Beaulieu est à Mantoue avec son armée ; il a inondé tout le pays environnant ; il y trouvera la mort, car c'est le plus malsain de l'Italie.

» Beaulieu a encore une armée nombreuse : il a commencé la campagne avec des forces supérieures ; l'empereur lui envoie dix mille hommes de renfort, qui sont en marche. Je crois très-impolitique de diviser en deux l'armée d'Italie ; il est également contraire aux intérêts de la république d'y mettre deux généraux différens.

» L'expédition sur Livourne, Rome et Naples, est très-peu de chose : elle doit être faite par des divisions en échelons, de sorte que l'on puisse, par une marche rétrograde, se trouver en force contre les Autrichiens, et menacer de les envelopper au moindre mouvement qu'ils feraient. Il faudra pour cela, non-seulement un seul général, mais encore que rien ne le gêne dans sa marche et dans ses opérations. J'ai fait la campagne sans consulter personne; je n'eusse rien fait de bon s'il eût fallu me concilier avec la manière de voir d'un autre. J'ai remporté quelques avantages sur des forces supérieures, et dans un dénûment absolu de tout, parce que, persuadé que votre confiance se reposait sur moi, ma marche a été aussi prompte que ma pensée.

» Si vous m'imposez des entraves de toutes espèces, s'il faut que je réfère de tous mes pas aux commissaires du gouvernement, s'ils ont droit de changer mes mouvemens, de m'ôter ou de m'envoyer des troupes, n'attendez plus rien de bon. Si vous affaiblissez vos moyens, en partageant vos forces, si vous rompez en Italie l'unité de la pensée militaire, je vous le dis avec douleur, vous aurez perdu la plus belle occasion d'imposer des lois à l'Italie.

» Dans la position des affaires de la république en Italie, il est indispensable que vous ayez un général qui ait entièrement votre confiance : si ce n'était pas moi, je ne m'en plaindrais pas, mais je m'emploierais à redoubler de zèle pour mériter votre estime dans le poste que vous me confieriez. Chacun a sa manière de faire la guerre. Le général Kellermann a plus d'expérience et la fera mieux que moi; mais tous les deux ensemble nous la ferons fort mal.

» Je ne puis rendre à la patrie des services essentiels, qu'investi entièrement et absolument de votre confiance. Je sens qu'il faut beaucoup de courage pour vous écrire cette lettre; il serait si facile de m'accuser d'ambition et d'orgueil ! mais je vous dois l'expression de tous mes sentimens, à vous qui m'avez donné dans tous les temps des témoignages d'estime que je ne dois pas oublier.

» Les différentes divisions d'Italie prennent possession

de la Lombardie. Lorsque vous recevrez cette lettre, nous serons déjà en route, et votre réponse nous trouvera probablement près de Livourne. Le parti que vous prendrez dans cette circonstance est plus décisif pour les opérations de la campagne que quinze mille hommes de renfort que l'empereur enverrait à Beaulieu.

» BONAPARTE. »

Cette lettre est datée du 14 mai, et le 15 il faisait à Milan son entrée triomphale. Il vient de parler au directoire le langage d'un politique, il adresse à ses compagnons le discours d'un guerrier qui sait vaincre et régulariser sa conquête :

« SOLDATS !

» Vous vous êtes précipités, comme un torrent, du haut de l'Apennin ; vous avez culbuté, dispersé tout ce qui s'opposait à votre marche.

» Le Piémont, délivré de la tyrannie autrichienne, s'est livré à ses sentimens naturels de paix et d'amitié pour la France.

» Milan est à vous, et le pavillon républicain flotte dans toute la Lombardie. Les ducs de Parme et de Modène ne doivent leur existence politique qu'à votre générosité.

» L'armée qui vous menaçait avec tant d'orgueil ne trouve plus de barrière qui la rassure contre votre courage. Le Pô, le Tésin, l'Adda, n'ont pu vous arrêter un seul jour ; ces boulevards vantés de l'Italie ont été insuffisans, vous les avez franchis aussi rapidement que l'Apennin.

» Tant de succès ont porté la joie dans le sein de la

patrie; vos représentans ont ordonné une fête dédiée à vos victoires, célébrée dans toutes les communes de la république. Là, vos pères, vos mères, vos épouses, vos sœurs, vos amantes, se réjouissent de vos succès, et se vantent avec orgueil de vous appartenir.

» Oui, Soldats ! vous avez beaucoup fait....; mais ne vous reste-t-il rien à faire ?.... Dira-t-on de nous que nous avons su vaincre, mais que nous n'avons pas su profiter de la victoire ? La postérité nous reprochera-t-elle d'avoir trouvé Capoue dans la Lombardie ?.... Mais je vous vois déjà courir aux armes; un lâche repos vous fatigue; les journées perdues pour la gloire le sont pour votre bonheur.... Hé bien ! partons : nous avons encore des marches forcées à faire, des ennemis à soumettre, des lauriers à cueillir, des injures à venger.

» Que ceux qui ont aiguisé les poignards de la guerre civile en France, qui ont lâchement assassiné nos ministres, incendié nos vaisseaux à Toulon, tremblent !.... l'heure de la vengeance a sonné.

» Mais que les peuples soient sans inquiétude ; nous sommes amis de tous les peuples, et plus particulièrement des descendans des Brutus, des Scipion, et des grands hommes que nous avons pris pour modèles.

» Rétablir le Capitole, y placer avec honneur les statues des héros qui le rendirent célèbre, réveiller le peuple romain, engourdi par plusieurs siècles d'esclavage : tel est le fruit de vos victoires; elles feront époque dans la postérité : vous aurez la gloire immortelle de changer la face de la plus belle partie de l'Europe.

» Le peuple français, libre, respecté du monde entier, donnera à l'Europe une paix glorieuse, qui l'indemnisera des sacrifices de toute espèce qu'il a faits depuis six ans : vous rentrerez alors dans vos foyers; et vos concitoyens diront, en vous montrant : *Il était de l'armée d'Italie.*

» Bonaparte. »

L'armée prit quelque repos à Milan. Bonaparte s'occupa avec son activité ordinaire d'organiser l'administration, d'établir des dépôts pour les hommes fatigués et les convalescens : les gardes nationales dans toutes les villes de la Lombardie furent mises sur pied, les autorités furent renouvelées, et la domination française se trouva affermie.

Les populations, séduites par la gloire de nos armes, par la justice et la modération du général en chef, montraient à notre armée les dispositions les plus favorables, principalement dans le Piémont et la Lombardie; mais les prêtres et les partisans de la maison d'Autriche continuaient à exercer une funeste influence sur les paysans et la population pauvre des villes; c'est ce qui explique un évènement qui, à cette époque, pensa avoir de graves conséquences.

Bonaparte était à peine de retour à son quartier-général à Lodi, d'où il se disposait à poursuivre Beaulieu, lorsqu'il apprit qu'il venait d'éclater à Pavie une insurrection dont le contre-coup se faisait sentir à Milan. Aussitôt il part à la tête d'une faible division : il arrive le soir même à Milan; le calme y était rétabli. Il continue en hâte sa route sur Pavie. Huit à dix mille paysans s'y étaient réunis; et, dans l'espoir de se joindre à la garnison autrichienne du château de Milan, une avant-garde s'était avancée jusqu'à Binasco. Lannes l'attaque : Binasco est pris, pillé, brûlé. On espérait par là intimider les insurgés de Pavie; mais au lieu de poser les armes, ils se barricadent dans la ville, et font sonner le tocsin dans tous les villages environnans. Bonaparte n'avait avec lui que quinze cents hommes et six pièces de campagne : les circonstances lui prescrivaient la témérité : il brusqua l'attaque contre une ville de trente mille âmes ; les portes furent enfoncées à coups de canon, et les grenadiers entrèrent au pas de charge.

Les paysans gagnèrent la campagne ; la cavalerie en sabra un grand nombre. Le désordre était extrême dans la ville, le pillage dura quelques heures ; le sort de Pavie, réduite avec cette promptitude, fut une leçon sévère pour l'Italie. Bonaparte s'assura de quelques ôtages, et fit opérer un désarmement général dans la campagne.

La révolte de Pavie, si heureusement réprimée, servit à ouvrir les yeux au Directoire sur la position vraie de l'armée d'Italie. En effet, le plan conçu par le comité de la guerre entraînait après lui la perte de la conquête. Kellermann, avec un faible corps de vingt mille hommes, eût été bientôt contraint, soit par la rupture de la paix de la part de la Sardaigne, soit par un soulèvement des habitans, soit par une irruption de l'Autriche, de repasser les Alpes. Bonaparte, de son côté, aventuré dans la péninsule italique, entre Rome et Naples, se fût trouvé entre l'insurrection fanatique de la haute Italie, et le feu des flottes anglaises. Ces puissantes considérations déterminèrent enfin le directoire à lui écrire le 21 : « Vous paraissez désireux, citoyen général, de continuer à conduire toute la suite des opérations de la campagne actuelle en Italie. Le directoire a mûrement réfléchi sur cette proposition, et la confiance qu'il a dans vos talens et dans votre zèle républicain a décidé cette question en faveur de l'affirmative. Le général Kellermann restera à Chambéry, etc. »

L'armée, tandis que Bonaparte écrasait les insurgés de Pavie, opérait, par les soins de Berthier, un grand mouvement vers le Mincio, et le quartier-général était à Soncino, où l'on n'attendait plus que le général en chef. Dès son arrivée, il fit afficher dans Brescia : « C'est pour délivrer la plus belle contrée de l'Europe, que l'armée française a bravé les obstacles les plus difficiles à surmonter. La victoire, d'accord avec la justice, a couronné ses efforts. Les débris de l'armée ennemie se sont retirés au-delà du Mincio. L'armée française passe, pour les poursuivre, sur le territoire de Venise; mais elle n'oubliera pas qu'une longue amitié unit les deux républiques. La religion, le gouvernement, les propriétés, les usages seront respectés.... Tout ce qui sera fourni à l'armée sera payé en argent, etc.... »

Le sénat vénitien protesta de sa neutralité; mais la perfidie autrichienne le mit dans la plus cruelle position. Beaulieu demanda le passage par Peschiera pour cinquante mille hommes, et s'empara de la place. Bonaparte rendit Venise responsable de son peu de prévision et de sa faiblesse.

Le point capital pour Beaulieu était de conserver Mantoue ; il en avait augmenté les fortifications et approvisionné les magasins; retranché derrière le Mincio, il couvrait la place, et les Français devaient courir de grands dangers en passant le fleuve en présence d'une armée formidable. Cependant le passage s'effectua et donna lieu à une des plus brillantes affaires de la campagne. Voici comment Bonaparte la raconte dans sa dépêche au directoire :

Au quartier-général de Peschiera, le 13 prairial an IV
(1ᵉʳ juin 1796).

« Après la bataille de Lodi, Beaulieu passa l'Adige et le Mincio. Il appuya sa droite au lac Garda, sa gauche sur la ville de Mantoue, et plaça des batteries sur tous les points de cette ligne, afin de défendre le passage du Mincio.

» Le quartier-général arriva le 9 à Brescia; j'ordonnai au général de division Kilmaine de se rendre, avec quinze cents hommes de cavalerie et huit bataillons de grenadiers, à Dezenzano. J'ordonnai au général Rusca de se rendre, avec une demi-brigade d'infanterie légère, à Salo. Il s'agissait de faire croire au général Beaulieu que je voulais le tourner par le haut du lac, pour lui couper le chemin du Tyrol, en passant par Riva. Je tins toutes les divisions de l'armée en arrière, en sorte que la droite, par laquelle je voulais effectivement attaquer, se trouvait à une journée et demie de marche de l'ennemi. Je la plaçai derrière la rivière de Chenisa, où elle avait l'air d'être sur la défensive, tandis que le général Kilmaine allait aux portes de Peschiera, et avait tous les jours, avec les avant-postes ennemis, des escarmouches, dans une desquelles fut tué le général autrichien Liptay.

» Le 10, la division du général Augereau remplaça à Dezenzano celle du général Kilmaine, qui rétrograda à Lonado, et arriva, la nuit, à Castiglione. Le général Masséna se trouvait à Monte-Chiaro, et le général Serrurier à Montze. A deux heures après minuit, toutes les divisions se mirent en mouvement, toutes dirigeant leur marche sur Borghetto, où j'avais résolu de passer le Mincio.

» L'avant-garde ennemie, forte de trois à quatre mille hommes et de dix-huit cents chevaux, défendait l'approche de Borghetto. Notre cavalerie, flanquée par nos carabiniers et nos grenadiers qui, rangés en bataille, la suivaient au petit trot, chargea avec beaucoup de bravoure, mit en déroute la cavalerie ennemie, et lui enleva une pièce de canon. L'ennemi s'empressa de passer le pont et d'en couper une arche : l'artillerie légère engagea aussitôt la canonnade. L'on raccommodait avec peine le pont sous le feu de l'ennemi, lorsqu'une cinquantaine de grenadiers, impatiens, se jettent à l'eau, tenant leurs fusils sur leur tête, ayant de l'eau jusqu'au menton : le général Gardanne, grenadier pour la taille et le courage, était à la tête. Les soldats ennemis croient revoir la fameuse colonne du pont de Lodi : les plus avancés lâchent pied ; on raccommode alors le pont avec facilité, nos grenadiers, en un instant, passent le Mincio, et s'emparent de Valeggio, quartier-général de Beaulieu, qui venait seulement d'en sortir.

» Cependant les ennemis, en partie en déroute, étaient rangés en bataille entre Valeggio et Villa-Franca. Nous nous gardons bien de les suivre ; ils paraissent se rallier et prendre confiance, et déjà leurs batteries se multiplient et se rapprochent de nous ; c'était justement ce que je voulais ; j'avais peine à contenir l'impatience, ou, pour mieux dire, la fureur des grenadiers.

» Le général Augereau passa, sur ces entrefaites, avec sa division ; il avait ordre de se porter, en suivant le Mincio, droit sur Peschiera, d'envelopper cette place, et de couper les gorges du Tyrol : Beaulieu et les débris de son armée se seraient trouvés sans retraite.

» Pour empêcher les ennemis de s'apercevoir du mouvement du général Augereau, je les fis vivement canonner du village de Valeggio ; mais instruit par leurs patrouilles de cavalerie du mouvement du général Augereau, ils se mirent aussitôt en route pour gagner le chemin de Castel-Nuovo : un renfort de cavalerie qui leur arriva les mit à même de protéger leur retraite. Notre cavalerie, commandée par le général Murat, fit des prodiges de valeur ; ce général dégagea lui-même plusieurs chasseurs que l'ennemi était sur le point de faire prisonniers. Le chef de brigade du 10ᵉ régiment de chasseurs, Leclerc, s'est également distingué. Le général Augereau, arrivé à Peschiera, trouva la place évacuée par l'ennemi.

» Le 12, à la pointe du jour, nous nous portâmes à Rivoli ; mais déjà l'ennemi avait passé l'Adige et enlevé presque tous les ponts, dont nous ne pûmes prendre qu'une partie. On évalue la perte de l'ennemi, dans cette journée, à quinze cents hommes et cinq cents chevaux, tant tués que prisonniers. Parmi les prisonniers se trouve le prince de Couffa, lieutenant-général des armées du roi de Naples, et commandant en chef de la cavalerie napolitaine. Nous avons pris également cinq pièces de canon, dont deux de 12 et trois de 6, avec sept ou huit caissons chargés de munitions de guerre. Nous avons trouvé à Castel-Nuovo des magasins, dont une partie était déjà consumée par les flammes. Le général de divison Kilmaine a eu son cheval blessé sous lui.

» Voilà donc les Autrichiens entièrement expulsés de l'Italie. Nos avant-postes sont sur les montagnes de l'Allemagne. Je ne vous citerai pas tous les hommes qui se sont illustrés par des traits de bravoure ; il faudrait nommer tous les grenadiers et carabiniers de l'avant-garde ; ils jouent et rient avec la mort. Ils sont aujourd'hui parfaitement accoutumés avec la cavalerie dont ils se moquent. Rien n'égale leur intrépidité, si ce n'est la gaîté avec laquelle ils font les marches les plus forcées. Ils servent tour à tour la patrie et l'amour.

» Vous croiriez qu'arrivés au bivouac ils doivent au moins dormir. Point du tout : chacun fait son compte ou son plan d'opérations du lendemain, et souvent on en voit qui rencontrent très-juste. L'autre jour, je voyais défiler une demi-brigade ; un chasseur s'approcha de mon cheval : Général, me dit-il, il faudrait faire cela. Malheureux ! lui dis-je, veux-tu bien te taire. Il disparaît à l'instant. Je l'ai fait en vain chercher : c'était justement ce que j'avais ordonné que l'on fît. »

BONAPARTE.

Un de ces évènemens qui échappent à toutes les prévisions de la guerre faillit ravir Bonaparte à son armée au moment même de cette victoire, et enlever à la France l'Italie à moitié conquise.

Au bruit du canon, le général autrichien Sebottendorf accourait de Puzzuolo par la rive gauche ; sans rencontrer d'obstacles, il arriva à Valeggio. Le général en chef venait de s'y établir. L'escorte n'eut que le temps de fermer la porte du château dans lequel il s'était logé, et de crier aux armes. Bonaparte sauta en hâte sur un cheval et se sauva par les jardins. Masséna arriva alors, et tomba sur cette avant-garde, ainsi que sur la division à laquelle elle appartenait.

Cette échauffourée fit sentir la nécessité d'instituer une garde d'hommes d'élite, chargés de veiller spécialement à la sûreté du général. Le corps des *guides* fut alors créé :

Bessière l'organisa et en eut le commandement. Leur uniforme était celui que, à peu de chose près, prirent plus tard les chasseurs de la garde, dont les guides formèrent le noyau. Bonaparte affectionnait singulièrement cet habit ; il le portait encore au moment de sa mort.

Mantoue cependant était toujours au pouvoir de l'Autriche ; et là était pour nous la possession de l'Italie : la prise de cette place était donc naturellement le but vers lequel devaient tendre tous les efforts de Bonaparte. Pour en protéger le siége, Masséna occupe, dès le 3 juin, Vérone, qui commande l'Adige ; l'armée était maîtresse des défilés du Tyrol, et le 4 on attaqua les dehors de la place. Ils furent bientôt enlevés. Le général en chef s'empara de Saint-Georges ; Augereau de la porte de Cérès ; Serrurier se rendit maître de Roverbella et de Pradella ; à la tête de huit mille hommes il eut la garde des positions, observa la citadelle de la Favorite, et tint en échec dans la ville quatorze mille Autrichiens.

Le 5 juin, on vit arriver au quartier-général le prince de Belmonte, qui venait demander un armistice pour le roi de Naples. Cet armistice fut signé le même jour. La division de cavalerie napolitaine, composée de deux mille quatre cents chevaux, quitta aussitôt l'armée autrichienne. Un plénipotentiaire napolitain fut envoyé à Paris pour y traiter de la paix définitive ; et quoique le directoire eût formé le projet de révolutionner Naples, Rome et la Toscane, il adopta la politique de son général, et ratifia le traité.

A cette époque, Beaulieu, qui venait d'éprouver tant de revers, tomba dans la disgrâce, et fut rappelé par la cour de Vienne. Le feld-maréchal Mélas prit par *interim* le commandement de l'armée battue, en attendant que le général Wurmser, nommé à la place de Beaulieu, arrivât en Italie. Le quartier-général de Mélas fut porté à Trente. Ainsi finit cette campagne si mémorable, durant laquelle un général consommé dans l'art de la guerre ne put un seul instant contrebalancer, par sa vieille expérience et par l'assurance que donnent des succès antérieurs, le génie d'un guerrier de vingt-six ans, dont les débuts effaçaient la gloire des plus grands capitaines.

Tandis que le général Mélas s'occupait de rassembler dans les environs de Trente les débris de l'armée de Beaulieu, Bonaparte plaçait les divisions françaises sur la ligne de l'Adige, de manière à couvrir le siége de Mantoue, ainsi que la basse et la moyenne Italie.

Il apprit alors que le ministre d'Autriche à Gênes avait organisé des bandes qui infestaient les routes de la Corniche et du col de Tende. Déjà plusieurs détachemens français avaient été assassinés par les Barbets, et des bataillons entiers avaient dû se battre plusieurs fois pour rejoindre l'armée : le mal n'était plus tolérable.

Bonaparte résolut d'appliquer un remède prompt à ces insurrections : le succès lui semblait facile. Pour le moment il n'avait rien à craindre de l'armée autrichienne, puisque le général Wurmser, qui devait en venir prendre le commandement et y amener un renfort de trente mille hommes, ne pouvait être arrivé sur l'Adige que dans trente ou quarante jours.

En conséquence, le général en chef se rendit d'abord à Milan, et y fit ouvrir la tranchée devant la citadelle; il se porta ensuite à Tortone, d'où il dirigea une colonne, sous les ordres de Lannes, contre les insurgés. Lannes, entré de vive force dans Arquata, où un détachement français avait été massacré, passa par les armes tous les

Barbets réunis, et fit raser le château du marquis Spinola, sénateur génois, principal moteur de tous ces rassemblemens. En même temps, l'aide-de-camp Murat se rendit à Gênes, et exigea du sénat l'expulsion des agens de l'Autriche, et spécialement celle de l'ambassadeur Gérola : ces demandes furent accordées, et l'on organisa immédiatement des colonnes génoises pour purger les routes et escorter les convois français.

D'un autre côté, Augereau passait le Pô, et se rendait à Ferrare et à Bologne. Vaubois réunissait sa division à Modène. La présence des troupes françaises électrisait les habitans de ces contrées, qui appelaient à grands cris la liberté : Bologne surtout se fit remarquer par son enthousiasme ; tout ce qui n'était pas prêtre endossa l'habit militaire. Partout les troupes françaises recevaient un accueil fraternel. Bonaparte, accompagné de Joséphine, qui l'était venue joindre, et dont les grâces et la bonté gagnaient tous les cœurs, traversa au milieu d'une population électrisée Plaisance, Parme, Reggio, Modène, et s'arrêta à Bologne.

La cour de Rome était dans les plus vives alarmes; elle s'empressa d'envoyer un plénipotentiaire pour solliciter un armistice. Les intentions de Bonaparte n'étaient pas de marcher sur Rome, il accéda aux propositions du pape, et l'armistice fut signé le 25 juin. Le pape s'engagea à envoyer un ministre à Paris, pour y traiter de la paix définitive. Bologne, Ferrare et Ancône restèrent provisoirement entre les mains des Français, et le trésor de Rome versa dans celui de l'armée vingt-un millions; il fut en outre convenu que la munificence papale doterait nos musées de cent objets d'arts, au choix des commissaires français. Il fut facile de faire sentir aux peuples, qui n'aimaient pas la domination théocratique, que la paix ne se ferait pas sans que la liberté leur fût garantie. Dès qu'ils en eurent la promesse, les gardes nationales s'armèrent.

Après avoir terminé cette importante opération, qui assurait les flancs de son armée, Bonaparte passa l'Apennin et rejoignit à Pistoïa la division Vaubois. Le bruit de la marche des Français sur la Toscane alarma le grand-duc Manfredi, qui dépêcha son premier ministre au quartier-général. Il fut bientôt tranquillisé par l'assurance que l'armée ne passerait sur son territoire que pour se rendre à Sienne.

Murat commandait l'avant-garde ; il reçut l'ordre, le 29 juin, de tourner brusquement Livourne, et d'y entrer. Il y arriva en huit heures de marches forcées. On espérait y surprendre les négocians anglais, qui avaient dans le port cent bâtimens chargés ; mais prévenus à temps, ils avaient mis à la voile. L'occupation de Livourne et la destruction de la factorerie anglaise porta toutefois un coup sensible au commerce de la Grande-Bretagne.

Le directoire avait enjoint à Bonaparte de prendre des mesures pour arracher la Corse aux Anglais ; il s'empressa de réunir à Livourne tous les réfugiés Corses, et les organisa en un corps de sept cents hommes, qui partirent pour Bastia, précédés par des proclamations. La population guerrière des montagnes se souleva contre les Anglais, et après plusieurs affaires sanglantes, ils furent contraints d'abandonner l'île.

Les troupes françaises ne tardèrent pas à repasser l'Apennin et le Pô, pour se rassembler sur l'Adige. Deux fois elles traversèrent le grand-duché de Toscane, mais elles observèrent la plus exacte discipline, et dans leur marche elles se tinrent éloignées de Florence. Bonaparte, invité par le grand-duc à se rendre dans cette ville, y alla sans escorte.

C'est à Florence qu'il reçut, au milieu d'un dîner chez le grand-duc, l'importante nouvelle de la prise du château de Milan. Il se trouva alors muni d'assez de bouches à feu pour suivre activement le siége de Mantoue.

Bientôt Bonaparte retourna à Bologne pour y mettre à profit les heureuses dispositions des habitans. Il dut encore réprimer les excès auxquels s'étaient portés les paysans de Lugo, révoltés contre des détachemens français. Le général Beyrand, envoyé sur les lieux, y trouva une résistance organisée par quatre à cinq mille paysans qui s'étaient enfermés dans la ville. Pris de vive force, Lugo fut livré au pillage.

Cependant le moment approchait où les Autrichiens allaient se trouver en mesure de reprendre l'offensive. Bonaparte n'avait cessé de demander au directoire que les armées françaises entrassent en campagne sans délai, afin d'empêcher la diversion que Wurmser pourrait faire en Italie, si on le laissait tranquille sur le Rhin; le directoire, après avoir promis de faire opérer ce mouvement vers le 15 avril, l'avait différé de plus de deux mois; et lorsque les armées du Rhin commencèrent à s'ébranler, Wurmser était en marche pour l'Italie, emmenant avec lui trente mille hommes de troupes d'élite. On ne parlait partout que des grands préparatifs de l'Autriche, et ses partisans faisaient circuler les bruits les plus alarmans pour l'armée française. Bonaparte suivait tout de l'œil, non sans quelque inquiétude; pour assurer ses derrières, il se rendit à Milan, et donna une nouvelle activité à l'organisation intérieure de la Lombardie.

Le général Wurmser arriva enfin auprès de Milan : les deux armées réunies formaient, y compris la garnison de Mantoue, un total de quatre-vingt mille hommes, tandis que Bonaparte n'avait que quarante mille soldats à leur opposer. Les Autrichiens et leurs partisans ne doutaient pas que l'Italie ne fût délivrée de l'occupation française avant la fin du mois d'août.

L'armée française se réunit sur l'Adige et sur la Chiesa; le moment d'agir était arrivé : Joséphine, en envisageant les dangers que son époux allait affronter, ne put s'empêcher de répandre des larmes ; Bonaparte, au moment de se séparer d'elle, lui adressa ces paroles prophétiques : *Wurmser va payer cher les pleurs qu'il te fait répandre.*

Wurmser, instruit de la prise du camp retranché de Mantoue, et voyant combien il était urgent de secourir cette place, précipita son mouvement offensif. Divisant son armée en trois corps, il dirigea la droite, forte de trente-cinq mille hommes, par la chaussée de la Chiesa ; le centre, composé de quarante mille hommes, déboucha par Montebaldo et occupa tout le pays entre l'Adige et le lac de Guarda ; enfin la gauche, forte de dix à douze mille hommes, ayant avec elle toute l'artillerie, la cavalerie et les bagages, défila sur la chaussée de Roveredo à Véronne, pour y passer l'Adige et se réunir au centre de l'armée. Wurmser voulait cerner l'armée française, qui, d'après ses suppositions, devait se concentrer vers Mantoue.

La position de Bonaparte devenait à chaque instant plus critique. Son armée, si elle avait à lutter contre les forces autrichiennes réunies, ne pouvait résister, à peine était-on un contre trois ; mais réunie contre chacun des trois corps ennemis, elle pouvait obtenir des succès. Il fallait par une prompte et habile manœuvre amener un tel résultat : le général en chef prit son parti sur-le-champ, il résolut de déconcerter tous les plans de l'ennemi en prenant lui-même l'initiative.

Serrurier, qui commandait le blocus de Mantoue, reçut l'ordre de brûler ses affûts, de jeter ses poudres à l'eau, d'enclouer ses pièces, d'enterrer ses projectiles, et de venir en toute hâte rejoindre l'armée. Dans la nuit du 31 juillet, il avait obéi, et ses troupes arrivaient au quartier-général à Castelnovo.

Ici commence cette suite de victoires que nos soldats nommèrent la campagne de cinq jours : Bonaparte lui-même, dans une dépêche admirable de concision et de clarté, rend compte au directoire de ces glorieux combats :

Au quartier-général à Castiglione, le 19 thermidor an IV
(6 août 1796).

« Les événemens militaires se sont succédés avec une telle rapidité depuis le 11, qu'il m'a été impossible de vous en rendre compte plus tôt.

» Depuis plusieurs jours, les vingt mille hommes de renfort que l'armée autrichienne du Rhin avait envoyés à l'armée d'Italie étaient arrivés ; ce qui, joint à un nombre considérable de recrues et à un grand nombre de bataillons venus de l'intérieur de l'Autriche, rendait cette armée extrêmement redoutable : l'opinion générale était que bientôt les Autrichiens seraient dans Milan.

» Le 11, à trois heures du matin, la division du général Masséna est attaquée par des forces nombreuses ; elle est obligée de céder l'intéressant poste de la Corona. Au même instant une division de quinze mille Autrichiens surprend la division du général Soret à Salo, et s'empare de ce poste important.

» Le général de brigade Guieux, avec six cents hommes de la quinzième demi-brigade d'infanterie légère, se renferme dans une grande maison de Salo, et là brave tous les efforts de l'ennemi, qui le cernait de tous côtés. Le général de brigade Rusca a été blessé.

» Tandis qu'une partie de cette division cernait le général Guieux à Salo, une autre partie descendit sur Brescia, surprit les factionnaires qui s'y trouvaient, fit prisonnières quatre compagnies que j'y avais laissées, quatre-vingts hommes du vingt-cinquième régiment de chasseurs, deux généraux et quelques officiers supérieurs qui étaient restés malades.

» La division du général Soret, qui aurait dû couvrir Brescia, fit sa retraite sur Dozenzano. Dans cette circonstance difficile, percé par une armée nombreuse que ces avantages devaient nécessairement enhardir, je sentis qu'il fallait adopter un plan vaste.

» L'ennemi, en descendant du Tyrol par Brescia et l'Adige, me mettait au milieu. Si l'armée républicaine était trop faible pour faire face aux divisions de l'ennemi, elle pouvait battre chacune d'elles séparément, et par ma position je me trouvais entre elles. Il m'était donc possible, en rétrogradant rapidement, d'envelopper la division ennemie descendue de Brescia, de la prendre prisonnière, de la battre complètement, et, de là, de revenir sur le Mincio, attaquer Wurmser et l'obliger à repasser dans le Tyrol; mais, pour exécuter ce projet, il fallait dans vingt-quatre heures lever le siége de Mantoue, qui était sur le point d'être pris; car il n'y avait pas moyen de retarder six heures. Il fallait, pour l'exécution de ce projet, repasser sur-le-champ le Mincio, et ne pas donner le temps aux divisions ennemies de m'envelopper. La fortune a souri à ce projet, et le combat de Dezenzano, les deux combats de Salo, la bataille de Lonado, celle de Castiglione en sont les résultats.

» Le 12 au soir, toutes les divisions se mirent en marche sur Brescia; cependant la division autrichienne qui s'était emparée de Brescia était déjà arrivée à Lonado.

» Le 13, j'ordonnai au général Soret de se rendre à Salo pour délivrer le général Guieux, et au général Dallemagne d'attaquer et de reprendre Lonado, à quelque prix que ce fût. Soret réussit complètement à délivrer le général Guieux à Salo, après avoir battu l'ennemi, lui avoir pris deux drapeaux, deux pièces de canon et deux cents prisonniers.

» Le général Guieux et les troupes sous ses ordres sont restés quarante-huit heures sans pain, et se battant toujours contre les ennemis.

» Le général Dallemagne n'eut pas le temps d'attaquer les ennemis; il fut attaqué lui-même. Un combat opiniâtre, long-temps indécis, s'engagea; mais j'étais tranquille, la brave trente-deuxième demi-brigade était là. En effet, l'ennemi fut complètement battu; il laissa six cents morts sur le champ de bataille, et six cents prisonniers.

» Le 14, à midi, Augereau entra dans Brescia, nous y trouvâmes tous nos magasins, que l'ennemi n'avait pas encore eu le temps de prendre, et les malades qu'il n'avait pas eu le temps d'évacuer.

» Le 15, la division du général Augereau retourna à Monte-Chiaro; Masséna prit position à Lonado et à Ponte

San-Marco. J'avais laissé à Castiglione le général Valette avec dix-huit cents hommes; il devait défendre cette position importante, et par là tenir toujours la division du général Wurmser loin de moi. Cependant le 15 au soir, le général Valette abandonna ce village avec la moitié de ses troupes, et vint à Monte-Chiaro porter l'alarme, en annonçant que le reste de sa troupe était prisonnier; mais, abandonnés de leur général, ces braves gens trouvèrent des ressources dans leur courage, et opérèrent leur retraite sur Ponte San-Marco. J'ai sur-le-champ, et devant sa troupe, suspendu de ses fonctions ce général, qui déjà avait montré très-peu de courage à l'attaque de la Corona.

» Le général Soret avait abandonné Salo; j'ordonnai au brave général Guieux d'aller reprendre ce poste essentiel.

» Le 16, à la pointe du jour, nous nous trouvâmes en présence : le général Guieux, qui était à notre gauche, devait attaquer Salo; le général Masséna était au centre et devait attaquer Lonado; le général Augereau, qui était à la droite, devait attaquer par Castiglione. L'ennemi, au lieu d'être attaqué, attaqua l'avant-garde de Masséna, qui était à Lonado; déjà elle était enveloppée, et le général Pigeon prisonnier : l'ennemi nous avait enlevé trois pièces d'artillerie à cheval. Je fis aussitôt former la dix-huitième demi-brigade et la trente-deuxième en colonne serrée, par bataillon; et pendant le temps qu'au pas de charge, nous cherchions à percer l'ennemi, celui-ci s'étendait davantage pour chercher à nous envelopper : sa manœuvre me parut un sûr garant de la victoire. Masséna envoya seulement quelques tirailleurs sur les ailes des ennemis, pour retarder leur marche; la première colonne arrivée à Lonado força les ennemis. Le 15ᵉ régiment de dragons chargea les houlans et reprit nos pièces.

» Dans un instant l'ennemi se trouva éparpillé et disséminé. Il voulait opérer sa retraite sur le Mincio ; j'ordonnai à mon aide-de-camp, chef de brigade, Junot, de se mettre à la tête de ma compagnie des guides, de poursuivre l'ennemi, de le gagner de vitesse à Dezenzano, et de l'obliger par là de se retirer sur Salo. Arrivé à Dezenzano, il rencontra le colonel Bender avec une partie de son régiment de houlans, qu'il chargea ; mais Junot, ne voulant pas s'amuser à charger la queue, fit un détour par la droite, prit en front le régiment, blessa le colonel qu'il voulait prendre prisonnier, lorsqu'il fut lui-même entouré ; et après en avoir tué six de sa propre main, il fut culbuté, renversé dans un fossé, et blessé de six coups de sabre, dont on me fait espérer qu'aucun ne sera mortel.

» L'ennemi opérait sa retraite sur Salo : Salo se trouvant à nous, cette division errante dans les montagnes a été presque toute prisonnière. Pendant ce temps Augereau marchait sur Castiglione, s'emparait de ce village ; toute la journée il livra et soutint des combats opiniâtres contre des forces doubles des siennes : artillerie, infanterie, cavalerie, tout a fait parfaitement son devoir, et l'ennemi, dans cette journée mémorable, a été complètement battu de tous les côtés.

» Il a perdu dans cette journée vingt pièces de canon, deux à trois mille hommes tués ou blessés et quatre mille prisonniers, parmi lesquels trois généraux.

» Nous avons perdu le général Beyrand. Cette perte, très-sensible à l'armée, l'a été plus particulièrement pour moi : je faisais le plus grand cas des qualités guerrières et morales de ce brave homme.

» Le chef de la 4ᵉ demi-brigade, Pourailler; le chef de brigade du premier régiment d'hussards, Bourgon; le chef de brigade du vingt-deuxième régiment de chasseurs, Marmet, ont également été tués.

» La 4ᵉ demi-brigade, à la tête de laquelle a chargé l'adjudant-général Verdier, s'est comblée de gloire.

» Le général Donmartin, commandant l'artillerie, a montré autant de courage que de talent.

» Le 17, j'avais ordonné au général Despinois de pénétrer dans le Tyrol par le chemin de Chieso; il devait auparavant culbuter cinq à six mille ennemis qui se trouvaient à Gavardo. L'adjudant-général Herbin eut de grands succès, culbuta les ennemis, en fit un grand nombre prisonniers; mais n'ayant pas été soutenu par le reste de la division, il fut entouré, et ne put opérer sa retraite qu'en se faisant jour au travers des ennemis.

» J'envoyai le général Saint-Hilaire à Salo pour se concerter avec le général Guieux et attaquer la colonne ennemie qui était à Gavardo, pour avoir le chemin du Tyrol libre. Après une fusillade assez vive, nous défîmes les ennemis, et nous leur fîmes dix-huit cents prisonniers.

» Pendant toute la journée du 17, Wurmser s'occupa à rassembler les débris de son armée, à faire arriver sa réserve, à tirer de Mantoue tout ce qui était possible, à les ranger en bataille dans la plaine, entre le village de Scanello, où il appuya sa droite, et la Chiesa, où il appuya sa gauche.

» Le sort de l'Italie n'était pas encore décidé. Il réunit un corps de vingt-cinq mille hommes, une cavalerie nombreuse, et sentit pouvoir encore balancer le destin. De mon côté, je donnai des ordres pour réunir toutes les colonnes de l'armée.

» Je me rendis moi-même à Lonado pour voir les troupes que je pouvais en tirer; mais quelle fut ma surprise, en entrant dans cette place, d'y recevoir un parlementaire qui sommait le commandant de Lonado de se rendre, parce que, disait-il, il était cerné de tous côtés ! Effectivement, les différentes vedettes de cavalerie m'annonçaient que plusieurs colonnes touchaient nos grand's-gardes, et que déjà la route de Brescia à Lonado était interceptée au pont San-Marco. Je sentis alors que ce ne pouvait être que les débris de la division coupée qui, après avoir erré et s'être réunis, cherchaient à se faire passage.

» La circonstance était assez embarrassante : je n'avais à Lonado qu'à peu près douze cents hommes; je fis venir le parlementaire : je lui fis débander les yeux; je lui dis que si son général avait la présomption de prendre le général en chef de l'armée d'Italie, il n'avait qu'à avancer; qu'il devait savoir que j'étais à Lonado, puisque tout le monde savait que l'armée républicaine y était; que tous les officiers-généraux et officiers supérieurs de la division seraient responsables de l'insulte personnelle qu'il m'avait faite; je lui déclarai que si sous huit minutes toute sa division n'avait pas posé les armes, je ne ferais grâce à aucun.

» Le parlementaire parut fort étonné de me voir là, et un instant après toute cette colonne posa les armes. Elle était forte de quatre mille hommes, deux pièces de canon, et cinquante hommes de cavalerie : elle venait de Gavardo, et cherchait une issue pour se sauver; n'ayant pas pu se faire jour le matin par Salo, elle cherchait à le faire par Lonado.

» Le 18, à la pointe du jour, nous nous trouvâmes en présence; cependant il était six heures du matin, et rien ne bougeait encore. Je fis faire un mouvement rétrograde à toute l'armée, pour attirer l'ennemi à nous, du temps que le général Serrurier, que j'attendais à chaque instant, venait de Marcario, et dès-lors tournait toute la gauche de Wurmser. Ce mouvement eut en partie l'effet qu'on en attendait. Wurmser se prolongeait sur sa droite pour observer nos derrières.

» Dès l'instant que nous aperçûmes la division du général Serrurier, commandée par le général Fiorella, qui attaquait la gauche, j'ordonnai à l'adjudant-général Verdière d'attaquer une redoute qu'avaient faite les ennemis dans le milieu de la plaine pour soutenir leur gauche. Je chargeai mon aide-de-camp chef de bataillon, Marmont, de diriger vingt pièces d'artillerie légère, et d'obliger par ce seul feu l'ennemi à nous abandonner ce poste intéressant. Après une vive canonnade, la gauche de l'ennemi se mit en pleine retraite.

» Augereau attaqua le centre de l'ennemi, appuyé à la tour de Solferino; Masséna attaqua la droite; l'adjudant-général Leclerc, à la tête de la 5ᵉ demi-brigade, marcha au secours de la 4ᵉ demi-brigade.

» Toute la cavalerie, aux ordres du général Beaumont, marcha sur la droite, pour soutenir l'artillerie légère et l'infanterie; nous fûmes partout victorieux; partout nous obtînmes les succès les plus complets.

» Nous avons pris à l'ennemi dix-huit pièces de canon, cent vingt caissons de munitions. Sa perte va à deux mille hommes, tant tués que prisonniers. Il a été dans une déroute complète; mais nos troupes, harassées de fatigue, n'ont pu le poursuivre que l'espace de trois lieues. L'adjudant-général Frontin a été tué; ce brave homme est mort en face de l'ennemi.

» Voilà donc en cinq jours une autre campagne finie. Wurmser a perdu dans ces cinq jours soixante-dix pièces de canon de campagne, tous ses caissons d'infanterie, douze à quinze mille prisonniers, six mille hommes tués ou blessés, et presque toutes les troupes venant du Rhin. Indépendamment de cela, une grande partie est encore éparpillée, et nous les ramassons en poursuivant l'ennemi. Tous les officiers, soldats et généraux ont déployé dans cette circonstance un grand caractère de bravoure. »

BONAPARTE.

La garnison de Mantoue s'était hâtée, aussitôt la levée du siége, de détruire les travaux qui environnaient la place : mais les revers de Wurmser ramenèrent bientôt les Français sous ses murs. Cette fois on se borna à un simple blocus dont le général Sahuguet eut la conduite. Quelques engagemens eurent lieu, et la garnison fut refoulée dans l'enceinte de la ville.

Wurmser, retiré dans le Tyrol, s'y était recruté de vingt mille hommes, et s'apprêtait à marcher au secours de Mantoue en traversant les gorges de la Brenta et le Bassanais ; mais Bonaparte, qui avait pénétré son projet, s'empressa de prendre l'offensive, pour battre en détail l'armée autrichienne.

Le quartier-général de Wurmser était encore, au 1er septembre à Trente, tandis que Davidowich, à la tête de vingt-cinq mille hommes, était à Roveredo : Bonaparte lança dans la direction de Trente, la gauche de l'armée, commandée par le général Vaubois, tandis que lui-même, à la tête de la réserve de la cavalerie et des divisions Masséna et Augereau, passa l'Adige au pont de Pola, pour remonter la chaussée de la rive gauche.

L'avant-garde de Vaubois trouva le pont de la Farça défendu par le prince de Reuss. Les Autrichiens furent culbutés et poussés jusqu'à leur camp de Mori. Au même instant Masséna chassait devant lui l'avant-garde de Wurmser.

Le 4 septembre, à la pointe du jour, les armées étaient en présence. L'attaque fut terrible, la résistance opiniâtre. Napoléon cependant, apercevant quelque hésitation dans la ligne ennemie, commande une charge heureuse qui met les Autrichiens en déroute. Français, Autrichiens entrèrent bientôt pêle-mêle dans Roveredo, et ce ne fut que dans un défilé, où le général Davidowich se trouvait en position avec une réserve, que les troupes de Wurmser purent se rallier. Neuf bataillons, se précipitant en colonne serré dans ce défilé, abordèrent si impétueusement l'ennemi, que tout fut culbuté, artillerie, infanterie, cavalerie : sept drapeaux, vingt-cinq pièces de canon et sept mille prisonniers furent le résultat de cette action brillante.

Vaubois, de son côté, avait forcé le camp de Mori : l'armée marcha toute la nuit, et le 5, à la pointe du jour, fit son entrée à Trente. Wurmser se trouva ainsi coupé du Trentin et du Tyrol.

Un seul espoir de salut restait alors au vieux maréchal : il se résolut à sortir promptement des gorges pour réunir toutes ses forces et s'avancer sur Véronne, afin de fermer tous les passages de la Brenta. Mais Bonaparte devine ce projet, et prend sur-le-champ le parti d'aller, à marches forcées, arrêter Wurmser.

Le 6, dès le matin, l'armée française se met en route : il y a vingt lieues de Trente à Bassano ; le 7, les deux avant-gardes se trouvent en présence. Les Autrichiens étaient en position derrière Primolano ; il paraissait impossible de les en déposter; mais rien ne pouvait plus résister à l'armée d'Italie : en un instant Primolano fut emporté, ainsi que le fort de Covolo : la double ligne autrichienne fut enfoncée, et la cavalerie lui coupa la chaussée. Cette avant-garde presque entière posa les armes. Bonaparte fit quatre mille prisonniers, prit douze pièces de canon et une grande quantité de caissons. A la nuit l'armée française bivouaqua au village de Cismone; Bonaparte y arriva sans suite, sans bagages, épuisé de lassitude et de faim : il partagea la ration d'un soldat.

Wurmser cependant réunissait ses forces à Bassano; le général Mezasby, commandant la colonne dirigée sur Mantoue, n'avait pu toutefois le rejoindre encore, lorsque le 8 septembre Bonaparte attaqua la ligne autrichienne. Elle fut enfoncée sur tous les points. A trois heures les Français entraient dans Bassano : on y prit six mille hommes, trente-deux pièces de canon, les drapeaux, les bagages et les équipages de pont.

Wurmser était aux abois : toute communication lui était désormais fermée avec les états héréditaires. Privé de ses équipages de pont, il se trouvait dans l'impossibilité de repasser l'Adige. Il ne peut éviter d'être pris avec sa petite armée : mais il apprend que le détachement qui gardait Legnano a évacué cette place et n'a même pas coupé le pont qui s'y trouve. Il s'y porte rapidement, passe l'Adige sans coup férir, et échappe ainsi, par la négligence ou la lâcheté du commandant de Legnano, à Bonaparte, qui arrivait à Arcole pour le cerner complètement.

Wurmser n'imagina plus d'autre moyen d'échapper aux Français, que de marcher sur Mantoue. On ne pouvait lui opposer dans cette direction que de faibles colonnes; il n'eut pas de peine à obtenir quelques avantages sur elles:

le 11 et le 12 sa cavalerie battit deux de nos divisions ; la garnison de Mantoue sortit alors de la place pour aller au-devant de lui, et toutes ces troupes réunies, au nombre d'environ trente-trois mille hommes, campèrent entre Saint-George et la citadelle, espérant trouver l'occasion de repasser l'Adige et de tenir de nouveau la campagne.

Le 18 l'armée française arriva devant Saint-George. Sa force numérique était à peu près égale à celle de l'ennemi. Le 19 le combat s'engagea vivement ; le général Bon, commandant la division d'Augereau qu'une maladie grave retenait en arrière, fut chargé par la réserve autrichienne et perdit du terrein ; toute la ligne était aux prises, et la victoire flottait incertaine, lorsque Masséna déboucha sur le centre ennemi. Cette manœuvre mit le désordre dans l'armée autrichienne, qui se jeta en toute hâte dans Mantoue, après avoir perdu trois mille hommes, et onze pièces de canon.

Quarante-huit heures après, Wurmser, maître du Séraglio, jeta un pont sur le Pô, et ravitailla la place. Il se maintint quelques jours dans ses positions ; mais enfin le 1er octobre le général Kilmaine entra dans le Séraglio, reprit les postes de Pradella et de Cérèse, et compléta le blocus.

L'armée d'Italie n'avait plus d'ennemis à combattre : la troisième armée autrichienne était détruite ; de soixante-dix mille hommes qui la composaient au 1er juin, il n'en restait plus que seize mille enfermés dans Mantoue avec leur général en chef, et dix mille errans dans le Tyrol sous les ordres de Davidowich et Quasdanowich. Cette armée avait perdu soixante-quinze pièces de canon, trente généraux et vingt-deux drapeaux. Aussi Bonaparte écrivait-il alors au directoire :

« L'armée autrichienne a disparu comme un songe, et l'Italie est aujourd'hui tranquille.

» Les peuples de Bologne, de Ferrare, mais surtout de Milan, ont, pendant notre retraite, montré le plus grand courage et le plus grand attachement à la liberté. A Milan, tandis que l'on disait que les ennemis étaient à Cassano, et que nous étions en déroute, le peuple demandait des armes, et l'on entendait dans les rues, sur les places, dans les spectacles, l'air martial: *Allons, enfans de la patrie.* »

CHAPITRE III.

Sommaire : Organisation des pays conquis. — Batailles d'Arcole, de Rivoli. — Reddition de Mantoue. — Traité de Tolentino. — Guerre d'Allemagne. — Marche sur Vienne. — Les préliminaires de la paix sont signés à Léoben.

1797.

Après ces exploits de géans, le soldat avait besoin de se remettre de ses fatigues ; Bonaparte ne veut pas que son armée s'endorme dans une dangereuse oisiveté ; il craint pour elle les délices de Capoue, mais il lui convient qu'elle goûte cette espèce de repos qui peut se concilier avec la sécurité, et pour le lui procurer, il distribue habilement ses forces dans des cantonnemens d'où elles commandent le pays. Vaubois se retranche sur les bords du Lavisio et occupe Trente ; Masséna s'établit à Bassano et surveille le passage de la Piave ; Augereau garde l'Adige à Vérone ; Kilmaine dirige le blocus de l'imprenable Mantoue, et Bonaparte revient à Milan. Son désir est de mettre un terme à la guerre, et d'assurer d'un même coup, à la France, le prix de ses sacrifices, aux peuples qu'il vient de délivrer du joug de l'Autriche, des institutions et une patrie. Dans ses lettres au Directoire il le presse de constituer définitivement l'Italie en république : « Il faudrait, dit-il, réunir un congrès à Modène et à Bologne, et le composer des députés des états de Ferrare, Bologne, Modène et Reggio. Il faudrait avoir soin qu'il y eût, parmi ces députés, des nobles, des prêtres, des cardinaux, des négocians et de tous les états généralement estimés patriotes : 1° On y arrêterait l'organisation de la légion italienne; 2° on ferait une espèce de fédération pour la défense des communes; 3° ils pourraient envoyer des députés à Paris, pour demander leur liberté et leur indépendance. Cela produirait un très grand effet. Il est indispensable de ne négliger aucun moyen pour répondre au fanatisme de Rome, pour nous faire des amis, et pour assurer nos derrières et nos flancs. »

Ces desseins généreux de Bonaparte ne purent s'accomplir; le Directoire avait à cet égard des idées entièrement opposées aux siennes : ce gouvernement, qui paraissait ne pas comprendre sa haute mission, était tout disposé à traiter avec l'Autriche.

« La politique, disait le Directoire, et nos intérêts bien entendus, nous prescrivent de mettre des bornes à l'enthousiasme des peuples du Milanais, qu'il convient toujours de maintenir dans des sentimens qui nous soient favorables, sans nous exposer à voir prolonger la guerre actuelle par une protection ouverte, et en les encourageant trop fortement à manifester leur indépendance. » Ainsi le Directoire n'offrait qu'une liberté précaire à ces populations si dévouées à la France, et dans ses calculs d'un lâche égoïsme, il se proposait par avance de les abandonner si les revers des armées du Rhin l'obligeaient à faire la paix. Au lieu de servir ces vues étroites, Bonaparte assura la tranquillité de l'Italie, fit fortifier Pizzighitone, Reggio et tous les bords de l'Adda. Les bords de l'Adige furent également fortifiés, et les châteaux de Ferrare et d'Urbain, près Bologne, furent mis en état de défense.

Le blocus de Mantoue se continuait avec la plus stricte rigueur ; la garnison, qui faisait d'abord de fréquentes sorties, affaiblie par les pertes dans les combats et par les maladies, avait cessé ses démonstrations hostiles ; on espérait que le manque de vivres se ferait bientôt sentir et qu'elle se verrait forcée de capituler ; mais les secours que la place avait tirés de Modène, lors de la levée du siège, l'avaient mise en état de tenir plus long-temps qu'on ne croyait ; et l'Autriche qui, prête à se décourager des revers de Beaulieu et Wurmser, venait d'obtenir en Allemagne des succès assez marquans, résolut de tenter de nouveaux efforts pour rétablir ses affaires en Italie.

Le feld-maréchal Alvinzi, détaché de l'armée victorieuse de l'archiduc Charles, avec quarante mille hommes, prit alors le commandement en chef, rallia les débris du corps de Davidowich, et en forma dans le Tyrol un corps de dix-huit mille combattans ; lui-même, après avoir occupé le Frioul, porta son quartier-général à Conegliano, derrière la Piave.

Masséna était, à Bassano, opposé à Alvinzi ; Vaubois, en position sur le Lavisio, protégeait Trente avec dix mille hommes ; Bonaparte était à Vérone avec la cavalerie de réserve et la division Augereau. L'armée française avait reçu un renfort de douze mille hommes ; les soldats, pleins d'ardeur, confians dans leur général, attendaient avec impatience le moment de fondre sur les Autrichiens.

Alvinzi avait résolu d'opérer sa jonction avec Davidowich dans Vérone même, afin de marcher de là sur Mantoue pour délivrer Wurmser et se précipiter ensuite sur Bonaparte avec une armée de quatre-vingt-dix mille hommes. Mais le général républicain, fidèle à sa tactique, se porta le 6 novembre à la rencontre d'Alvinzi.

Masséna attaqua l'avant-garde, et après quatre heures

d'un combat des plus acharnés, il la rejeta sur la rive gauche de la Brenta. Bonaparte, de son côté, repoussait sur Bassano tout ce qui lui était opposé. Mais à deux heures du matin la nouvelle lui parvint que la division Vaubois, débordée et pressée par un ennemi supérieur en nombre, avait évacué la ville de Trente. La sûreté de Vérone se trouvait dès lors compromise; il n'y avait pas à hésiter; Bonaparte abandonna aussitôt son projet de rejeter Alvinzi au-delà de la Piave, pour courir au secours de Vérone; l'armée rétrograda au grand étonnement des habitans, qui venaient d'être témoins de ses succès, et d'Alvinzi, qui se porta en avant. Parvenu au plateau de Rivoli, Bonaparte assembla la division Vaubois : « Soldats, dit-il, je ne suis pas content de vous : vous n'avez montré ni discipline, ni constance, ni bravoure: aucune position n'a pu vous rallier; vous vous êtes abandonnés à une terreur panique; vous vous êtes laissés chasser de positions où une poignée de braves devait arrêter une armée. Soldats de la 39ᵉ et de la 85ᵉ, vous n'êtes pas des soldats français : général chef d'état-major, faites écrire sur les drapeaux : *Ils ne sont plus de l'armée d'Italie.* » Ces reproches n'étaient sans doute pas mérités. *Qu'on nous place à l'avant-garde*, s'écrièrent les soldats. Peu de jours après ils se couvrirent de gloire, et réhabilitèrent leurs drapeaux sous les yeux de toute l'armée.

Malgré l'échec qu'il venait d'éprouver, Alvinzi se trouvait maître du Tyrol et de tout le pays entre la Brenta et l'Adige. Mais sa réunion avec Davidowich dépendait de la prise de Vérone : Bonaparte s'était concentré dans cette place pour s'opposer au passage de l'Adige; les Autrichiens vinrent se déployer devant lui, ayant leur gauche appuyée au marais d'Arcole, et leur droite au mont Olivetto; ils semblaient attendre qu'on leur présentât la bataille.

Le 11 novembre, l'armée française passa les ponts de Vérone, et culbuta l'avant-garde ennemie. La nuit, on prit position au pied de Caldiero. Alvinzi s'était couvert par de très-fortes redoutes; sa gauche semblait inexpugnable. Masséna, jugeant sa droite mal appuyée, l'attaqua à la pointe du jour; le feu s'engagea sur toute la ligne, et se soutint toute la journée, malgré la pluie qui tombait par torrens. L'artillerie française ne pouvant manœuvrer, cette bataille n'eut aucun résultat; les deux armées campèrent sur le terrain; la pluie continua toute la nuit.

Au jour, Bonaparte jugea nécessaire de rentrer dans son camp en avant de Vérone; les avant-postes autrichiens s'avancèrent alors, et la position de l'armée française devint des plus critiques. Vaubois avait fait des pertes considérables; aucun renfort n'était arrivé; les autres corps qui s'étaient battus sur la Brenta et à Caldiero ne comptaient plus que treize mille hommes; le sentiment de la supériorité de l'ennemi était dans toutes les têtes; le soldat se plaignait tout haut; Bonaparte cherchait à relever par ses discours et ses ordres du jour le moral des troupes; mais lui-même n'était pas sans inquiétude : le 14, il terminait ainsi une dépêche au Directoire :

« Toute l'armée est excédée de fatigue et sans souliers : je l'ai reconduite à Vérone, où elle vient d'arriver.

» Aujourd'hui, 24 brumaire, repos aux troupes; demain, selon les mouvemens de l'ennemi, nous agirons. Je désespère d'empêcher la levée du blocus de Mantoue, qui dans huit jours était à nous. Si ce malheur arrive, nous serons bientôt derrière l'Adda, et plus loin s'il n'arrive pas de troupes.

» **Les blessés sont l'élite de l'armée : tous nos officiers supérieurs, tous nos généraux d'élite sont hors de combat;**

tout ce qui m'arrive est si inepte! et ils n'ont pas la confiance du soldat! L'armée d'Italie, réduite à une poignée de monde, est épuisée. Les héros de Lodi, de Millesimo, de Castiglione et de Bassano sont morts pour leur patrie ou sont à l'hôpital; il ne reste plus aux corps que leur réputation et leur orgueil. Joubert, Lannes, Lanusse, Victor, Murat, Charlot, Dupuis, Rampon, Pigeon, Menard, Chabran, sont blessés; nous sommes abandonnés au fond de l'Italie. La présomption de mes forces nous était utile; on publie à Paris, dans des discours officiels, que nous ne sommes que trente mille hommes.

» J'ai perdu dans cette guerre peu de monde, mais tous hommes qu'il est impossible de remplacer. Ce qui me reste de braves voit la mort infaillible, au milieu de chances si continuelles et avec des forces si inférieures. Peut-être, l'heure du brave Augereau, de l'intrépide Masséna, de Berthier, de.... est près de sonner : alors! alors! que deviendront ces braves gens! Cette idée me rend réservé; je n'ose plus affronter la mort, qui serait un sujet de découragement et de malheur pour qui est l'objet de mes sollicitudes.

» Sous peu de jours nous essaierons un dernier effort : si la fortune nous sourit, Mantoue sera pris, et avec lui l'Italie. Renforcé par mon armée de siége, il n'est rien que je ne puisse tenter. Si j'avais reçu la 83e, forte de trois mille cinq cents hommes connus à l'armée, j'eusse répondu de tout! Peut-être, sous peu de jours, ne sera-ce pas assez de quarante mille hommes. »

Ce dernier effort que Bonaparte va tenter, est une de ces conceptions qui naissent de la grandeur du péril, et dont le génie seul est capable : il va sauver son armée, anéantir ses ennemis, et assurer enfin à la république la possession de cette Italie, qui a déjà coûté tant de travaux et de sang, et qui était sur le point de lui échapper.

Le 14 novembre au soir, le camp de Vérone prend les armes; trois colonnes traversent la ville, et vont se former sur la rive droite de l'Adige. L'heure du départ, la direction, le silence, tout annonce aux soldats des dispositions résultant d'une fatale nécessité: l'anxiété se peint sur tous les visages; l'armée française se retirerait devant les vainqueurs de Caldiero! Le siége de Mantoue serait levé! l'Italie serait perdue! Les habitans suivent, le cœur serré, les mouvemens de ces troupes, avec lesquelles ils voient à regret s'évanouir leurs plus chères espérances; la nuit ajoute encore à cette scène de tristesse. Quinze cents hommes seulement restent dans Vérone, sous les ordres du général Kilmaine. Ils ferment les portes de la place, et interceptent toute communication avec la rive gauche de l'Adige, afin de cacher à l'ennemi les mouvemens de l'armée.

Tout-à-coup, au lieu de suivre la route de Peschiera, Bonaparte tourne brusquement à gauche; avant le jour l'armée est au village de Ronco, où le colonel Andreossy vient de jeter un pont : par un simple à gauche, l'armée se trouve sur l'autre rive. Officiers et soldats commencent à comprendre l'intention du général en chef; il veut tourner Caldiero; dans l'impossibilité de lutter en plaine, il porte son champ de bataille sur des chaussées où le courage doit l'emporter sur le nombre; l'espoir rentre dans les cœurs, l'action va s'engager sous les plus heureux auspices; la fortune de Bonaparte et les immenses ressources de son génie inspirent à tous cette confiance sans bornes, à laquelle le succès appartient. Une victoire éclatante couronne les armes de la république, et Bonaparte annonce ce triomphe au Directoire, qui, d'après ses dernières dépêches, devait plutôt s'attendre à la nouvelle d'un désastre. Voici le texte du rapport qu'il adressa alors au gouvernement.

Au quartier-général de Vérone, le 29 brumaire an V.
(19 novembre 1796).

« Je suis si harassé de fatigue, citoyens directeurs, qu'il ne m'est pas possible de vous faire connaître tous les mouvemens militaires qui ont précédé la bataille d'Arcole, qui vient de décider du sort de l'Italie.

» Informé que le feld-maréchal Alvinzi, commandant l'armée de l'empereur, s'approchait de Vérone, afin d'opérer sa jonction avec les divisions de son armée qui sont dans le Tyrol, je filai le long de l'Adige avec les divisions Augereau et Masséna; je fis jeter dans la nuit du 24 au 25 un pont de bateaux à Ronco, où nous passâmes cette rivière : j'espérais arriver dans la matinée à Villa-Nova, et par là enlever les parcs d'artillerie de l'ennemi, ses bagages, et attaquer l'armée ennemie, par le flanc et ses derrières. Le quartier-général du général Alvinzi était à Caldiero; cependant l'ennemi, qui avait eu avis de quelques mouvemens, avait envoyé un régiment de Croates et quelques régimens hongrois dans le village d'Arcole, extrêmement fort par sa position, au milieu de marais et de canaux.

» Ce village arrêta l'avant-garde de l'armée pendant toute la journée. Ce fut en vain que les généraux, sentant toute l'importance du temps, tentèrent à la tête de nos colonnes de passer le petit pont d'Arcole : trop de courage nuisit; ils furent presque tous blessés : les généraux Verdier, Bon, Verne, Lannes, furent mis hors de combat. Augereau, saisissant un drapeau, le porta au-delà du pont;

il resta là plusieurs minutes sans produire aucun effet. Cependant il fallait passer ce pont, ou faire un détour de plusieurs lieues, qui nous aurait fait manquer toute notre opération : je m'y portai moi-même ; je demandai aux soldats s'ils étaient encore les vainqueurs de Lodi ; ma présence produisit sur les troupes un mouvement qui me décida encore à tenter le passage. Le général Lannes, blessé déjà de deux coups de feu, retourna et reçut une troisième blessure plus dangereuse ; le général Vignolle fut également blessé. Il fallut renoncer à forcer de front ce village, et attendre qu'une colonne commandée par le général Guieux, que j'avais envoyée par Albaretto, fût arrivée. Elle n'arriva qu'à la nuit, s'empara du village, prit quatre pièces de canon et fit quelques centaines de prisonniers. Pendant ce temps-là, le général Masséna attaquait une division que l'ennemi faisait filer sur notre gauche ; il la culbuta et la mit dans une déroute complète.

» On avait jugé à propos d'évacuer le village d'Arcole, et nous nous attendions, à la pointe du jour, à être attaqués par toute l'armée ennemie, qui se trouvait avoir eu le temps de faire filer ses bagages et ses parcs d'artillerie, et de se porter en arrière pour nous recevoir.

» A la petite pointe du jour, le combat s'engagea partout avec la plus grande vivacité. Masséna, qui était sur la gauche, mit en déroute l'ennemi et le poursuivit jusqu'aux postes de Caldiero. Le général Robert, qui était sur la chaussée du centre, avec la 65ᵉ, culbuta l'ennemi à la baïonnette et couvrit le champ de bataille de cadavres. J'ordonnai à l'adjudant Vial de longer l'Adige avec une demi-brigade, pour tourner toute la gauche de l'ennemi ; mais ce pays offre des obstacles invincibles ; c'est en vain que ce brave adjudant-général se précipite dans l'eau jusqu'au cou, il ne peut pas faire une diversion suffisante. Je fis, pendant la nuit du 26 au 27, jeter des ponts sur les canaux et les marais : le général Augereau y passa avec sa division. A dix heures du matin nous fûmes en présence : le général Masséna à la gauche, le général Robert au centre, le général Augereau à la droite. L'ennemi attaqua vigoureusement le centre, qu'il fit plier. Je retirai alors la 32ᵉ de la gauche; je la plaçai en embuscade dans le bois, et au moment où l'ennemi, poussant vigoureusement le centre, était sur le point de tourner notre droite, le général Gardanne sortit de son embuscade, prit l'ennemi en flanc et en fit un carnage horrible. La gauche de l'ennemi, étant appuyée à des marais, et par la supériorité du nombre, imposait à notre droite : j'ordonnai au citoyen Hercule, officier de mes guides, de choisir vingt-cinq hommes dans sa compagnie, de longer l'Adige d'une demi-lieue, de tourner tous les marais qui appuyaient la gauche des ennemis, et de tomber ensuite au grand galop sur le dos de l'ennemi en faisant sonner plusieurs trompettes. Cette manœuvre réussit parfaitement; l'infanterie ennemie se trouva ébranlée : le général Augereau sut profiter du moment. Cependant elle résiste encore, quoiqu'en battant en retraite, lorsqu'une petite colonne de huit à neuf cents hommes, avec quatre pièces de canon que j'avais fait filer par Porto-Legnago pour prendre une position en arrière de l'ennemi et lui tomber sur le dos, acheva de la mettre en déroute. Le général Masséna, qui s'était reporté au centre, marcha droit au village d'Arcole, dont il s'empara, et poursuivit l'ennemi jusqu'au village de San-Bonifacio ; mais la nuit nous empêcha d'aller plus avant.

» Le fruit de la bataille d'Arcole est quatre à cinq mille

prisonniers, quatre drapeaux, dix-huit pièces de canon. L'ennemi a perdu au moins quatre mille morts et autant de blessés. Outre les généraux que j'ai nommés, les généraux Robert et Gardanne ont été blessés. L'adjudant-général Vaudelin a été tué. J'ai eu deux de mes aides-de-camp tués, les citoyens Elliot et Muiron, officiers de la plus grande distinction; jeunes encore, ils promettaient d'arriver un jour avec gloire aux premiers postes militaires. Notre perte, quoique très-peu considérable, a été très-sensible, en ce que ce sont presque tous nos officiers de distinction.

» Cependant le général Vaubois a été attaqué et forcé à Rivoli, position importante que mettait à découvert le blocus de Mantoue. Nous partîmes, à la pointe du jour, d'Arcole. J'envoyai la cavalerie sur Vicence à la poursuite des ennemis, et je me rendis à Vérone, où j'avais laissé le général Kilmaine avec 3,000 hommes.

» Dans ce moment-ci, j'ai rallié la division Vaubois; je l'ai renforcée, et elle est à Castel-Novo. Augereau est à Vérone; Masséna sur Villa-Nova.

» Demain j'attaque la division qui a battu Vaubois; je la poursuis jusque dans le Tyrol, et j'attendrai alors la reddition de Mantoue, qui ne doit pas tarder quinze jours. L'artillerie s'est comblée de gloire.

» Les généraux et officiers de l'état-major ont montré une activité et une bravoure sans exemple; douze ou quinze ont été tués; c'était véritablement un combat à mort : pas un d'eux qui n'ait ses habits criblés de balles. »

Cette bataille avait duré trois jours. Le soldat avait repris son assurance : Bonaparte, au lieu de se reposer à Vérone, s'acharna à la poursuite de l'ennemi sur la route de Vicence, et sa cavalerie lui fit perdre beaucoup de monde. Alvinzi se retira à marches forcées sur Montebello. Cette manœuvre permit à l'armée française de prendre quelque répit.

L'armée d'Italie rentra victorieuse dans cette ville, par la porte de Venise, trois jours après en être sortie mystérieusement par la porte de Milan. L'étonnement et l'enthousiasme des habitans étaient au comble; ils reçurent nos soldats comme des libérateurs. Mais Bonaparte ne voulait s'arrêter que quelques momens à Vérone; l'armée passa l'Adige et joignit Vaubois à Rivoli. Augereau attaqua Dolce, fit quinze cents prisonniers, et rejeta Davidowich dans le Tyrol. Sur un autre point Masséna fit sa jonction avec Vaubois, à Castel-Novo, où ce général avait été refoulé par Davidowich, le troisième jour de la bataille d'Arcole.

Après ces glorieux faits d'armes, l'armée avait besoin de quelque repos; le général en chef lui fit prendre des cantonnemens, et lui-même il retourna à Milan. De là sa correspondance avec le Directoire reprit toute son activité. Il était impatient de terminer cette guerre en ne laissant à l'Autriche aucun espoir de la recommencer. Il voulait que l'Italie fût à jamais délivrée du joug qui avait pesé sur elle; il demandait des renforts à cors et à cris; c'était là l'objet de toutes ses dépêches : « Il a fallu, écrivait-il, du bonheur et du bien joué pour vaincre Alvinzi. Comment espérer vaincre, avec les mêmes troupes, Alvinzi, renforcé de trente à trente-cinq mille hommes, tandis que nous n'avons encore reçu que trois mille hommes ?

» La guérison de nos malades est sûrement un avantage, mais les malades de Wurmser se guérissent aussi dans Mantoue.

» Vous m'annoncez dix mille hommes de l'Océan et dix

mille hommes du Rhin ; mais rien de cela n'arrive : il y a cependant six décades de votre annonce. On dit même que la tête de cette colonne de l'Océan a rétrogradé.

» Il paraît, d'après une lettre de l'empereur, qu'une lutte se prépare pour janvier ; faites au moins que les secours qui devaient arriver contre Alvinzi, et dont la victoire d'Arcole nous a mis à même de nous passer, arrivent actuellement, sans quoi vous sacrifiez l'armée la plus attachée à la constitution, et qui, quels que soient les mouvemens que se donnent les ennemis de la patrie, sera attachée au gouvernement et à la liberté, avec le même zèle et la même intrépidité qu'elle a mis à conserver l'Italie à la république.

» Enfin, citoyens directeurs, l'ennemi retire ses troupes du Rhin pour les envoyer en Italie ; faites de même, secourez-nous : il n'y aura jamais que la disproportion trop marquée des ennemis qui pourra nous vaincre. Nous ne vous demandons que des hommes ; nous nous procurerons le reste avec d'autant plus de facilité que nous serons plus nombreux. »

Le Directoire ne se hâtait cependant pas de répondre aux vœux de Bonaparte en le mettant à même de poursuivre ses avantages : était-ce faiblesse ? était-ce indécision ? Était-ce plutôt l'espoir de conclure la paix ? Le général l'ignorait, et le découragement se mettait dans ses troupes.

Pendant cette inaction de l'armée d'Italie, deux grands événemens, arrivés coup sur coup, paraissaient devoir changer la face des affaires politiques en Europe ! d'une part, Catherine, le colosse de la coalition, mourait d'une attaque d'apoplexie, à la veille de signer un traité d'alliance et de subsides avec l'Angleterre, et son fils Paul Ier affectait des opinions favorables aux intérêts de la France; d'un autre côté, lord Malmesbury, après six mois d'inutiles conférences, était congédié par le Directoire; et le 24 novembre une flotte appareillait de Brest pour transporter une armée en Irlande sous les ordres de Hoche. Une tempête dispersa malheureusement cette flotte, qui devait arracher à l'Angleterre sa plus belle province, et en former contre elle une puissance politique et maritime. Quelques débris de cette expédition furent jetés sur la plage irlandaise. Le général Humbert, le même que l'on a vu plus tard servir la cause de la liberté dans le Nouveau-Monde, osa avec eux tenter une entreprise désespérée. A la tête d'une poignée de braves, il marcha sur Dublin, en appelant les peuples à l'insurrection; Londres trembla. On envoya une armée pour réduire le général français; il combattit, fut vaincu, et eut la gloire de dicter les conditions d'une capitulation que l'admiration de l'Angleterre changea en un véritable triomphe.

Vers la même époque, le général Clarke reçut du Directoire des pouvoirs pour traiter de la paix avec Alvinzi; la cour de Vienne éluda cette négociation, qui n'eut d'autre résultat que de traîner les affaires en longueur et de donner à Alvinzi, qui, après la bataille d'Arcole, s'était retiré sur la Brenta, le temps de réparer ses pertes.

L'armée française reçut vers la fin de décembre de légers renforts, qui portèrent à peine son effectif à quarante-trois mille hommes, dont trente-un mille seulement étaient à l'armée d'observation sur l'Adige. L'armée autrichienne se proposait d'opérer sur deux points distincts: le premier était celui de Vérone; l'autre le bas Adige. Le quartier-général d'Alvinzi était à Roveredo; ce général avait quarante-cinq mille soldats : Provera commandait à Padoue une autre armée de vingt mille hommes.

L'évêque de Rome, après avoir rompu perfidement les négociations qu'il avait entamées, dirigea contre nos troupes un corps de cinq mille hommes appuyés par toute cette immense population des états romains qui n'attendait qu'un avantage des forces autrichiennes pour voler au meurtre et au pillage, sous le prétexte de venger la religion.

Bonaparte est ainsi dans une situation des plus critiques. Il lui faut vaincre ou périr. De la chaîne du Tyrol à la ville des sept collines, le champ de bataille est immense; cependant il devient pour lui indispensable de balayer cet espace, et il n'a que trente mille soldats; trente mille contre cent mille hommes de troupes aguerries ! Malheur à lui, s'il succombe ! L'Italie, maudite depuis les revers de François Ier à Marignan, sera encore le tombeau des Français !

Le 12 janvier, une nouvelle campagne s'ouvrit. Masséna, attaqué à Saint-Michel par une division de Provera, la culbuta et lui fit neuf cents prisonniers : Bonaparte, au premier bruit du canon, s'était mis en route, il arriva sur la fin de l'action.

Par une habile politique, il avait organisé plusieurs bataillons d'Italiens; il les fit camper sur les frontières de la Transpadane, avec trois mille Français tirés de Bologne, et les opposa ainsi à l'armée pontificale.

Dans la nuit du 13, Bonaparte fit concentrer toutes ses troupes sur Rivoli : la division Augereau seule fut dirigée sur le bas Adige pour disputer le passage de ce fleuve au général Provera.

A deux heures du matin, Bonaparte était sur le plateau de Rivoli : il fit engager par Joubert la fusillade avec une des colonnes ennemies ; au point du jour, celle-ci était repoussée. Une seconde colonne pressa sa marche vers le plateau ; en moins d'une heure Masséna la rompit ; une troisième courut au secours de celle engagée ; mais l'artillerie française la mitrailla, et la cavalerie, chargeant au même instant, culbuta tout ce qui s'opposait à son attaque, dans le ravin. Infanterie, artillerie, cavalerie, tout fut pris. La quatrième colonne autrichienne se déployait en ce moment sur les hauteurs de Pipolo, croyant avoir tourné l'armée française. Il n'était plus temps ; elle n'arriva que pour être témoin des désastres des trois colonnes qui l'avaient précédée. Mitraillée, débordée, elle fut dispersée et détruite à son tour. Le reste de l'armée d'Alvinzi devint inutile ; il opéra sa retraite par l'Escalier et perdit beaucoup de monde. La bataille de Rivoli fut une des plus terribles de la campagne ; Bonaparte, entouré plusieurs fois, eut deux chevaux tués sous lui. Il prit à l'ennemi sept mille prisonniers, douze pièces de canon et huit drapeaux.

Cependant, le même jour, le général Provera, avec ses vingt mille hommes, avait passé l'Adige près de Legnano : il croyait arriver à Mantoue, battre les sept mille hommes de Serrurier, et échapper à Bonaparte, qu'il savait occupé à Rivoli. A deux heures seulement, au fort de la bataille, Bonaparte apprend par une dépêche d'Augereau la marche de Provera. Son parti est arrêté aussitôt : il laisse à Masséna, à Murat, à Joubert, le soin de poursuivre Alvinzi, et prenant avec lui quatre demi-brigades, se met en marche sur Mantoue. De Rivoli à cette ville, on compte treize lieues ; Provera a vingt-quatre heures d'avance : Bonaparte force en vain sa marche ; il est probable que Provera va lui faire perdre tout le fruit de sa victoire en se joignant aux vingt mille hommes de Wurmser. En effet, au moment où les Français arrivent à Roverbella, Provera vient se présenter devant Saint-George. Bonaparte frémit : il sait que Saint-George, ce faubourg de Mantoue, n'a qu'une très-faible garnison, et qu'un fossé seul le défend : le brave Miollis, d'ailleurs, qui occupe Saint-George avec quinze cents hommes, est bien loin de craindre une attaque du côté de l'Adige, où se trouve Augereau; il n'observe que le côté de Mantoue.

Provera s'avance avec précaution : il se fait éclairer par des hussards couverts de manteaux semblables à ceux de nos hussards Berchini. Déjà ceux-ci vont franchir la barrière. Miollis et ses soldats sont perdus : le coup-d'œil d'un sergent les sauve. Il voit approcher ces hussards ; il remarque que leurs manteaux sont neufs; ceux de Berchini ont fait la campagne. Il pousse la barrière, saisit un tambour et donne l'alarme. Miollis accourt, et, quoique Provera attaque le faubourg de tous les côtés à la fois, ses quinze cents braves se défendent toute la journée, et donnent le temps au général en chef d'arriver à leur secours.

Provera cependant est parvenu à communiquer avec le maréchal Wurmser, et ils ont concerté leurs opérations du lendemain.

Le 16 janvier, dès que le jour paraît, Wurmser sort de Mantoue à la tête de la garnison, et prend position à la Favorite. Bonaparte avait, dans la nuit, placé sa division de manière à empêcher la jonction de cette garnison avec le corps de Provera. Serrurier, avec les troupes du blocus, attaque Wurmser, et le général en chef marche contre l'armée de secours. C'est à cette bataille que la 55ᵉ demi-brigade acquit le nom de la *terrible*, en abordant la ligne autrichienne, et en renversant tout ce qui tenta de lui résister.

Au bout de quelques heures, la garnison était rejetée dans la place, et Provera, forcé de poser les armes, signait une capitulation. Deux mille hommes seulement parvinrent à s'échapper. Joubert, le même jour, battait Alvinzi, près de Rivoli, et lui prenait sept mille hommes. Les troupes françaises occupèrent aussitôt Trente, Bassano et Trévise. Les débris de l'armée autrichienne ne trouvèrent d'abri que derrière la Piave, ou au milieu des neiges du Tyrol.

En vingt jours l'Autriche venait de perdre trente-cinq mille hommes, dont vingt-cinq mille prisonniers; soixante pièces de canon et vingt-quatre drapeaux.

Mantoue, le constant objet des efforts des Français, le boulevard de l'Italie, ne pouvait tenir long-temps, abandonnée à ses propres ressources. On savait que la garnison était réduite à demi-ration. Wurmser tint pourtant encore tout le mois de janvier. Bonaparte lui fit en vain connaitre le résultat de cette campagne de huit jours, et le somma de se rendre. Ce ne fut que lorsqu'il ne lui restait plus que trois jours de vivres, qu'il envoya le général Klénau au quartier-général, pour connaitre les conditions qu'on lui ferait. Bonaparte respecta l'âge, la bravoure et les malheurs de Wurmser, il lui accorda au-delà de tout ce qu'il pouvait espérer. Vingt mille hommes, dont douze mille combattans; trente-quatre généraux, ainsi que tout l'état-major du maréchal, défilèrent devant le général Serrurier. Bonaparte n'avait pas voulu assister à ce spectacle si flatteur : après avoir dicté la capitulation, il avait écrit à Wurmser : « Voilà les conditions que je vous accorde si vous ouvrez vos portes demain : si vous tardez quinze jours, un mois, deux mois, vous aurez toujours les mêmes conditions; vous pouvez attendre jusqu'à votre dernier morceau de pain. Je pars à l'instant pour passer le Pô, et je marche sur Rome.... »

Wurmser, vivement touché des procédés de son vainqueur, lui écrivit pour lui exprimer toute sa reconnaissance; il lui fit même offrir de passer le Pô à Mantoue; mais Bonaparte refusa, et partit, voulant épargner au vieux maréchal la douleur de remettre son épée aux mains d'un vainqueur de vingt-sept ans. Peu de temps après, Wurmser lui fit donner avis que le pape avait résolu de le faire empoisonner. Bonaparte prit ses précautions, et la trame ourdie par le saint-pontife fut heureusement déjouée.

Mantoue étant rendue, Bonaparte envoya au Directoire les drapeaux pris à l'ennemi dans ces mémorables campagnes. Le général Bessières, commandant des guides, en présenta soixante-onze pris sur les champs de bataille, et le général Augereau en apporta soixante trouvés dans Mantoue. La vue de ces trophées excita en France de vifs transports d'admiration pour l'armée d'Italie et pour le jeune général qui l'avait si constamment conduite à la victoire.

Bonaparte était maintenant en mesure d'infliger au pape le châtiment que méritait sa perfidie : il ordonna au citoyen Cacault, ministre de la république près la cour de Rome, de se retirer à Florence, et se mit aussitôt en mesure d'envahir les états romains : la nouvelle campagne ne devait être ni longue ni glorieuse; les troupes du pape étaient peu formidables.

Dès le lendemain de la capitulation de Mantoue, le 3 février, le général Victor passa le Pô et se rendit à Bologne, où le général en chef arriva bientôt : il annonça ses

intentions dans cette proclamation laconique : « L'armée
» française va entrer sur le territoire du pape; elle sera
» fidèle aux maximes qu'elle professe : elle protégera la
» religion et le peuple. Le soldat français porte d'une main
» la baïonnette, sûr garant de la victoire, et de l'autre le
» rameau d'olivier, symbole de la paix et gage de sa pro-
» tection. Malheur à ceux qui, séduits par des hommes
» profondément hypocrites, attireront sur leurs maisons
» la vengeance d'une armée qui, en six mois, a fait cent
» mille prisonniers des meilleures troupes de l'empereur,
» pris quatre cents pièces de canon de bataille, cent dix
» drapeaux, et détruit cinq armées. »

L'armée n'était forte que de neuf mille hommes. Bonaparte lui fit connaître par l'ordre du jour suivant, les motifs qui le forçaient d'entreprendre cette expédition :

« 1° Le pape a refusé d'observer les conditions de l'armistice qu'il avait conclu; 2° la cour de Rome n'a pas cessé d'armer et d'exciter les peuples à la croisade, par ses manifestes; 3° elle a entamé des négociations hostiles contre la France avec la cour de Vienne; 4° le pape a confié le commandement de ses troupes à des officiers-généraux envoyés par la cour de Vienne; 5° il a refusé de répondre aux demandes officielles qui lui ont été faites par le citoyen Cacault, ministre de la république française; 6° le traité d'armistice a été rompu et violé par la cour de Rome, etc. »

Les troupes papales occupaient la rive droite du Senio. Le 4, à cinq heures du matin, l'avant-garde, sous les ordres de Lannes, passa la rivière à gué, et, à la pointe du jour, se trouva rangée en bataille sur les derrières de l'ennemi. Le général Lahoz traversa le pont en colonne serrée : dès le premier choc, cette multitude, armée par le cardinal Busca, fut dans une déroute complète; artillerie, bagages, tout fut pris. Quelques moines fanatiques se firent sabrer, le crucifix à la main; la troupe de ligne fut faite prisonnière.

Aussitôt Victor marcha sur Faenza : retranché derrière des barricades qu'il croyait inexpugnables, le peuple de cette ville insultait et provoquait les Français avec une fureur qui tenait du délire. Il fallut briser les portes et entrer de vive force. Les soldats demandaient que Faenza fût livrée au pillage; le général en chef s'y opposa. Il fit rassembler tous les prisonniers dans le jardin d'un couvent. Ces malheureux se croyaient perdus; Bonaparte leur accorda la vie et même la liberté; il traita de la même manière la plupart des prisonniers faits au combat de Senio; les officiers appartenaient aux premières familles de Rome; Bonaparte les renvoya dans leurs foyers, en les assurant de sa ferme résolution de protéger l'Italie et le Saint-Père. Ces officiers, touchés de sa générosité, répandirent de tous côtés les proclamations dont il les chargea; et le peuple des états romains devint bientôt favorable aux Français, qui furent reçus avec des démonstrations de joie à Forli, à Césène, à Rimini, à Pesaro et à Sinigaglia.

Cependant Colli, avec ses trois mille hommes, s'était retranché dans une forte position, près d'Ancône, et paraissait déterminé à s'y défendre : à l'approche des colonnes de Victor, il se retira pour s'établir à Lorette. Le général Victor le somma de se rendre; mais pendant les pourparlers, le général autrichien et son état-major disparurent : les troupes françaises et italiennes, débordant l'armée papale, l'entourèrent et lui firent mettre bas les armes.

Bonaparte entra dans Ancône et y établit aussitôt la liberté des cultes et l'égalité des droits politiques. Le peuple de cette ville, livré à la superstition, courait en foule se prosterner aux pieds d'une madone, qui, au dire des prêtres, versait des larmes, tant elle était affligée de l'arrivée des Français, qu'ils représentaient comme des hérétiques et des impies. Le général en chef ordonna à Monge de vérifier ce miracle : la madone fut apportée au quartier-général, et l'on reconnut que le peuple était trompé par une illusion d'optique adroitement ménagée à l'aide d'un verre. Le lendemain la madone fut replacée dans sa niche, mais elle ne pleura plus.

Six jours après son premier mouvement, l'armée française campa à Notre-Dame de Lorette, si fameuse par la *casa santa* que les anges y apportèrent. Le pape avait prudemment fait enlever les trésors de la madone. On y trouva cependant un million environ en objets d'or et d'argent. Quelques mois auparavant, Bonaparte avait reçu du Directoire une instruction qui lui enjoignait de partir de Gênes ; « pour enlever la *casa santa*, et les trésors que la » superstition y amasse depuis quinze siècles; on les éva- » lue à dix millions sterling. » Pour répondre au vœu du Directoire, Bonaparte lui expédia la madone de bois peint, en exprimant ironiquement le regret que les deux cent cinquante millions eussent été enlevés.

Le retour des prisonniers de Faenza jeta dans la consternation la cour de Rome. Le parti de la liberté exprima hautement ses espérances et ses vœux. Le sacré collége ne voyant plus dès-lors d'espérance de salut que dans la fuite, fit en quelques jours toutes les dispositions nécessaires pour se retirer à Naples. C'est alors que Bonaparte, qui, à son passage à Césène, avait distingué le général des camaldules, et savait l'influence que ce religieux exerçait sur l'esprit du Saint-Père, le lui dépêcha porteur de propositions honorables. Le général en chef assurait S. S. de son respect, et lui offrait, s'il consentait à chasser le cardinal Busca, d'envoyer des plénipotentiaires à Tolentino pour y conclure une paix définitive. Le pape, dont les voitures étaient déjà attelées quand le messager arriva au Vatican, se hâta de confier la direction des affaires au cardinal Doria.

Dans cette occurrence, Bonaparte agit contrairement aux intentions du Directoire, qui lui avait enjoint d'occuper la capitale du monde chrétien, et d'en chasser un ennemi sur la foi de qui la république ne pouvait se reposer. Malgré ces instructions formelles qui lui prescrivaient d'anéantir une puissance dont la réalité temporelle outrageait la raison du siècle, Bonaparte, probablement sous l'influence des idées italiennes inculquées à son premier âge, conclut à Tolentino un traité que Pie VI ratifia le 23 février. Le pape abandonna ses droits sur Avignon et le comtat Venaissin, céda les légations de Bologne, de Ferrare et de la Romagne, ainsi que la ville, la citadelle et le territoire d'Ancône. Il s'engagea aussi à payer seize millions qui restaient à solder pour l'armistice de Bologne, et quinze autres millions pour la paix qui lui était octroyée. Un article spécial obligea le pape à faire désavouer à Paris l'assassinat de Basseville, par un envoyé extraordinaire, et à payer à sa famille une somme de trois cent mille francs; l'école française des beaux-arts fut aussi rétablie aux frais du saint siége.

Bonaparte dédaigna de faire une entrée triomphale dans Rome, peut-être fut-il retenu par quelque crainte superstitieuse; quoi qu'il en soit, il retourna sur le champ à

Mantoue, et la métropole de la chrétienté est peut-être la seule des capitales de l'Europe où il n'ait pas établi son quartier-général. Plus tard, il faut croire qu'il n'aurait pas eu les mêmes scrupules, et lorsqu'il donna à son fils le titre de roi, il est à présumer que sa vénération pour la tiare s'était singulièrement affaiblie...

A la nouvelle de la prise de Mantoue et de la destruction de l'armée d'Alvinzi, l'effroi s'empara de la cour de Vienne. Les états héréditaires étaient menacés, et tandis que, vainqueur sur le Rhin, le prince Charles enlevait Kehl et se disposait à envahir les frontières de la république, l'armée d'Italie pouvait se porter sur Vienne, dont les avenues étaient ouvertes devant elle.

Il s'agissait d'arrêter à temps le vainqueur de Wurmser et d'Alvinzi. Ce fut au prince Charles lui-même que l'Autriche confia cette tâche. L'élite des armées du Rhin marcha donc sous ses ordres et arriva rapidement sur le Tagliamento, qui devint le point de ralliement des forces impériales.

Le Directoire, de son côté, songea enfin à augmenter l'armée d'Italie, qui n'avait pas remporté tant de victoires sans être considérablement affaiblie. Il ordonna à une division de l'armée de Sambre-et-Meuse et à une division de l'armée du Rhin de passer les Alpes : ces renforts toutefois éprouvèrent des retards dans leur marche, et ce ne fut qu'au retour de Tolentino que Bonaparte put les passer en revue. Bernadotte commandait la division de Sambre-et-Meuse, Delmas celle du Rhin ; elles ne se composaient effectivement que de dix-neuf mille hommes, mais c'étaient là des troupes belles, braves et bien disciplinées : en arrivant sur les rives du Tagliamento, Bernadotte n'eut qu'un mot à leur dire : *Soldats de Sambre-*

et-Meuse, l'armée d'Italie vous regarde. De ce jour, Bonaparte se trouva en état de tout entreprendre, et de forcer l'Autriche à renoncer à l'alliance de l'Angleterre.

Le quartier-général de l'archiduc, d'abord à Inspruck, était porté à Goritz. Il avait sous ses ordres cinquante mille hommes, tant dans le Tyrol que dans la Piave : quarante mille hommes s'avançaient d'une autre part pour le rejoindre. Bonaparte résolut d'attaquer son adversaire avant de lui laisser prendre un si grand avantage numérique.

Le Directoire, en refusant de ratifier le traité de Bologne, avait porté un coup sensible à l'armée d'Italie, et l'espérance qu'avait conçue son général d'ouvrir la campagne avec soixante-dix mille hommes, se trouvait déçue. La Sardaigne ne dut plus lui fournir son contingent de troupes ; et Venise, non-seulement se refusa à toute proposition d'alliance, mais encore manifesta des dispositions hostiles. Il fallut laisser sur l'Adige dix mille hommes pour imposer à l'oligarchie vénitienne. Ainsi l'armée active se trouvait réduite à cinquante mille hommes, et Bonaparte allait avoir à lutter contre la première renommée militaire de l'Europe.

Avant d'entreprendre les opérations de cette campagne, qui semblait devoir être décisive, il voulut faire entendre encore à ses soldats cette voix qui les électrisait :

« Soldats de l'armée d'Italie,

« La prise de Mantoue vient de finir une campagne qui vous a donné des titres éternels à la reconnaissance de la patrie.

« Vous avez remporté la victoire dans quatorze batailles rangées et soixante-dix combats; vous avez fait plus de cent mille prisonniers, pris à l'ennemi cinq cents pièces de canon de campagne, deux mille de gros calibre, quatre équipages de pont.

« Les contributions mises sur les pays que vous avez conquis, ont nourri, entretenu, soldé l'armée, pendant toute la campagne; vous avez en outre envoyé trente millions au ministre des finances pour le soulagement du trésor public.

« Vous avez enrichi le Muséum de Paris de plus de trois cents objets, chefs-d'œuvre de l'ancienne et nouvelle Italie, et qu'il a fallu trente siècles pour produire.

« Vous avez conquis à la république les plus belles contrées de l'Europe; les républiques Lombarde et Cispadane vous doivent leur liberté; les couleurs françaises flottent pour la première fois sur l'Adriatique, en face et à vingt-quatre heures de navigation de l'ancienne Macédoine; les rois de Sardaigne, de Naples, le pape, le duc de Parme, se sont détachés de la coalition de nos ennemis, et ont brigué notre amitié; vous avez chassé les Anglais de Livourne, de Gênes, de la Corse; mais vous n'avez pas encore tout achevé, une grande entreprise vous est réservée : c'est en vous que la patrie met ses plus chères espérances : vous continuerez à en être dignes.

« De tant d'ennemis qui se coalisèrent pour étouffer la république à sa naissance, l'empereur seul reste devant nous. Se dégradant lui-même du rang d'une grande puissance, ce prince s'est mis à la solde des marchands de Londres; il n'a plus de politique, de volonté, que celle de ces insulaires perfides, qui, étrangers aux malheurs de la guerre, sourient avec plaisir aux maux du continent.

« Le Directoire exécutif n'a rien épargné pour donner la paix à l'Europe ; la modération de ses propositions ne se ressentait pas de la force de ses armées : il n'avait pas consulté votre courage, mais l'humanité et l'envie de vous faire rentrer dans vos familles ; il n'a pas été écouté à Vienne ; il n'est donc plus d'espérances pour la paix qu'en allant la chercher dans le cœur des états héréditaires de la maison d'Autriche. Vous y trouverez un brave peuple, accablé par la guerre qu'il a eue contre les Turcs et par la guerre actuelle. Les habitans de Vienne et des états de l'Autriche gémissent sur l'aveuglement et l'arbitraire de leur gouvernement ; il n'en est pas un qui ne soit convaincu que l'or de l'Angleterre a corrompu les ministres de l'empereur. Vous respecterez leur religion et leurs mœurs ; vous protégerez leurs propriétés ; c'est la liberté que vous apporterez à la brave nation hongroise.

» La maison d'Autriche, qui, depuis trois siècles, va perdant à chaque guerre une partie de sa puissance, qui mécontente ses peuples en les dépouillant de leurs priviléges, se trouvera réduite, à la fin de cette sixième campagne (puisqu'elle nous contraint à la faire), à accepter la paix que nous lui accorderons, et à descendre, dans la réalité, au rang des puissances secondaires, où elle s'est déjà placée en se mettant aux gages et à la disposition de l'Angleterre. »

Cette proclamation devait enflammer tous les cœurs : depuis le tambour jusqu'au général, chacun se sentait grandi par son enthousiasme pour les résultats d'une guerre dont le dénouement serait si beau. Dans cette proclamation tout était vrai. Nos armées républicaines se battaient alors en effet pour donner la liberté aux peuples ; leurs chefs, dégagés d'ambition, voulaient seulement la gloire pour nos armes, l'indépendance pour nos voisins.

Sous le feu de l'ennemi, Masséna, le premier, passa la Piave à Saint-Damien, et battit la division du général Lusignan, qu'il fit prisonnier. Serrurier, Guieux, effectuèrent aussi le passage et tournèrent toutes les divisions qui défendaient la basse Piave. Le quartier-général fut porté à Conegliano : l'ennemi nous attendait dans les plaines de Tagliamento, favorables au déploiement de sa nombreuse cavalerie. Bonaparte le laissa sur ce champ de bataille de son choix, et fit rapidement ses dispositions.

Le 16 mars, dès neuf heures du matin, les deux armées se trouvaient en présence. La canonnade s'engagea d'une rive à l'autre. L'armée française, voyant l'ennemi trop bien préparé, cessa son feu, et établit son bivouac : l'archiduc crut qu'elle prenait position : il fit un mouvement en arrière, et rentra dans son camp. Mais, deux heures après, quand tout fut tranquille, l'armée française reprit subitement les armes, et se précipita dans la rivière. L'ennemi accourut pour s'opposer au passage; il n'était plus temps : la première ligne avait traversé le Tagliamento dans le plus bel ordre, et était déjà rangée en bataille sur la rive gauche. La seconde ligne passa la rivière, protégée par les troupes qui l'avaient précédée. Après plusieurs heures de combat, l'ennemi se voyant tourné, battit en retraite, abandonnant au vainqueur huit pièces de canon et des prisonniers.

Masséna s'était emparé de la chaussée de la Ponteba. L'archiduc ne pouvant plus se retirer par la Carinthie, puisque Masséna était à Osopo, résolut de gagner la chaussée de la Ponteba, par Tarvis. Masséna n'était qu'à deux journées de Tarvis; aussi l'archiduc courut-il de sa personne à Clagenfurt, se mettre à la tête de la division de grenadiers qui s'y trouvait, et prit position pour arrêter Masséna. Ce général ayant reçu l'ordre de marcher tête baissée sur Tarvis, s'y porta en toute hâte. Le combat fut opiniâtre; de part et d'autre on sentait l'importance d'être vainqueur. Le prince autrichien se prodigua de sa personne, et fut sur le point d'être pris. Le général Brune déploya la plus grande valeur. Les Autrichiens furent rompus, et ne purent opérer aucune retraite; les débris de ces divisions coururent se rallier à Villach, derrière la Drave, en abandonnant Tarvis.

Du champ de bataille de Tagliamento, le général Guieux s'était dirigé sur Udine, par la chaussée d'Isonzo; il avait eu tous les jours de forts engagemens avec l'arrière-garde de Bagalitsch, et l'avait obligé à précipiter sa marche. Arrivés à la Chiuza di Petz, les Autrichiens se crurent sauvés, mais bientôt attaqués en front par Masséna, et en queue par Guieux, ils se virent réduits à mettre bas les armes. Général, bagages, canons, drapeaux, tout fut pris.

L'armée victorieuse passa la Drave sur le pont de Villach, que l'ennemi n'avait pas eu le temps de brûler; elle se trouvait ainsi en Allemagne. La langue, les mœurs, le climat, la culture, tout contrastait avec l'Italie. Il fallait se conformer à des nécessités nouvelles : Bonaparte adressa aux habitans la proclamation suivante :

Au quartier-général à Clagenfurth, le 1ᵉʳ avril 1797.

Au peuple de la Carinthie.

« L'armée française ne vient pas dans votre pays pour le conquérir, ni pour porter aucun changement à votre religion, à vos mœurs, à vos coutumes; elle est l'amie de toutes les nations, et particulièrement des braves peuples de Germanie.

» Le Directoire exécutif de la république française n'a rien épargné pour terminer les calamités qui désolent le continent. Il s'était décidé à faire le premier pas et à envoyer le général Clarke à Vienne, comme plénipotentiaire, pour entamer des négociations de paix; mais la cour de Vienne a refusé de l'entendre; elle a même déclaré à Vicence, par l'organe de M. de Saint-Vincent, qu'elle ne reconnaissait pas de république française. Le général Clarke a demandé un passeport pour aller lui-même parler à l'empereur; mais les ministres de la cour de Vienne ont craint, avec raison, que la modération des propositions qu'il était chargé de faire ne décidât l'empereur à la paix. Ces ministres, corrompus par l'or de l'Angleterre, trahissent l'Allemagne et leur prince, et n'ont plus de volonté que celle de ces insulaires perfides, l'horreur de l'Europe entière.

» Habitans de la Carinthie, je le sais, vous détestez autant que nous, et les Anglais, qui seuls gagnent à la guerre actuelle, et votre ministère, qui leur est vendu. Si nous sommes en guerre depuis six ans, c'est contre le vœu des braves Hongrois, des citoyens éclairés de Vienne, et des simples et bons habitans de la Carinthie.

» Eh bien ! malgré l'Angleterre et les ministres de la cour de Vienne, soyons amis; la république française a sur vous les droits de conquête; qu'ils disparaissent devant un contrat qui nous lie réciproquement. Vous ne vous mêlerez pas d'une guerre qui n'a pas votre aveu. Vous fournirez les vivres dont nous pouvons avoir besoin. De mon côté, je protégerai votre religion, vos mœurs et vos propriétés; je ne tirerai de vous aucune contribution. La guerre n'est-elle pas elle-même assez horrible? Toutes les impositions que vous avez coutume de payer à l'empereur serviront à indemniser des dégâts inséparables de la marche d'une armée, et à payer les vivres que vous nous aurez fournis.

» BONAPARTE. »

C'était en appréciant de la sorte les caractères des populations, et en s'efforçant de les rassurer, que le grand capitaine se conciliait leur affection. A son approche, partout alors s'éveillait un espoir de régénération; on croyait voir s'avancer l'homme de la civilisation, le distributeur de ses franchises et de ses libertés. Il s'annonçait comme épris de la justice, il était le chef de la propagande armée : aussi les soldats qu'il guidait furent-ils bien reçus du paysan, qui les considéra comme alliés, plutôt que comme ennemis.

Depuis dix jours la campagne était ouverte sur les bords de la Piave, du Tagliamento et dans le Frioul, et les deux armées du Tyrol étaient restées inactives. Le général Kerpen, qui commandait le corps autrichien, attendait les renforts du Rhin, et le général Joubert n'avait d'autre ordre que celui de contenir l'ennemi. Mais dès que Napoléon se fut décidé à pénétrer en Allemagne par la Carinthie, il envoya l'ordre au général Joubert de battre l'ennemi, de le rejeter au-delà du Brenner, et de rejoindre l'armée à Spital. Joubert commença son mouvement, et attaqua le camp du général Kerpen. Le succès ne fut pas douteux : Kerpen perdit la moitié de ses troupes à Saint-Michel, et cette bataille ouvrit le Tyrol. Joubert entra à Neumarch avec des canons, des drapeaux et des prisonniers.

Tandis que Kerpen était poursuivi par Joubert, la première division autrichienne du Rhin débouchait à Clausen. Kerpen rallia ses troupes derrière cette division, mais les Français arrivèrent bientôt, et, chassant les Autrichiens de leurs positions, ils les contraignirent de se replier sur Mittenwald. Attaqués et battus une troisième fois, les débris du corps de Kerpen se retirèrent sur le Brenner. Joubert, voyant que rien ne s'opposait plus à l'exécution des ordres du général en chef, commença son mouvement pour se joindre à la grande armée; il arriva au quartier-général avec douze mille hommes et sept mille prisonniers.

L'armée de l'archiduc, en moins de vingt jours, avait été défaite en deux batailles rangées et en plusieurs combats; elle avait perdu vingt mille prisonniers et cinquante pièces de canon. Elle était rejetée au-delà du Brenner, de l'Isonzo et des Alpes-Juliennes. Le quartier-général français était en Allemagne, à soixante lieues de Vienne. Les armées françaises allaient être bientôt sous les murs de cette capitale. La plus grande consternation régnait à la cour d'Autriche; les meubles précieux et les papiers les plus importans furent embarqués sur le Danube, pour être transportés en Hongrie, ainsi que les jeunes archiducs et archiduchesses.

Napoléon comptait sur la coopération de l'armée du Rhin pour pousser jusqu'à Vienne, lorsqu'un courrier, qui lui était expédié par le Directoire, lui donna l'avis que cette armée, sous les ordres de Moreau, ne pouvait pas entrer en campagne, faute de bateaux pour effectuer le passage du Rhin. Le général en chef ne pouvait donc plus se flatter d'entrer à Vienne : il n'avait pas assez de cavalerie pour descendre dans la plaine du Danube ; tout ce qu'il pouvait faire était d'arriver jusqu'au sommet du Simering, et de tirer parti de sa position pour conclure une paix avantageuse.

Quelques jours après avoir reçu la dépêche du Directoire, Bonaparte écrivit en ces termes à l'archiduc :

Le général en chef de l'armée d'Italie à son altesse royale M. le prince Charles.

31 mars 1797.

« M. LE GÉNÉRAL EN CHEF,

« Les braves militaires font la guerre, et désirent la paix : celle-ci ne dure-t-elle pas depuis six ans ? Avons-nous assez tué de monde et causé assez de maux à la triste humanité ? Elle réclame de tous côtés. L'Europe, qui avait pris les armes contre la République française, les a posées ; votre nation reste seule, et cependant le sang va couler encore plus que jamais. Cette sixième campagne s'annonce par des présages sinistres : quelle qu'en soit l'issue, nous tuerons de part et d'autre quelques milliers d'hommes de plus, et il faudra bien que l'on finisse par s'entendre, puisque tout a un terme, même les passions haineuses.

» Le Directoire exécutif de la République française avait fait connaître à Sa Majesté l'empereur le dessein de mettre fin à la guerre qui désole les deux peuples; l'intervention de la cour de Londres s'y est opposée : n'y a-t-il donc aucun espoir de nous entendre? Et faut-il, pour les intérêts ou les passions d'une nation étrangère aux maux de la guerre, que nous continuions à nous entre égorger? Vous, M. le général en chef, qui, par votre naissance, approchez si près du trône, et êtes au-dessus de toutes les petites passions qui animent souvent les ministres et les gouvernemens, êtes-vous décidé à mériter la titre de bienfaiteur de l'humanité entière, et de vrai sauveur de l'Allemagne? Ne croyez pas, M. le général en chef, que j'entende par là qu'il ne soit pas possible de la sauver par la force des armes; mais, dans la supposition que les chances de la guerre vous deviennent favorables, l'Allemagne n'en sera pas moins ravagée. Quant à moi, M. le général en chef, si l'ouverture que j'ai l'honneur de vous faire peut sauver la vie à un seul homme, je m'estimerai plus fier de la couronne civique que je me trouverai avoir méritée, que de la triste gloire qui peut revenir des succès militaires.

» Je vous prie de croire, M. le général en chef, aux sentimens d'estime et de considération distinguée avec lesquels je suis, etc. »

L'archiduc répondit aussitôt :

« Monsieur le général,

» Assurément en faisant la guerre et en suivant la vocation de l'honneur et du devoir, je désire autant que vous la paix, pour le bonheur des peuples et de l'humanité. Comme cependant, dans le poste qui m'est confié, il ne m'appartient pas de scruter ou de terminer la querelle des nations belligérantes, et que je ne suis muni, de la part de S. M. l'empereur, d'aucun plein pouvoir pour traiter, vous trouverez naturel, M. le général, que je n'entre point là-dessus avec vous dans une négociation, et que j'attende des ordres supérieurs pour cet objet de si haute importance, et qui n'est pas précisément de mon ressort. Quelles que soient, au reste, les chances futures de la guerre, ou les espérances de la paix, je vous prie, M. le général, d'être bien persuadé de mon estime et de ma considération distinguée. »

Bonaparte était aux portes de Vienne, et il offrait la paix à un ennemi qu'il avait constamment battu ; le cabinet autrichien, toujours orgueilleux, selon sa coutume, ne se montra pas touché de cette démarche magnanime : il accueillit ces ouvertures sans y répondre franchement; son but était de gagner du temps, mais Bonaparte était bien résolu à ne pas perdre un moment.

Un traité d'alliance offensive et défensive venait d'être enfin signé avec la Sardaigne; une partie des forces piémontaises allait entrer en ligne avec nos bataillons. Le général, persuadé que le seul moyen d'accélérer les négociations était de leur donner l'appui des baïonnettes républicaines, ordonna à la division Masséna de se porter en avant. Un combat opiniâtre s'engagea le 1er avril près de Neumarck, où les troupes françaises entrèrent pêlemêle avec les Autrichiens. L'archiduc tenta alors d'arrêter les progrès de notre marche en renouant les négociations : Bonaparte répondit : *l'on peut très-bien négocier et se battre.* Le lendemain, en effet, une affaire très-chaude eut lieu dans les défilés d'Unzmarck ; l'ennemi fut culbuté, et notre avant-garde entra dans Léoben le 7 avril.

Le 8 avril Bonaparte était à Indembourg. Là il reçut deux envoyés de l'empereur, les généraux Belgarde et Meerweldt. Ils venaient demander un armistice de dix jours, afin de pouvoir traiter de la paix définitive. Bonaparte leur répondit : « Dans la position militaire des deux armées, une suspension d'armes est toute contraire à l'armée française ; mais si elle doit être un acheminement à la paix tant désirée, et si utile aux peuples, je consens sans peine à vos désirs. La république française a manifesté souvent à S. M. le désir de mettre fin à cette lutte cruelle. Elle persiste dans les mêmes sentimens. »

Le soir même l'armistice fut signé, mais pour cinq jours seulement.

Les plénipotentiaires autrichiens arrivèrent à Léoben le 13 avril, et les préliminaires de paix furent signés le 18.

Par une fatalité inconcevable, les armées françaises du Rhin, dont la diversion eût assuré le succès des plans hardis de Bonaparte, et sur la coopération desquelles il ne devait plus compter, commencèrent à se mettre en mouvement le jour même de la signature des préliminaires. Hoche, qui venait d'être mis à la tête de l'armée de Sambre-et-Meuse, passa le Rhin le 18 avril. Desaix, en l'absence de Moreau, le franchit le 21. Partout les Autrichiens furent battus; Kehl fut repris. Mais le 22 la nouvelle de la signature de la paix arriva sur le Rhin, les deux habiles généraux durent cesser les hostilités. Hoche s'arrêta à Francfort, Moreau à Offenbourg.

CHAPITRE IV.

Sommaire : Insurrection de Venise et du Véronnais. — Manifeste. — Démarches tardives du doge et du conseil des dix. — Expédition et occupation du pays vénitien. — L'oligarchie est renversée. — Convention avec les membres de la municipalité élus par le peuple. — Négociations à Léoben. — Établissement de la république Cisalpine. — Proclamation à l'occasion de l'anniversaire du 14 juillet. — 18 fructidor. — Adieux de Bonaparte à l'armée d'Italie. — La réception qu'on lui fait à Paris.

1797.

Bonaparte, au moment où le théâtre de la guerre allait changer, voulut se mettre en garde contre un retour de fortune en Italie. Il ne comptait pas trop que les peuples qui avaient accueilli nos drapeaux au sein de la victoire ne chercheraient pas à se soulever. Venise et son gouvernement lui donnaient surtout de vives inquiétudes. Il était informé que le doge ainsi que le sénat entretenaient des intelligences avec la cour de Vienne. Afin de déjouer ces intrigues, Bonaparte organisa une police secrète, qui non-seulement l'avertissait de tout ce qui se tramait ; mais qui encore semblait entrer dans les vues des conspirateurs. Un adjudant-général était à la tête de cette police, presqu'entièrement composée d'italiens qui, dans la supposition où quelque mouvement hostile serait projeté, se flattaient de le dévoiler à temps et de le diriger de manière à le faire échouer. Il s'agissait pour eux de profiter des mauvaises dispositions existantes et de les convertir en actions, afin qu'il devînt possible de les réprimer. Bonaparte avait besoin que les amis comme les ennemis de la France se révélassent promptement; il lui convenait surtout que les derniers fussent poussés au dénouement de leurs menées, pendant qu'on était en mesure d'avoir raison de leur perfidie. Il fallait donc qu'il réussît à les entretenir dans une sorte de sécurité sur leurs mauvais desseins; qu'il feignît de craindre pour mieux les enhardir; qu'il parût croire aux protestations de leur dévouement; mais en même temps il se préparait à les écraser. Aussi quand Venise, oubliant ses promesses d'attachement à la République française, appela aux armes tous les paysans du Véronais, lorsqu'à l'approche de dix mille hommes de milices tyroliennes, conduites par le général autrichien London, elle fit donner dans les campagnes le signal de nouvelles vêpres siciliennes, put-il prendre vis-à-vis des insurgés le ton d'un maître qui tient le châtiment dans ses mains. Ce fut au doge de Venise qu'il adressa ses remontrances et ses menaces. Junot, l'un de ses aides-de-camp, était porteur de ce message, qui fut lu en plein sénat, et qui était ainsi conçu :

Bonaparte, général en chef de l'armée d'Italie, au sérénissime doge de la république de Venise.

Quartier-général de Judembourg, 9 avril 1797.

« Dans toute la terre ferme, les sujets vénitiens sont sous les armes. Leur cri de ralliement est : *Mort aux*

Français ! Le nombre de soldats d'Italie qui en ont été victimes monte déjà à plusieurs centaines. Vous affectez vainement de désavouer les attroupemens que vous-même avez préparés. Croyez-vous que quand j'ai pu porter mes armes au cœur de l'Allemagne, je n'aurai pas la force de faire respecter le premier peuple du monde ? Pensez-vous que les légions d'Italie puissent souffrir les massacres que vous excitez ? le sang de nos frères d'armes sera vengé, et il n'est pas un seul bataillon français qui, chargé de cette mission généreuse, ne se sente trois fois plus de courage et de moyens qu'il ne lui en faut pour vous punir. Le sénat de Venise a répondu par la plus noire perfidie à notre générosité soutenue à son égard. Je prends le parti de vous envoyer mes propositions par un de mes premiers aides-de-camp et chef de brigade : *la guerre ou la paix*. Si vous ne prenez sur-le-champ toutes les mesures pour dissiper les attroupemens, si vous ne faites arrêter et remettre en mes mains les auteurs des meurtres qui se commettent, la guerre est déclarée. Le Turc n'est pas sur vos frontières : aucun ennemi ne vous menace, et cependant vous avez fait arrêter de dessein prémédité des prêtres, pour faire naître un attroupement : je vous donne vingt-quatre heures pour le dissiper. Les temps de Charles VIII sont passés. Si, malgré la bienveillance que vous a montrée le gouvernement français, vous me réduisez à vous faire la guerre, ne pensez pas que le soldat français, comme les brigands que vous avez armés, aille ravager les champs du peuple innocent et malheureux de la terre ferme : non, je le protégerai, et il bénira jusqu'aux forfaits qui auront obligé l'armée française de l'arracher à votre tyrannique gouvernement. »

L'attitude de Junot, le ton de fermeté de cet *ultima-*

tum, si précis et si solennel, apporté au moment où se répandait la nouvelle de la signature des préliminaires à Léoben, confondirent ces oligarques, jusqu'alors si fiers d'une puissance qu'on était habitué à respecter. Ils descendirent aux excuses, et dès le jour même, le doge répondit à Bonaparte : il rejetait les désordres et les assassinats sur une instigation à laquelle il était resté étranger. Mais une enquête rigoureuse vint mettre au grand jour l'infâme conduite du gouvernement vénitien : une correspondance interceptée donna la clé de toutes les basses intrigues auxquelles il s'était livré. Bonaparte, ayant recueilli des preuves accablantes, n'hésita plus à fulminer une déclaration de guerre, dans laquelle la nature des griefs articulés ne permettait plus de concevoir le moindre doute sur le sort qu'il réservait au sénat vénitien. Cette pièce est un beau monument, qui atteste la justice de nos armes et dépose de la longanimité du guerrier, qui, pour frapper un coup terrible, attend que la mesure des attentats soit comblée : aussi l'arrêt qu'il prononce est irrévocable, et les rigueurs qu'appelle une odieuse trahison ne sont que trop bien légitimées par cette récapitulation des actes qui la constituent :

Au quartier-général à Palma-Nova, le 13 floréal an V.
(2 mai 1797).

Bonaparte, général en chef de l'armée d'Italie.

MANIFESTE.

« Pendant que l'armée française est engagée dans les gorges de la Styrie, et laisse loin derrière elle l'Italie et les principaux établissemens de l'armée, où il ne reste qu'un petit nombre de bataillons, voici la conduite que tient le gouvernement de Venise :

« 1° Il profite de la semaine sainte pour armer quarante mille paysans, y joint dix régimens d'Esclavons, les organise en différens corps d'armée, et les poste aux différens points pour intercepter toute communication entre l'armée et ses derrières.

» 2° Des commissaires extraordinaires, des fusils, des munitions de toute espèce, une grande quantité de canons, sortent de Venise même pour achever l'organisation de différens corps d'armée.

» 3° On fait arrêter en terre ferme ceux qui nous ont accueillis; on comble de bienfaits et de toute la confiance du gouvernement tous ceux en qui on connaît une haine furibonde contre le nom français, et spécialement les quatorze conspirateurs de Vérone, que le provéditeur Prioli avait fait arrêter il y a trois mois, comme ayant médité l'égorgement des Français.

» 4° Sur les places, dans les cafés et autres lieux publics de Venise, on insulte et on accable de mauvais traitemens tous les Français, les traitant injurieusement de jacobins, de régicides, d'athées : les Français doivent sortir de Venise, et peu après il leur est même défendu d'y rentrer.

» 5° On ordonne au peuple de Padoue, de Vicence, de Vérone, de courir aux armes, de seconder les différens corps d'armée, et de commencer enfin ces nouvelles vêpres siciliennes. Il appartient au Lion de Saint-Marc, disent les officiers vénitiens, de vérifier le proverbe que *l'Italie est le tombeau des Français*.

» 6° Les prêtres, en chaire, prêchent la croisade, et

les prêtres, dans l'État de Venise, ne disent jamais que ce que veut le gouvernement. Des pamphlets, des proclamations perfides, des lettres anonymes sont imprimés dans les différentes villes, et commencent à faire fermenter toutes les têtes; et, dans un état où la liberté de la presse n'est pas permise, dans un gouvernement aussi craint que secrètement abhorré, les imprimeurs n'impriment, les auteurs ne composent, que ce que veut le sénat.

» 7° Tout sourit d'abord aux projets perfides du gouvernement; le sang français coule de toutes parts; sur toutes les routes on intercepte nos convois, nos courriers et tout ce qui tient à l'armée.

» 8° A Padoue, un chef de bataillon et deux autres Français sont assassinés. A Castiglione de Mori, nos soldats sont désarmés et assassinés. Sur toutes les grandes routes de Mantoue à Legnago, de Cassano à Vérone, nous avons plus de deux cents hommes assassinés.

» 9° Deux bataillons français, voulant rejoindre l'armée, rencontrent à Chiari une division de l'armée vénitienne, qui veut s'opposer à leur passage; un combat s'engage, et nos braves soldats se font passage en mettant en déroute ces perfides ennemis.

» 10° A Valeggio il y a eu un autre combat; à Dezenzano, il faut encore se battre : les Français sont partout peu nombreux; mais ils savent bien qu'on ne compte pas le nombre des bataillons ennemis, lorsqu'ils ne sont composés que d'assassins.

» 11° La seconde fête de Pâques, au son de la cloche, tous les Français sont assassinés dans Vérone. On ne respecte ni les malades dans les hôpitaux, ni ceux qui, en convalescence, se promènent dans les rues; ils sont jetés dans l'Adige, ou meurent percés de mille coups de stylet : plus de quatre cents Français sont assassinés.

» 12° Pendant huit jours, l'armée vénitienne assiége les trois châteaux de Vérone : les canons qu'ils mettent en batterie leur sont enlevés à la baïonnette; le feu est mis dans la ville, et la colonne mobile qui arrive sur ces entrefaites, met ces lâches dans une déroute complète, en faisant trois mille hommes de troupes de ligne prisonniers, parmi lesquels plusieurs généraux vénitiens.

» 13° La maison du consul français de Zante est brûlée dans la Dalmatie.

» 14° Un vaisseau de guerre vénitien prend sous sa protection un convoi autrichien, et tire plusieurs boulets contre la corvette *la Brune.*

» 15° *Le Libérateur de l'Italie*, bâtiment de la République, ne portant que trois à quatre petites pièces de canon, et n'ayant que quarante hommes d'équipage, est coulé à fond dans le port même de Venise, et par les ordres du sénat. Le jeune et intéressant Laugier, commandant ce bâtiment, dès qu'il se voit attaqué par le feu du fort et de la galère amirale, n'étant éloigné de l'un et l'autre que d'une portée de pistolet, ordonne à son équipage de se mettre à fond de cale : lui seul il monte sur le tillac au milieu d'une grêle de mitraille, et cherche par ses discours à désarmer la fureur de ses assassins; mais il tombe roide mort ; son équipage se jette à la nage et est poursuivi par six chaloupes, montées par des troupes soldées par la république de Venise, qui tuent à coups de hache plusieurs de ceux qui cherchaient leur salut dans la haute mer. Un contre-maître, blessé de plusieurs coups, affaibli, faisant sang de tous côtés, a le bonheur de prendre terre à un morceau de bois touchant au château du port; mais le commandant lui-même lui coupe le poignet d'un coup de hache.

» Vu les griefs ci-dessus, et autorisé par le titre 12, art. 328 de la constitution de la République, et vu l'urgence des circonstances :

» Le général en chef requiert le ministre de France près la république de Venise de sortir de ladite ville ; ordonne aux différens agens de la république de Venise dans la Lombardie de l'évacuer sous vingt-quatre heures.

» Ordonne aux différens généraux de division de traiter en ennemi les troupes de la république de Venise, de faire abattre dans toutes les villes de la terre ferme le Lion de Saint-Marc. Chacun recevra à l'ordre du jour de demain une instruction particulière pour les opérations militaires ultérieures.

« BONAPARTE. »

La veille Bonaparte avait écrit au Directoire pour lui annoncer ses intentions, et lui faire connaître les motifs qui le déterminaient à anéantir le gouvernement vénitien. Cette dépêche du général en chef fait pressentir une éclatante vengeance ; elle respire l'indignation ; l'heure des représailles a sonné. « Je reçois dans l'instant, écrit Bonaparte, des nouvelles de Vérone. Je vous envoie les rapports du général de division Balland, du général Kilmaine et du chef de brigade Beaupoil. Dès l'instant que j'eus passé les gorges de la Carinthie, les Vénitiens crurent que j'étais enfourné en Allemagne, et ce lâche gouvernement médita des vêpres siciliennes. Dans la ville de Venise et dans la terre ferme on courut aux armes. Le sénat exhorta les prédicateurs, déjà assez portés par eux-mêmes à prêcher la croisade contre nous. Une nuée d'Esclavons, une grande quantité de canons, et plus de cent cinquante mille fusils furent envoyés dans la terre ferme, des commissaires extraordinaires, avec de l'argent, furent envoyés de tous côtés pour enrégimenter les paysans. Cependant M. Pesaro, l'un des sénateurs, me fut envoyé à Goritzia, afin de chercher à me donner le change sur tous ces armemens. J'avais des raisons de me méfier de leur atroce politique, que j'avais assez appris à connaître; je déclarai approuver cet armement, s'il n'avait pour but que de faire rentrer des villes dans l'ordre, moyennant qu'on me demanderait la médiation de la République : il me promit tout et ne tint rien. Il resta à Goritzia et à Udine assez de temps pour être persuadé par lui-même que j'étais passé en Allemagne, et que les marches rapides que je faisais tous les jours donneraient le temps d'exécuter les projets qu'on avait en vue.

» Le 3o germinal, des corps de troupes vénitiennes considérables, augmentés par une grande quantité de paysans, interceptèrent les communications de Vérone à Porto-Legnago. Plusieurs de mes courriers furent sur-le-champ égorgés, et les dépêches portées à Venise. Plus de deux mille hommes furent arrêtés dans différentes villes de la terre ferme, et précipités sous les plombs de Saint-Marc : c'étaient tous ceux que la farouche jalousie des inquisiteurs soupçonnait de nous être favorables. Ils défendirent à Venise que le canal où ils ont coutume de noyer les criminels fût nettoyé. Eh! qui peut calculer le nombre des victimes que ces monstres ont sacrifiés?

» Cependant, au premier bruit que j'eus de ce qui se tramait, j'en sentis la conséquence; je donnai au général Kilmaine le commandement de toute l'Italie. J'ordonnai au général Victor de se porter avec sa division, à marches forcées, dans le pays vénitien.

» Les divisions du Tyrol s'étant portées sur l'armée active, cette partie devenait plus découverte ; j'y envoyai sur-le-champ le général Baraguay-d'Hilliers. Cependant le général Kilmaine réunit des colonnes mobiles de Polonais, de Lombards et de Français qu'il avait à ses ordres, et qu'il avait remis sous ceux des généraux Chabran et Lahoz. A Padoue, à Vicence et sur toute la route, les Français étaient impitoyablement assassinés. J'ai plus de cent procès-verbaux qui tous démontrent la scélératesse du gouvernement vénitien.

» J'ai envoyé à Venise mon aide-de-camp Junot, et j'ai écrit au sénat la lettre dont je vous ai envoyé copie.

» Pendant ce temps, ils étaient parvenus à rassembler à Vérone quarante mille Esclavons, paysans, ou compagnies de citadins qu'ils avaient armés, et au signal de plusieurs coups de la grosse cloche de Vérone et de sifflets, on court sur tous les Français, qu'on assassine : les uns furent jetés dans l'Adige ; les autres, blessés et tout sanglans, se sauvèrent dans les forteresses, que j'avais depuis long-temps eu soin de réparer et de munir d'une nombreuse artillerie.

» Je vous envoie le rapport du général Balland ; vous y verrez que les soldats de l'armée d'Italie, toujours dignes d'eux, se sont, dans cette circonstance comme dans toutes les autres, couverts de gloire. Enfin, après six jours de siége, ils furent dégagés par les mesures que prit le général Kilmaine après les combats de Dezenzano, de Valeggio et de Vérone. Nous avons fait trois mille cinq cents prisonniers, et nous avons enlevé tous leurs canons. A Venise, pendant ce temps, on assassinait tous les Français, ou on les obligeait à quitter la ville. Tant d'outrages, tant d'assassinats ne resteront pas impunis; mais c'est à vous surtout et au corps législatif qu'il appartient de venger le nom français d'une manière éclatante. Après une trahison aussi horrible, je ne vois plus d'autre parti que celui d'effacer le nom vénitien de dessus la surface du globe. Il faut le sang de tous les nobles vénitiens pour apaiser les mânes des Français qu'ils ont fait égorger.

» J'ai écrit à des députés que m'a envoyés le sénat la lettre que je vous fais passer; j'ai écrit au citoyen Lallement la lettre que je vous envoie également. Dès l'instant où je serai arrivé à Trévise, j'empêcherai qu'aucun Vénitien ne vienne en terre ferme, et je ferai travailler à des radeaux, afin de pouvoir forcer les lagunes et chasser de Venise même ces nobles, nos ennemis irréconciliables, et les plus vils de tous les hommes. Je vous écris à la hâte; mais dès l'instant que j'aurai recueilli tous les matériaux, je ne manquerai pas de vous faire passer dans le plus grand détail l'histoire de ces conspirations aussi perfides que les vêpres siciliennes.

» L'évêque de Vérone a prêché, la semaine sainte et le jour de Pâques, que c'était une œuvre méritoire et agréable à Dieu de tuer les Français. Si je l'attrape, je le punirai exemplairement.

« BONAPARTE. »

Les insurgés, certains que l'Autriche ne pourrait désormais les appuyer, même secrètement, n'attendirent pas qu'on entreprît de les réduire par la force : ils déposèrent les armes, et livrèrent des ôtages pour répondre de leur soumission. Le sénat vénitien, abandonné à ses propres ressources, se vit contraint de se démettre de son autorité, et de résigner dans les mains de la cité la puissance qui lui venait d'elle. Ce terrible conseil des Dix, dont la tyrannie s'était si long-temps exercée dans les ténèbres, fut remplacé par une municipalité dont tous les actes devaient être produits au grand jour. Le doge s'enfuit avec la plupart des familles patriciennes, pressées comme lui de dérober leurs têtes à la haine et au mépris public. Bergame, Brescia, Bassano, Padoue, Vicence, Udine s'érigèrent en républiques. Bonaparte alors écrivit au Directoire :

Au quartier-général de Palma-Nova, le 12 floréal an V (8 mai 1797).

« Je suis parti, le 12 floréal, de Palma-Nova, et je me suis rendu à Mestre. J'ai fait occuper par les divisions des généraux Victor et Baraguay-d'Hilliers toutes les extrémités des lagunes. Je ne suis éloigné actuellement que d'une petite lieue de Venise, et je fais les préparatifs pour pouvoir y entrer de force, si les choses ne s'arrangent pas. J'ai chassé de la terre ferme tous les Vénitiens, et nous en sommes en ce moment exclusivement les maîtres. Le peuple montre une grande joie d'être délivré de l'aristocratie vénitienne : il n'existe plus de Lion de Saint-Marc.

« Comme j'étais sur le bord des lagunes, sont arrivés trois députés du grand conseil, qui me croyaient encore en Allemagne et qui venaient avec des pleins pouvoirs du même conseil, pour finir tous les différends. Ils m'ont remis la note que je vous envoie. En conséquence, je leur ai fait répondre par le général Berthier la lettre que je vous fais tenir. Je viens de recevoir une nouvelle députation.

« Les inquisiteurs sont arrêtés ; le commandant du fort de Lido, qui a tué Laugier est arrêté ; tout le corps du gouvernement a été destitué par le grand conseil, et celui-ci lui-même a déclaré qu'il allait abdiquer sa souveraineté et établir la forme du gouvernement qui me paraîtrait la plus convenable. Je compte d'après cela y faire établir une démocratie, et même faire entrer dans Venise trois ou quatre mille hommes de troupes. Je crois qu'il devient indispensable que vous renvoyiez M. Quirini.

» Depuis que j'ai appris le passage du Rhin par Hoche et Moreau, je regrette bien qu'il n'ait pas eu lieu quinze jours plutôt, ou que du moins Moreau n'ait pas dit qu'il était dans le cas de l'effectuer. Notre position militaire est tout aussi bonne aujourd'hui qu'il y a quinze jours ; j'occupe encore Clagenfurth, Goritzia et Trieste. Tous les paysans vénitiens sont désarmés ; dans toutes les villes, ceux qui nous étaient opposés sont arrêtés ; nos amis sont partout en place, et toute la terre ferme est municipalisée. On travaille tous les jours sans relâche aux fortifications de Palma-Nova.

» Je vous prie de désigner le Frioul pour le lieu où les Autrichiens doivent nous faire passer les prisonniers français. Nous ne leur en restituerons qu'à mesure qu'ils nous restitueront les nôtres.

» Le choix des membres qui composent le Directoire de la Cisalpine est assez mauvais ; il s'est fait pendant mon absence, et a été absolument influencé par les prêtres ; mais comme Modène et Bologne ne doivent faire qu'une seule république avec Milan, je suspends l'activité du gouvernement, et je fais rédiger ici par quatre comtés différens toutes les lois militaires, civiles, financières, et administratives qui doivent accompagner la constitution. Je ferai, pour la première fois, tous les choix, et j'espère que d'ici à vingt jours toute la nouvelle république italienne sera parfaitement organisée et pourra marcher toute seule.

» Mon premier acte a été de rappeler tous les hommes qui s'étaient éloignés, craignant les suites de la guerre. J'ai engagé l'administration à concilier tous les citoyens et à détruire toute espèce de haine qui pourrait exister. Je réfroidis les têtes chaudes, et j'échauffe les froides. J'espère que le bien inestimable de la liberté donnera à ce peuple une énergie nouvelle, et le mettra dans le cas d'aider puissamment la République française dans les guerres futures que nous pourrions avoir.

» BONAPARTE. »

Le 27 floréal an v (16 mai 1797) un traité de paix fut conclu entre Venise et la république française. Bonaparte, dans cet acte, se montra clément comme le général d'une grande nation. Toutes ses sévérités se bornèrent à expulser des états vénitiens les principaux fauteurs de la trahison. Le peuple brûla lui-même les oripeaux de ses anciens maîtres. Le livre d'or et le bonnet ducal furent livrés aux flammes. Le Lion de Saint-Marc, jusqu'alors vénéré comme le *palladium* de la république, et les chevaux de Corinthe furent envoyés à Paris. Le premier de ces trophées était destiné à décorer l'esplanade des Invalides; quant aux chevaux, Paris les voyait avec orgueil orner la grille du Carrousel, puis l'arc de triomphe sur lequel l'étranger les retrouva lorsque la trahison l'eut introduit au cœur de la France.

8.

Bonaparte montra qu'il n'était pas moins habile négociateur que grand capitaine. Ce fut lui qui posa les bases du traité entre la France et l'Autriche; elles étaient le résultat d'une haute pensée politique; car Bonaparte était persuadé que la République ne devait profiter de ses victoires que pour changer la face du monde : il fallait, selon lui, que Paris fût irrévocablement le haut point de la civilisation moderne, le centre et le foyer des arts et des lumières en Europe : ces vues, que tous les efforts de Bonaparte tendaient à réaliser, n'excédaient pas l'élévation de son génie, mais elles étaient trop vastes pour le Directoire, gouvernement faible, habitué à vivre au jour le jour, n'ayant aucune conception pour l'avenir et manquant même de la sagacité nécessaire pour comprendre les projets de son général. Le Directoire ne songeait qu'à se délivrer des embarras de sa situation présente, Bonaparte au contraire se proposait de donner à la France la prééminence qui lui appartient, sans se soucier de ce que deviendra le Directoire : il tient de son épée la puissance de dicter la paix et d'en régler les conditions, il ne prend conseil que de lui-même, et tout ce qu'il garde de déférence à l'égard des directeurs se borne à les initier à ses motifs, sans leur demander leur avis : « Nous sommes à l'article de la reconnaissance, leur écrit-il, j'ai dit aux négociateurs que la république française ne voulait pas être reconnue. Elle est en Europe ce qu'est le soleil sur l'horizon : tant pis pour qui ne veut pas la voir et en profiter.

« Si l'un des trois projets que je vous fais passer est accepté à Vienne, les préliminaires de la paix se trouveront signés le 20 avril.

« Si rien de tout cela n'est accepté, nous nous battrons ; et si l'armée de Sambre-et-Meuse s'est mise en marche le 20, elle pourrait, dans les premiers jours du mois prochain, avoir frappé de grands coups et se trouver sur la Reidnitz. Les meilleurs généraux et les meilleurs troupes sont devant moi. Quand on a bonne volonté d'entrer en campagne, il n'y a rien qui arrête, et jamais, depuis que l'histoire nous retrace des opérations militaires, une rivière n'a pu être un obstacle réel. Si Moreau veut passer le Rhin, il le passera; et s'il l'avait déjà passé, nous serions dans un état à pouvoir dicter les conditions de la paix d'une manière impérieuse, et sans courir aucune chance ; mais qui craint de perdre sa gloire est sûr de la perdre. J'ai passé les Alpes juliennes et les Alpes noriques sur trois pieds de glace ; j'ai fait passer mon artillerie par des chemins où jamais chariots n'avaient passé, et tout le monde croyait la chose impossible. Si je n'eusse vu que la tranquillité de l'armée et mon intérêt particulier, je me serais arrêté au-delà de l'Isonzo. Je me suis précipité dans l'Allemagne pour dégager les armées du Rhin et empêcher l'ennemi d'y prendre l'offensive. Je suis aux portes de Vienne, et cette cour insolente et orgueilleuse a ses plénipotentiaires à mon quartier-général. Il faut que les armées du Rhin n'aient point de sang dans les veines : si elles me laissent seul, alors je m'en retournerai en Italie. L'Europe entière jugera la différence de conduite des deux armées : elles auront ensuite sur le corps toutes les forces de l'empereur, elles en seront accablées, et ce sera leur faute. »

Bonaparte avait raison de se plaindre de la longue inaction des deux armées françaises sur le Rhin ; mais le reproche de lenteur devait plutôt être adressé au Direc toire qu'à Moreau, qui n'avait eu que le tort d'obéir trop ponctuellement aux instructions qu'il recevait de Paris. Moreau, général servile, incapable de rien prendre sur lui, de rien oser de ce qu'il pouvait concevoir, s'était tenu immobile aussi long-temps qu'il n'avait pas reçu l'ordre de marcher. A la tête des plus belles troupes de la République, il avait réprimé leur impatience de se battre, et les manifestations de leur ardeur belliqueuse avaient été impuissantes pour le décider à les faire sortir de leurs cantonnemens. La conduite de Moreau à cette époque est peut-être déjà un indice de sa participation au complot dans lequel était entré l'infâme Pichegru : on se rappelle qu'ayant trouvé dans les fourgons de Kinglin la correspondance de ce traître avec le prince de Condé, il avait gardé pour lui seul le secret de cette importante découverte; d'après ce fait, il est assez naturel de croire que Moreau n'était pas fâché des hésitations du Directoire. Si l'Autriche en eût tiré un avantage décisif, il aurait pu s'en faire un mérite auprès de la contre-révolution, à laquelle dès lors il s'était sans doute tacitement allié. Le dénouement que son ami Pichegru préparait aurait eu lieu, et on ne l'aurait imputé qu'à l'ineptie du Directoire. Dans cette conjoncture, Moreau semble n'avoir d'autre but que de sauver sa réputation d'habileté, quant à la gloire de la patrie et au succès que pouvait lui valoir une détermination hardie, il ne paraît pas y prendre un bien vif intérêt; aussi attend-il très paisiblement qu'on lui donne l'ordre de se porter en avant. Cet ordre, il le reçut enfin et il l'exécuta : ses mouvemens combinés avec ceux de Hoche, dont l'armée le précédait, furent effectués avec une remarquable précision stratégique. Les Autrichiens, battus partout, abandonnèrent du terrain.

Moreau les repoussa jusqu'à Lichtenau, et il se disposait à tenter contre eux le sort d'une bataille, lorsqu'il reçut un parlementaire accompagné d'un courrier venant de l'armée d'Italie, qui lui apportait la signature des préliminaires de paix à Léoben. Les hostilités furent aussitôt suspendues sur tous les points, et l'armée française garda les positions qu'elle occupait avant l'arrivée du courrier, entre Ettenheim et Lichtenau. En même temps Bonaparte informait le Directoire de l'heureuse issue des négociations, qu'il représentait comme le résultat du système qu'il avait conçu et dirigé. « Le vrai plan de campagne pour détruire l'empereur, ajoutait-il, était celui que j'ai suivi. Dès l'instant que j'ai prévu que les négociations s'ouvraient sérieusement, j'ai expédié un courrier au général Clarke, qui, chargé plus spécialement de vos instructions dans un objet aussi essentiel, s'en serait mieux acquitté que moi; mais lorsque, après dix jours, j'ai vu qu'il n'était pas arrivé, et que le moment commençait à presser, j'ai dû laisser tout scrupule, et j'ai signé. Vous m'avez donné plein pouvoir sur toutes les opérations diplomatiques; et, *dans la position des choses, les préliminaires de la paix, même avec l'empereur, sont devenus une opération militaire.* Cela sera un monument de la gloire de la république française, et un présage infaillible qu'*elle peut, en deux campagnes, soumettre le continent de l'Europe, si elle organise ses armées avec force, et surtout l'arme de la cavalerie.*

» Je n'ai pas, en Allemagne, levé une seule contribution; il n'y a pas eu une seule plainte contre nous. J'agirai de même en évacuant, et, sans être prophète, je sens que le temps viendra où nous tirerons parti de cette sage conduite; elle germera dans toute la Hongrie, et sera plus fatale au trône de Vienne que les victoires qui ont illustré la guerre de la liberté.

» D'ici à trois jours, je vous enverrai la ratification de l'empereur.... Quant à moi, je vous demande du repos. J'ai justifié la confiance dont vous m'avez investi; je ne me suis jamais considéré pour rien dans toutes nos opérations; je me suis lancé aujourd'hui sur Vienne, ayant acquis plus de gloire qu'il n'en faut pour être heureux, et ayant derrière moi les superbes plaines de l'Italie, comme j'avais fait au commencement de la campagne dernière, *en cherchant du pain pour l'armée, que la république ne pouvait plus nourrir.*

» La calomnie s'efforcera en vain de me prêter des intentions perfides; ma carrière civile sera comme ma carrière militaire, une et simple. Cependant vous devez sentir que je dois sortir de l'Italie, et je vous demande avec instance de renvoyer, avec la ratification des préliminaires de paix, des ordres sur la première direction à donner aux affaires d'Italie, et un congé pour me rendre en France.

» BONAPARTE. »

La ratification demandée n'arrivait pas; Bonaparte, las de l'attendre, fit évacuer immédiatement la Styrie, une partie de la Carniole et la Carinthie.

Le cabinet de Vienne appréciait, mieux peut-être que le Directoire, les talens militaires de Bonaparte et les étonnantes ressources de son génie : l'empereur offrit de lui donner à la paix une souveraineté de cent cinquante mille âmes, pour lui et sa famille. Il pensait ainsi séduire le jeune général, et, en désarmant son bras, enlever à la République son plus ferme appui. Bonaparte refusa.

Pouvait-il attacher quelque prix aux faveurs des princes, lui qui tenait dans ses mains les destinées de leurs états ? Bonaparte s'était placé trop haut pour descendre à accepter une souveraineté de cette maison d'Autriche, à laquelle il venait d'accorder merci. Au reste, alors il obéissait aux grandes inspirations républicaines, et semblait accomplir avec enthousiasme sa mission libératrice. C'est ainsi qu'à Montebello, où il avait transporté son quartier-général, il était tout occupé de donner une organisation libérale aux peuples qui, après la victoire, s'étaient mis sous la protection de nos armes. Là il avait près de lui des envoyés de l'empereur, du pape, de la Sardaigne, de Gênes, de Parme, des cantons suisses : le château où il avait fixé sa résidence ressemblait à la demeure d'un monarque puissant.

Un corps diplomatique était accrédité près de Bonaparte, que l'on n'appelait plus que le *Libérateur*. Il s'occupa d'abord de constituer la démocratie vénitienne, pour éteindre tout-à-fait l'esprit de la noblesse, qui s'agitait toujours, et la constitution de la République fut soumise à l'approbation du peuple. Le 9 juillet il fit proclamer la nouvelle République Cisalpine, formée de la Lombardie autrichienne, du Bergamasque, du Mantouan et de la Romagne. La constitution française y fut mise en vigueur le 14, et trente mille gardes nationaux, députés par dix départemens cisalpins, se jurèrent fraternité sur l'autel de la patrie. Dans cette circonstance si imposante, Bonaparte, instruit des dangers qui menaçaient la liberté en France, adressa la proclamation suivante à ses soldats, réunis en carré autour d'une pyramide où étaient inscrits les noms des braves morts pour la patrie dans les champs italiques :

« Soldats !

» C'est aujourd'hui l'anniversaire du 14 juillet : vous voyez devant vous le nom de vos compagnons d'armes morts au champ d'honneur pour la liberté de la patrie. Ils vous ont donné l'exemple ; vous vous devez tout entiers à la gloire de ce nom qui a reçu un nouvel éclat par vos victoires.

» Soldats, je sais que vous êtes profondément affectés des malheurs qui menacent la patrie; mais la patrie ne peut courir de dangers réels : les mêmes hommes qui l'ont fait triompher de l'Europe coalisée sont là. Des montagnes nous séparent de la France, vous les franchiriez avec la rapidité de l'aigle, s'il le fallait, pour maintenir la constitution, défendre la liberté, protéger le gouvernement et les républicains.

» Soldats, le gouvernement veille sur le dépôt des lois qui lui est confié. Les royalistes, dès l'instant qu'ils se montreront auront vécu. Soyez sans inquiétude, et jurons par les mânes des héros qui sont morts à côté de nous pour la liberté, jurons, sur nos nouveaux drapeaux, guerre implacable aux ennemis de la république et de la constitution de l'an III. »

Ces paroles excitèrent des transports d'enthousiasme : l'armée, que le général faisait ainsi entrer dans les intérêts politiques de la patrie, vota par acclamation des adresses énergiques que chaque division envoya au Directoire et aux conseils. Les armées du Rhin et de Sambre-et-Meuse furent animées du même esprit que celle d'Italie. Hoche, plus impatient que Bonaparte, marcha sur Paris, et ne fut arrêté que par les dépêches du conseil des Cinq-Cents. De ce jour la puissance militaire commença à dominer dans l'état. C'était un funeste exemple que Lafayette avait eu le triste honneur de donner le premier, lorsqu'il menaça l'assemblée nationale de revenir avec son armée au secours de l'agonisante royauté du perfide Louis XVI.

Les royalistes, qui n'avaient jamais cessé d'intriguer, sentirent tout leur espoir se ranimer par l'inconcevable mollesse du Directoire. Peu de temps leur avait suffi pour se substituer aux républicains dans tous les emplois et ressaisir une énorme influence. Pichegru, qui devait être le Monck des Bourbons, Pichegru, dont Moreau seul connaissait la trahison, avait été porté à la présidence du conseil des Cinq-Cents : Willot, Lajolais, ses complices, étaient aussi députés : toutes les grandes administrations publiques étaient remplies des stipendiés de l'Angleterre ou des créatures du prétendant ; la contre-révolution menaçait de tout envahir. C'était le cas ou jamais pour le Directoire de chercher le salut de l'état dans cette force qui résulte de l'union. Loin de là, il se divisa en deux partis. Rewbel, Barras et Laréveillère, d'un côté ; de l'autre, Barthélemy et Carnot qui, dans cette occasion, cédant à un ressentiment inexplicable, se sépara des républicains; le ministère fut changé. Les véritables républicains, bien qu'ils n'eussent aucune confiance dans Barras, homme d'un caractère équivoque et de mœurs très-méprisables, se rallièrent à la majorité du Directoire. Les royalistes, ou les partisans de l'étranger, ce qui est toujours une seule et même chose, soutinrent Barthélemy et Carnot; Carnot, qui, capricieusement et comme par dépit, faisait cause commune avec eux; avec Pichegru, Willot, Imbert, Colomès, Rovère, qui formaient un comité royaliste, et étaient seuls dans les secrets de ce parti. Les clubistes de Clichy, continuateurs de la Gironde, première souche de nos doctrinaires, hommes sans entrailles ni patrie, se joignaient à ces conspirateurs. Il y avait dans leurs rangs quelques capacités.

Les clichiens étaient ce qu'on appelait l'élite des modérés ; ennemis des directeurs et des conventionnels, ils se donnaient pour sages, pour bons Français, et n'étaient, à tout prendre, que des ambitieux, prêts à trafiquer de l'indépendance du pays, et à servir toute domination qui les appellerait à la curée des emplois. Ces derniers, parmi lesquels figurait Royer-Collard, agent de la police des princes, avaient à leur disposition la plupart des journaux, au moyen desquels ils battaient en brèche le gouvernement sans que celui-ci se mît même en peine de répondre à leurs attaques, ce qui lui aurait été d'autant plus facile, qu'à cette époque, non plus qu'à l'époque actuelle, les doctrinaires n'avaient pas pour eux l'esprit public.

Pendant toutes ces trames un parti puissant, qui s'effrayait de leur succès, engageait Bonaparte à renverser le Directoire et à s'emparer des rênes du gouvernement. La chose eût été facile ; le dévouement de l'armée, qui s'était immortalisée sous son commandement, aurait applani tous les obstacles ; mais alors, comme toujours, l'indépendance, la puissance et le bonheur de la France étaient sa première pensée. Il se décida à soutenir le Directoire, et, à cet effet, il envoya le général Augereau à Paris, tandis que lui-même, dans le cas où les conjurés l'emporteraient, était prêt au premier signal à entrer dans Lyon à la tête de quinze mille hommes pour se diriger de là sur Paris, emmenant avec lui cette multitude de patriotes qui ne manqueraient pas de grossir son armée.

Dès son arrivée, Augereau fut nommé au commandement de la dix-septième division militaire. Le Directoire fit arrêter l'un de ses membres, Barthélemy; Carnot, prévenu à temps, se réfugia à Genève. Au même moment, Pichegru, Willot, cinquante députés au conseil des Anciens ou des Cinq-Cents, et cent cinquante autres individus, la plupart journalistes, furent également décrétés d'arrestation. Le Directoire fit connaître la conspiration qui se tramait contre la république, et que Moreau s'était vu forcé de dénoncer, après de coupables retards qui n'attestaient que trop sa complicité. On mit sous les yeux de la nation les papiers trouvés dans le portefeuille du comte d'Entraigues. Le peuple se montra d'abord incrédule ; mais cette proclamation, que Moreau adressa à son armée, dissipa toutes les incertitudes :

« Soldats !

» Je reçois à l'instant la proclamation du Directoire exécutif du 18 de ce mois, qui apprend à la France que Pichegru s'est rendu indigne de la confiance qu'il a long-temps inspirée à la république et surtout aux armées. On m'a également informé que plusieurs militaires, trop confians dans le patriotisme de ce représentant, d'après les services qu'il a rendus, doutaient de cette assertion. Je dois à mes frères d'armes, à mes concitoyens, de les instruire de la vérité. Il n'est que trop vrai que Pichegru a trahi la confiance de la France entière. J'ai instruit un des membres du Directoire qu'il m'était tombé entre les mains une correspondance avec Condé et d'autres agens du prétendant, qui ne me laisse aucun doute sur cette trahison. Le Directoire vient de m'appeler à Paris, et désire sûrement des renseignemens plus étendus sur cette correspondance. Soldats, soyez calmes et sans inquiétude sur les événemens de l'intérieur; croyez que le gouvernement, en comprimant les royalistes, veillera au maintien de la constitution républicaine, que vous avez juré de défendre. »

La loi du 19 fructidor condamna à la déportation deux directeurs, cinquante députés, et cent cinquante-huit autres individus. Les élections de plusieurs départemens furent annulées, plusieurs mesures de salut public furent décrétées; Merlin et François de Neufchâteau remplacèrent Carnot et Barthélemy : les déportés furent embarqués à Rochefort et transportés à la Guiane. Bonaparte désapprouva hautement ce coup-d'état. Il blâma les trois directeurs de n'avoir pas su vaincre avec modération. Le décret qui destituait Carnot, Barthélemy et les cinquante députés, lui semblait de la plus stricte justice, mais il aurait voulu que Pichegru, Willot, Imbert et Colomès fussent seuls mis en accusation. Bonaparte n'ignorait pas qu'il y avait d'autres coupables, mais il pesait les motifs qui pouvaient avoir entraîné chacun d'eux, et il jugeait impolitique de les condamner, sans aucune forme de procès, à périr dans les déserts de Sinamari. Portalis, Tronçon-Ducoudray, Dumolard, Muraire, Barbé-Marbois, Pastoret, Siméon, Benezech, Dumas, Villaret-Joyeuse et cinquante citoyens, dont plusieurs n'étaient guère dignes ni de l'intérêt que Bonaparte prenait à leur sort, ni des bienfaits qu'il leur prodigua plus tard, étaient portés sur cette liste de proscription. Le 18 fructidor fut un grand attentat contre la liberté; peut-être a-t-il enfanté le 18 brumaire, devant lequel Bonaparte aurait reculé sans cet antécédent. Les trois directeurs, enivrés de leur triomphe, se jetèrent dans un système sans force et sans considération. Il ne suffisait pas de faire revivre les lois révolutionnaires, il fallait un bras vigoureux pour manier ces puissantes armes : quelques gouttes de sang émigré versées sans but et sans sujet vinrent rendre plus odieuse cette réaction, dont Barras était le chef; et la bravade de rompre les négociations entamées avec l'Angleterre, prouva la présomption des directeurs : au lieu de témoigner de la force du gouvernement, au lieu d'aplanir les difficultés qui se présentaient pour le traité de paix avec l'Autriche, ils en créèrent eux-mêmes de nouvelles. C'est ainsi qu'à cette même époque, ils refusèrent, malgré les instances de Bonaparte, de ratifier le traité conclu avec le roi de Sardaigne, et qu'après avoir éloigné du continent le plénipotentiaire anglais, lord Malmesbury, ils firent insinuer à Bonaparte de recommencer les hostilités.

Lorsque le Directoire s'aperçut que cette marche ne réussissait pas, il envoya son *ultimatum*, en date du 29 septembre. La France ne voulait plus céder à l'Autriche ni Venise ni la ligne de l'Adige. C'était l'équivalent d'une déclaration de guerre. Bonaparte jugea que cet *ultimatum*, si différent des bases posées à Montebello, et antérieurement approuvées par le gouvernement, ne serait point accepté par l'Autriche; il sentit dès-lors combien sa position était difficile, puisque, en sa qualité de plénipotentiaire, il devait déclarer la guerre, en même temps que, comme général en chef, il se démettait de son commandement, pour ne pas exécuter un plan de campagne contraire à son opinion. Pendant qu'il méditait sur cet état de choses, une dépêche du ministre des affaires étrangères lui apprit qu'en arrêtant son *ultimatum*, le Directoire avait pensé que le général en chef était en mesure de l'imposer par la force des armes. Cette communication lui prouva que le sort de la France était entre ses mains, et dépendait du parti qu'il choisirait : il se décida pour la paix.

De nouvelles conférences eurent lieu à Udine : le comte de Cobentzel se débattait contre l'*ultimatum* présenté par Bonaparte, et assurait que l'empereur était irrévocablement résolu à s'exposer à toutes les chances de la guerre, à abandonner même sa capitale, plutôt que de consentir à une paix aussi désavantageuse. En même temps il menaçait de l'intervention des troupes russes ; il finit par dire qu'il partirait dans la nuit, et que tout le sang qui coulerait dans cette nouvelle lutte retomberait sur le négociateur français.

Bonaparte déclara qu'il préférait s'en remettre au sort des armes, et dit en se levant : « La trève est donc rom- » pue et la guerre déclarée ; mais souvenez-vous qu'avant » la fin de l'automne, *je briserai votre monarchie comme* » *je brise cette porcelaine.* » En prononçant ces derniers mots, il jeta à terre, avec vivacité, un cabaret de porcelaine que l'impératrice Catherine II avait donné au comte, salua le congrès et sortit. Les plénipotentiaires autrichiens restèrent interdits. Peu après ils apprirent que le général français, en montant à cheval, avait expédié un officier à l'archiduc Charles pour le prévenir que, les négociations étant rompues, les hostilités recommenceraient sous vingt-quatre heures. Le comte de Cobentzel, effrayé, envoya aussitôt le marquis de Gallo près de Bonaparte, avec son adhésion pleine et entière à l'*ultimatum* de la France. Le lendemain, 17 octobre, la paix définitive entre la France et l'Autriche fut signée à Campo-Formio.

La teneur du premier article de ce traité, qui promettait, selon la formule d'usage, une paix invariable et perpétuelle entre sa majesté l'empereur des Romains, roi de Hongrie et de Bohème, et la République française, était la reconnaissance la plus formelle que celle-ci pût obtenir de son existence politique. Les autres articles contenaient en substance la renonciation de l'Autriche en faveur de la France, aux provinces de la Belgique; la reconnaissance de la république Cisalpine, formée de la ci-devant Lombardie et de plusieurs parties des provinces de terre ferme de la république de Venise, ainsi que des légations de Ferrare, Bologne et la Romagne.

L'Autriche abandonnait encore à la France les îles que possédait la république de Venise dans la mer Adriatique. La France, de son côté, consentait à ce que l'Autriche prît possession de la ville de Venise, de l'Istrie, de la Dalmatie et des bouches du Cattaro. Des articles secrets, non moins importans, garantissaient à la France la limite du Rhin. Il fut stipulé, en outre, que Mayence, ce boulevard important, serait remis aux troupes de la république, d'après une convention militaire qui serait faite à Rastadt, où Bonaparte et le comte de Cobentzel se donnèrent rendez-vous.

Les avantages que ce traité lui procurait étaient une compensation des accroissemens de territoire que l'Autriche avait reçus par le partage de la Pologne; ainsi ils satisfaisaient à la fois la justice et la politique, et terminaient glorieusement la guerre que la France avait soutenue pour établir sa liberté et garantir son indépendance.

C'est dans ce fameux traité que le rédacteur ayant mis pour premier article : L'empereur d'Allemagne reconnaît la République française. — Effacez cela, lui dit Bonaparte; la République française est comme le soleil ; elle aveugle celui qui ne la voit pas. Le peuple français est maître chez lui; il a fait une république, peut-être demain il fera une aristocratie, après demain une monarchie; c'est son droit.

Bonaparte avait envoyé successivement tous ses généraux à Paris, ce qui mettait le gouvernement à même de les connaître et de se les rattacher par des récompenses ; il chargea le général Berthier de porter le traité de Campo-Formio, et lui adjoignit, pour ce message, le célèbre Monge, membre de la commission des sciences et des arts en Italie. Ils remirent, en arrivant, au ministre des relations extérieures, cette lettre, où Bonaparte répond par avance à toutes les objections qui pourraient lui être faites.

Au quartier-général à Passeriano, le 27 vendémiaire an VI
(18 octobre 1797).

« La paix a été signée hier après minuit. J'ai fait partir à deux heures le général Berthier et le citoyen Monge pour vous porter le traité en original. Je me suis référé à vous en écrire ce matin, et je vous expédie à cet effet un courrier extraordinaire qui vous arrivera en même temps, et peut-être avant le général Berthier : c'est pourquoi j'y inclus une copie collationnée de ce traité.

» 1° Je ne doute pas que la critique ne s'attache vivement à déprécier le traité que je viens de signer. Tous ceux cependant qui connaissent l'Europe et qui ont le tact des affaires seront bien convaincus qu'il était impossible d'arriver à un meilleur traité sans commencer par se battre, et sans conquérir encore deux ou trois provinces de la maison d'Autriche. Cela était-il possible? oui. Préférable? non.

» En effet, l'empereur avait placé toutes ses troupes contre l'armée d'Italie, et nous, nous avons laissé toute la force de nos troupes sur le Rhin. Il aurait fallu trente jours de marche à l'armée d'Allemagne pour pouvoir arriver sur les lisières des états héréditaires de la maison d'Autriche, et pendant ce temps-là j'aurais eu contre moi les trois quarts de ses forces. Je ne devais pas avoir les probabilités de les vaincre, et, les eussé-je vaincues, j'aurais perdu une grande partie des braves soldats qui ont seuls vaincu toute la maison d'Autriche et changé le destin de l'Europe. Vous avez cent cinquante mille hommes sur le Rhin; j'en ai cinquante mille en Italie.

» 2° L'empereur, au contraire, a cent cinquante mille hommes contre moi, quarante mille en réserve, et plus de quarante mille au-delà du Rhin.

» 3° Le refus de ratifier le traité du roi de Sardaigne me privait de dix mille hommes et me donnait des inquiétudes réelles sur mes derrières, qui s'affaiblissaient par les armemens extraordinaires de Naples.

» 4° Les cimes des montagnes sont déjà couvertes de neige : je ne pouvais pas, avant un mois, commencer les opérations militaires, puisque, par une lettre que je reçois du général qui commande l'armée d'Allemagne, il m'instruit du mauvais état de son armée, et me fait part que l'armistice de quinze jours qui existait entre les armées n'est pas encore rompu. Il faut dix jours pour qu'un courrier se rende d'Udine à l'armée d'Allemagne annoncer la rupture; les hostilités ne pouvaient donc en réalité commencer que vingt-cinq jours après la rupture,

9.

et alors nous nous trouvions dans les grandes neiges.

» 5° Il y aurait eu le parti d'attendre au mois d'avril et de passer tout l'hiver à organiser les armées et concerter un plan de campagne, qui était, pour le dire entre nous, on ne peut pas plus mal combiné ; mais ce parti ne convenait pas à la situation intérieure de la république, de nos finances, et de l'armée d'Allemagne.

» 6° Nous avons la guerre avec l'Angleterre : cet ennemi est assez considérable.

» Si l'empereur répare ses pertes dans quelques années de paix, la république cisalpine s'organisera de son côté, et l'occupation de Mayence et la destruction de l'Angleterre nous compenseront de reste et empêcheront bien ce prince de penser à se mesurer avec nous.

» 7° Jamais, depuis plusieurs siècles, on n'a fait une paix plus brillante que celle que nous faisons. Nous acquérons la partie de la république de Venise la plus précieuse pour nous. Une autre partie du territoire de cette république est acquise à la Cisalpine, et le reste à l'empereur.

» 8° L'Angleterre allait renouveler une autre coalition. La guerre, qui a été nationale et populaire lorsque l'ennemi était sur nos frontières, semble aujourd'hui étrangère au peuple, et n'est devenue qu'une guerre de gouvernement. Dans l'ordre naturel des choses, nous aurions fini par y succomber.

» 9° Lorsque la Cisalpine a les frontières les plus militaires de l'Europe, que la France a Mayence et le Rhin, qu'elle a dans le Levant Corfou, place extraordinairement bien fortifiée, et les autres îles, que veut-on davantage ? Diverger nos forces pour que l'Angleterre continue à enlever à nous, à l'Espagne, à la Hollande, leurs colonies, et éloigner encore pour long-temps le rétablissement de notre commerce et de notre marine.

» 10° Les Autrichiens sont lourds et avares : aucun peuple moins intrigant et moins dangereux pour nos affaires militaires qu'eux ; l'Anglais, au contraire, est généreux, intrigant, entreprenant. Il faut que notre gouvernement détruise la monarchie anglicane, ou il doi. s'attendre lui-même à être détruit par la corruption et l'intrigue de ces actifs insulaires. Le moment actuel nous offre un beau jeu. Concentrons toute notre activité du côté de la marine, et détruisons l'Angleterre : cela fait, l'Europe est à nos pieds.

» BONAPARTE. »

Malgré les précautions prises par Bonaparte pour convaincre le Directoire qu'il avait constamment usé de ses pouvoirs dans l'intérêt de la République, le traité n'aurait pas été ratifié, si l'opinion publique ne se fût prononcée fortement, et si tous les esprits n'eussent été frappés des avantages que cette paix assurait à la France.

Immédiatement après la signature du traité, Bonaparte retourna à Milan pour mettre la dernière main à l'organisation de la république cisalpine, et compléter les mesures administratives de son armée. Il prit alors congé du peuple italien et de ses soldats, en leur adressant les proclamations suivantes.

Au quartier-général à Milan, le 21 brumaire an VI
(11 novembre 1797).

Au peuple cisalpin.

« Citoyens !

» A compter du 1ᵉʳ frimaire, votre constitution se trouvera en pleine activité.

» Votre directoire, votre corps législatif, votre tribunal de cassation, les autres administrations subalternes, se trouveront organisés.

» Vous êtes le premier exemple, dans l'histoire, d'un peuple qui devient libre sans factions, sans révolutions et sans déchiremens.

» Nous vous avons donné la liberté, sachez la conserver. Vous êtes, après la France, la république la plus populeuse, la plus riche. Votre position vous appelle à jouer un grand rôle dans les affaires de l'Europe.

» Pour être dignes de votre destinée, ne faites que des lois sages et modérées.

» Faites-les exécuter avec force et énergie.

» Favorisez la propagation des lumières, et respectez la religion.

» Composez vos bataillons, non pas de gens sans aveu, mais de citoyens qui se nourrissent des principes de la république, et soient immédiatement attachés à sa prospérité.

» Vous avez, en général, besoin de vous pénétrer du sentiment de votre force et de la dignité qui convient à l'homme libre.

» Divisés et pliés depuis tant d'années à la tyrannie, vous n'eussiez pas conquis votre liberté : mais sous peu d'années, fussiez-vous abandonnés à vous-mêmes, aucune puissance de la terre ne sera assez forte pour vous l'ôter.

» Jusqu'alors la grande nation vous protégera contre les attaques de vos voisins. Son système politique sera réuni au vôtre.

» Si le peuple romain eût fait le même usage de sa force que le peuple français, les aigles romaines seraient encore sur le Capitole, et dix-huit siècles d'esclavage et de tyrannie n'auraient pas déshonoré l'espèce humaine.

» J'ai fait, pour consolider la liberté, et en seule vue de votre bonheur, un travail que l'ambition et l'amour du pouvoir ont seuls fait faire jusqu'ici.

» J'ai nommé à un grand nombre de places, je me suis exposé à avoir oublié l'homme probe et avoir donné la préférence à l'intrigant ; mais il y avait des inconvéniens majeurs à vous laisser faire ces premières nominations ; vous n'étiez pas encore organisés.

» Je vous quitte sous peu de jours. Les ordres de mon gouvernement, et un danger imminent que courrait la république cisalpine, me rappelleront seuls au milieu de vous.

» Mais, dans quelque lieu que le service de ma patrie m'appelle, je prendrai toujours une vive sollicitude au bonheur et à la gloire de la république.

» BONAPARTE. »

Au quartier-général de Milan, le 24 brumaire an VI
(14 novembre 1797).

« Soldats !

» Je pars demain pour me rendre à Rastadt.

» En me trouvant séparé de l'armée, je ne serai consolé que par l'espoir de me revoir bientôt avec vous, luttant contre de nouveaux dangers.

» Quelque poste que le gouvernement assigne à l'armée d'Italie, nous serons toujours les dignes soutiens de la liberté et de la gloire du nom français.

» Soldats ! en vous entretenant des princes que vous avez vaincus... des peuples qui vous doivent leur liberté... des combats que vous avez livrés en deux campagnes, dites-vous : *Dans deux campagnes nous aurons plus fait encore.*

» BONAPARTE. »

Le surlendemain, on lut dans tous les corps cet ordre du jour, qui est, sans contredit, l'une des plus belles pages de notre histoire militaire :

« Le général Bonaparte a quitté Milan hier matin, pour présider la légation française au congrès de Rastadt. Avant de partir il a envoyé au Directoire exécutif, à Paris, le drapeau de l'armée d'Italie, qui sera présenté par le général Joubert. Il y a sur une face de ce drapeau : *A l'armée d'Italie la patrie reconnaissante.* Sur l'autre côté sont les noms de tous les combats qu'a livrés, de toutes les villes qu'a prises l'armée d'Italie. On remarque entre autres les inscriptions suivantes : Cent cinquante mille prisonniers, dix-sept mille chevaux, cinq cent cinquante pièces de siége, six cents pièces de campagne, cinq équipages de ponts, neuf vaisseaux de cinquante-quatre canons, douze frégates de trente-deux, douze corvettes, dix-huit galères; armistice avec le roi de Sardaigne; convention avec Gênes; armistice avec le duc de Parme, avec le duc de Modène, avec le roi de Naples, avec le pape; préliminaires de Léoben, convention de Montebello avec la république de Gênes; traités de paix avec l'empereur à Campo-Formio; donné la liberté aux peuples de Bologne, Ferrare, Modène, Massa-Carrara; de la Romagne, de la Lombardie, de Brescia, de Bergame, de Mantoue, de Créma, d'une partie du Véronnais, de Chiavenna, Bormio, et de la Valteline; au peuple de Gênes, aux fiefs impériaux, aux peuples des départemens de Corcyre, de la mer Égée et d'Ithaque.

» Envoyé à Paris tous les chefs-d'œuvre de Michel-Ange, du Guerchin, du Titien, de Paul Véronèse, Corrège, Albane, des Carrache, Raphaël, Léonard de Vinci, etc.

» Ce monument de la gloire de l'armée d'Italie, suspendu aux voûtes de la salle des séances publiques du Directoire exécutif, attestera encore les exploits de nos guerriers, quand la génération présente aura disparu. »

Lorsque Bonaparte passa à Turin, le roi de Sardaigne désira le voir et lui témoigner publiquement sa reconnaissance; mais dans des circonstances aussi graves que celles où se trouvait la France, il ne crut pas devoir s'arrêter pour un accueil de cour, quelque brillant qu'il pût être, et il continua sa route vers Rastadt, où il s'empressa de signer la convention pour la remise de Mayence aux troupes françaises, en échange de Venise et de Palma-Nuova, qui devaient être livrées le même jour aux troupes autrichiennes. Tout était conclu le 1ᵉʳ décembre. Bonaparte déclara aux ministres français Treilhart et Bonnier, qu'il regardait sa mission comme remplie, et le 5 décembre il arriva incognito à Paris. Il descendit à sa petite maison de la rue Chantereine, à laquelle la municipalité, par une délibération spontanée, donna le nom de *rue de la Victoire.*

CHAPITRE V.

Sommaire : Séjour à Paris. — Fêtes. — Préparatifs de l'expédition d'Égypte. — Départ.

1798.

Bonaparte était à Paris; dans le plus petit hameau de la France, chez le pauvre comme chez le riche, on s'entretenait de lui, de ses actions, de sa gloire. Durant les deux ans qu'il venait de passer en Italie, il avait rempli le monde de l'éclat de ses triomphes : c'était lui qui avait rompu le lien de la coalition. L'empereur et les princes de l'empire avaient reconnu la république. L'Italie entière était soumise à nos lois. Deux nouvelles républiques y avaient été créées dans le système français. L'Angleterre seule restait armée. A aucune autre époque de notre histoire, le soldat français n'avait éprouvé plus vivement le sentiment de sa supériorité sur tous les soldats de l'Europe. C'était à l'influence des victoires d'Italie que les armées du Rhin et de Sambre-et-Meuse devaient d'avoir pu arborer les couleurs françaises sur les bords du Lech, où Turenne avait déjà fait flotter le vieil oriflamme de la monarchie.

Au commencement de 1796, l'empereur d'Autriche avait cent quatre-vingt mille hommes sur le Rhin, il voulait porter la guerre en France. Les armées de Sambre-et-Meuse et du Rhin n'avaient point de forces suffisantes pour lui résister. Les journées de Montenote, d'Arcole, de Lodi, en jetant l'alarme dans Vienne, avaient obligé le conseil aulique de rappeler successivement de ses armées d'Allemagne le maréchal Wurmser, l'archiduc Charles, et plus de soixante mille hommes; l'équilibre s'était ainsi trouvé rétabli; Moreau, Jourdan, avaient pu alors prendre l'offensive à leur tour.

Jamais la guerre n'avait été moins dispendieuse; les états que Bonaparte avait vaincus en avaient fait tous les frais; plus de cent-vingt millions de contributions extraordinaires avaient été levés en Italie; la moitié avait servi à payer, nourrir et réorganiser l'armée dans tous ses services; les autres soixante millions, envoyés au trésor de Paris, l'avaient aidé à pourvoir aux besoins de l'intérieur et aux services de l'armée du Rhin. Le Muséum national s'était enrichi des chefs-d'œuvre des arts qui embellissaient Parme, Florence et Rome, et que l'on évaluait à plus de 200 millions. Les bâtiments conquis à Gênes, à Livourne et à Venise, avaient enrichi la marine française. Les escadres de Toulon dominaient dans la Méditerranée, l'Adriatique et le Levant. Le commerce de Lyon, de la Provence et du Dauphiné, commençait à renaître, depuis que le grand débouché des Alpes lui était ouvert. De beaux jours paraissaient assurés à la France; c'était aux vainqueurs d'Italie qu'elle se plaisait à les devoir : la reconnaissance gravait le nom de Bonaparte dans tous les cœurs.

Cependant le général auquel la France devait tant d'avantages et de richesses, revenait en France aussi pauvre qu'il en était sorti. Des millions lui avaient été offerts en Italie, il avait pu s'approprier des sommes immenses, et il ne rapportait que les faibles économies qu'il avait faites sur ses appointemens. On crut un instant que la nation allait lui décerner quelque grande récompense; le conseil des Cinq-Cents rédigea même l'acte qui lui devait donner le château de Chambord; mais le Directoire s'alarma, on ne sait pourquoi, de cette proposition, ses affidés l'écartèrent. C'est alors que Bonaparte acheta au nom de sa femme la terre de la Malmaison.

Bonaparte ne fut pas plus tôt de retour que les chefs de tous les partis se présentèrent chez lui : il refusa de les accueillir. Le public se montrait avide de le voir : les rues, les places par où l'on croyait qu'il passerait étaient encombrées de monde ; il ne se montra nulle part.

Le Directoire lui témoignait les plus grands égards; quand il croyait devoir le consulter, il envoyait un des ministres l'inviter à assister au conseil; et dans ces occasions, il prenait place entre deux directeurs, et donnait librement son avis sur les objets en discussion.

L'Institut s'empressa de lui offrir une place dans son sein. Il fut proclamé membre de l'Académie des sciences; et ce ne fut point pour lui un de ces titres que l'on décerne à la puissance pour flatter son orgueil; Bonaparte était réellement un savant.

Le Directoire s'effrayait de cette auréole de gloire dont Bonaparte se trouvait involontairement entouré : trop faible pour combattre ou braver l'opinion publique, il s'y soumit lui-même, et pour témoigner la reconnaissance de la république au général de l'armée d'Italie, il lui donna une fête magnifique, triomphale, inusitée, dont le prétexte était la remise du traité de Campo-Formio. Des estrades furent dressées dans la cour du Luxembourg; les drapeaux conquis en Italie étaient groupés en dais au-dessus des cinq directeurs. Ceux-ci, drapés à l'antique, présidaient à la fête; mais cette magnificence théâtrale disparut devant la simplicité du héros. Bonaparte, couvert de l'habit d'Arcole et de Lodi, attira seul les regards; et dès qu'il prit la parole, un silence religieux régna dans l'immense assemblée. Son discours fut simple; il évita de parler de fructidor, des affaires du temps et de l'expédition d'Angleterre; mais on remarqua les phrases suivantes : « Le peuple français, pour être libre, avait les rois à combattre; pour obtenir une constitution fondée sur la raison, il avait dix-huit siècles de préjugés à vaincre : la religion, la féodalité, le despotisme, ont successivement gouverné l'Europe; mais de la paix que vous venez de conclure, date l'ère des gouvernemens représentatifs. Je vous remets le traité de Campo-Formio, ratifié par l'empereur. Cette paix assure la liberté, la prospérité et la gloire de la république. Lorsque le bonheur du peuple français sera assis sur les meilleures lois organiques, l'Europe entière deviendra libre. »

Barras, chargé de répondre au nom du Directoire, se livra à de longues déclamations; il dit : « que la nature avait épuisé toutes ses richesses pour créer Bonaparte; il l'engagea à aller planter le drapeau tricolore sur la tour de Londres. »

Jourdan et Andréossy, présentés alors par le ministre de la guerre, reçurent les félicitations du Directoire; l'illustre général de Sambre-et-Meuse, Jourdan, célébra avec la franchise du vrai soldat la gloire de l'armée d'Italie, et celle de son chef, qui venaient d'éclipser la sienne.

Les conseils, et le ministre des affaires étrangères Talleyrand, donnèrent aussi des fêtes à Bonaparte. Il parut à toutes, mais y resta peu de temps.

Le Directoire, en dépit de tous les égards et de toute la franchise qu'il affectait envers l'illustre général, ne supportait qu'avec peine son immense popularité. Les troupes, en rentrant en France, le célébraient dans leurs récits, dans leurs chansons : elles disaient hautement qu'il fallait chasser les avocats, et le faire roi. L'administration marchait mal ; beaucoup d'espérances se tournaient vers le vainqueur d'Italie. Bonaparte sentait toute la délicatesse et l'embarras de sa situation ; les directeurs voulurent le décider à retourner au congrès de Rastadt pour y diriger les opérations : il refusa, mais il consentit à accepter le commandement de l'armée d'Angleterre.

C'est alors qu'il fit part au gouvernement de ce grand projet qu'il avait nourri secrètement au milieu de ses triomphes. Ce projet, qui devait affranchir Bonaparte de la méfiance du Directoire et de la nullité du commandement dans lequel on prétendait l'exiler, était la mémorable expédition d'Égypte. Le plan de cette expédition, dont le succès nous ouvrait la route de l'Inde, fixa toute l'attention du Directoire, et lui parut satisfaire tous ses intérêts, en éloignant l'homme qui lui portait ombrage.

Bonaparte partit secrètement pour inspecter les troupes qui composaient l'expédition d'Angleterre ; elles étaient cantonnées sur les côtes en Normandie, en Picardie et en Belgique. Leur nouveau général parcourut ces départemens incognito. Ces courses mystérieuses inquiétaient d'autant plus à Londres, et masquaient davantage les préparatifs dans le Midi. C'est à cette excursion que l'on doit reporter la conception des grands projets d'établissemens maritimes qu'il fit plus tard exécuter à Anvers et à Cherbourg ; c'est à cette époque qu'il reconnut les avantages que Saint-Quentin retirerait du canal ouvert depuis le consulat ; c'est aussi dans ce voyage qu'il se convainquit de la supériorité que la marée et l'embouchure de la Liane donnaient à Boulogne sur Calais, pour tenter, avec des simples péniches, une entreprise contre l'Angleterre. Ainsi, au moment où il ne devait être agité d'aucune autre pensée que celle de faire retentir les rivages du Nil de la gloire du nom français, il prévoyait déjà son retour, et rassemblait à l'avance les matériaux de l'édifice immense qu'il lui était réservé de construire.

Sur ces entrefaites les aristocrates de la Suisse faisaient des efforts pour conserver la prépondérance que le Directoire voulait leur ravir, en donnant à cette république fédérative une constitution unique semblable à celle de la France. Les petits cantons se soulevèrent à l'aspect d'un bouleversement qui froissait leurs intérêts.

De son côté, la cour de Rome, plutôt aigrie que corrigée par le traité de Tolentino, persistait dans son système d'aversion contre la France. Ce cabinet de vieillards sans sagesse fit fermenter autour de lui l'opinion. Des scènes tumultueuses eurent lieu dans cette capitale : le jeune Duphot, général de la plus grande espérance, fut assassiné devant le palais, et sous les yeux de Joseph Bonaparte, ambassadeur de France. Celui-ci dut se retirer à Florence. On avait déjà reproché à Bonaparte d'avoir conservé le pouvoir du pape. Il fut décidé qu'on détrônerait ce faible et remuant ennemi. Berthier reçut l'ordre de marcher sur Rome avec une armée, et de rétablir la république romaine ; ce qui fut exécuté. Le 19 février le Capitole vit de nouveau des consuls, un sénat, un tribunat. Le peuple s'émerveilla en entendant quatorze cardinaux consacrer la république dans la basilique de Saint-Pierre.

A cette époque une insulte faite aux drapeaux de la république faillit rallumer la guerre avec l'Autriche; Bernadotte, ambassadeur à Vienne, arbora au haut de son hôtel le pavillon tricolore, surmonté du bonnet rouge et de la devise *liberté, égalité*. La populace de Vienne arracha ces signes et brisa les vitres de la légation. Le Directoire, justement courroucé de cet outrage, envoya son *ultimatum* à l'Autriche : il portait *guerre* ou *paix*. L'empereur donna des satisfactions.

Cependant Bonaparte commençait à craindre qu'au milieu de ces orages une entreprise lointaine ne fût devenue contraire aux vrais intérêts de la patrie. Il demanda au gouvernement d'ajourner l'expédition d'Égypte. Le Directoire, craignant qu'il ne voulût se mettre à la tête des affaires, ne se montra que plus ardent à presser cette expédition dont il eut ordre d'activer les préparatifs qui s'effectuaient mystérieusement. Bonaparte, ne jugeant pas avoir rien de mieux à faire, puisqu'on se montrait si peu disposé à l'employer sur un théâtre moins éloigné, se détermina à donner au Directoire la sécurité dont il avait besoin. Il s'occupa sans relâche d'organiser le matériel et le personnel de l'expédition; jamais il n'avait déployé plus de vigilance et de talent qu'en cette circonstance : il se multipliait par son infatigable activité. De Paris, il dirigeait tous les mouvemens de l'armée vers les ports de la Méditerranée; non seulement il pourvoyait d'avance aux moindres besoins des troupes de terre, mais encore il s'occupait des plus petits détails de la flotte qui devait les transporter, et en même temps il adressait des notes au gouvernement, des instructions aux généraux sous ses ordres, et organisait un corps de savans et d'artistes destinés à explorer les antiquités de l'Égypte. Il expédiait par jour plus de vingt dépêches.

Tout-à-coup la France apprend que trente-six mille hommes de toutes armes se trouvent réunis dans différens ports de France et d'Italie, prêts à s'embarquer au premier signal : Toulon est le centre de ces préparatifs immenses. Parmi les généraux qui composent l'état-major de cette armée, on remarque Berthier, Desaix, Kléber, Menou, Bon, Reynier, Vaubois, du May, Dugua, Lannes, Murat, Verdier, Dumas, Lanusse, Mireur, Vial, Zayoncheck, Rampon, Leclerc, Davoust ; Cafarelli du Falga commande l'arme du génie ; Dommartin, l'artillerie. Le service de santé est sous la direction de Larrey et de Desgenettes.

L'armée navale était de dix mille hommes ; elle était commandée par le vice-amiral Brueys, qui avait sous ses ordres les contre-amiraux Villeneuve, Blanquet-Duchayla, Decrès et le chef de division Gantheaume. La flotte se composait de treize vaisseaux de ligne avec un grand nombre de petits bâtimens de guerre, et quatre cents bâtimens de transport.

Cette réunion extraordinaire de troupes donna lieu à mille conjonctures : quoiqu'un grand nombre d'agens connussent le but de tant d'apprêts, le secret avait été gardé avec une fidélité rare ; l'avenir était couvert d'un voile impénétrable. La première opinion que conçut le cabinet de Saint-James fut que la mission de cette escadre était de débloquer les vaisseaux renfermés à Cadix. En France on pensait que toutes ces forces étaient destinées à opérer une descente sur le territoire britannique. Mais l'incertitude renaissait à l'aspect de ce corps nombreux de savans attaché à l'armée ; plusieurs membres de l'institut national accompagnaient l'expédition, et des jeunes gens déjà distingués leur étaient adjoints : Monge, Denon, Costaz, Fourier, Berthollet, Geoffroy, Dolomieu, devaient explorer les mines fécondes que l'Égypte offre à l'astronomie, à la physique, à la chimie, à la botanique, à l'archéologie, à toutes les sciences.

Bonaparte descendit le 9 mai à l'hôtel de la Marine, à Toulon. L'armée l'attendait ; un discours brusque et énergique salua les braves d'Italie. « Je promets à chaque soldat, avait-il dit, qu'au retour de cette expédition il aura de quoi acheter six arpens de terre. » Au moment de lever l'ancre, il dit : « Soldats, vous êtes une des ailes de l'armée d'Angleterre ; vous avez fait la guerre de montagnes, de plaines, de siéges ; il vous reste à faire la guerre maritime. » Après les avoir exhortés à l'union et à la confiance, il terminait ainsi : « Le génie de la liberté qui a rendu, dès sa naissance, la République l'arbitre de l'Europe, veut qu'elle le soit des mers et des nations les plus lointaines. » Ces paroles électrisèrent l'armée ; elles furent accueillies avec enthousiasme. Tous ignoraient encore vers quels parages devait se tourner la proue ; nul ne s'en inquiétait : c'était assez pour eux de suivre Bonaparte. « Il est avec nous, s'écriaient-ils, nous allons à la victoire ! »

CHAPITRE VI.

Sommaire : Prise de Malte. — Arrivée devant Alexandrie. — Débarquement.—Prise d'Alexandrie.—Proclamation aux troupes et aux habitans. — Affaire de Chébreis. — Bataille des Pyramides. — Prise du Kaire. —Combat de Salahieh. — Bataille d'Aboukir. — Lettres à la veuve de l'amiral Brueys et au vice amiral Thévenard.

1798.

Le 19 mai 1798, la flotte appareilla au bruit répété du canon des batteries de Toulon et de tous les vaisseaux de ligne. Bonaparte, avec une partie de l'état-major général, se trouvait sur le vaisseau l'*Orient*, monté par le vice-amiral Brueys.

L'armée naviguait depuis plusieurs jours; on s'attendait à chaque instant à être rencontré par les Anglais. Chaque voile qu'on apercevait dans le lointain était un sujet d'inquiétude; plusieurs bâtimens, sortis des ports de l'Italie pour se rallier à la flotte, ne se joignirent à elle qu'après l'avoir jetée dans les plus vives alarmes. On vit successivement arriver les convois de Gênes, d'Ajaccio, de Civita-Vecchia, et chaque fois leur approche fut le signal d'une alerte. Un combat naval pouvait faire échouer l'expédition. Mais la fortune de la France la protégeait, et nos vaisseaux échappèrent à la vigilance de la croisière anglaise. Le 9 juin on découvrit enfin l'île de Malte et ses fortifications. Toute la côte était hérissée de batteries : on voyait de distance en distance des fortins situés sur des éminences escarpées. A gauche se présentait l'entrée du grand port, et le fort Saint-Ange avec le terrible appareil de ses fossés, de ses canons et de ses hautes murailles.

L'île de Malte, située entre Toulon et Alexandrie, offrait un point intermédiaire dont il était important de s'assurer pour le succès de l'expédition. Mais une longue résistance eût donné aux Anglais le temps d'arriver. La voie des négociations parut moins chanceuse; le général en chef fit demander au grand maître l'entrée du port pour notre armée navale.

La réponse fut que les statuts de l'Ordre s'opposaient à ce qu'il entrât plus de quatre bâtimens à la fois. Peu accoutumé à un refus, Bonaparte se décida à user de violence. Il répliqua cependant au grand maître, et s'efforça de justifier son agression : « L'Ordre avait long-temps favorisé les ennemis de la République en fournissant des matelots aux Anglais, en ravitaillant leurs vaisseaux, et en violant en leur faveur les statuts invoqués contre lui, général de l'armée de la République; l'Ordre avait, au mépris des décrets du gouvernement français, nommé aux commanderies qui étaient devenues vacantes en France, bien que ces commanderies fussent abolies, Bonaparte récapitula ces griefs, et déclara qu'il venait demander réparation. Ses menaces, ses fières paroles aux chevaliers, le développement rapide de ses démonstrations hostiles, répandirent la confusion dans la ville de Lavalette, où d'ailleurs les Français avaient un parti. Le 10 juin, au point du jour, les troupes opérèrent leur descente : elles s'emparèrent sans efforts de l'île de Gose et des batteries de Marsa-Sirocco. Les divisions Vaubois et Lannes prirent terre près de Malte. En vain le bailli Tommassi voulut se maintenir dans les retranchemens de Niciar. Abandonné du petit nombre de milices qu'il avait rassemblées, tourné par deux compagnies de carabiniers, il faillit être fait prisonnier, et eut de la peine à entrer dans la ville. A neuf heures le général Vaubois prit possession de la cité vieille, qui ouvrit ses portes sans attendre que les Français eussent tiré un coup de fusil. A dix heures, la campagne et tous les forts de la côte étaient en notre pouvoir.

Durant la nuit, à la clarté des feux allumés dans la ville, on put voir, du haut des vaisseaux, l'agitation qui régnait parmi les assiégés. La populace mutinée s'assemblait en tumulte autour du lieu où se tenait le conseil; des cris menaçans se faisaient entendre; le grand maître, sommé par les habitans de capituler, dut se résigner pour éviter de plus grands malheurs. En conséquence, le feu des forts cessa le lendemain, et des négociateurs furent envoyés à Bonaparte pour traiter de la reddition de la place.

A la tête de cette députation se trouvait le commandeur Biosredon-Ranségat, Français, qui, la veille, avait été jeté dans un cachot pour avoir refusé d'armer son bras contre ses compatriotes. Cet exemple honorable n'avait point été imité par les autres chevaliers de la langue de France, plusieurs furent pris dans les forts les armes à la main. Bonaparte ne leur épargna point les témoignages de son indignation : « Puisque vous avez pu prendre les armes contre votre patrie, leur dit-il, il fallait savoir mourir; allez, retournez dans la place, tandis qu'elle ne m'appartient pas encore; je ne veux point de vous pour mes prisonniers. »

La convention fut conclue et signée le 12 juin. Le général en chef fit son entrée dans la ville à la tête d'une partie de l'armée. Plusieurs bâtimens de guerre, douze cents pièces de canon, quarante mille fusils, quinze cents milliers de poudre, et trois millions de francs, formant le *trésor de Saint-Jean*, furent les fruits de cette conquête. Bonaparte admirait la beauté des fortifications taillées dans le roc, qui défendent la place, et s'étonnait lui-même de la facilité avec laquelle il s'en était emparé. « Oui, dit Cafarelli, à qui il communiquait ses réflexions, il faut avouer que nous sommes bien heureux qu'il se soit trouvé du monde dans cette ville pour nous en ouvrir les portes. » Malte reçut un gouvernement organisé d'après les principes de la République. La servitude fut abolie, l'égalité proclamée. L'île adopta les couleurs françaises. Le premier soin du général fut de briser les fers des esclaves turcs et arabes : il voulait se faire précéder en Égypte par une renommée de générosité et de clémence.

Bonaparte chercha aussi à s'assurer un point d'appui dans l'Albanie et l'Epire : avant de continuer sa route, il dépêcha un de ses aides-de-camp vers le fameux Ali, pacha de Janina; mais ce pacha était alors hors de son gouvernement, occupé à combattre Passavan-Oglow. L'absence d'Ali contraria les projets de Bonaparte : les négociations ne purent être entamées.

Le 1er juillet, les minarets d'Alexandrie montrèrent à l'armée le but de son voyage : un immense cri d'allégresse retentit sur la flotte, et chaque soldat regardant avec joie cette terre d'Egypte, si féconde en souvenirs, appela de ses vœux l'heure du débarquement. Bonaparte voulut, le premier de tous, quitter le vaisseau amiral et mettre le pied sur cette terre qu'il voulait conquérir. A peine débarqué, il vit venir à lui le consul de France, qui lui apprit que, trois jours auparavant, la flotte anglaise commandée par Nelson, s'étant présentée devant Alexandrie, avait prévenu les habitans de l'attaque dont ils étaient menacés, et s'était remise en route pour chercher la flotte française. La ville était donc sur ses gardes, et tout annonçait une vigoureuse résistance. Bonaparte juge que les momens sont précieux ; il ordonne le débarquement. A peine quelques troupes sont-elles à terre, il se met à leur tête : il vole à de nouveaux exploits, mais, avant d'entrer dans cette autre carrière de gloire, il a besoin de rappeler à ses guerriers quels sont leurs devoirs sur cette plage étrangère. « Les peuples, leur dit-il, avec lesquels nous allons vivre sont mahométans ; leur premier article de foi est celui-ci : *Il n'y a d'autre Dieu que Dieu, et Mahomet est son prophète.* Ne les contredites pas ; agissez avec eux comme vous avez agi avec les Juifs et avec les Italiens. Ayez des égards pour leurs muphtis et pour leurs imans, comme vous en avez eu pour les rabbins et les évêques.... Les légions romaines protégeaient toutes les religions. Vous trouverez ici des usages différens de ceux de l'Europe ; il faut vous y accoutumer. Les peuples chez lesquels nous allons, traitent leurs femmes différemment que nous ; mais dans tous les pays, celui qui viole est un monstre, le pillage n'enrichit qu'un petit nombre d'hommes, il nous déshonore, il détruit nos ressources, il nous rend ennemis des peuples, qu'il est de notre intérêt d'avoir pour amis. »

Bonaparte, selon sa coutume, compte parmi ses moyens de succès l'influence qu'un général habile peut exercer sur l'esprit des peuples : il sait vaincre, mais il attache encore plus de prix aux triomphes que donne la persuasion. Ainsi, partout où il paraît à la tête d'une armée, il s'annonce avec des pensées de régénération, les seules qui dussent convenir à une République, surgie de la philosophie et des lumières du dix-huitième siècle. Il était alors le prophète de la démocratie, prophète armé comme Mahomet, guerrier comme lui, et doué de cette éloquence qui s'adapte à tous les pays, et à tous les degrés de civilisation. Bonaparte paraît, et déjà les habitans sont avertis qu'il y aura pour eux d'immenses avantages à l'accueillir; il vient avec l'intention de respecter leurs croyances, il se propose de les délivrer de l'oppression sous laquelle ils gémissent : c'est en ami, c'est en protecteur qu'il vient; mais en même temps prêt à faire face à toutes les résistances, il déploie l'appareil des combats.

Trois mille six cents hommes des divisions Menou, Bon et Kléber, descendirent aussitôt près du Marabou, à une lieue et demie d'Alexandrie. On marcha incontinent sur la cité moderne, à travers les débris de l'ancienne.

A peu de distance de la place, Bonaparte fit faire halte. Il se disposait à parlementer, quand tout-à-coup des cris horribles et le bruit du canon lui firent connaître la réception à laquelle il devait s'attendre. On manquait d'artillerie pour pouvoir répondre. L'ordre d'escalader les murs est donné, la charge est battue; généraux et soldats rivalisent de courage. Kléber, sous un feu meurtrier, montre à ses grenadiers l'endroit où ils doivent monter; une balle le frappe à la tête et le renverse; sa chute double l'ardeur des soldats; brûlant de le venger, ils s'élancent sur les échelles, et bientôt on voit flotter les drapeaux de la République au sommet des remparts. Sur ces entrefaites, le général Bon enfonçait à gauche la porte de Rosette, tandis que le général Menou forçait à droite un autre point, et entrait le premier dans la ville après avoir reçu six blessures. Épouvantés de tant d'audace, les assiégés fuient en désordre dans toutes les directions.

Bonaparte alors envoie un parlementaire au gouverneur et aux principaux habitans d'Alexandrie. Le général leur promet que leurs biens, leur religion, leur liberté, seront respectés. Il les assure que les Français sont les meilleurs amis de la Sublime-Porte, et qu'ils n'ont mis le pied en Égypte que pour délivrer les Égyptiens du joug des Mamelucks. Ces raisons, et plus encore, sans doute, la crainte des dangers où les eût exposés une trop longue résistance, décidèrent les habitans à se rendre. Bonaparte fit alors répandre dans la ville la proclamation suivante en langue arabe, imprimée avec des caractères apportés de France :

« Depuis trop long-temps les beys qui gouvernent l'Égypte insultent à la nation française, et couvrent les négocians d'avanies : l'heure de leur châtiment est arrivée.

» Depuis trop long-temps ce ramassis d'esclaves, achetés dans le Caucase et la Géorgie, tyrannissent la plus belle partie du monde ; mais Dieu, de qui dépend tout, a ordonné que leur empire finît.

» Peuples de l'Égypte, on vous dira que je suis venu pour détruire votre religion ; ne le croyez pas : répondez que je viens restituer vos droits, punir les usurpateurs ; et que je respecte plus que les Mamelucks, Dieu, son prophète et le Koran.

» Dites-leur que tous les hommes sont égaux devant Dieu : la sagesse, les talens et les vertus mettent seuls de la différence entre eux.

» Or, quelle sagesse, quels talens, quelles vertus distinguent les Mamelucks, pour qu'ils aient exclusivement tout ce qui rend la vie aimable et douce ?

» Y a-t-il une belle terre, elle appartient aux Mamelucks. Y a-t-il une belle esclave, un beau cheval, une belle maison, cela appartient aux Mamelucks.

» Si l'Égypte est leur ferme, qu'ils montrent le bail que Dieu leur en a fait. Mais Dieu est juste et miséricordieux pour le peuple ; tous les Égyptiens sont appelés à gérer toutes les places : que les plus sages, les plus instruits, les plus vertueux gouvernent; et le peuple sera heureux.

» Il y avait jadis parmi vous de grandes villes, de grands canaux, un grand commerce : qui a tout détruit, si ce n'est l'avarice, les injustices et la tyrannie des Mamelucks ?

» Quadys, cheiks, imans, tchorbadys, dites au peuple que nous sommes aussi de vrais Musulmans. N'est-ce pas nous qui avons détruit le pape, qui disait qu'il fallait faire la guerre aux Musulmans? N'est-ce pas nous qui avons détruit les chevaliers de Malte, parce que ces insensés croyaient que Dieu voulait qu'ils fissent la guerre aux Musulmans? N'est-ce pas nous qui avons été dans tous les temps les amis du Grand-Seigneur (que Dieu accomplisse ses desseins !), et l'ennemi de ses ennemis? Les Mamelucks, au contraire, ne se sont-ils pas toujours révoltés contre l'autorité du Grand-Seigneur, qu'ils méconnaissent encore? ils ne font que leurs caprices.

» Trois fois heureux ceux qui seront avec nous! ils prospéreront dans leur fortune et leur rang. Heureux ceux qui seront neutres! ils auront le temps de nous connaître et ils se rangeront avec nous.

» Mais malheur, trois fois malheur à ceux qui s'armeront pour les Mamelucks, et combattront contre nous! il n'y aura pas d'espérance pour eux; ils périront.

» Art. 1ᵉʳ. Tous les villages situés dans un rayon de trois lieues des endroits où passera l'armée, enverront une députation au général commandant les troupes, pour les prévenir qu'ils sont dans l'obéissance et qu'ils ont arboré le drapeau de l'armée.

» 2. Tous les villages qui prendraient les armes contre l'armée seront brûlés.

» 3. Tous les villages qui se seront soumis à l'armée, mettront, avec le pavillon du Grand-Seigneur, notre ami, celui de l'armée.

» 4. Les cheïks feront mettre les scellés sur les biens, maisons, propriétés, qui appartiennent aux Mamelucks, et auront soin que rien ne soit détourné.

» 5. Les cheiks, les cadhys et les imans conserveront les fonctions de leurs places; chaque habitant restera chez lui, et les prières continueront comme à l'ordinaire. Chacun remerciera Dieu de la destruction des Mamelucks, et criera : Gloire au sultan, gloire à l'armée française son amie! malédiction aux Mamelucks et bonheur au peuple d'Égypte. »

Cette proclamation acheva de calmer les esprits et d'établir la confiance entre les habitans et les Français.

La prise d'Alexandrie n'avait coûté que quarante soldats ou officiers français. Bonaparte les fit inhumer, avec tous les honneurs militaires, au pied de la colonne de Pompée, et ordonna que leurs noms fussent gravés sur le fût de ce monument. La cérémonie qui eut lieu en présence de toute l'armée, la remplit d'enthousiasme et d'amour pour un chef qui récompensait le mérite jusque dans la tombe.

Bonaparte ne négligea rien de ce qui était propre à captiver la bienveillance des habitans. Il conserva le commandant turc en le mettant sous les ordres du général Kléber, qui était hors d'état de continuer la campagne.

L'un de ses premiers soins fut de pourvoir à la sûreté

de sa flotte : mais les pilotes turcs déclarèrent que les vaisseaux de 74 ne pourraient pas entrer dans le port, et à plus forte raison ceux de 80 et 120 canons. Il aurait fallu alléger, ou employer des chameaux; et en outre l'amiral craignait, une fois entré, de ne plus pouvoir sortir. La flotte aurait dû se rendre à Corfou. Brueys se contenta d'embosser à Aboukir, où il croyait être inattaquable.

L'organisation du gouvernement provisoire d'Alexandrie était à peine terminée que Bonaparte se dirigea sur le Kaire. D'après une ancienne tradition répandue parmi les Musulmans, la prise de cette capitale assurait au vainqueur la possession de toute l'Égypte, et c'était là que les beys avaient établi le centre de leur domination. Le succès de l'expédition devait donc avoir le double résultat de prévenir les préparatifs de l'ennemi, et de frapper l'imagination d'un peuple superstitieux. Aussi Bonaparte, habile appréciateur du temps et des causes morales, préféra-t-il prendre le chemin le plus court, malgré les difficultés qu'il présentait; et, laissant la route de Rosette, il fit suivre à l'armée celle qui passe par Damanhour.

L'avant-garde, sous les ordres du général Desaix, partit d'Alexandrie dans la nuit du 3 au 4 juillet. Elle se composait de quatre mille six cents hommes, dont cent soixante de cavalerie, hussards et dragons. Après cinq heures de marche dans des sables arides, elle arriva près de deux puits récemment comblés. On les nettoya sur-le-champ; leur eau saumâtre et fangeuse, distribuée avec parcimonie, fut loin de pouvoir suffire aux besoins des soldats.

Cette division fut suivie de celle des généraux Reynier,

Bon et Menou. Le général en chef parti d'Alexandrie le 9, arriva le 10 à Damanhour, où l'armée se trouva réunie, après avoir parcouru le même espace avec les mêmes souffrances.

Une marche de quinze lieues sur un sable stérile et brûlant apprit aux Français que cette contrée leur offrirait des obstacles et des périls plus redoutables que ceux auxquels ils s'étaient attendus. Dans l'espoir de trouver, comme dans leurs campagnes d'Europe, des villages et des habitations pourvus de vivres et de rafraîchissemens, ils s'étaient débarrassés, dès la première journée, du biscuit et de l'eau dont on les avait chargés pour quatre jours. « Nous couchons ce soir à Béda, à Birket, etc., » se disaient-ils entre eux pour s'encourager à la marche; leur étonnement était grand de trouver deux ou trois huttes sans habitans. Bientôt ils eurent à endurer les tourmens de la faim et ceux de la soif, plus terribles encore. Plusieurs y succombèrent. Un phénomène inconnu dans nos climats réalisa pour l'armée les tortures auxquelles la fable a condamné Tantale. Par un singulier effet de lumière, on croyait voir devant soi un lac immense où se réfléchissaient les monticules de sable et toutes les aspérités du sol. L'illusion du mirage est telle qu'on s'y trompe la dixième fois aussi bien que la première. Comme c'était principalement dans la matinée que ce phénomène avait lieu, nos soldats, épuisés de fatigue, faisaient de nouveaux efforts, pressaient leur marche, et ne la ralentissaient enfin que quand le soleil, dans toute sa force, avait fait disparaître les eaux imaginaires dans lesquelles ils avaient cru éteindre la soif qui les dévorait. Le sable était comme enflammé; c'était un égal supplice de s'arrêter ou de se mouvoir sur ce brasier ardent; les pieds des soldats étaient ensanglantés. La nuit n'apportait pour eux qu'un changement de tourmens : le sol se couvrait d'une rosée froide qui glaçait leurs membres et semblait pénétrer jusque dans les os; ces variations extrêmes de la température ne pouvaient manquer d'engendrer des maladies; bientôt se déclara l'ophthalmie, ce fléau permanent de l'Égypte.

Au milieu de tant de souffrances et de fatigues, nos guerriers conservèrent néanmoins l'insouciance et la gaîté qui les a toujours caractérisés. Dans ces déserts, comme sous le doux ciel de l'Italie, ils égayaient leurs marches par des plaisanteries et des chansons.

Pendant que le gros de l'armée se portait sur Damanhour, le général Dugua s'emparait de Rosette, et ouvrait à la flottille française la libre entrée du Nil. Le chef de division Perrée, qui la commandait, reçut ordre de lui faire suivre les mouvemens de l'armée. Ramanieh était le point de jonction des deux routes, et le rendez-vous des forces destinées à agir contre le Kaire Lorsqu'au sortir du désert les troupes aperçurent les bords du fleuve bienfaiteur de l'Égypte, un cri de joie s'éleva : il est impossible de décrire les sensations qu'elles éprouvèrent à l'aspect d'une nature pleine de force et de vie. L'inondation avait engraissé le sol, et de riches moissons bordant les deux rives du Nil semblaient une broderie d'or. Le premier mouvement des soldats fut de se précipiter dans le fleuve, sans même se déshabiller; ils s'enivrèrent à longs traits d'une eau délicieuse.

Ce fut le 12 juillet, à Ramanieh, que les Mamelucks se montrèrent aux troupes françaises pour la première fois.

Accueillis par un feu de peloton bien nourri, ils ne tardèrent pas à se dissiper, laissant une vingtaine des leurs sur la poussière.

L'armée prit deux jours de repos à Ramanieh.

Le 14, au soir, l'armée arriva en vue du village du Chébreis, où l'attendaient quatre mille Mamelucks et une multitude d'Arabes. Le 13 les ennemis furent en présence. L'engagement commença sur le Nil entre la flottille française et celle des beys. Des deux côtés on combattit avec une extrême opiniâtreté; plus de quinze cents coups de canon furent échangés en peu de temps.

Pendant que cette action se passait sur le Nil, les Mamelucks s'étendaient dans la plaine, débordaient les ailes et cherchaient un point faible pour pénétrer dans les rangs de l'infanterie française. Partout les bataillons, habilement disposés et flanqués les uns par les autres, leur présentent un front impénétrable. Ils reviennent à la charge à plusieurs reprises et toujours avec une nouvelle fureur : on leur oppose une immobilité meurtrière; un mur de baïonnettes les arrête. On vit de ces Mamelucks, désespérés d'une résistance inattendue, pousser leurs chevaux à reculons, pour renverser la barrière contre laquelle ils venaient échouer. Après avoir consumé la journée en efforts impuissans, ils disparurent. Quatre cents des leurs restèrent sur le champ de bataille.

Avant cette affaire, les Mamelucks avaient un souverain mépris pour l'infanterie européenne, qu'ils jugeaient d'après celle du pays. Aussi furent-ils tellement surpris de la précision avec laquelle les bataillons manœuvraient, que les blessés prisonniers demandaient si leurs adversaires n'étaient pas *liés* ensemble.

L'armée continua sa marche au milieu de toutes sortes de privations, à travers des villages déserts et sur un sol dépourvu de toute végétation. Enfin le 23 juillet, au moment où le soleil paraissait sur l'horizon, l'armée aperçut les Pyramides. A l'aspect de ces masses antiques qui se dessinaient au loin sur un ciel bleuâtre, elle s'arrêta saisie de respect et d'admiration. « Soldats, s'écria Bonaparte, vous allez combattre les dominateurs de l'Égypte; songez que du haut de ces monumens quarante siècles vous contemplent ! » Et le plus noble enthousiasme animait sa figure. L'armée s'apprêta à lui répondre par la victoire.

Mourad, le plus puissant des princes de l'Égypte, a appelé tous les beys à la défense de la ville sacrée; six mille Mamelucks n'attendent que le signal du combat, et leurs armes, réfléchissant les rayons du soleil, étincèlent aux yeux des Français. Mourad est furieux de l'échec que les siens ont essuyé à Chébreis : il veut les remplir de son courage, ou du moins de sa colère.

Dès que Bonaparte eut reconnu la position de l'ennemi, il rangea ses troupes de la même manière qu'à Chébreis, par divisions en carrés qui se flanquaient mutuellement. Celles des généraux Desaix et Reynier reçurent ordre de se porter sur la droite, entre Embabeh et Gizeh, afin de couper aux vaincus la retraite vers la Haute-Égypte.

Mourad-Bey sentit les conséquences de ce mouvement, et fit aussitôt avancer un groupe d'élite qui fondit impétueusement sur les deux divisions. Les soldats l'attendirent en silence; et lorsqu'il fut à la distance de cinquante pas, ils le foudroyèrent par une grêle de balles et de mitraille, qui dans un instant joncha le champ de bataille d'hommes et de chevaux. Les Mamelucks, qui s'étaient séparés pour charger les deux divisions à la fois, se réunirent alors contre le carré de Desaix, l'entourèrent et le pressèrent avec une nouvelle fureur; ils voltigeaient sans ordre autour de ce trapèze, dont les décharges terribles les étendaient par centaines. Tous leurs efforts échouèrent contre un rempart de fer et de flammes.

Dans leur désespoir, ils voulurent se jeter sur la division Reynier; mais ce mouvement les mit entre le feu des deux carrés. L'artillerie et la mousqueterie en firent un carnage horrible. Quoique leur désordre fût au comble, ils recommencèrent à charger avec autant d'acharnement: un grand nombre vint expirer sur les baïonnettes.

Mourad-Bey lança hors des retranchemens un nouveau corps pour soutenir le premier. Bonaparte saisit ce moment: il ordonna au général Bon, à la gauche de la ligne, de se porter à l'attaque des ouvrages; et au général Vial de s'établir entre les retranchemens et le corps qui venait d'en sortir.

Les Mamelucks, qui avaient attaqué les divisions Desaix et Reynier, se voyant coupés par la division Menou, que commandait alors le général Vial, se portèrent au grand galop sur Bit-Kil, petit village occupé par quelques troupes du général Desaix, sous les ordres du chef de bataillon Dorsenne; mais ils y furent si chaudement accueillis, qu'ils tournèrent bride et regagnèrent la plaine. Leur intrépidité y éclata par de nouvelles charges. Vains efforts! ceux qui ne succombèrent pas furent obligés de se disperser.

Cependant le général Bon exécute l'ordre qu'il a reçu: sa division, formée en trois colonnes d'attaque, marche sur les retranchemens. Les Mamelucks lui opposent d'abord un feu d'artillerie bien nourri, et ensuite se décident à la charge : ils s'élancent avec une telle furie, que les colonnes ont à peine le temps de se mettre en bataillon carré. La rage déréglée de l'ennemi échoue de nouveau contre ce bastion vivant, dont toutes les faces vomissent la mort. Au milieu des balles et de la mitraille, les Mamelucks n'ont plus de salut que dans la fuite; ils dirigent leurs agiles chevaux vers leur gauche. Bonaparte l'avait prévu. Sur le passage se trouve la division Vial. Ils sont forcés de passer à cinq pas d'un bataillon de carabiniers, qui en font une effroyable boucherie. Ceux qui échappent au fer se jettent épouvantés dans le Nil et s'y noient.

En même temps les retranchemens étaient enlevés; le général Bon s'établissait dans le village d'Embabeh, et privait les Mamelucks de leur point d'appui principal.

Il fallut céder. Mourad-Bey, trop sûr de l'impuissance de ses efforts, s'éloigna précipitamment, et, longeant le fleuve, prit le chemin de la Haute-Égypte, sans même oser s'arrêter à Gizeh, lieu de sa résidence habituelle. Son collègue Ibrahim-Bey avait eu la prudence de rester sur la rive droite du Nil avec les Mamelucks de sa maison; de là il activait le feu de quelques chebecks placés vers le milieu du fleuve. Quand la bataille fut perdue, il brûla les bâtimens de la flotille.

Cette journée coûta aux ennemis plus de trois mille cavaliers d'élite, quarante pièces de canon et quatre cents chameaux chargés de bagages. La presque totalité de la milice à pied, acculée au Nil, s'était précipitée dans le fleuve, et y avait trouvé la mort. Plusieurs des beys, et Mourad lui-même, furent blessés en combattant vaillamment.

Les troupes bivouaquèrent à Embabeh. Le lendemain de cette bataille, moins remarquable par le grand déploiement des forces que par l'habileté des manœuvres, Bonaparte reçut une députation des négocians du Kaire. Cette ville, abandonnée des Mamelucks, était livrée aux excès de la populace; les maisons des beys avaient été pillées, et le quartier des Européens courut risque d'être incendié. Bonaparte, voulant promptement mettre un terme à de tels désordres, ordonna au général Dupuy de partir sur-le-champ avec deux compagnies de grenadiers, et d'aller prendre possession du Kaire.

La marche de ce général fut éclairée par l'incendie de soixante bâtimens chargés de richesses, que les Mamelucks avaient livrés aux flammes avant d'abandonner les bords du Nil.

A une heure du matin, il arriva, sans avoir rencontré d'obstacles, sous les murs de la capitale de l'Égypte. L'effroi régnait dans l'enceinte de la Cité sacrée : toutes les portes étaient fermées, toutes les lumières éteintes. Les chiens, dont cette ville immense est remplie, répondaient seuls par de longs hurlemens au tambour des Français.

Le premier soin de Bonaparte fut d'organiser l'administration du pays. Il forma un divan composé de sept personnes des plus notables de la ville, chargées de maintenir la tranquillité publique et de veiller à la police de la capitale. Il annonça cette mesure aux habitans par une proclamation, dans laquelle il louait leur prudence de n'avoir pas pris les armes contre les Français.

Dès que le jour parut, il prit, avec les négocians européens, les mesures nécessaires pour dissiper la frayeur des habitans; il n'eut pas de peine à réussir.

Vers le milieu de la journée, l'armée fit son entrée dans la ville, au milieu de la foule du peuple, accouru pour contempler les vainqueurs des Mamelucks.

Bonaparte s'occupa ensuite d'assurer les subsistances de l'armée et de lever quelques impôts; les biens des Mamelucks furent séquestrés, quelques-uns même vendus. Le général Dupuy fut investi du commandement militaire de la place.

Les soins qu'exigeait l'occupation d'une ville aussi importante que le Kaire y retinrent Bonaparte pendant quelques jours, qui suffirent à l'armée pour se remettre de ses fatigues.

L'armée avait jusqu'alors marché en corps; elle se divisa pour se diriger sur plusieurs points à la fois, et reprit le cours de ses glorieux travaux.

Le général Desaix eut la mission de poursuivre Mourad-Bey, qui s'était retiré dans la Haute-Égypte. Bonaparte marcha sur Belbeïs, où Ibrahim avait établi son quartier-général; des colonnes mobiles furent destinées à agir contre les Arabes, toujours battus et revenant sans cesse à la charge par l'espoir du butin.

Arrivé à Belbeïs, Bonaparte trouva la ville évacuée, alors il se porta en avant avec trois cents hommes qui composaient toute sa cavalerie, et ayant atteint l'ennemi au-delà du bois de Salahieh, il le fit immédiatement charger.

Quatre cents Mamelucks formant l'arrière-garde d'Ibrahim, lâchèrent pied d'abord en abandonnant quelques chameaux et deux pièces de canon; mais, accourant bientôt avec la rapidité de l'éclair, ils entourèrent les Français et les chargèrent à leur tour dans tous les sens. La mêlée devint terrible; il y eut des luttes d'homme à homme; chaque officier, chaque hussard soutint un combat particulier. Sulkowski, aide-de-camp de Bonaparte, reçoit huit blessures; le chef d'escadron d'Estrées tombe frappé de vingt-un coups de sabre, et les chevaux le foulent aux pieds. Lasalle, chef de brigade du 22ᵉ, laisse échapper son sabre au milieu de la charge, il s'élance à terre pour le ressaisir : aussitôt un des Mamelucks les plus intrépides fond sur lui; mais Lasalle est déjà à cheval et tue son adversaire.

L'ennemi ne put résister au choc de cette poignée de braves; il tourna bride précipitamment, et Ibrahim-Bey ne songea plus désormais qu'à gagner la Syrie.

Des nuées d'Arabes interceptaient les communications de notre armée avec la flotte ; Bonaparte, depuis plus d'un mois, n'en avait reçu aucune nouvelle, lorsque le 24 juillet, il apprit, avec la plus grande inquiétude, que la flotte était encore dans la rade d'Aboukir. Aussitôt il expédia un aide de-camp, avec ordre de ne pas quitter Aboukir qu'il n'eût vu la flotte s'en éloigner pour se rendre à Corfou. Cet officier fut massacré en route par les Arabes; au surplus sa mission était déjà tardive.

L'escadre anglaise avait été signalée le 1ᵉʳ août à deux heures après-midi. Poussée par un vent favorable, elle se trouvait à trois heures si rapprochée de la flotte française, que l'on pouvait, à la simple vue, distinguer les quatorze vaisseaux et les deux bricks qui la composaient. A six heures on fut en présence, et le feu commença de part et d'autre. Dès le commencement de l'action, une manœuvre hardie donna aux Anglais l'immense avantage de n'avoir qu'une partie des vaisseaux français à combattre. L'escadre française, embossée sur une seule ligne, beaucoup trop étendue, laissait un vide de quatre vingts brasses entre chacun des bâtimens. Le vaisseau *le Majesty* parvint à la couper, et se plaça entre *le Tonnant* et *l'Orient*; de plus, une partie des vaisseaux anglais ayant réussi à se porter entre la terre et la ligne française, l'amiral Brueys put reconnaître le désavantage de la position qu'il avait prise, et en prévoir les tristes résultats. Chacun des vaisseaux de l'avant-garde et du centre eut à combattre un nombre double de vaisseaux ennemis. Le reste de la flotte ne prit et ne put prendre aucune part au combat, qui fut des plus acharnés.

Au bout d'une heure *le Guerrier* et *le Conquérant* avaient la moitié de leur équipage emportée par les boulets, leurs canons démontés, leurs manœuvres hachées, et leurs mâts brisés; ils succombèrent les premiers. *La Sérieuse*, attaquée par *le Goliath*, d'une force double, opposa la plus vigoureuse résistance. Percée de part en part par les boulets, elle coula; mais son arrière se trouvait sur un haut fond, il ne fut point submergé, et servit de refuge à l'équipage, qui continua de se défendre dans cette position jusqu'à ce qu'il eût obtenu une capitulation. Le capitaine Martin, aussi généreux qu'intrépide, se dévoua pour ses compagnons, en offrant de rester prisonnier, pourvu qu'on leur laissât la liberté, et qu'on les transportât à terre, ce qui fut accepté et exécuté.

La nuit arriva sur ces entrefaites, et rendit plus épouvantable le feu de douze cents pièces de canon qui tiraient sans relâche. La commotion qu'elles produisaient agitait la mer comme dans une tempête.

Brueys avait été blessé. Vers les huit heures du soir, il fut frappé d'un boulet qui lui brisa les reins. Il ne voulut pas quitter le commandement, et s'écria : un amiral français doit mourir sur son banc. Il expira un quart d'heure après. Cette belle mort honore sa mémoire; mais il dut emporter le regret de la faute qu'il avait faite en ne se conformant pas aux ordres de Bonaparte, dont l'exécution aurait prévenu la perte de notre flotte.

Au moment où Brueys succombait, près de lui tomba grièvement blessé le capitaine de pavillon Casa Bianca. Exaspéré plutôt qu'abattu par la double perte qu'il venait de faire, l'équipage de *l'Orient* redoubla d'efforts et d'intrépidité. Déjà plusieurs vaisseaux ennemis, fortement endommagés, s'étaient vus forcés d'éviter ce terrible adversaire. *Le Bellérophon* vint à son tour tenter la fortune. En peu d'instans les boulets de *l'Orient* eurent abattu ses trois mâts et tué plus de la moitié de son équipage. Menacé d'une ruine certaine, il se hâta de s'éloigner ; mais déjà trop maltraité pour pouvoir manœuvrer, il fut entraîné par le vent sous le feu de notre arrière-garde, dont il parcourut tout le front. En passant il reçut les bordées du *Tonnant*, de *l'Heureux* et du *Mercure*. Près de couler, les cris de son équipage annoncèrent qu'il se rendait, et l'on cessa de tirer sur lui. On ne conçoit pas comment Villeneuve fit la faute de ne point s'en emparer. Toujours dérivant, *le Bellérophon* dépassa enfin notre ligne et fut sauvé. Ce terrible combat continuait avec un acharnement sans exemple dans l'histoire ; il semblait que la haine nationale animât chaque soldat ; les cris *vive la liberté ! vive la République !* poussés même par les mourans, réveillaient l'enthousiasme et ranimaient les forces épuisées des marins.

A neuf heures du soir le feu se manifesta sur *l'Orient*, et eut bientôt fait tant de progrès qu'il devint impossible de l'éteindre. Les artilleurs ne continuèrent pas moins de tirer sur l'ennemi ; ce ne fut que lorsqu'ils se virent entourés de flammes, qu'ils se décidèrent à abandonner leur vaisseau en se jetant à la mer. Les uns périrent, d'autres furent assez heureux pour gagner la terre à la nage; d'autres encore recueillis par les vaisseaux français, recommencèrent à se battre avec fureur. Le fils de Casa Bianca, agé de dix ans, voyant le vaisseau embrasé, lie son père à un tronçon de mât et se jette avec lui dans la mer; peut-être cet enfant l'aurait-il sauvé; mais tout-à-coup le feu prenant à la Sainte-Barbe, *l'Orient* saute avec un fracas épouvantable : l'effet de cette terrible explosion est tel, que Français, Anglais, sont jetés dans une stupeur qui suspend le combat pendant quelques instans : mais bientôt il recommence de part et d'autre avec une nouvelle rage. Il faut cependant que le courage succombe sous la force. *Le Franklin*, après avoir perdu les deux tiers de son équipage, se rend au moment où une multitude d'Anglais montent à l'abordage : *le Spartiate* et *l'Aquilon* avaient déjà cédé à la même nécessité. *Le Tonnant* alla s'échouer à la côte.

Ces succès donnaient le moyen aux Anglais d'attaquer l'arrière-garde, qui, jusqu'alors ne s'était point trouvée engagée. *Le Mercure* et *l'Heureux*, échoués dans une position qui rendait leurs canons inutiles, furent obligés de se rendre.

Au point du jour, les couleurs nationales brillaient encore sur quelques bâtimens français. Le contre-amiral Villeneuve s'empressant d'appareiller pendant que l'escadre anglaise réparait ses avaries, fit voile pour Malte. Les vaisseaux anglais avaient été si maltraités, qu'il ne s'en trouva aucun en état de poursuivre les nôtres. *Le Guillaume Tell, le Généreux, la Diane* et *la Justice* furent, de toute la flotte française, les seuls qui parvinrent à se sauver; le reste avait été pris, brûlé ou coulé à fond, à l'exception du *Timoléon* et du *Tonnant*, sur lesquels le pavillon tricolore flottait encore le lendemain 3 août. Nelson s'en empara, malgré les derniers efforts de l'équipage. Le contre-amiral Duchayla et le capitaine Petit-Thouars poussèrent le courage et la présence d'esprit jusqu'au sublime de la vertu militaire. Les équipages se montrèrent dignes d'avoir de semblables chefs ; et suivant les apparences, ils auraient vaincu si l'amiral ne les eût pas placés dans une position qui donnait tous les avantages à l'ennemi. Les Anglais eurent une grande partie de leurs vaisseaux fort maltraités et furent contraints d'aller se radouber dans les ports de Sicile : ils comptèrent mille hommes tués et dix-huit cents blessés ; Nelson lui-même fut frappé à la tête dans le fort du combat. Ceux des vaisseaux anglais qui avaient le moins souffert, s'approchèrent d'Alexandrie dont ils bloquèrent le port.

Bonaparte reçut la nouvelle de ce combat le soir même de la victoire de Salahieh. Il était au milieu de son état-major près du village de Korain, lorsqu'un aide-de-camp de Kléber lui remit la relation de ce désastre. Bonaparte la parcourut sans paraître ému ; puis, après avoir réfléchi un instant avec un calme et un ton d'inspiré qui écartèrent toute pensée sinistre de l'imagination des Français, il dit : « Amis, nous n'avons plus de flotte ; eh bien ! il faut res-
» ter dans ces contrées, ou en sortir grands comme les an-
» ciens. »

Bonaparte fit connaître sur le champ cet événement à l'armée ; il mit dans cette communication tant de sécurité, il en atténua si bien l'effet par les tableaux de gloire qu'il déroula aux yeux des soldats, qu'ils la reçurent avec une sorte d'indifférence.

Le général en chef ne sentait pas moins dans son cœur une profonde tristesse au souvenir des braves marins qui avaient péri pour l'honneur du pavillon national ; sa douleur s'épanchait dans des lettres confidentielles, elle se montra surtout dans les consolations qu'il offrit aux parens des glorieuses victimes. « Les hommes paraissent plus froids et plus égoïstes qu'ils ne le sont réellement, écrivait-il, quelques jours après la bataille, à la veuve de l'amiral Brueys. L'on sent dans cette situation que, si rien ne nous obligeait à la vie, il vaudrait beaucoup mieux mourir ; mais lorsque après cette première pensée, on presse ses enfans sur son cœur, des larmes, des sentimens tendres, raniment la nature, et l'on vit pour ses enfans ; oui, Madame, vivez pour eux, et laissant votre cœur s'ouvrir à la mélancolie, vous pleurerez avec eux, vous éleverez leur jeunesse ; vous leur parlerez de leur père, de votre douleur, de la perte qu'eux et la république ont faite. »

Dans une autre lettre au vice-amiral Thévenard, Bonaparte disait : « Votre fils est mort d'un coup de canon sur son banc de quart ; je remplis, citoyen-général, un triste devoir en vous l'annonçant ; mais il est mort sans souffrir, et avec honneur. C'est la seule consolation qui puisse adoucir la douleur d'un père. Nous sommes tous dévoués à la mort ; quelques jours de vie valent-ils le bonheur de mourir pour son pays ? Compensent-ils la douleur de se voir sur un lit, environné de l'égoïsme d'une nouvelle génération ? Valent-ils les dégoûts, les souffrances d'une longue maladie ? Heureux ceux qui meurent sur le champ de bataille ! »

Bonaparte, dans les plus beaux jours de sa gloire, semblait en proie à ce sentiment de mélancolie profonde qui résulte du dégoût de la vie...; il méprisait la société nouvelle qui allait surgir de *l'économisme* et de la philosophie du 19ᵉ siècle. Il s'affligeait de voir grandir l'égoïsme des hommes, et sans cesse à sa pensée était présent, comme la tradition d'une vérité, le souvenir d'un monde qui avait valu mieux que le nôtre... Souvent ce monde meilleur, il ne le rêva qu'au-delà de cette vie ; mais à mesure qu'il vieillit, il osa, il souhaita moins mourir : il était homme, le héros !

CHAPITRE VII.

Sommaire : Fêtes. — Création de l'Institut d'Egypte. — Etablissement d'un impôt. — Révolte du Kaire. — Expédition de Syrie. — Prise d'El-Arich, de Ghazad, de Jaffa, de Caïffa. — Siége de Saint-Jean-d'Acre. — Bataille du Mont-Thabor. — Retour au Kaire. — Bataille d'Aboukir.

1798 a 1799.

La catastrophe d'Aboukir avait relevé l'espérance des Arabes et des Mamelucks. A mesure que le gros de l'armée pénétrait dans l'intérieur, ses relations avec Alexandrie devenaient plus difficiles, les courriers étaient massacrés, et les convois de vivres ne parvenaient qu'après avoir couru de grands dangers. Kléber résolut de mettre un terme au brigandage des Arabes et des Bédouins. Le pays conquis redevint le théâtre d'une guerre qui, pour être irrégulière, n'était pas moins dangereuse : on se battit à Damanhour, à Mamourha, à Remerich ; il fallut faire de terribles exemples, brûler des maisons, saccager des villages ; ce qui n'empêcha pas les tribus du désert de harceler l'armée dans sa marche et dans ses cantonnemens.

On était à l'époque où le retour de la grande opération de la nature, qui, chaque année, épanche sur le sol égyptien les eaux qui le fécondent, ramène l'antique solennité des actions de grâces que les peuples rendent pour un tel bienfait. Bonaparte saisit l'occasion de fêter par un hommage éclatant cet usage consacré par la politique et la religion : le 18 août, revêtu du costume oriental, entouré de son état-major, des autorités turques et d'un concours immense d'Égyptiens, il fit procéder en sa présence à la rupture de la digue qui retient les eaux du Nil. Le hasard, ou, selon ses idées, le destin voulut que les eaux montassent au degré le plus favorable pour la navigation et l'arrosement. Les habitans du Kaire adressèrent au ciel les plus vives acclamations. Ils disaient à Bonaparte, dans leurs chansons : « Nous voyons bien que tu es l'envoyé de Dieu, car tu as pour toi la victoire et le plus beau Nil qu'il y ait eu depuis un siècle. » Cette brillante cérémonie eut lieu quinze jours après le désastre d'Aboukir ; le surlendemain était l'anniversaire de la naissance de Mahomet ; les Français, étonnés que la veille on n'eût fait encore aucun préparatif, se virent obligés d'employer la menace pour déterminer le muphti à le célébrer. Ce prêtre, cachant sous des formes adulatrices une profonde haine, cherchait à rejeter sur la présence de l'étranger l'oubli de cet acte religieux. Les dispositions furent bientôt prises ; jamais le fondateur du Koran ne fut honoré avec plus de pompe et de magnificence. C'est du lendemain de cet anniversaire que date la création de l'Institut d'Égypte, composé des savans de l'expédition, auxquels furent adjoints quelques officiers et administrateurs de l'armée. Tous devaient travailler de concert à fouiller dans les souvenirs de cette antique contrée, à y ressusciter les lumières, à y ranimer les arts.

Bonaparte s'occupa aussi d'établir une administration régulière ; il cherchait en même temps à étendre ses relations au dehors, et à se ménager des appuis parmi les habitans notables du Kaire, d'Alexandrie et de la Mecque.

Le jour anniversaire de la fondation de la République française le trouva au milieu de ces soins importans. Il résolut de célébrer le retour de cette grande époque par des solennités publiques.

D'après ses ordres, on fit ranger sur la place d'Esbekieh les troupes de la garnison du Kaire et celles des environs : à sept heures du matin, Bonaparte arriva, suivi des officiers supérieurs de l'armée, des chefs de l'administration, des autorités et des notables du Kaire.

L'artillerie tonne, et les acclamations de la multitude se mêlent au bruit du canon.

Le général en chef, debout au pied d'une pyramide qu'il a fait élever, dit d'une voix solennelle :

« Soldats,

» Nous célébrons le premier jour de l'an VII de la République.

» Il y a cinq ans, l'indépendance du peuple français était menacée ; mais vous prites Toulon : ce fut le présage de la ruine de nos ennemis.

» Un an après, vous battiez les Autrichiens à Dego.

» L'année suivante, vous étiez sur le sommet des Alpes.

» Vous luttiez contre Mantoue il y a deux ans, et vous remportiez la célèbre victoire de Saint-George.

» L'an passé, vous étiez aux sources de la Drave et de l'Isonzo, de retour de l'Allemagne.

» Qui eût dit alors que vous seriez aujourd'hui sur les bords du Nil, au centre de l'ancien continent ?

» Depuis l'Anglais, célèbre dans les arts et le commerce,

jusqu'au hideux et féroce Bédouin, vous fixez les regards du monde.

» Soldats, votre destinée est belle, parce que vous êtes dignes de ce que vous avez fait et de l'opinion que l'on a de vous. Vous mourrez avec honneur, comme les braves dont les noms sont inscrits sur cette pyramide, ou vous retournerez dans votre patrie, couverts de lauriers et de l'admiration de tous les peuples. »

Des applaudissemens, des cliquetis de joie accompagnent ce discours, et les cris mille fois répétés de *vive la République!* retentissent dans les airs.

Les troupes donnent ensuite aux Musulmans le spectacle nouveau pour eux d'une petite guerre à l'européenne; Bonaparte lui-même en commande les évolutions, tandis qu'un détachement se dirige sur Giseh, et va planter le drapeau tricolore au sommet de la plus haute pyramide.

Déjà deux mois s'étaient écoulés depuis l'entrée des Français au Kaire, et jusqu'alors l'immense population de cette capitale avait montré des sentimens pacifiques envers les vainqueurs. Cette conduite était due à la modération du général en chef, aux mesures sages et prudentes qu'il avait prises pour paralyser les intrigues des beys, des Turcs et des Anglais; mais l'argent manquait aux Français, et Bonaparte établit un droit d'enregistrement sur tous les actes du gouvernement qui concédaient aux particuliers la possession et la jouissance temporaire des propriétés; car en Égypte, presque toutes les propriétés ne sont que des concessions qui peuvent être retirées ou renouvelées, suivant le caprice du maître absolu, à la mort du titulaire. Ce moyen fiscal, inconnu dans tout l'Orient, excita un mécontentement général; et les mêmes hommes qui, par amour de la tranquillité, avaient résisté aux insinuations des malveillans, partagèrent les sentimens des ennemis des Français, quand ils se virent attaqués dans leurs intérêts. Cette animadversion des grands propriétaires de l'Égypte, résidans presque tous au Kaire, ne tarda pas à être partagée par toutes les classes d'habitans, et les prédications de certains ministres des mosquées eurent bientôt pour effet de réunir, sous l'étendard de la foi musulmane, le peuple entier de la capitale, tandis que Mourad-Bey et Ibrahim-Bey organisaient une insurrection formidable dans plusieurs contrées.

Un manifeste du Grand-Seigneur, répandu avec profusion par les Anglais, annonçait la marche d'une forte armée, et appelait le peuple fanatisé à la destruction des infidèles; les mollahs, les imans, prêchaient le massacre; des agitations partielles, des insurrections de villages, annonçaient une commotion prochaine; elle éclata au Kaire le 21 octobre, en l'absence du général en chef.

Dès la pointe du jour quelques rassemblemens se formèrent dans les rues; ils grossirent peu à peu, et se portèrent en masse vers la demeure du cadi, Ibrahim-Ehetem-Effendi. Vingt personnes des plus marquantes lui sont députées. Le vénérable vieillard demande le motif qui les amène. Elles se plaignent de la mesure fiscale que vient de prendre le chef de l'armée, et invitent le magistrat à les suivre chez Bonaparte, afin d'obtenir la révocation de cette mesure. Ehetem-Effendy se rend à leurs désirs, et monte à cheval; mais voyant la multitude qui l'accompagne, il fait observer que ce n'est point dans cette attitude qu'on présente une supplique. «Chez Bonaparte!» lui crie-t-on de tous côtés.

Bientôt la ville entière est soulevée : les habitans parcourent les rues avec des fusils, et massacrent tous les Français qu'ils rencontrent; en même temps une autre troupe de révoltés courait assaillir la maison de Cassim-Bey, où les savans et les artistes français se défendirent toute la journée avec une opiniâtreté et une présence d'esprit admirable.

Emporté par son bouillant courage, le général Dupuy, commandant de la place, sort de son hôtel à la tête de quelques dragons qui s'y trouvaient de piquet; il arrive dans une rue obstruée de mutins, et les engage à se retirer. Ils ne répondent que par des hurlemens et des menaces. Dupuy se décide alors à les charger; il s'élance au milieu de cette populace et s'ouvre un passage sanglant. Mais au moment où il lève le bras pour secourir un des siens, il reçoit sous l'aisselle un coup de lance qui lui coupe l'artère. Les dragons parviennent à l'enlever, et il expire quelques minutes après.

Le canon d'alarme gronde; la générale bat. Les Français se rassemblent au château. A mesure qu'ils arrivent, le général Bon, qui a pris le commandement, les dirige par détachemens nombreux sur les principaux points occupés par les révoltés. Plus de quinze mille de ces insensés, poursuivis la baïonnette dans les reins, se réfugient dans la grande mosquée d'El-Héaza, où ils s'entourent de barricades.

Attiré par le bruit de la canonnade, Bonaparte accourt de l'île de Roudeh avec ses guides, et fait aussitôt ses dispositions pour couper les communications entre les divers quartiers où sont postés les rebelles.

La nuit, tant redoutée des Orientaux, amène un moment de calme : le général Dommartin a l'ordre de profiter des ténèbres pour dresser une batterie. Quatre bouches à feu sont placées sur le revers du Mokatam, à cent cinquante toises de la grande mosquée.

Pendant ces préparatifs, le général Devaux disperse cinq mille paysans qui s'avancent vers la ville, et la cavalerie du général Dumas, envoyée pour battre la plaine, refoule les Arabes dans le désert.

Au point du jour toutes les troupes de la garnison s'ébranlent, leurs efforts triomphent d'une résistance opiniâtre. A huit heures du matin, il ne reste plus que la grande mosquée à emporter.

Bonaparte fait sommer ceux qui l'occupent de mettre bas les armes. Cette démarche est regardée comme un signe d'impuissance, et la révolte lève un front plus insolent. Alors le signal terrible est donné. La citadelle et les batteries du général Dommartin font pleuvoir sur la grande mosquée une grêle de bombes, d'obus et de boulets qui portent la mort au milieu des révoltés. Une circonstance extraordinaire vient seconder les Français, et jeter dans l'esprit des Égyptiens une terreur superstitieuse : l'air s'obscurcit de nuages; le tonnerre mêle ses détonations lointaines au bruit du canon. Les rebelles frémissent à cette voix céleste ; leur courage chancelle. Voyant la foudre de Dieu et des hommes sur leurs têtes, consternés, éperdus, ils poussent des cris lamentables et implorent leur pardon.

« Vous avez refusé ma clémence quand je vous l'offrais, répond le général en chef; l'heure de la vengeance est sonnée : vous avez commencé, c'est à moi de finir. »

Réduits au désespoir, ces malheureux tentent une sortie; de tous côtés leurs poitrines rencontrent les baïonnettes des grenadiers. Enfin ils jettent leurs armes, et se rendent à discrétion, demandant miséricorde, et poussant leur cri de détresse : *Amman!*

Bonaparte se laisse fléchir ; les principaux meneurs suffisent à sa justice : onze d'entre eux sont condamnés à mort ; six seulement subissent le dernier supplice. Leurs têtes, suivant l'usage du pays, sont promenée au bout d'une pique dans toutes les rues du Kaire.

Trois mille cadavres attestent le pouvoir et la vengeance des Français. Bonaparte abolit le divan, et assujettit la province au régime militaire.

La terreur que jeta dans l'Égypte l'issue de la révolte du Kaire étouffa pour long-temps l'esprit de rebellion.

La tranquillité rétablie, la bonne harmonie ne tarda pas à renaître entre les habitans et leurs vainqueurs.

Ce changement permit aux Français de s'occuper des moyens de rendre leur séjour dans la capitale aussi agréable et aussi utile que possible. Un Tivoli fut élevé, où se trouvaient réunis des salles de jeu, de billard, un cabinet de lecture, des orchestres pour les danses, une promenade variée, des divertissemens de tous genre, un café, un restaurant, des feux d'artifices, qui rappelaient aux Français les délices du Tivoli de Paris. Des fonderies, des usines, des manufactures de tous genres furent établies par les soins de l'infatigable Conté, chef du corps des aérostiers ; des moulins à vent s'offrirent, pour la première fois, à l'œil étonné des Égyptiens, sur la hauteur de Mokatam ; des ateliers fabriquèrent de la poudre à canon bien supérieure à celle d'Égypte. Enfin toute l'armée, qui peut-être n'estimait pas assez la colonie de savans et d'artistes amenés par le général en chef, apprit, par des bienfaits et des plaisirs, à connaître le prix des sciences et des arts, et à mettre leurs conquêtes au même rang que les exploits militaires. Deux journaux, la *Décade égyptienne* et le *Courrier d'Égypte* furent même imprimés au Kaire. Le divan avait été dissous lors de l'insurrection; Bonaparte forma une nouvelle assemblée des principaux fonctionnaires du Kaire et des autres provinces, au nombre de soixante; ils devaient discuter avec lui les intérêts de la nation : une commission, tirée de leur sein, était chargée de l'administration de la justice dans toute l'Égypte. Pendant que le général en chef s'occupait du gouvernement des provinces conquises, il donnait également ses soins à la fortification du Kaire et des autres villes, afin de prévenir de nouveaux soulèvemens du peuple. Le général Caffarelli fut chargé de faire construire différens ouvrages capables de mettre la capitale à l'abri d'un coup de main. Marmont, qui succéda à Kléber, fortifia de même Alexandrie; Rosette et Damiette furent aussi réparées et mises en état de défense. Quelques opérations militaires eurent lieu dans les provinces, après la pacification du Kaire. Une tradition rapportait que la jonction de la mer Rouge à la Méditerranée avait été pratiquée dans les temps de prospérité et de grandeur de l'Égypte ancienne. Bonaparte voulait s'assurer si cette communication était possible par un canal creusé dans l'isthme de Suez. En conséquence, il envoya le général Bon avec son aide-de-camp, Eugène Beauharnais, pour s'emparer de la ville de Suez; cette expédition réussit sans difficulté, les habitans ne faisant aucune résistance.

Depuis le débarquement de l'expédition, Bonaparte n'avait reçu aucune nouvelle de France; au moment où il était descendu sur le rivage égyptien, il était persuadé que la paix existait entre la république et la porte ottomane; et, confiant aux promesses du Directoire, il croyait

Talleyrand à Constantinople, quand, tout-à-coup un firman du Grand-Seigneur, arraché au divan par la politique anglaise, vint le tirer d'erreur, et l'éclairer sur le danger de sa position. Cette malédiction jetée sur nous était ainsi conçue :

« Au nom de Dieu clément et miséricordieux, gloire au Seigneur, maître du monde, salut et paix sur notre prophète Mahomet, le premier et le dernier des prophètes, sur sa famille, et sur les compagnons de sa mission.

» Le peuple des Francs (Dieu veuille détruire leur pays de fond en comble, et couvrir d'ignominie leurs drapeaux) est une nation d'infidèles et de scélérats sans frein ! Ils nient l'unité de cet Être-Suprême qui a créé le ciel et la terre; ils ne croient point à la mission du prophète destiné à être l'intercesseur des fidèles au jugement dernier, ou, pour mieux dire, ils se moquent de toutes les religions; ils rejettent la croyance d'une autre vie, de ses récompenses et de ses supplices; ils ne croient ni à la résurrection des corps, ni au jugement dernier, et ils pensent qu'un aveugle hasard préside à leur vie et à leur mort; qu'ils doivent leur existence à la pure matière, et qu'après que la terre a reçu leurs corps, il n'y a plus ni résurrection, ni compte à rendre, ni demande, ni réponse.

» En conséquence, ils se sont emparés des biens de leurs temples; ils ont dépouillé leurs croix, leurs ornemens, et ils ont chassé leurs vicaires, leurs prêtres et leurs religieux.

» Les livres inspirés aux divins prophètes ne sont, à leur dire, que mensonges et impostures, et ils regardent le Coran, l'Ancien-Testament et l'Évangile comme des fables. Les prophètes, tels que Moïse, Jésus et Mahomet, ne sont, selon eux, que des hommes comme les autres, qui n'ont jamais eu de mission, et qui n'ont pu imposer qu'à des ignorans. Ils pensent que les hommes, étant nés égaux, doivent être également libres; que toute distinction entre eux est injuste, et que chacun doit être le maître de son opinion et de sa manière de vivre.

» C'est sur d'aussi faux principes qu'ils ont bâti une nouvelle constitution, et fait des lois auxquelles a présidé l'esprit infernal. Ils ont détruit les fondemens de toutes les religions; ils ont légitimé tout ce qui était défendu; ils ont laissé un libre cours aux désirs effrénés de la concupiscence; ils se sont perdus dans un dédale d'erreurs inextricables; et, en égarant la vile populace, ils en ont fait un peuple de pervers et de scélérats.

» Un de leurs principes diaboliques est de souffler partout le feu de la discorde, de mettre la désunion parmi les souverains, de troubler les empires, et d'exciter les sujets à la révolte par des écrits mensongers et sophistiques, dans lesquels ils disent avec impudence : nous sommes frères et amis; les mêmes intérêts nous unissent, et nous avons les mêmes opinions religieuses.

» Ensuite viennent de futiles promesses ou des menaces inquiétantes; en un mot, ils ont appris à distiller le crime, et à se servir habilement de la fraude et du parjure. Ils se sont enfoncés dans une mer de vices et d'erreurs; ils se sont réunis sous les drapeaux du démon, et ils ne se plaisent que dans le désordre, ne suivant que les inspirations de l'enfer. Leur conscience n'est jamais troublée par les remords et la crainte de faire le mal.

» Aucun dogme, aucune opinion religieuse ne les réunit; ils regardent le larcin et le pillage comme un butin légal, la calomnie comme la plus belle éloquence, et ils ont détruit tous les habitans de la France qui n'ont pas voulu adopter leurs nouveaux et absurdes principes.

» Toutes les nations européennes ont été alarmées de leur audace et de leurs forfaits, et alors ils se sont mis à aboyer comme des chiens, à hurler comme des loups, et, dans leur rage, ils se sont jetés sur tous les royaumes et sur toutes les républiques, pour détruire leurs gouvernemens et leurs religions, pour enlever leurs femmes et leurs enfans. Des rivières de sang ont abreuvé la terre, et les Français ont enfin réussi dans leurs criminels desseins, vis-à-vis de quelques nations qui ont été forcées de se soumettre.

» O vous donc, défenseurs de l'islamisme! O vous, héros protecteurs de la foi! O vous, adorateurs d'un seul Dieu, qui croyez à la mission de Mahomet, fils d'Abd-Allah, réunissez-vous et marchez au combat sous la protection du Très-Haut! Ces chiens enragés s'imaginent sans doute que le peuple vrai croyant ressemble à ces infidèles qu'ils ont combattus, qu'ils ont trompés, et à qui ils ont fait adopter leurs faux principes. Mais ils ignorent, les maudits, que l'islamisme est gravé dans nos cœurs, et qu'il circule dans nos veines avec notre sang. Nous serait-il possible d'abandonner notre sainte religion, après avoir été éclairés de sa divine lumière? Non, non! Dieu ne permettra pas que nous soyons un instant ébranlés; nous serons fidèles à la foi que nous avons jurée. Le Très-Haut a dit dans le livre de la vérité : *Les vrais croyans ne prendront jamais les incrédules pour amis.*

Soyez donc sur vos gardes; méfiez-vous des piéges et des embûches qu'ils vous tendent, et ne soyez effrayés ni de leur nombre ni de leurs vêtemens hideux. Le lion ne se met point en peine du nombre de renards qui méditent de l'assaillir, et le faucon ne s'effraie point d'un essaim de corbeaux qui croassent contre lui.

» Grâce au ciel, vos sabres sont tranchans, vos flèches sont aiguës, vos lances sont perçantes, vos canons ressemblent à la foudre, et toutes sortes d'armes meurtrières maniées par d'habiles cavaliers, sauront bientôt atteindre l'infidèle, et le précipiter dans les flammes de l'enfer. N'en doutez pas, le ciel est pour vous, l'œil de Dieu veille à votre conservation et à votre gloire. Avec la puissante protection du prophète, ces armées d'athées se dissiperont devant vous, et seront exterminées. Cette heure va bientôt sonner.

» Gloire au Seigneur des mondes ! »

Bonaparte ne pouvait plus douter des dispositions haineusement hostiles du Grand-Seigneur. Il était urgent de frapper un grand coup, et de reprendre sur les populations l'ascendant que donne toujours la victoire : il résolut aussitôt l'expédition de Syrie.

Déjà Ibrahim-Bey et Djezzar se préparaient à reconquérir l'Égypte. Ils appelaient, au nom du sultan, toutes les populations d'alentour à la défense de l'islamisme; leur avant-garde s'était avancée jusqu'au fort d'El-Arich, à quelques lieues de Catieh; Bonaparte n'eut pas plutôt reçu cette nouvelle qu'il reprit le chemin du Kaire.

Les troupes destinées à l'expédition de Syrie formaient un corps de treize mille hommes; c'était presque la moitié de toute l'armée d'Égypte.

La division Reynier formait l'avant garde. Le 6 février elle quitta Catieh, et trois jours après elle se trouvait devant El-Arich. Pendant cette longue marche sur un sable brûlant, les Français avaient enduré avec une courageuse patience les supplices de la chaleur et de la soif; en arrivant ils n'éprouvèrent plus que le besoin de combattre.

Le village d'El-Arich est défendu par un fort. Tandis que le général Lagrange tourne le fort, et place deux pièces de canon sur une hauteur qui le domine, le général Reynier fait attaquer le village. Après avoir éprouvé une résistance opiniâtre, les Français escaladent les murs; mais c'était à l'intérieur que le péril était le plus grand : toutes les maisons étaient crénelées; il en sortait un feu des plus meurtriers; et de là, sur les Français engagés dans des rues étroites, les Syriens faisaient pleuvoir un déluge de pierres et de matières enflammées. Tant d'obstacles ne font qu'accroître le courage des assaillans.

Le village est pris, et subit la vengeance du soldat irrité. Pendant ce temps Ibrahim Bey accourait au secours de la garnison qui tenait encore; sûr de sa nombreuse cavalerie, il s'approcha jusqu'à une demi-lieue du fort. Le général Reynier, réuni à Kléber, punit le bey de sa témérité.

Le 19 février, Bonaparte parut devant El-Arich avec le parc et le reste de l'armée; une batterie qu'il fit élever eut bientôt ouvert une brèche praticable. La garnison se rendit à discrétion.

Le 22, Kléber prit le commandement de l'avant-garde, et suivit la route de Kan-Younes; les autres divisions marchèrent dans la même direction. Le guide de Kléber égara les divisions dans les sables du désert; Bonaparte, en arrivant à Kan-Younes, trouva dans ce village les débris des mamelouks battus à El-Arich. Seul avec ses guides et un faible détachement du corps des Dromadaires, il pouvait être facilement pris par les mamelouks; l'audace le tira de ce mauvais pas. Il marcha en avant; les ennemis, le croyant suivi de son armée, s'enfuirent au camp du pacha de Gaza près de cette ville. Bientôt les divisions françaises arrivèrent, harassées des fatigues d'une marche de soixante lieues dans un désert aride et brûlant, sans avoir trouvé ni eau ni vivres; nulle plainte, nul murmure ne s'étaient fait entendre. Les Français montraient autant de constance à combattre les élémens que d'ardeur à vaincre leurs ennemis. L'armée, après quelques momens de repos, continua sa marche, et entra dans Gaza, que les Arabes venaient de quitter pour aller joindre à Jaffa les troupes que rassemblait le pacha de Syrie. Bonaparte les suivit : à son arrivée devant Jaffa, il trouva les portes fermées par la garnison, et fut obligé de prendre la ville d'assaut : la garnison refusa de se rendre. Les Français, irrités de la mort de leurs camarades qui avaient été impitoyablement massacrés au commencement de l'action, s'abandonnèrent à tous les excès de la fureur, et gagnèrent la peste en touchant les vêtemens et les fourrures des habitans.

Bonaparte fit aussitôt établir l'hôpital des pestiférés, dans lequel eut lieu cette mémorable scène que M. Gros a retracée dans un des chefs-d'œuvre de la peinture française. Il fallait relever le moral des soldats malades; le général en chef parcourt les salles des pestiférés, il leur parle, il les touche, il les rassure, et, dès ce moment, la terreur de la contagion commença à se dissiper, et ses ravages diminuèrent sensiblement. Après la prise de Jaffa, Bonaparte marcha sans délai sur Saint-Jean-d'Acre, dont la garnison devenait tous les jours plus formidable par les renforts continuels qu'elle recevait des Turcs et des Anglais. Le commodore Sydney-Smith croisait avec son escadre sur les es de Syrie, cherchant à inquiéter la marche de l'armée française, et introduisant des vivres et des soldats dans la place. Un Français, ancien officier d'artillerie de Besançon, fort instruit dans cette arme, émigré par suite de son opposition aux principes de la révolution, le colonel Philipeaux, dirigeait la défense des fortifications de Saint-Jean-d'Acre. Sydney et cet homme valaient seuls une armée musulmane. La perte d'une partie de notre artillerie, enlevée par le commodore, augmenta les forces de l'ennemi sans diminuer la confiance de Bonaparte. Le 18 il parut avec son armée devant Saint-Jean-d'Acre, et dès-lors la tranchée fut ouverte. Bonaparte n'avait avec lui que quatre pièces de douze, huit pièces de huit et quatre obusiers ; bientôt les batteries commencèrent leur feu, et firent en peu d'heures une brèche au rempart. Les grenadiers, qui croyaient monter à l'assaut comme à Jaffa, demandèrent à tenter cette entreprise ; mais, arrêtés par une contrescarpe et par un fossé profond et large, écrasés par la mitraille et par la fusillade, ils furent contraints de se retirer en laissant le terrain couvert de leurs morts.

Il fallut recourir à la mine pour détruire les obstacles ; mais cet expédient de guerre fut employé sans succès.

Un second assaut ne fut pas plus heureux que le premier ; les grenadiers trouvèrent la brèche trop haute de plusieurs pieds. Néanmoins les Turcs avaient été tellement effrayés de l'audace des grenadiers français, qu'ils s'étaient enfuis au port, et que Djezzar-Pacha lui-même s'était embarqué. Lorsqu'ils les virent monter dans la tranchée, le courage leur revint. Depuis cette époque, ils ne cessèrent de recevoir des renforts. On s'occupa alors de creuser un puits de mine, afin de faire sauter toute une tour ; il n'y avait plus moyen de s'introduire par la brèche ; l'ennemi l'avait remplie de toute espèce d'artifices. Durant ces travaux, l'armée turque fit une sortie générale; mais les colonnes de Djezzar furent bientôt repoussées dans les murs de la place, après avoir éprouvé de grandes pertes.

Malgré l'avantage qu'il venait de remporter, malgré les plus grands efforts de la part des assiégeans, le siége de Saint-Jean-d'Acre traînait en longueur; les munitions manquaient; le général en chef proposa aux soldats une prime pour chaque boulet de canon ennemi qu'ils apporteraient au parc. Sur ces entrefaites, Bonaparte apprit que les Syriens formaient des rassemblemens considérables, dans l'intention de délivrer la place de Saint-Jean-d'Acre. Il envoya les généraux Vial, Murat, Junot sur divers points pour repousser ces corps de partisans, et les disperser. Ils réussirent dans leurs expéditions diverses; Junot, qui n'avait à peu près que quatre cent soixante-dix hommes, eut, au village de Loubi, un engagement sérieux avec deux mille cavaliers de l'avant-garde de l'armée de Damas. Le général Kléber vole à son secours à Nazareth. En arrivant à la hauteur de Seid-Jarra près de Cana, il rencontre l'avant-garde de l'armée des pachas, forte de cinq mille chevaux et d'environ mille fantassins; sans hésiter il l'attaque, et la culbute jusqu'au bord du Jourdain. Bientôt il voit devant lui l'armée entière dont le total était de trente mille fantassins et vingt mille cavaliers. Bonaparte, instruit de cet événement, arrive au moment où Kléber et ses deux mille hommes étaient aux prises avec la cavalerie des pachas. Un coup de canon annonce la présence de Bonaparte. Les soldats de Kléber, accablés de fatigues, ressentent une nouvelle ardeur; ils s'ébranlent, et le village de Fouli est emporté. Les divisions françaises se portent sur divers points pour prendre en flanc et à dos les ennemis ; le plus grand désordre se répand dans l'armée des pachas ; poursuivis, attaqués de toutes parts, les Syriens ne savent où fuir ; la terreur est si grande parmi eux, que, s'entassant au passage du pont, ils se jettent à la nage dans le Jourdain, et s'y noient pour la plupart. L'armée française, fatiguée de vaincre, s'arrêta au pied du mont Thabor le 16 avril 1799.

Cette victoire ranima le courage des Français. Les immenses magasins des ennemis ramenèrent l'abondance dans le camp, et les travaux recommencèrent. Le jour même du retour des troupes devant Saint-Jean-d'Acre, Bonaparte apprit l'arrivée du contre-amiral Perré devant Jaffa avec de l'artillerie et des munitions. Alors les opérations du siége furent reprises avec vigueur ; le 23, on mit le feu à une mine qui devait faire sauter une tour, mais un souterrain qui était sous cet édifice, trompa encore tous les calculs ; la partie de la tour qui était du côté des Français sauta seule, et tout l'effet de la mine se borna à enterrer deux à trois cents Turcs et quelques pièces de canon. On fit alors usage des batteries contre cette tour ébranlée ; malheureusement, le général du génie Caffarelli-Dufalga, qui dirigeait les travaux, fut frappé par un boulet. C'était un officier du premier mérite, qu'il fut impossible de remplacer ; l'armée entière sentit vivement sa perte ; Bonaparte le regretta comme un de ses plus braves frères d'armes.

L'ennemi était perdu s'il restait sur la défensive, il fit plusieurs sorties dans lesquelles il éprouva toujours des pertes considérables, mais il ne cessait de recevoir des renforts pour les réparer aussitôt.

Le moment de crise pour la place approchait ; les batteries françaises avaient rasé la plupart des fortifications, les parapets étaient détruits et les pièces démontées. Déjà les Français s'étaient emparés de la partie la plus saillante de la contre-attaque, il ne fallait plus que quelques jours pour enlever la ville, lorsqu'on signala une flotte, portant douze mille hommes de renfort aux Turcs. Le général en chef, calculant le temps qui était nécessaire au débarquement de cette troupe, crut qu'il fallait donner immédiatement l'assaut. A la nuit on se jette sur tous les travaux de l'ennemi, on les comble; on égorge tout, on encloue les pièces, on se loge dans la tour; on pénètre dans la place; la ville est aux Français; tout à coup les troupes débarquent et arrivent pour rétablir le combat. Raimbaut est tué; cent cinquante hommes périssent avec lui ou sont pris; Lannes est blessé. Les assiégés sortent par toutes les portes et prennent la brêche à revers. La perte de l'ennemi fut énorme; toutes les batteries tirèrent à mitraille sur lui. Les succès des Français parurent si grands que, le 10 mai, à deux heures du matin, Bonaparte commanda un nouvel assaut. Il y avait vingt mille hommes dans la place, et toutes les maisons étaient tellement remplies de monde que les troupes françaises ne purent dépasser la brêche. Des prodiges d'héroïsme, de constance et d'habileté éclatèrent devant cette place défendue par deux hommes habiles, par des soldats animés du fanatisme religieux, par un chef d'une valeur indomptable et féroce, et ravitaillée par une flotte qui leur apportait sans cesse des vivres et des renforts. On ne vit jamais rien de pareil à l'acharnement des deux partis; jamais nos soldats, trahis par la fortune, ne furent plus dignes du nom français. Les assauts succédaient aux assauts; les obstacles se multipliaient devant nous; nos pertes, irréparables dans un pays privé de toute communication avec le continent, étaient considérables. Déjà plus de cinq cents soldats étaient morts; un plus grand nombre étaient blessés; le général Bon avait été frappé à mort, ainsi que le chef de brigade Venoux, le chef de bataillon Croisier et l'intrépide général Chambaud. Outre ces pertes, la peste commençait ses ravages dans l'armée, et remplissait les esprits d'une sombre terreur. D'un autre côté, les nouvelles de l'Égypte n'étaient pas rassurantes : les côtes étaient menacées, la basse Égypte s'insurgeait, une armée turque se rassemblait à Rhodes pour débarquer en Égypte. Ces considérations déterminèrent Bonaparte à lever le siége de Saint-Jean-d'Acre, le 17 mai, après soixante jours de tranchée ouverte; il annonça cette résolution par un ordre du jour, dans lequel, après avoir cherché à retremper le moral des soldats dans le souvenir de leurs exploits, il présentait la prise d'Acre comme une chose de peu d'importance. Mais les efforts inouis qu'il avait faits attestaient le contraire, et depuis, sur son rocher de Sainte-Hélène, il disait : « Si j'avais enlevé Saint-Jean-d'Acre, j'opérais une révolution dans l'Orient. Les plus petites circonstances conduisent les plus grands événemens. J'aurais atteint Constantinople et les Indes; j'eusse changé la face du monde. » On sait que soixante mille Druses n'attendaient que la réduction de cette place pour se réunir à l'armée républicaine.

Le 20, l'armée française se mit en marche pour retourner en Égypte, mais non pas sans avoir obtenu des succès qui mettaient Djezzar hors d'état de la poursuivre. La retraite se fit dans un ordre admirable. Quelques historiens à prévention ou payés par les ennemis de Bonaparte pour le calomnier, ont prétendu qu'avant de s'éloigner il ordonna l'empoisonnement de ceux d'entre ses soldats qui étaient atteints de la peste. Chateaubriand, dont la lâcheté et la vénalité peut-être égalaient en 1814 son ancienne adulation pour Bonaparte et le faux courage qu'il déploya plus tard en faisant de l'opposition pour ou contre les Bourbons, dans l'intérêt de son égoïsme ou de sa vanité, fut un des écrivains qui contribuèrent le plus à répandre cette imposture; mais on sait aujourd'hui, et cela est prouvé par les témoignages les plus irrécusables, que tous les pestiférés furent évacués tant par mer que par terre, et qu'il n'en restait à Jaffa que *sept*, déclarés incurables, qui eurent le temps de mourir avant d'être égorgés par les Turcs. Jamais Bonaparte n'a donné l'ordre barbare d'administrer de l'opium aux pestiférés; et, l'eût-il fait, il n'eût trouvé personne qui consentît à l'exécuter : au surplus, on ne conçoit pas pourquoi cette question a été aussi long-temps débattue, lorsqu'elle méritait si peu de l'être. Bonaparte prescrivant l'empoisonnement des pestiférés, n'aurait pu le faire que pour leur épargner un sort plus cruel s'ils venaient à tomber dans les mains des Turcs : il aurait alors cédé à un motif d'humanité; et dans ce cas tout ce que l'on peut dire, si l'on est encore tenté d'adresser un reproche, c'est que c'était de l'humanité mal entendue.

L'armée revint au Kaire le 14 juin : on la croyait détruite; aussi Bonaparte ou le sultan *Kébir* (le père du feu), comme l'appelaient les Arabes, jugea-t-il à propos de faire une sorte d'entrée triomphale dans la cité sainte : il voulait, au moyen de cet appareil, effacer les funestes impressions que le bruit de sa mort et de la défaite de ses troupes avait produites sur la population. Il y réussit pleinement. A peine de retour au Kaire, Bonaparte acquit la certitude qu'une armée turque se disposait à débarquer sur les côtes de la Méditerranée ; il s'occupa en conséquence avec ardeur de réorganiser son armée, considérablement affaiblie par des pertes durant l'expédition de Syrie ; en peu de temps, les troupes bien reposées, bien habillées, furent en état d'entreprendre de nouveaux travaux ; des ordres furent donnés pour mettre en état de défense les forts entre Alexandrie et Rosette, la plage qui s'étend de l'une à l'autre de ces deux villes étant, selon toutes les probabilités, le point où les Turcs effectueraient leur descente.

Bonaparte ne tarda pas à s'applaudir de cette prévoyance. Il apprit en même temps la réapparition de Mourad-Bey vers les pyramides, et la descente d'une armée anglo-turque considérable avec laquelle l'infatigable Mourad devait concerter ses mouvemens. L'armée des Ottomans avait pris terre aux rivages d'Alexandrie.

Mustapha-pacha commandait en chef cette armée, qui était forte de dix-huit mille hommes. Son premier mouvement fut de s'emparer du fort d'Aboukir, défendu par deux cent soixante-cinq hommes sous les ordres du commandant Godard. La valeur ne put résister long-temps au nombre. Mais comme si les Turcs avaient craint, en s'avançant, d'être enlevés par un coup de main, ils se fortifièrent dans la presqu'île d'Aboukir. Bonaparte sut profiter de l'hésitation de son ennemi. Il rassembla ses divisions à Pauranech ; s'étant dirigé de là sur Alexandrie, où il arriva le 24 juillet 1799, le lendemain 25 il ordonna l'attaque ; elle fut terrible et sanglante ; les Turcs n'avaient pour retraite que la mer ; cette position désespérée rendit leur défense plus opiniâtre. Les Français, après avoir battu les postes avancés, et les avoir rejetés dans les retranchemens, attaquèrent la redoute ; mais, écrasés par la mitraille et les boulets, ils se replièrent sur le centre de leur petite armée : dans cette attaque, ils perdirent le général du génie Crétin, l'adjudant-général Leturcq, le chef de Brigade Duvivier et d'autres officiers distingués. Le général Fugière, qui commandait une colonne, eut le bras emporté par un boulet ; transporté près de Bonaparte, il lui fit entendre ces paroles prophétiques : « Général, peut-être un jour envierez-vous mon sort, je meurs au champ d'honneur. » Toutefois on parvint à conserver ses jours.

Cependant les Turcs, suivant un usage barbare des troupes orientales, sortaient pêle-mêle de leur camp pour couper la tête à leurs ennemis, et la rapporter, afin d'en avoir le prix ordinaire ; l'adjudant-général Roize, qui remarque ce désordre, propose au général Murat de s'élancer sur la redoute. Murat avec sa cavalerie se jette entre la redoute et la mer, pendant que Roize, soutenu du général Lannes, saute dans la redoute, poursuit les Turcs, et les accule entre la mer et la cavalerie : ils furent tous égorgés, ou noyés dans la mer. Le village tenait encore : Lannes s'en empara, et massacra tous les ennemis qui l'occupaient. Il ne restait plus dans le camp de cette nombreuse armée que deux cents janissaires, sous les ordres de Seid-Mustapha-pacha ; ils se rendirent avec leur chef ; ils furent les seuls prisonniers que l'on put faire dans cette journée. Près de cinq mille Turcs se défendaient encore dans le fort d'Aboukir, et refusaient de se rendre. Lannes, secondé par le chef de bataillon du génie Bertrand, les assiégea ; le manque de vivres les contraignit à déposer les armes. Ainsi se termina cette menaçante expédition des Turcs, dont la ruine fut si glorieuse pour les Français.

Il semblait que le ciel eût voulu offrir à Bonaparte l'occasion, sinon de réparer, du moins de venger sur ce champ de bataille le déplorable désastre d'Aboukir; jamais son génie, sa présence d'esprit, et l'admirable précision de son coup-d'œil n'avaient apparu à un plus haut degré que dans cette action qui présenta tant de vicissitudes. Aussi, après la victoire, le brave et loyal Kléber dit-il à Bonaparte en le serrant dans ses bras : « Général, vous êtes grand comme le monde. » Bonaparte reçut les félicitations de tous ses lieutenans, et il n'eut de son côté que des éloges à leur donner pour le zèle et le dévouement avec lequel ils l'avaient secondé. Murat, dont le sabre avait tant fait au milieu de ces scènes de carnage, Murat, dont les prouesses surpassaient déjà tous les exploits de la chevalerie, reçut le premier ses remerciemens. Marmont seul eut à essuyer de sanglans reproches; lorsque l'armée ottomane avait abordé le rivage, il s'était replié avec sa troupe, sans s'opposer au débarquement. Bonaparte, irrité d'une pareille conduite, le taxait de lâcheté. « Nous n'étions que douze cents, objecta Marmont, et ils étaient dix-huit mille, que vouliez-vous que je fisse ? » — « Eh bien ! s'écria Bonaparte, avec vos douze cents hommes, je serais allé jusqu'à Constantinople. »

Bonaparte vainqueur retourna à Alexandrie, où il séjourna quelque temps. Son séjour dans cette ville a été l'objet de différentes conjectures; quelques-uns ont prétendu qu'il avait pour motif les préparatifs du départ secret que le général méditait depuis la levée du siége de Saint-Jean-d'Acre, soit de son propre mouvement et sur les avis qu'il avait reçus du délabrement des affaires et de la déconsidération où le Directoire était tombé, soit pour obéir à une dépêche du Directoire qu'il reçut au

Kaire le 7 prairial an VII, et qui était ainsi conçue :

Citoyen Général,

« Les efforts extraordinaires que l'Autriche et la Russie viennent de déployer, la tournure sérieuse et presque alarmante que la guerre a prise, exigent que la république concentre ses forces. Le Directoire vient en conséquence d'ordonner à l'amiral Brueys d'employer tous les moyens qui sont en son pouvoir pour se rendre maître de la Méditerranée et pour se porter en Égypte, à l'effet d'en ramener l'armée que vous commandez. Il est chargé de se concerter avec vous sur les moyens à prendre pour l'embarquement et le transport. Vous jugerez, citoyen général, si vous pouvez avec sécurité laisser en Égypte une partie de vos forces, et le Directoire vous autorise, dans ce cas, à en confier le commandement à qui vous jugerez convenable.

» Le Directoire vous verrait avec plaisir ramené à la tête des armées républicaines, que vous avez jusqu'à présent si glorieusement commandées. »

Les dangers de sa patrie et les vœux de ses concitoyens le rappelaient sur le premier théâtre de ses exploits. Il savait les revers éprouvés par les armées républicaines en Allemagne et en Italie; il se disposa dès-lors à retourner en Europe, et à braver les périls d'une traversée hasardeuse. La destruction de l'armée ottomane sur la plage d'Aboukir avait levé les obstacles à son retour en Europe. Il donna l'ordre secret de mettre promptement les frégates *la Muiron* et *la Carrère* en état de faire voile. Le 11 août, l'amiral Gantheaume fit connaître que la croisière anglaise n'était pas en vue. Le moment est propice pour le départ. Bonaparte n'a plus de temps à perdre ; mais comment annoncer sa résolution à son armée ? Quels adieux adresser à des compagnons qui ont souffert, combattu, vaincu avec lui, et qui croient leur destinée attachée à la sienne ? Soit crainte d'abattre leur courage, soit désir de s'épargner le tableau d'une séparation déchirante, Bonaparte, en quittant le Kaire, supposa une tournée dans les provinces de la basse-Égypte.

Le 21 août, il était de nouveau à Alexandrie ; c'est de cette ville qu'il adressa une lettre au général Kléber : « Général, lui écrivait-il, vous trouverez ci-joint un ordre pour prendre le commandement de l'armée. La crainte que la croisière anglaise ne paraisse d'un moment à l'autre, me fait précipiter mon voyage de deux ou trois jours. J'emmène avec moi les généraux Berthier, Lannes, Murat, Andréossy, Marmont, et les citoyens Monge et Berthollet.

» Vous trouverez ci-joints tous les papiers anglais et ceux de Francfort jusqu'au 10 juin ; vous y verrez que nous avons perdu l'Italie, que Mantoue, Turin et Tortone sont bloqués. J'ai lieu de croire que la première de ces places tiendra jusqu'au mois de novembre ; j'ai l'espérance, qui me sourit, d'arriver en Europe avant le commencement d'octobre.

» Vous trouverez ci-joint un chiffre pour correspondre avec le gouvernement, et un autre pour correspondre avec moi.

» L'arrivée de notre escadre à Toulon, venant de Brest, et de l'escadre espagnole à Carthagène, ne laisse aucune espèce de doute sur la possibilité de faire passer en Égypte les fusils, sabres et fers coulés dont vous aurez besoin et dont j'ai l'état le plus exact, avec une quantité de recrues suffisantes pour réparer les pertes des deux campagnes. Le gouvernement vous fera connaître alors ses intentions, et moi, homme public ou particulier, je prendrai des mesures pour vous faire avoir fréquemment des nouvelles.

» Si, par des événemens incalculables, toutes les tentatives étaient infructueuses, et qu'au mois de mai vous n'eussiez reçu aucun secours ni nouvelles de France; si cette année, malgré toutes les précautions, la peste était en Égypte, et que vous perdissiez plus de quinze cents soldats, perte considérable, puisqu'elle serait en sus de celle que les événemens de la guerre occasionneraient journellement; je dis que, dans ce cas, vous ne devez point vous hasarder à soutenir la campagne prochaine, et vous êtes autorisé à conclure la paix avec la Porte ottomane, quand même l'évacuation devrait en être la condition principale. Il faudrait seulement éloigner l'exécution de cet ordre, si cela était possible, jusqu'à la paix générale.

» Vous savez aussi bien que personne, citoyen général, combien la possession de l'Égypte est importante pour la France. L'empire turc, qui tombe en ruines de tous côtés, s'écroule aujourd'hui, et l'évacuation de l'Égypte par la France serait un malheur d'autant plus grand que nous verrions de nos jours cette belle province passer en d'autres mains.

» Les nouvelles des revers et des succès de la république en Europe doivent influer puissamment sur ces calculs.

» Vous connaissez, citoyen général, quelle est ma manière de voir la politique de l'Égypte. Il faut endormir le fanatisme en attendant qu'on puisse le déraciner. En captivant l'opinion des grands scheïks du Kaire, on a l'opinion de toute l'Égypte et de tous les chefs du peuple. Il n'y a rien de plus dangereux pour nous que ces chefs peureux et pusillanimes, qui ne savent pas se battre, et qui, semblables à tous les prêtres, imposent le fanatisme sans être fanatiques.

» Quant aux fortifications, Alexandrie et El-Arich, voilà les deux clés de l'Égypte. J'avais le projet de faire établir cet hiver des redoutes de palmiers, deux depuis Salahieh jusqu'à Katieh, et deux de Katieh à El-Arich; une de ces dernières se serait trouvée dans l'endroit où le général Menou a trouvé de l'eau potable.

» La place importante que vous allez occuper va vous mettre à même de déployer les talens que la nature vous a donnés. L'intérêt de ce qui se passe est vif, et les résultats en seront immenses sur le commerce et la civilisation : ce sera l'époque d'où dateront les grandes révolutions.

» Accoutumé à ne voir la récompense des peines et des travaux de la vie que dans l'opinion de la postérité, j'abandonne l'Égypte avec le plus grand regret. L'intérêt de la patrie, sa gloire, l'obéissance, les événemens extraordinaires qui viennent de se passer, me décident à traverser les escadres ennemies pour me rendre en Europe.

» L'armée que je vous confie est toute composée de mes enfans. J'ai eu dans tous les temps, même au milieu de leurs plus grandes peines, des marques de leur attachement. Entretenez-les dans ces mêmes sentimens, vous le devez pour l'amitié et l'estime toute particulière que j'ai pour vous, et l'attachement que je vous porte.

» BONAPARTE. »

Bonaparte confia à Menou le commandement d'Alexandrie, Rosette et Bahieh. Et avant de s'éloigner, il fit au divan une communication dans laquelle il prétextait une grande expédition contre les Anglais. Enfin, le 22 août à dix heures du soir, une petite embarcation vint le prendre avec mystère et le transporta à bord de la frégate *le Muiron*, commandée par le contre-amiral Gantheaume. Au moment d'appareiller, une frégate anglaise fut signalée. Les compagnons de Bonaparte en tirèrent un mauvais augure. « Ne craignez rien, leur dit-il, la fortune ne nous trahira point : nous arriverons en dépit des Anglais. » Bonaparte avait déjà foi dans son étoile : son voyage était celui d'un prédestiné certain de son avenir : cette proclamation, où il fait ses adieux à son armée, en offre la preuve.

« Soldats !

» Des nouvelles de l'Europe m'ont décidé à partir pour la France. Je laisse le commandement au général Kléber; l'armée aura bientôt de mes nouvelles : je ne puis en dire davantage. Il me coûte de quitter des soldats auxquels je suis le plus attaché; mais ce ne sera que momentanément, et le général que je vous laisse a la confiance du gouvernement et la mienne.

» Bonaparte. »

Le 9 octobre, après quarante-un jours de route sur une mer sillonnée de vaisseaux ennemis, Bonaparte débarqua à Fréjus. La rade fut en un moment couverte de canots : toute la population voulait voir, contempler le vainqueur des Pyramides, du Thabor, d'Aboukir. Avant l'arrivée des préposés à la santé, les deux frégates avaient communiqué avec la terre. Bonaparte, impatient, se fit délivrer par le médecin un certificat attestant qu'il n'y avait pas lieu à quarantaine, la peste avait cessé en Égypte, et il n'y avait pas un malade à bord. Bonaparte, empressé de se rendre à Paris, monta en voiture, accompagné seulement de Berthier.

CHAPITRE VIII.

Sommaire : Arrivée à Paris. — Situation des partis. — Le 18 brumaire. — Renversement du Directoire. — Création d'une commission consulaire. — Nouvelle organisation administrative. — Travaux législatifs. — Bonaparte premier consul. — Il cherche à conclure la paix avec l'Angleterre. — Situation des armées de la République. — Préparatifs secrets. — Formation d'une armée de réserve. — Étrange conduite de Moreau. — Il refuse d'exécuter les plans du premier consul.

1799 à 1800.

Le retour de Bonaparte fit renaître l'espoir dans le cœur de tous les Français, livrés au découragement par la mollesse du Directoire : on salua le triomphateur de l'Italie et le vainqueur d'Aboukir, comme s'il ramenait avec lui la fortune de la France : tous les regards et tous les vœux se tournèrent vers lui. Bonaparte put se convaincre dès-lors qu'il était l'homme de la nation, qui l'avait adopté dans son enthousiasme. De toutes parts on le proclamait le *libérateur de la patrie*. Au milieu des transports et des acclamations qui l'accueillaient de toutes parts, il put déjà découvrir la vaste carrière qui s'ouvrait à son ambition ; mais mille écueils se présentaient, contre lesquels il devait craindre de se briser : pour marcher à son but à travers les partis, il lui fallait étudier le terrein et connaître la position vraie de la République, menacée au-dedans par des dissentions de toutes espèces, et au-dehors par de nombreux ennemis. A cette époque les chouans désolaient la Bretagne; la guerre civile, rallumée dans l'Ouest avec fureur, se propageait par le département de l'Eure jusqu'aux portes de Paris; Bordeaux, Toulon étaient en armes; l'Italie gémissait, soumise au joug des Austro-Russes; Joubert venait de mourir en combattant à Novi. A peine quelques succès dus aux talens de Masséna et de Brune compensaient-ils en Suisse et en Hollande les revers de nos armes.

Du rivage où il était débarqué jusqu'aux bords de la Seine, Bonaparte ne vit que des arcs de triomphe se dresser sur son passage : Aix, Avignon, Valence, Vienne, et surtout Lyon, se signalèrent dans l'accueil qu'ils lui firent.

Il arriva le 16 à Paris, où Moreau, après s'être illustré par une éclatante victoire, était de retour depuis quelque temps. Sieyès et ses amis avaient des vues sur ce général. Mais à l'approche de Bonaparte, Moreau, sentant qu'en présence d'un tel homme, il soutiendrait mal le rôle qu'on lui destinait, y renonça de lui-même. Le Directoire, aveuglé comme l'est toujours le pouvoir, semblait seul ignorer dans Paris qu'un parti nouveau se présentait pour dominer tous les autres : c'était le parti de l'armée, qui, n'ayant paru sur la scène politique qu'au 18 fructidor, allait profiter de l'ascendant qu'on lui avait donné en implorant ses dangereux secours contre une portion des conseils du gouvernement.

Le vainqueur de Toulon, de vendémiaire, d'Italie et d'Égypte, représentait ce parti, le seul redoutable désormais. Dès le lendemain de son arrivée, il se rendit au Luxembourg; reconnu par les soldats, il fut salué par des cris d'allégresse; il exposa en séance particulière la situation de l'Égypte; il déclara qu'instruit des malheurs de la France, il n'était revenu que pour la défendre. Il jura sur son épée qu'il n'avait point d'autre intention. Les directeurs le crurent, ou feignirent du moins de le croire. Après cette démarche, qui dut toute sa solennité à son importance, Bonaparte affecta de ne se montrer que rarement en public : il vivait, en quelque sorte, dans la retraite, n'admettant chez lui que quelques savans, les généraux de sa suite, et des amis particuliers : il n'allait au théâtre qu'en loge grillée. Il ne put cependant refuser le banquet que lui offrirent les deux conseils dans le temple de la Victoire (l'église Saint-Sulpice); mais il ne fit que paraître à cette espèce de fête, et sortit avec Moreau.

Bonaparte visait à ce qu'on ne lui supposât pas des projets; mais il n'en travaillait pas moins activement à s'initier aux affaires de l'intérieur : car il ne voulait rien risquer, et il était bien convaincu que le succès de l'entreprise qu'il se proposait de mettre à exécution dépendait plus encore de la disposition des esprits que de la hardiesse et de la force des moyens d'accomplissement: il reçut de précieux documens à cet égard des gens placés à portée d'apprécier les événemens et les hommes : Cambacérès, Rœderer, Réal, Regnault de Saint-Jean-d'Angély, Boulay de la Meurthe, Daunou, Chénier, Maret, Sémonville, Murat, Bruix, Talleyrand, Fouché de Nantes, se rangèrent de son parti. Tous sollicitaient également le général Bonaparte de se mettre à la tête non pas d'un mouvement, mais d'une révolution. Il s'en fallait cependant que tous eussent les mêmes vues, et Bonaparte, qui devait être le principal acteur dans le changement médité, pouvait hésiter encore entre les partis qu'il lui conviendrait d'embrasser ou de combattre. Jourdan, Augereau et Bernadette siégeaient au premier rang de la faction démocratique du Manège. Cette faction, qui se ralliait aux directeurs Moulins et Gohier, alors président, se composait des révolutionnaires républicains. Elle fit ses confidences à Bonaparte; il les accepta, et tenait ostensiblement pour Gohier et Moulins. Sieyès dirigeait les modérés qui siégeaient dans le Conseil des Anciens. Il proposait à Bonaparte d'exécuter un coup d'état médité dès long-temps, et lui soumettait une constitution qu'il avait silencieusement élaborée. Barras, placé à la tête des spéculateurs et des hommes de loisir, flottait entre les deux partis, et aurait voulu s'en débarrasser pour gouverner seul à sa guise : tel était le motif de l'accueil qu'il avait fait à Bonaparte, qui l'appelait le chef *des pourris*. Un quatrième parti se formait des conseillers de Bonaparte, qui ne se souciaient ni de la démagogie de Gohier, ni de la métaphysique de Sieyès, ni de la corruption doctrinaire de Barras. Fouché, ministre de la police du Directoire, était l'âme de ce parti. Cet ancien jacobin avait rompu avec les républicains qui méprisaient sa versatilité. Au retour de Bonaparte, il se hâta de commencer vis-à-vis du Directoire le rôle qu'il n'a cessé de jouer depuis sous les divers gouvernemens de la France. Fouché, bien qu'on ne dût pas entièrement se fier à lui, était une excellente acquisition; son émule, ou plutôt son maître en perfidie, Talleyrand de Périgord, se joignit à lui : il avait à se plaindre du Directoire, et il prévoyait que le parti de Bonaparte serait le plus fort.

Sieyès croyait que le moment était venu de réaliser son utopie. Il voulait remplacer la constitution de l'an III, qu'il jugeait mauvaise, par des institutions et une constitution de sa façon. Bonaparte, de son côté, voulait dissoudre le Directoire; il était dans ces dispositions lorsque Barras, Moulins et Gohier vinrent lui proposer de reprendre le commandement de l'armée d'Italie, et de rétablir la république cisalpine. Moulins et Gohier croyaient que tout irait bien dès l'instant que Bonaparte aurait donné de nouveaux succès aux armées. Barras était loin de partager cette idée; il pensait que la République ne pouvait plus être sauvée: mais à cette époque il négociait avec le prétendant, et, s'abusant sur ce qui lui était possible, il espérait se maintenir à la tête des affaires, afin de lui livrer la France. Barras trahissait, et la preuve manifeste de sa connivence avec les Bourbons s'est retrouvée à sa mort dans une correspondance qui a été vendue à Charles X. Barras eut le tort d'imaginer que Bonaparte pourrait souscrire à son infamie: il s'ouvrit à lui dans une conversation qui eut lieu entre eux, après un dîner que Bonaparte avait accepté chez le directeur. Ce fut cette confidence qui décida le général à précipiter le renversement du gouvernement directorial.

Cependant les factions s'agitaient; les officiers de la garnison, les quarante adjudans de la garde nationale de Paris n'avaient pu être encore présentés à Bonaparte. Les divers corps de la garnison avaient vainement sollicité d'être passés en revue par lui; les citoyens de Paris se plaignaient de l'espèce d'inertie dans laquelle il s'obstinait à rester; on ne concevait pas une telle conduite; on murmurait contre Bonaparte: « Voilà quinze jours qu'il est arrivé, disait-on, et il n'a encore rien fait. Prétend-il se comporter comme à son retour d'Italie, et laisser périr la République dans l'agonie des factions qui la déchirent? »

Le 15 brumaire, Sieyès et Napoléon eurent une entrevue dans laquelle ils s'arrêtèrent toutes les dispositions pour la journée du 18. Il fut convenu que le Conseil des Anciens, dirigé par Sieyès, profitant de l'article 102 de la constitution, décréterait la translation du Corps-Législatif à Saint-Cloud, et nommerait Bonaparte commandant en chef de la garde du Corps-Législatif et de toutes les forces militaires dans Paris. Bonaparte devait ensuite établir son état major aux Tuileries.

Le 17, sous le prétexte d'un voyage qu'il allait entreprendre, il fit dire à tous les officiers qu'il les recevrait le lendemain à six heures, et aux régimens qu'il les passerait en revue le même jour à sept heures du matin aux Champs-Élysées. Il prévint en même temps tous les généraux qui étaient revenus d'Égypte avec lui, et tous ceux dont il connaissait les sentimens qu'il serait bien aise de les voir de bonne heure. Moreau, averti par le bruit public qu'il se préparait un changement, fit dire à Bonaparte qu'il se mettait à sa disposition. Bonaparte fit prévenir le général Lefèvre, qui commandait la division militaire, et qui était tout dévoué au Directoire, de se rendre chez lui à six heures du matin. Quant aux troupes, Murat, Leclerc et Sébastiani se chargèrent de les disposer favorablement.

Dubois-Crancé, ministre de la guerre, n'avait pu ignorer le mouvement qui se préparait. Résolu de s'y opposer, il courut le 17 chez Gohier, président du Directoire, et après lui avoir révélé ce dont la police militaire l'avait instruit, il proposa d'arrêter Bonaparte; mais Gohier ne parla que du respect qui était dû à la constitution, et pour ne pas violer cette constitution, qui allait être détruite, s'il ne la violait pas, il rejeta la mesure que lui proposait Dubois-Crancé.

Sur ces entrefaites, et au moment où la maison de Bonaparte était remplie de tout ce que Paris comptait de militaires influens, le député Cornet fut introduit dans le salon, où, en présence de toutes les personnes qui y étaient réunies, il fit lecture du décret suivant :

« Le conseil des Anciens, en vertu des articles 102, 103 et 104 de la constitution, décrète ce qui suit : 1° Le Corps-Législatif est transféré dans la commune de Saint-Cloud. Les deux Conseils y siégeront dans les deux ailes du palais. 2° Ils y seront rendus demain 19 brumaire, à midi. *Toute continuation de fonction et de délibération est interdite ailleurs avant ce terme.* 3° Le général Bonaparte est chargé de l'exécution du présent décret : il prendra les mesures nécessaires pour la sûreté de la représentation nationale. Le général commandant la 17e division, la garde du Corps-Législatif, les gardes nationales sédentaires, les troupes de ligne qui se trouvent dans la commune de Paris, dans l'arrondissement constitutionnel et dans toute l'étendue de la 17e division sont mis immédiatement sous ses ordres, et tenus de le reconnaître en cette qualité. Tous les citoyens lui prêteront main forte à la première réquisition. 4° Le général Bonaparte est appelé dans le sein du conseil, pour y recevoir une expédition du présent décret et prêter serment. 5° Le présent décret sera de suite transmis par un message au conseil des Cinq-Cents et au Directoire exécutif : il sera imprimé, affiché, promulgué et envoyé dans toutes les communes de la République par des courriers extraordinaires. »

Aussitôt Bonaparte ordonna aux adjudans de faire battre la générale, et de proclamer le décret dans tous les quartiers de Paris ; lui même, à cheval, se rendit au château des Tuileries par le Pont-Tournant : introduit dans la salle des séances du Conseil des Anciens, avec son état-major,

« Citoyens, dit-il, la république périssait ; vous l'avez su, et votre décret vient de la sauver. Malheur à ceux qui voudraient le trouble et le désordre ! Je les arrêterai, aidé des généraux Berthier, Lefebvre et de tous mes compagnons d'armes. Qu'on ne cherche pas dans le passé des exemples qui pourraient retarder votre marche. Rien dans l'histoire ne ressemble à la fin du xviiie siècle : rien dans la fin du xviiie siècle ne ressemble au moment actuel. Votre sagesse a rendu ce décret, nos bras sauront l'exécuter. Nous voulons une république fondée sur la liberté civile, sur la représentation nationale ; nous l'aurons, je le jure. Je le jure en mon nom et en celui de mes compagnons d'armes. »

Le bruit se répandit bientôt dans toute la capitale que Bonaparte était aux Tuileries, et qu'il ne fallait plus obéir qu'à lui seul. Le peuple y courut en foule. En ce moment Bonaparte envoya un aide-de-camp à la garde du Directoire pour lui communiquer le décret, et lui prescrire de ne recevoir d'ordre que de lui. Cette garde monta à cheval pour aller rejoindre les autres troupes, et abandonna ainsi Barras et ses collègues. Les directeurs protestèrent contre le décret du Conseil des Anciens ; Moulins donna sa démission ; Bonaparte fit reprocher à Barras les dilapidations qui avaient perdu la République, et insista pour qu'il donnât aussi sa démission : Talleyrand alla chez ce directeur et la rapporta. Sieyès et Roger-Ducos avaient déjà donné la leur. Dès ce moment le Directoire se trouva dissous, et Bonaparte fut seul chargé du pouvoir exécutif de la République. Dans cette grave conjoncture, le Conseil des Cinq-cents s'était assemblé sous la présidence de Lucien Bonaparte ; il fut question de protester, mais la constitution était précise ; le décret du Conseil des Anciens était dans ses attributions. Les Cinq-Cents se résignèrent à la nécessité, et ajournèrent la séance pour le lendemain à Saint-Cloud. En traversant les rues de Paris et les Tuileries, ils furent témoins de l'enthousiasme du peuple pour le nouvel ordre de choses qui allait surgir par l'ascendant de Bonaparte. Jourdan et Augereau, que ce dernier n'avait point appelés à le seconder, ne tardèrent pas à se rendre auprès de lui. Augereau l'assura de son dévouement. Bonaparte, qui se défiait d'eux, leur conseilla de ne pas se montrer à Saint-Cloud à la séance du lendemain, il les engagea à ne pas compromettre les services qu'ils avaient rendus à la patrie, car aucun effort ne pouvait s'opposer au mouvement qui était commencé.

Cambacérès, ministre de la justice, Fouché, ministre de la police, et tous les autres ministres se rendirent aux Tuileries, et reconnurent la nouvelle autorité.

A sept heures du soir, Bonaparte eut un conseil aux Tuileries; Sieyès proposa d'arrêter les quarante principaux meneurs opposans : mais Bonaparte se croyait trop fort pour recourir à cette précaution brutale : il repoussa l'avis de Sieyès, et rien ne put vaincre son obstination fondée sur un sentiment de justice et de confiance.

C'est dans cette réunion que l'on arrêta la création d'une commission consulaire composée de trois membres et l'ajournement des conseils à trois mois. Les membres de la majorité des Cinq-Cents, de la minorité des Anciens, et les principaux du *Manége*, passèrent toute la nuit en conciliabules.

Quoique l'on eût travaillé sans relâche à disposer les salles du palais de Saint-Cloud, à deux heures après midi, l'orangerie, destinée au Conseil des Cinq-cents, n'était pas encore prête. Ce retard de quelques heures eut de très-graves conséquences : les députés, arrivés depuis midi, se formèrent en groupes dans le jardin, les esprits s'échauffèrent, ils se sondèrent réciproquement, se communiquèrent et organisèrent leur opposition. Ils demandèrent au Conseil des Anciens ce qu'il voulait ; pourquoi il les avait fait venir à Saint-Cloud. Le petit nombre d'individus qui étaient dans le secret laissaient alors percer l'intention de régénérer l'État, en améliorant la constitution, et d'ajourner les conseils. Mais ces insinuations furent en général mal accueillies, et une hésitation ne tarda pas à se manifester parmi les membres sur lesquels on comptait le plus.

La séance s'ouvrit enfin : Émile Gaudin monta à la tribune, peignit vivement les dangers de la patrie, et proposa de nommer une commission pour faire un rapport sur la situation de la république. Les vents renfermés dans les outres d'Éole, en s'échappant avec furie, n'excitèrent jamais une plus grande tempête. De toutes parts s'élevèrent les cris *à bas le dictateur*! L'orateur fut violemment arraché de la tribune. L'agitation devint extrême. Delbrel demanda que les membres prêtassent de nouveau le serment, *la constitution ou la mort*! Lucien, Boulay et leurs amis pâlirent ; l'appel nominal eut lieu. L'assemblée semblait se prononcer avec tant d'unanimité aux cris de *vive la République*, qu'aucun député n'osa refuser de prêter ce serment ; Lucien lui-même y fut contraint. Tous les esprits étaient en suspens ; les zélés devenaient neutres, les timides avaient déjà changé de bannière. Il n'y avait pas un instant à perdre ; Bonaparte entra au Conseil des Anciens, et se plaçant à la barre vis-à-vis du président :

« Vous êtes sur un volcan, dit-il ; la république n'a plus de gouvernement : le Directoire est dissous, les factions s'agitent; l'heure de prendre un parti est arrivée. Vous avez appelé mon bras et celui de mes compagnons d'armes au secours de votre sagesse; mais les instans sont précieux, il faut se prononcer. On parle d'un César, d'un nouveau Cromwell; on répand que je veux établir un gouvernement militaire.... Si j'avais voulu usurper l'autorité suprême, je n'aurais pas eu besoin de recevoir cette autorité du Sénat. Plus d'une fois, et dans des circonstances extrêmement favorables, j'ai été appelé par le vœu de la nation, par le vœu de mes camarades, par le vœu de ces soldats qu'on a tant maltraités depuis qu'ils ne sont plus sous mes ordres.... Le Conseil des Anciens est investi d'un grand pouvoir, mais il est encore animé d'une plus grande sagesse : ne consultez qu'elle ; prévenez les déchiremens ; évitons de perdre ces deux choses pour lesquelles nous avons fait tant de sacrifices, *la liberté* et *l'égalité.* » — « Et *la Constitution ?* s'écria le député Linglet, la Constitution de l'an III, qui peut seule maintenir la république. Jurez-lui obéissance avec nous ! » — « La Constitution, reprit Bonaparte, osez-vous l'invoquer ? vous l'avez violée au 18 fructidor, au 22 floréal, au 30 prairial ; vous avez en son nom violé tous les droits du peuple.... Nous fonderons malgré vous la liberté et la république. Aussitôt que les dangers qui m'ont fait conférer des pouvoirs extraordinaires seront passés, j'abdiquerai ces pouvoirs. » — « Et quels sont ces dangers ? lui cria-t-on ; que Bonaparte s'explique ! » — « S'il faut s'expliquer tout-à-fait, répondit-il, s'il faut nommer les hommes, je les nommerai. Je dirai que les directeurs Barras et Moulins m'ont proposé eux-mêmes de renverser le gouvernement. Je n'ai compté que sur le Conseil des Anciens : je n'ai point compté sur le Conseil des Cinq-cents, où se trouvent des hommes qui voudraient nous rendre la Convention, les échafauds, les comités révolutionnaires.... Je vais m'y rendre ; et si quelque orateur payé par l'étranger parlait de me mettre hors la loi, qu'il prenne garde de porter cet arrêt contre lui-même. S'il parlait de me mettre hors la loi, j'en appelle à vous, mes braves compagnons d'armes! à vous, mes braves soldats, que j'ai menés tant de fois à la victoire! à vous, braves défenseurs de la République, avec lesquels j'ai partagé tant de périls pour affermir la liberté et l'égalité! je m'en remettrai, mes vrais amis, à votre courage et à ma fortune! » Le général parlait avec véhémence, les grenadiers répondirent par le cri de *vive Bonaparte*, en agitant en l'air leurs bonnets et leurs armes,

En ce moment on vint prévenir Bonaparte que dans le Conseil des Cinq-Cents l'appel nominal était terminé, et que l'on discutait sur sa mise hors la loi. Il court aussitôt aux Cinq-Cents, et entre dans la salle, chapeau bas. A la vue de Bonaparte et de ses soldats, des imprécations remplirent la salle : *Ici des hommes armés!* s'écrièrent les députés, *à bas le dictateur! à bas le tyran! Hors la loi le nouveau Cromwell! C'est donc pour cela que tu as vaincu!* s'écria Destrem. Bigonnet s'avance et dit à Bonaparte: *Que faites-vous, téméraire? Retirez-vous! Vous violez le sactuaire des lois!* Cependant Bonaparte parvient à la tribune malgré la plus ardente opposition; il veut parler, mais sa voix est étouffée par les cris mille fois répétés de *vive la Constitution! vive la République! Hors la loi le dictateur!* Aréna s'avance vers lui, et s'écrie avec indignation : *Tu feras donc la guerre à ta patrie!* En cet instant, une sorte de terreur s'empara de Bonaparte; il crut qu'on en voulait à sa vie, et ne put proférer une parole. Aussitôt les grenadiers s'avancent précipitamment jusqu'à la tribune, en s'écriant : *Sauvons notre général* ! et ils l'entraînent hors de la salle. Fouché et ses agens semèrent alors le bruit qu'on avait voulu poignarder Bonaparte : on dota même d'une pension un grenadier qui, selon ces bruits mensongers, avait été blessé en faisant au général un rempart de sa poitrine : l'opinion a fait justice de cette accusation infâme, et plus tard, un des témoins et acteur de cette scène, le véridique Dupont de l'Eure, a démontré jusqu'à l'évidence que, parmi les députés qui assistaient à la séance, il n'y en avait pas un seul qui fût armé. Les républicains détestaient l'ambition de Bonaparte; dans l'intérêt de la patrie et de la liberté ils étaient résolus à le mettre hors la loi, mais la tentative d'assassinat n'était qu'une invention atroce. Alors ce moyen de police n'était pas usé, et la France pouvait être dupe d'une telle mystification.

Au fort de l'orage, Lucien, qui présidait, s'efforça en vain de défendre son frère. Tous les députés se levèrent et s'écrièrent à la fois : *Hors la loi ! Aux voix la mise hors la loi contre le général Bonaparte* ! Lucien même est sommé d'obéir à l'assemblée, et de mettre aux voix la mise hors la loi. Indigné, il refuse, abdique la présidence et quitte le fauteuil. Cependant Bonaparte était monté à cheval. Il avait harangué les soldats, et il attendait Lucien pour dissoudre la législature. Celui-ci arrive, monte à cheval à côté de son frère, requiert le concours de la force pour dissoudre l'assemblée, et adresse aux troupes cette allocution : « Soldats, vous ne reconnaîtrez pour législateurs de la France, que ceux qui vont se rendre auprès de moi. Quant à ceux qui resteraient dans l'orangerie, que la force les expulse ! Ces brigands ne sont plus les représentans du peuple, ce sont les représentans du poignard. » Au milieu de l'agitation que vient de produire cette scène, Murat entre dans la salle à la tête des grenadiers, et, baïonnette en avant, il la fait évacuer au pas de charge ; les députés se sauvèrent en désordre par les fenêtres de l'orangerie.

La révolution qui avait mis Bonaparte à la tête de la République était consommée. Il avait violé toutes les lois du pays, il avait flétri le grand principe de la représentation nationale, le sanctuaire de la législature avait été transformé en une arène, et la dictature militaire allait nécessairement succéder au régime directorial. Les vrais républicains jetèrent un regard d'effroi sur l'avenir, et prévirent le funeste résultat de cette invasion de l'armée dans les affaires civiles.

Après la dispersion des députés, Lucien se rendit au Conseil des Anciens, et là on recomposa à la hâte un Conseil des Cinq-Cents, en n'y conservant d'autres membres que ceux du parti de Bonaparte qui étaient restés dans le palais. Cette tourbe de parjures décrète alors que le général Bonaparte, les généraux et les soldats qui ont mis les représentans dans l'impossibilité de remplir leur mandat, *ont bien mérité de la patrie*. Un second décret déclara le Directoire déchu, et désigna comme membres de la commission consulaire Sieyès, Roger-Ducos et Bonaparte. Après ces actes les législateurs ajournèrent leur session au premier vendémiaire.

Une proclamation que Bonaparte fit lire aux flambeaux dans les divers quartiers de Paris, instruisit les habitans de ce qui venait de se passer. Depuis la chute du trône, c'était la dixième fois qu'ils étaient témoins d'un changement politique de cette importance. Celui-là s'était effectué sans commotion ; les Parisiens s'en félicitèrent : la tranquillité n'avait pas été troublée : peu leur importait, selon leur coutume, que la liberté eût péri. A cinq heures du matin les trois consuls quittèrent Saint-Cloud, et vinrent tenir leur première séance au Luxembourg. Il est inutile de débattre entre nous la présidence, dit Roger-Ducos à Bonaparte, elle vous appartient de droit. » Sieyès, qui avait espéré que le général se renfermerait dans sa spécialité, et lui laisserait la conduite des affaires civiles, fut très étonné lorsqu'il reconnut qu'il avait des opinions arrêtées sur la politique, sur les finances, sur la justice, même sur la jurisprudence, enfin sur toutes les branches de l'administration. Aussi, le soir, en rentrant chez lui, dit-il en présence de Chazal, Talleyrand, Boulay, Cabanis, conseillers privés de Bonaparte : « Nous avons un maître; Bonaparte veut tout faire, sait tout faire et peut tout faire. Dans la position déplorable où nous sommes, il vaut mieux nous soumettre que d'exciter des divisions qui nous mèneraient à une perte certaine. »

Bonaparte composa le ministère de ses amis les plus dévoués : Berthier fut nommé ministre de la guerre à la place de Dubois-Crancé; Gaudin succéda à Rober-Lindet aux finances; Cambacérès conserva la justice; Reinhart fut maintenu provisoirement aux affaires étrangères; Forfait remplaça Bourdon à la marine; Laplace eut le ministère de l'intérieur; Fouché, malgré l'opinion unanime des consuls sur son immoralité, resta à la police, et Maret fut nommé secrétaire-général de la commission.

La France se trouvait à cette époque dans une position critique ; toutes ses ressources semblaient épuisées; les caisses étaient vides; le crédit était anéanti; la rente était tombée à six francs; il n'y avait plus ni industrie, ni commerce. A l'intérieur les troupes étaient mal vêtues et nourries au moyen des réquisitions; les armées du Rhin et d'Helvétie souffraient beaucoup ; celle d'Italie, dénuée de tout, sans subsistances, sans solde, sans discipline, était dans une complète insubordination. Le mal était grand, et il ne fallait pas moins que le génie de Bonaparte pour concevoir la possibilité de le réparer. Bonaparte voulût améliorer à la fois tous les services ; son infatigable activité, et l'excellence des mesures qu'il adopta eurent promptement ramené la confiance. L'administration changea de face ; la discipline fut rétablie : Gaudin créa la caisse d'amortissement, et assura la rentrée des contributions au moyen du système des obligations des receveurs généraux. Afin de remonter le moral des armées, Bonaparte rappela dans leur sein les généraux qui les avaient guidées le plus souvent à la victoire. Moreau prit le commandement sur le Rhin ; Masséna retourna en Italie ; des négociations s'ouvrirent avec l'Angleterre, relativement à l'échange des prisonniers ; les naufragés de Calais furent rendus à la liberté, une amnistie générale fut proclamée en faveur des conscrits et des réquisitionnaires qui n'avaient pas rejoint ; la loi des otages fut rapportée. Enfin, pour rendre à jamais mémorable l'époque du consulat, Bonaparte créa et mit sous sa direction spéciale une commission composée des plus célèbres jurisconsultes, dont la noble tâche devait être de créer le livre de nos lois civiles. Les choix qu'il fit lui-même indiquaient quel esprit il voulait faire présider à son gouvernement. Il n'employa que les talens : les opinions ne furent comptées pour rien, et le défenseur de Louis XVI, Tronchet, siégea à côté du conventionnel Merlin. Il semblait qu'à force de soins et de sollicitude pour le bonheur de la France, Bonaparte voulût se faire pardonner la violence du coup d'état qui l'en avait rendu maître.

Sieyès, cependant, n'avait prêté son appui aux entreprises du général Bonaparte que dans l'espoir d'établir de concert avec lui une forme de gouvernement que depuis long-temps il avait méditée. Dès que les deux commissions législatives tirées des deux conseils se réunirent pour conférer en présence des consuls sur un plan de constitution, il développa ses théories, qui obtinrent d'abord un assentiment général. Un corps législatif, dont les membres étaient élus par les assemblées primaires, devait voter les lois; un sénat à vie avait mission de veiller au maintien de la constitution et des lois; le gouvernement avait l'initiative et choisissait le conseil d'état. Jusque-là, Sieyès n'avait éprouvé aucune contradiction : il arriva enfin à la composition du gouvernement. Il proposa la nomination par le sénat d'un grand électeur à vie, qui choisirait ensuite deux conseils, l'un de la paix, l'autre de la guerre. Bonaparte vit aussitôt le plan de Sieyès : il prit la plume, et sans faire la moindre observation, il biffa tout ce qui concernait le *grand électeur*. En même temps des amis qui avaient reçu de lui le mot d'ordre mirent en avant la nomination à vie d'un premier consul, chef suprême de l'État, secondé par deux consuls ayant voix consultative seulement. Il était aisé de voir où ils en voulaient venir. Une vive opposition se manifesta aussitôt de la part de ce qu'il y avait de républicains dans le conseil. Daunou, Chénier, Chazal, Tourton, combattirent cette proposition. Toutefois elle finit par l'emporter, modifiée seulement en ce sens, que le premier consul ne serait nommé que pour dix ans, et rééligible.

Bonaparte était de plein droit premier consul; Sieyès ne voulut pas consentir à remplir la seconde place. Il fut nommé sénateur, contribua à organiser un sénat, et en fut le premier président. Bonaparte choisit pour deuxième consul Cambacérès, et pour troisième Lebrun. C'étaient deux hommes de mérite, deux personnages distingués; tous deux sages, modérés, capables, mais d'une nuance tout-à-fait opposée : Cambacérès était l'avocat des abus, des préjugés, des anciennes institutions, du retour des honneurs, des distinctions; Lebrun était froid, sévère, insensible aux honneurs, combattant tous les priviléges, et y cédant sans illusion. Cambacérès jouissait, à juste titre, de la réputation d'un des premiers jurisconsultes de la République; Lebrun s'était fait remarquer, lors des discussions du conseil, par la justesse de ses vues et la rectitude de ses jugemens en politique et en administration.

Les idées de Bonaparte étaient fixes et arrêtées, mais il lui fallait, pour les réaliser, le concours du temps et des circonstances. L'organisation du consulat n'avait rien de contradictoire avec elles : il accoutumait à l'unité, et c'était un premier pas. Ce pas fait, Bonaparte allait désormais marcher vers son but sans se donner la peine de cacher ses desseins. Le 24 décembre le gouvernement se trouva constitué d'une manière définitive.

Cependant la faction de l'étranger, qui voyait anéantir toutes ses espérances, voulut donner le change à l'opinion, en cherchant à persuader que Bonaparte travaillait pour les Bourbons. Un des principaux agens du corps diplomatique demanda et obtint du premier consul une audience, dans laquelle il lui avoua qu'il connaissait le comité des agens des Bourbons, à Paris; il en présenta même deux au premier consul : c'étaient Hyde de Neuville et Dandigné. Bonaparte les reçut à dix heures du soir, dans un des petits appartemens du Luxembourg. « Vous êtes en position de rétablir le trône, et de le rendre à son maître légitime, lui dirent ces deux agens : dites-nous ce que vous voulez faire, comment vous voulez marcher, et si vos intentions s'accordent avec les nôtres; nous et tous les chefs de la Vendée, avec lesquels nous agissons d'accord, nous-serons à votre disposition. » Bonaparte répondit qu'il y aurait folie à songer au rétablissement du trône des Bourbons en France; qu'ils n'y pourraient arriver qu'en marchant sur cinq cent mille cadavres; que son intention était d'oublier le passé, et de recevoir les soumissions de ceux qui voudraient marcher dans le sens de la nation; qu'il traiterait volontiers avec les chefs vendéens, mais à condition que ces chefs seraient désormais fidèles au gouvernement national, et cesseraient toute intelligence avec les Bourbons et l'étranger. « J'oublie le passé et j'ouvre un vaste champ à l'avenir, ajouta-t-il; quiconque marchera droit devant lui sera protégé sans distinction; quiconque s'écartera à droite ou à gauche sera frappé de la foudre. » Cette singulière conférence dura une demi-heure, et les agens se retirèrent convaincus que Bonaparte n'était pas homme à accueillir leurs propositions.

Les nouveaux principes adoptés par les consuls firent heureusement cesser les troubles de Toulouse et de la Belgique. Des négociations furent ouvertes avec des chefs de la Vendée, en même temps que des forces considérables étaient dirigées contre eux. Il fut question que Bonaparte irait en personne achever l'œuvre que Hoche avait si heureusement commencée. Les chefs craignirent qu'à l'approche d'un général qui avait une si grande renommée, l'opinion du pays ne les abandonnât. Chatillon, Suzannet, d'Autichamp, l'abbé Bernier, qui soutenaient l'insurrection de la rive gauche de la Loire, se soumirent le 17 janvier 1800. Sur la rive droite, Georges, la Prévalaye, Bourmont et Frotté commandaient les bandes de la Bretagne et du Maine. La Prévalaye et Bourmont se soumirent, séduits par les promesses de Fouché, et vinrent à Paris ; Frotté fut pris par les colonnes mobiles et passé par les armes, avant que le général Brune eût eu le temps d'apprendre son arrestation et de lui faire parvenir sa grâce. George se soutenait dans le Morbihan, au moyen des secours que lui fournissaient les Anglais : attaqué, battu, cerné par Brune, il capitula, et demanda l'honneur d'être présenté au premier consul. La guerre de l'Ouest se trouva ainsi terminée ; une amnistie générale fut proclamée, et nos soldats n'eurent plus à accomplir cette tâche cruelle de combattre des Français.

Un des premiers soins de Bonaparte fut de tenter de conclure la paix avec notre constante ennemie, l'Angleterre. Accoutumé à traiter les affaires militairement, et peu soucieux des formes méticuleuses de la diplomatie, il écrivit directement au roi George, et lui proposa de mettre un terme à cette guerre cruelle, qui depuis huit ans divisait les deux peuples les plus éclairés de l'Europe. La réponse de l'Angleterre ne se fit pas attendre : c'était un refus. Lord Grenville enveloppa sous toutes les formes de la politique la pensée de son cabinet, que Pitt avait exprimée plus nettement, en disant que « l'Angleterre ne pourrait signer la paix que quand la France serait rentrée dans ses anciennes limites. » Il fallait donc continuer à faire la guerre. Les relations des républiques française et américaine avaient cessé d'être amicales sous le Directoire, qui après le 18 fructidor avait fermé les ports aux bâtimens neutres. Le premier consul s'empressa de les rétablir ; ses démarches auprès du congrès de l'Union furent accueillies, malgré les nombreux griefs allégués par les Américains : des plénipotentiaires passèrent les mers pour se rendre à Paris, où ils furent témoins des honneurs décernés à la mémoire de Washington, dont Fontanes et le général Lannes prononcèrent l'éloge dans une cérémonie brillante. Les deux républiques cessèrent dès-lors ces représailles qui n'avaient fait que les aigrir mutuellement, et vécurent dans la meilleure intelligence.

Bonaparte réorganisa les tribunaux et les administrations départementales ; il plaça dans la magistrature, ainsi que dans tous les emplois civils, un grand nombre d'hommes que les événemens avaient éloignés des affaires publiques ; et, s'il ne voulut pas faire le procès au dix-huit fructidor, en rappelant en masse les proscrits de cette époque, il trouva le moyen de les faire assimiler aux émigrés : le gouvernement pouvait dès-lors rayer et faire rentrer en France ceux qu'il ne regardait pas comme dangereux. La plupart d'entre eux furent autorisés à revenir. Portalis, Carnot, Barbé-Marbois et quelques autres, furent de nouveau appelés à remplir des fonctions publiques.

Le genre de vie adopté par le premier consul excitait dans Paris un vif étonnement : actif, tempérant, simple, il avait fait succéder au costume antique des directeurs l'habit national. Ses journées étaient remplies par le travail, et il dérobait encore des heures au sommeil pour que rien d'important ne se fît sans lui être soumis. Son influence commençait à se faire sentir à l'extérieur, et tout présageait de prochains événemens d'une haute importance.

Au mois de janvier 1800, la France avait quatre armées sur pied : celle du nord, commandée par Brune ; celle du Danube, sous les ordres de Jourdan ; celle d'Helvétie, conduite par Masséna; et enfin celle d'Italie.

Bonaparte, obligé de continuer la guerre, voulut mettre ses forces sur un pied respectable. Il commença par faire connaître à la nation « que le ministère anglais avait repoussé la paix, et que pour la commander *il fallait de l'argent, du fer et des soldats*. Il appelait aux armes toute la jeunesse, lui présageait la victoire, et jurait de ne combattre que pour le bonheur de la France et le repos du monde. Une paix glorieuse, achetée par de nouveaux efforts, était le vœu de la nation entière. Mais pour que ces efforts fussent les derniers, il fallait qu'ils fussent unanimes : telle était la persuasion générale ; aussi, loin d'éprouver la moindre difficulté pour les levées, Bonaparte fut-il secondé avec ardeur, et obéi sans murmures. La première classe de la conscription, c'est-à-dire tous les jeunes gens ayant atteint leur vingtième année, sans distinction de rang et de fortune, furent mis à la disposition du ministre de la guerre.

L'armée du Nord avait forcé le duc d'York de se rembarquer : elle n'était plus en réalité qu'une armée d'observation destinée à s'opposer aux tentatives que l'Angleterre pourrait faire encore pour jeter des troupes en Hollande. L'armée du Danube, battue à Stockach, avait été obligée de repasser le Rhin. L'armée d'Helvétie avait d'abord évacué une partie de la Suisse; mais Masséna y avait ramené la victoire, et après avoir battu les Russes à Zurich, il avait de nouveau conquis toute cette République. Enfin l'armée d'Italie, battue à Génola, se ralliait en désordre sur les cols des Apennins. Paul Ier, mécontent de la politique de l'Autriche et de l'Angleterre, et affligé de la perte de l'élite de son armée, avait ordonné à ses troupes de quitter le champ de bataille et de repasser la Vistule. Tout présageait qu'il ne tarderait pas à se détacher de la coalition.

L'abandon de l'armée russe ne découragea pas l'Autriche; elle déploya tous ses moyens, et mit deux grandes armées sur pied : l'une en Italie, forte de cent quarante mille hommes, sous les ordres du feld-maréchal Mélas; et l'autre en Allemagne, commandée par le feld-maréchal Kray, composée de cent vingt mille hommes. Cette dernière était destinée à couvrir l'Allemagne. Mais le général Mélas avait ordre de s'emparer de Gênes, de Nice et de Toulon, où il devait être joint par l'armée napolitaine, et par les corps français que Villot et Pichegru devaient insurger dans le Midi. Le cabinet de Vienne comptait que ses armées seraient, au milieu de l'été, maîtresses de la Provence. La France n'avait à opposer aux troupes de Mélas que trente-cinq à quarante mille hommes, qui gardaient l'Apennin et les hauteurs de Gênes; ces débris de l'armée d'Italie étaient acculés sur un pays pauvre, bloqués depuis long-temps par mer, et sans communication avec la vallée du Pô. La cavalerie, les charrois périssaient de misère; les maladies contagieuses et les désertions désorganisaient l'armée : le mal était arrivé au point que des corps entiers, tambours battant, drapeaux déployés, avaient abandonné leurs positions et repassé le Var. Masséna fut alors envoyé à Gênes pour prendre le commandement de cette armée. Le premier consul arrêta le mal par des ordres du jour, d'un effet magique sur les soldats : l'armée se réorganisa, les subsistances furent assurées, les déserteurs rejoignirent. L'armée d'Italie vit avec enthousiasme à sa tête le général qui marchait toujours à l'avant-garde, et sous qui elle s'était couverte d'une gloire immortelle.

En même temps qu'il envoya Masséna à Gênes, le premier consul avait ordonné la réunion des armées du Rhin et d'Helvétie en une seule armée du Rhin; cette armée réunie était une des plus belles qu'ait jamais eues la République; elle comptait cent cinquante mille hommes, et était formée de toutes les vieilles troupes. Bonaparte en avait donné le commandement à Moreau, qui lui avait montré le dévouement le plus absolu dans la journée du 18 brumaire. Lecourbe commandait en second, et Dessoles était chef d'état-major. Tout l'hiver avait été employé à recruter, habiller et solder cette armée, naguère dans un dénuement extrême, et elle se préparait à passer le Rhin pour la quatrième fois depuis l'ouverture de la campagne.

Le général Moreau dut prendre l'offensive et rentrer en Allemagne, afin d'arrêter le mouvement de l'armée autrichienne d'Italie, qui déjà était arrivée sur Gênes. L'ordre envoyé à Moreau par le premier consul, renfermait en peu de mots un plan de campagne tel, qu'en six à sept jours l'armée du Rhin devait être devant Ulm; après avoir culbuté la gauche de l'ennemi, et rejeté le reste en Bohême. Ce plan d'opération devait donner lieu à des événemens plus ou moins décisifs, selon les chances de la fortune, l'audace et la rapidité des mouvemens du général français. Mais Moreau était incapable d'exécuter un pareil mouvement; il avait d'ailleurs conçu un plan tout différent. Il résista aux instructions du premier consul, et envoya le général Dessoles à Paris présenter un autre projet au ministre de la guerre. Bonaparte, fortement contrarié, pensa un moment à aller lui-même se mettre à la tête de cette armée; il calculait qu'il serait sous les murs de Vienne avant que l'armée autrichienne d'Italie fût devant Nice; mais l'agitation intérieure de la République s'opposa à ce qu'il quittât la capitale. Le projet de Moreau fut modifié, et on l'autorisa à exécuter un plan mitoyen. Moreau entra en campagne sans résolution ; ses troupes se battirent presque toujours en détail, et, malgré leur supériorité sur celles du maréchal Kray, malgré les succès remportés par Lecourbe à Stockach, il fallut à Moreau quarante jours pour faire ce qui aurait pu être exécuté en huit ou dix jours. Son armée se distingua par une ardeur incroyable : à Neubourg surtout, où elle se battit pendant trois heures à l'arme blanche. C'est là que périt le brave Latour-d'Auvergne : véritable preux, modèle de valeur et de vertu guerrière, blanchi dans les camps, et qui n'avait voulu accepter dans les armées d'autre titre que celui de premier grenadier. Il fut frappé au premier rang des grenadiers de la 46° demi-brigade : c'était le poste qu'il avait choisi. L'armée pleura sa perte et lui rendit des honneurs aussi brillans, mais plus sincères, que ceux qui suivent le trépas d'un général.

Du côté d'Italie, où se trouvaient les plus grandes forces de l'Autriche, le général Mélas avait levé ses cantonnemens dès le commencement de mars. Laissant ses parcs de réserve et sa cavalerie dans les belles plaines qu'il occupait, ce général s'approcha de l'Apennin avec soixante-dix à quatre-vingt mille hommes. Le quartier-général de Masséna était à Gênes. Suchet commandait la gauche de l'armée française, forte de douze mille hommes; Soult avait reçu le commandement du centre, et Miollis barrait la rivière du levant avec la droite, forte de cinq mille hommes. Une réserve de cinq à six mille hommes était dans la ville.

La situation de l'armée française était délicate ; elle exigeait beaucoup de diligence ; l'arrivée des convois de blé était entravée par terre et par mer, le vice-amiral Keith ayant déclaré en état de blocus tous les ports de la rivière de Gênes, depuis Vintimille jusqu'à Sarzanne.

Les grandes opérations ne commencèrent que le 6 avril; les Autrichiens se présentèrent en force devant les retranchemens des Français, qui durent se retirer pour couvrir Gênes ; Masséna sortit le lendemain de la ville, prit les Autrichiens à revers, et les précipita dans les ravins. Malgré plusieurs succès partiels, l'armée française se trouva coupée; et toutes les tentatives faites par Masséna pour rétablir ses communications avec Suchet furent inutiles. Ce général dut se retirer, avec la gauche de l'armée, derrière le Var, et Masséna se concentra dans Gênes. Cette ville fut bientôt étroitement bloquée par le général autrichien Ott. Mélas arriva à Nice avec trente mille hommes le 11 du mois de mai : L'Autriche crut nous avoir abattus cette fois, et son armée se disposa à pénétrer jusqu'au cœur de la France.

Cependant dès le mois de janvier, Bonaparte avait ordonné la formation d'une armée de réserve. Un appel fait à tous les anciens soldats avait été entendu. Le général Berthier partit de Paris, et se rendit à Dijon, pour prendre le commandement de cette armée de réserve, que l'on rassemblait sur un point central, à distance égale de Bâle, de Martigny et de Chambéry, afin de laisser plus d'incertitude sur les opérations auxquelles on la destinait. Cette armée de réserve devait déboucher sur les derrières de Mélas, enlever ses magasins, ses parcs, ses hôpitaux, et enfin lui présenter la bataille, après l'avoir coupé de l'Autriche. La perte d'une seule bataille devait entraîner la perte totale de l'armée autrichienne, et opérer la conquête de toute l'Italie. Un pareil plan exigeait, pour son exécution, de la célérité, un profond secret et beaucoup d'audace : le secret était difficile à garder au milieu des nombreux espions par lesquels l'Angleterre et l'Autriche faisaient épier les mouvemens de l'armée. Le premier consul imagina que ce qu'il y avait de mieux, était de divulguer lui-même ce secret, d'y mettre une telle ostentation qu'il devînt un objet de raillerie pour l'ennemi, et de faire en sorte que celui-ci considérât toutes ces pompeuses annonces comme un moyen de faire une diversion aux opérations de l'armée autrichienne qui bloquait Gênes. On déclara donc, par des messages au sénat, que le point de réunion de l'armée de réserve était Dijon ; que le premier consul passerait la revue des troupes, et en dirigerait les opérations ultérieures. Aussitôt tous les espions se dirigent sur cette ville : ils y virent, dans les premiers jours d'avril, un grand état-major sans armée ; et lorsque, le 6 mai, le premier consul passa lui-même la revue de la prétendue armée de réserve, on fut étonné de n'y compter que sept à huit mille conscrits ou vétérans, dont la plupart n'étaient pas même habillés. Les rapports des espions furent faits en conséquence à Londres et à Vienne. Bonaparte pendant ce temps poursuivait le plan le plus hardi qu'eût jamais conçu homme de guerre.

La véritable armée de réserve s'était formée en route ; la pacification de la Vendée avait permis de tirer de bonnes troupes de ce pays, ainsi que de Paris. Le parc d'artillerie s'était garni avec des pièces et des caissons envoyés partiellement de plusieurs arsenaux. Pour cacher le mouvement des vivres, on avait fait confectionner, à Lyon, deux millions de rations de biscuit, qui furent dirigées sur Genève; et tandis que l'Europe croit le premier consul occupé à Paris des soins du gouvernement, il arrive à Genève, et le 8 mai il prend le commandement de l'armée.

CHAPITRE IX.

Sommaire : Passage du mont Saint-Bernard. — Capitulation de Gênes. — Bataille de Montebello. — Victoire de Marengo. — Suspension des hostilités. — Entrée triomphante à Milan. — Retour de Bonaparte à Paris.

1800.

Bonaparte, résolu à porter la guerre sur le Pô, entre Milan, Gênes et Turin, choisit la base de ses opérations sur les revers du Simplon et du Saint-Gothard. Le 13 mai il passe, à Lausanne, la revue de la véritable avant-garde de l'armée de réserve; c'était le général Lannes qui la commandait. Les autres divisions suivaient en échelons. L'armée se composait de trente-six mille combattans, presque tous hommes d'élite. Dès son arrivée, rival audacieux de César et d'Annibal, il avait décidé le passage de toute l'armée et le transport des quarante bouches à feu formant son parc, par la crête des montagnes, à douze cents toises au-dessus du niveau de la mer. Le général du génie Marescot, qu'il avait chargé de la reconnaissance du Saint-Bernard, arriva à l'issue de la revue. Il avait eu beaucoup de peine à gravir l'escarpement jusqu'à l'hospice : Bonaparte se contenta de cette question :

— « *Peut-on passer ?* — *Oui*, répondit le général. — *Eh bien ! partons.* » Léonidas n'était ni plus résolu ni plus laconique.

Le passage du grand Saint-Bernard semblait préférable à celui du Mont-Cenis, parce que, en descendant du premier, on avait l'avantage de laisser Turin sur la droite, et d'agir dans un pays plus couvert et moins connu. Le prompt transport de l'artillerie paraissait une chose impossible; mais on avait tout prévu. Les munitions furent portées à dos de mulet; les canons étaient placés dans des troncs d'arbres creusés; cent soldats devaient s'atteler à chaque bouche à feu ainsi disposée. Toutes ces dispositions furent faites avec tant d'intelligence par les généraux d'artillerie Gassendy et Marmont, que la marche de l'artillerie ne put causer aucun retard.

A la vue des hauteurs inaccessibles qu'elle allait franchir, l'armée hésita un moment : le général Lannes s'élance le premier; tout le suit. Borné d'un côté par un torrent rapide et profond, de l'autre par des rochers coupés à pic, l'étroit sentier, le seul par où l'on pût gravir, sur un espace d'environ six milles, était encombré de neige : à peine était-il frayé, que la moindre tourmente, agitant la neige supérieure, en effaçait les traces. Il fallait, sous peine de se précipiter dans le torrent, chercher d'autres points d'indication et former des traces nouvelles. Au sein de ces rochers, au milieu de ces glaces éternelles, les Français montrèrent un invincible courage. Gravissant péniblement, n'osant prendre le temps de respirer, de peur d'arrêter la colonne, affaissés presque sous le poids des armes et des bagages, ils s'excitaient les uns les autres : la musique des régimens se faisait entendre, et la charge que l'on battait par intervalles donnait une nouvelle vigueur aux soldats dans les endroits difficiles.

Le 16 mai, le premier consul alla coucher au couvent de Saint-Maurice, et toute l'armée passa le Saint-Bernard les 17, 18, 19 et 20. Napoléon passa lui-même le 20, et s'arrêta une heure au couvent des Hospitaliers. Ce couvent, bien approvisionné, fournit d'excellentes rations à chaque soldat. La descente fut plus difficile pour les chevaux que ne l'avait été la montée : Napoléon l'opéra à la ramasse sur un glacier presque perpendiculaire.

Bonaparte avait conduit avec tant d'adresse son plan d'opérations, que ni généraux ni soldats n'avaient su, lorsqu'ils se rendaient isolément et par des routes diverses vers Genève, quel but on se proposait d'accomplir. Mélas, plein de sécurité, pressait le blocus de Gênes, et combattait sur le Var contre Suchet, qui, séparé de Masséna, s'immortalisait par une résistance surhumaine. Ses soldats, modèles d'héroïsme et de constance, fermaient à l'Autriche l'entrée de la Provence et les défilés du Piémont. Gênes était en proie à la famine, à la contagion; mais, défendue par Masséna, elle demeurait imprenable Mélas se trouvait tourné avant d'avoir appris la marche du consul.

L'avant-garde arriva bientôt à Aoste. Cette ville, prise après une vive résistance, fut pour l'armée d'une grande ressource. Le lendemain, Lannes attaqua à Châtillon quatre à cinq mille Croates qui y étaient en position, et que l'on avait crus suffisans pour garder la vallée.

L'armée française croyait avoir franchi tous les obstacles; elle suivait une vallée assez belle, où l'on trouvait de la verdure et des maisons, lorsque tout-à-coup elle fut arrêtée par le canon du fort de Bard. Ce fort, bâti sur une roche de forme pyramidale, à la rive gauche de la Doire, ferme absolument la vallée et présente un obstacle redoutable. La route passe dans les fortifications de la ville, et l'on reconnut qu'il n'existait point d'autre passage. L'alarme se communiqua rapidement dans toute l'armée, et reflua sur les derrières. Le premier consul, qui était déjà arrivé à Aoste, se porta aussitôt devant Bard, et reconnut qu'on pouvait s'emparer de la ville. Il était de la dernière importance d'enlever cette position avant que Mélas n'eût connaissance de la marche de l'armée; une demi-brigade, conduite par l'adjudant général Dufour, escalada donc l'enceinte, et se logea dans la ville, malgré une grêle de mitraille que l'ennemi fit pleuvoir toute la nuit; enfin, le fort cessa de tirer, par considération pour les habitans. L'infanterie et la cavalerie passèrent un à un par un sentier de la montagne de gauche, qu'avait gravi le premier consul, et où jamais n'avait passé aucun cheval. Marescot et Berthier avaient eu l'heureuse idée d'y tailler dans les rochers une sorte d'escalier, qu'à force de travail on avait rendu praticable. Les nuits suivantes, les troupes d'artillerie firent passer leurs pièces par la ville dans le plus grand silence, le chemin avait été couvert de matelas et de fumier, les roues étaient enveloppées avec de la paille; la garnison du fort ne se douta de rien. L'obstacle du fort de Bard fut plus considérable que celui du grand Saint-Bernard; et cependant ni l'un ni l'autre ne retardèrent la marche de l'armée. Une batterie que l'on était parvenu à monter sur l'Albando, resta en arrière avec un corps de troupes pour réduire le fort, qui tomba au bout de dix jours.

Après les prodiges qui venaient de s'accomplir, l'armée devait se croire invincible, et elle le fut en effet: Bonaparte marcha à grandes journés sur Milan, qu'il fallait traverser pour aller combattre Mélas. Ce dernier, à la nouvelle de l'approche des Français, fit refluer des troupes sur Turin. Le 24 mai, le général Lannes s'empara d'Ivrée, après en avoir chassé cinq à six mille Autrichiens, qui s'y étaient retranchés. Le surlendemain, il attaqua la position que l'ennemi avait prise derrière la Chiusella, pour couvrir Turin : cette position fut enlevée, ainsi que la ville de Chivasso, d'où l'avant-garde française intercepta le cours du Pô, et s'empara de toutes les barques chargées de vivres et de blessés provenant de l'évacuation de Turin. Toute l'armée de réserve arriva à Ivrée les 26 et 27 mai.

Le premier consul put alors opérer sur Milan et sur l'Adda pour faire sa jonction avec le corps de Moncey, composé de quinze mille hommes, qui venait de l'armée du Rhin par le Saint-Gothard. La base stratégique de l'opération que médite Bonaparte, soit que Masséna ou Mélas occupe Gênes, est sur le Pô entre l'embouchure du Tésin et le double confluent du Tanaro et de la Bormida. Il se porta donc rapidement sur le Tésin, le passa malgré les corps d'observation de Mélas, et entra en libérateur le 2 juin dans Milan, où on venait seulement d'apprendre l'invasion française.

On se peindrait difficilement l'enthousiasme et l'étonnement des Milanais en voyant l'armée. Le premier consul marchait à l'avant-garde ; il fut un des premiers qui s'offrirent aux regards des habitans : on doutait que ce fût lui, parce qu'on avait répandu le bruit qu'il s'était noyé dans la Mer Rouge, et qu'un de ses frères commandait l'armée française. Pendant huit jours, le premier consul reçut des députations de tous les points de la Lombardie ;

son premier soin fut de réorganiser le gouvernement de la république cisalpine, qu'il eut promptement rétablie à la grande satisfaction des Italiens, que l'Autriche n'avait pu soumettre qu'imparfaitement à son joug pesant. Le premier consul se porta sur la rive droite du Pô, afin de fermer à Mélas la route de Mantoue, et de l'obliger à recevoir la bataille. Sur ces entrefaites, des divisions françaises arrivèrent à Lodi et à Crémone; l'alarme fut dans Mantoue, désapprovisionnée et sans garnison.

C'est à ce moment que par contre-coup l'on apprit que Gênes avait capitulé le 4 juin. La capitulation de Masséna, après une résistance sans exemple, ne pouvait être plus honorable; mais ce général venait de s'embarquer pour se rendre à Antibes. Bonaparte était doublement affligé de cet événement, en ce que d'une part il le privait de la coopération du meilleur général de l'armée d'Italie; et qu'en outre les troupes sorties de Gênes, réunies à celles de Suchet, qui s'avançait, et formant ensemble une vingtaine de mille hommes, auraient pu manœuvrer contre l'ennemi, et tenir en échec un pareil nombre de soldats autrichiens. Le premier consul vit alors qu'il ne pouvait compter que sur ses propres forces, et qu'il allait avoir à faire à toute l'armée autrichienne, à laquelle ne tarderaient pas à se joindre les troupes qui avaient été employées au blocus de Gênes, et qui accouraient à marches forcées.

Le général Ott avait fait la faute de ne quitter le blocus de Gênes qu'après la capitulation de Masséna; Bonaparte, profitant de son imprévoyance, vint occuper le point important qu'il eût dû couvrir, et se plaça vers Stradella et le Pô. Les dix-huit mille hommes du général Ott occupaient Montebello. Le 8 juin, le général Lannes, avec huit mille hommes, était en position, et les observait en attendant des renforts; mais il fut attaqué dès le point du jour. L'action fut meurtrière; Lannes et ses troupes s'y couvrirent de gloire, et sur le midi, une division française étant arrivée, tout l'avantage resta complètement aux Français: trois mille morts et six mille prisonniers furent les trophées de cette première victoire.

Le premier consul resta en position à Stradella jusqu'au 12, pour réunir son armée. Desaix, qui revenait d'Égypte, était arrivé de la veille au quartier-général; la nuit entière s'écoula en longues conférences entre Desaix et son ancien général. Desaix brûlait de se signaler, le premier consul lui donna sur-le-champ le commandement de la division Boudet.

Lannes avait battu l'une des armées ennemies, il fallait courir à l'autre et la battre à son tour: Mélas avait alors son quartier-général à Alexandrie; toute son armée s'y était réunie depuis deux jours; sa position était critique, parce qu'il avait perdu sa ligne d'opération; et plus il tardait à prendre un parti, moins il avait d'espoir de se tirer de ce mauvais pas, car Suchet arrivait sur ses derrières.

Surpris de l'inaction de Mélas, Bonaparte conçut des inquiétudes; il craignit que l'armée autrichienne ne se fût portée sur Gênes, ou bien qu'elle n'eût marché contre Suchet pour l'écraser, et revenir ensuite contre lui. Une grande reconnaissance de l'armée française quitta la position de Stradella pour se porter sur Scrivia. Mais on n'aperçut que quelques coureurs: il n'y avait plus à douter que l'armée autrichienne eût échappé à nos coups.

En vain le lendemain le premier consul se porta-t-il au milieu de l'immense plaine de Marengo; on ne put reconnaître l'ennemi. Il parut alors probable que Mélas marchait sur Gênes. La division Desaix fut dirigée en toute hâte sur l'extrême gauche, afin d'observer la chaussée d'Alexandrie à Novi. Le général Gardanne fut envoyé au village de Marengo, où il trouva trois à quatre mille Autrichiens qu'il mit en déroute. Enfin, le soir du 13 juin, on n'avait aucune nouvelle de l'armée autrichienne. La nuit se passa dans cette situation, qui faisait concevoir les plus vives inquiétudes, car il était probable que Mélas, abandonnant le débouché de Marengo, si facile à défendre, ne voulait pas se battre, et se portait sur Gênes.

Cependant la plus horrible confusion régnait dans Alexandrie, depuis le combat de Montebello : le conseil autrichien voyait l'armée coupée dans sa ligne d'opération, et ses dépôts placés entre l'armée de Suchet, dont les avant-postes avaient déjà passé les montagnes, et celle du premier consul. Après bien des hésitations, Mélas se décida à faire un gros détachement sur Suchet, et à tenir le reste de son armée couvert par la Bormida et la citadelle d'Alexandrie. Mais dès qu'il apprit le mouvement du premier consul sur la Scrivia, il rappela son détachement, et se détermina à passer sur le ventre de l'armée française, afin de rouvrir ses communications avec Vienne. Toutes les chances pour le succès de la bataille étaient en faveur de l'armée autrichienne, supérieure en nombre à l'armée française, et ayant d'ailleurs trois fois autant de cavalerie.

Le 13 juin les deux armées se trouvèrent en présence sur la rive droite du Pô et à peu de distance du village de Marengo.

Le lendemain, à la pointe du jour, l'armée autrichienne déboucha au travers du long défilé de la Bormida et des marais qui le couvrent. Cinq heures après seulement, sur les huit heures, elle put se porter en avant sur trois colonnes. Elle avait quarante mille hommes au commencement de l'action. L'armée française en ligne ne comptait que vingt mille hommes. Vers midi, le corps de Victor, vigoureusement attaqué, plia; celui de Lannes entra en ligne à droite, et, après quelques succès, fut entraîné par la retraite de la gauche; c'était une chose capitale pour Bonaparte de tenir sa droite, et pour Mélas de la forcer. Le premier consul, qui vit le nœud de l'affaire dans la communication que sa droite assurait avec le reste de l'armée, fit avancer tout-à-coup, au milieu de la plaine, cette garde d'élite, long-temps la terreur de l'Europe, et qui, jeune alors, date si heureusement sa gloire de la journée de Marengo. Les assauts les plus terribles de l'ennemi se brisèrent contre son immobilité; sa résistance héroïque donna le temps à la division Monnier d'arriver.

Celle-ci jeta une brigade dans Castel-Ceriolo, et l'armée française se trouva dans un ordre presque inverse à celui de la matinée, par échelons, l'aide droite en avant, tenant le point essentiel de la première ligne de bataille, couvrant sa communication la plus importante, et occupant par son aile gauche la route de Tortone.

Malgré les efforts et le courage de Victor, de Lannes, de Kellermann, quatre divisions françaises avaient été battues et enfoncées : la bataille semblait bien près d'être perdue. L'action cependant se maintenait. Mélas, au contraire, avait affaibli sa gauche pour augmenter sa droite, qu'il étendait inutilement sur Tortone. Ce mouvement n'échappa point au général qui savait le mieux juger son adversaire sur le terrain. Il était cinq heures : la division Lapoype ne se montrait pas; mais Desaix parut sur-le

champ de bataille, à la tête de la seule division Boudet.
Dans les mains de Bonaparte, ce renfort va devenir l'instrument de la victoire, et l'armée devine la pensée de son chef. Fatiguée d'une longue et sanglante retraite, elle voit, avec l'instinct d'une attente que son héros n'a jamais trompée, la troupe de Desaix couvrir sa gauche ; Desaix avait pris position sur la chaussée de San-Juliano : Bonaparte y court : « Soldats, s'écrie-t-il, c'est avoir fait trop de pas en arrière, le moment est arrivé de marcher en avant ; souvenez-vous que mon habitude est de coucher sur le champ de bataille. » L'armée répète avec joie le cri de l'attaque générale ordonnée sur toute la ligne.

Mélas, qui croyait la victoire décidée, était rentré dans Alexandrie, accablé de fatigue, laissant à son chef d'état-major, le général Zach, le soin de poursuivre l'armée française. Cependant la division Victor s'était ralliée ; toute la cavalerie de l'armée était placée sur la droite de Desaix, et en arrière de la gauche de Lannes. Six mille grenadiers de Zach ayant gagné la gauche de San-Juliano, le premier consul envoya l'ordre au général Desaix de se précipiter, avec sa division toute fraîche, sur cette colonne ennemie. Desaix fait ses dispositions, et marche à la tête de deux cents éclaireurs ; mais il est mortellement frappé d'une balle dans la poitrine, et tombe entre les bras du colonel Lebrun, au moment où il venait de commander la charge. Ses dernières paroles furent pour sa patrie ; il exprima le regret de n'avoir pas fait assez pour elle. Cette mort glorieuse, digne de la vie de Desaix, ne dérangea en rien le mouvement ; le général Boudet continua à se porter sur les grenadiers autrichiens. En même temps Kellerman, avec huit cents hommes de grosse cavalerie, faisait une charge intrépide sur le flanc gauche de la colonne. En moins d'une demi-heure, ces six mille grenadiers furent enfoncés, culbutés, dispersés; ils disparurent. Le général Zach et tout son état-major furent faits prisonniers. Dans cet instant qui vengea Desaix et suspendit le deuil de sa perte, notre ligne se précipita en avant, et en moins d'une heure eut conquis le terrain disputé depuis le point du jour.

Le général Lannes marchait en avant au pas de charge; Carra-Saint-Cyr se trouvait en potence sur le flanc gauche de l'ennemi, et beaucoup plus près des ponts sur la Bormida que lui-même. En un instant l'armée autrichienne fut dans la plus épouvantable confusion. Huit à dix mille hommes de cavalerie, qui couvraient la plaine, craignant que l'infanterie de Carra-St-Cyr ne se trouvât au pont avant eux, se mirent en retraite au galop, en culbutant tout ce qui était sur leur passage. Chacun ne pensait plus qu'à fuir : l'encombrement devint extrême sur tous les ponts de la Bormida, et, à la nuit, tout ce qui était resté sur la rive gauche tomba au pouvoir des troupes de la République.

Il serait difficile de peindre la confusion et le désespoir de l'armée autrichienne. Mélas, voulant sauver d'une perte inévitable ce qui lui restait de troupes, envoya un parlementaire proposer une suspension d'armes, ce qui donna lieu le lendemain, 15 juin, à une convention. On fixa la ligne de neutralité des deux armées entre la Chieza et le Mincio. Mélas accepta les conditions les plus rigoureuses, quoiqu'il eût des forces aussi nombreuses que les nôtres, et que le Piémont lui ouvrît la carrière d'une longue campagne de siéges et de positions. La place de Gênes, toutes les forteresses du Piémont, de la Lombardie et des légations furent remises à l'armée française; l'armée autrichienne obtint à ce prix la permission de retourner derrière Mantoue, et toute l'Italie se trouva conquise. La joie des Piémontais, des Génois, des Italiens ne peut s'exprimer : ils se voyaient rendus à la liberté, sans passer par les horreurs d'une longue guerre.

Tels furent les résultats presque incroyables de la bataille de Marengo. En hommes, la perte fut à peu près égale des deux côtés; les premiers fruits de la victoire furent six mille prisonniers, un général, huit drapeaux, vingt bouches à feu et douze places fortes. En France, cette nouvelle parut d'abord incroyable, mais la joie n'en fut que plus grande quand on apprit officiellement le triomphe remporté par le premier consul, et tout ce que ses suites avaient d'avantageux pour la République.

L'heureux conquérant, pressé de recueillir les fruits de sa victoire, quitta le champ de bataille le 17 juin, et fit le même jour son entrée solennelle à Milan. Les actions de grâces qu'il alla rendre à la cathédrale, la pompe des cérémonies religieuses qui furent rétablies par ses ordres, le trône des Césars qu'il fit préparer dans le sanctuaire, et sur lequel il alla s'asseoir, fixèrent tous les regards, et durent être pour l'Europe un grand avertissement. Bonaparte s'occupa sur-le-champ de mettre la dernière main à l'organisation de la république cisalpine, au sein de laquelle il institua un gouvernement provisoire en attendant que la constitution de cet état fût définitivement promulguée, avec les modifications qu'il avait jugées nécessaires. La république ligurienne fut aussi réorganisée, et recouvra son indépendance. Les Autrichiens, lorsqu'ils étaient maîtres du Piémont, n'avaient pas voulu rétablir le roi de Sardaigne; le premier consul créa un gouvernement provisoire en Piémont, et nomma le général Jourdan ministre de la République française près de ce gouvernement.

Il donna ensuite au général Masséna le commandement en chef de l'armée d'Italie, et, se préparant à repasser le Mont-Cenis, il quitta Milan le 24 juin. Il s'arrêta quelques jours à Lyon pour ordonner la réparation des ruines et des monumens de cette belle ville; il y posa la première pierre de la place Bellecour.

Bonaparte arriva à Paris dans la nuit du 22 juillet, et descendit incognito dans sa maison de la rue Chantereine; mais le lendemain la nouvelle de son retour se répandit : toute la population de la ville et des faubourgs accourut aux Tuileries, toutes les maisons furent spontanément illuminées le soir : le retour du vainqueur de Marengo fut une fête d'enthousiasme. Vingt ans plus tard, sur le rocher de Sainte Hélène, Napoléon disait en se rappelant cet accueil : *Ce fut un bien beau jour !...*

CHAPITRE X.

SOMMAIRE : Négociations. — Fausses conjurations républicaines.— Explosion de la machine infernale. — Prolongation et rupture de l'armistice. — Bataille de Hohenlinden. — Paix de Lunéville. — Concordat avec le pape. — Organisation définitive de la république cisalpine. — La paix d'Amiens. — Rappel des émigrés. — Institution de la Légion-d'Honneur. — Consulat à vie. — Expédition de Saint-Domingue. — Reconnaissance des nouvelles républiques.

1800 à 1802.

On s'attendait à la paix, Bonaparte la proposa sur la base du traité de Campo-Formio. Mais l'Angleterre l'avait devancé. Le jour même, et quelques heures avant l'arrivée du courrier qui apportait les nouvelles de la bataille de Marengo et de la convention d'Alexandrie, le baron de Thugut et lord Minto avaient signé un nouveau traité de subsides, par lequel l'empereur et le roi d'Angleterre s'engageaient, 1° à poursuivre la guerre contre la France avec vigueur et persévérance ; 2° à ne faire aucune paix séparée, et sans le consentement des deux parties. Le résultat de cette intrigue du cabinet de Saint-James était de nature à surprendre Bonaparte et à l'alarmer. Il était difficile de pénétrer les motifs qui avaient déterminé la conclusion d'un pareil traité, tout à l'avantage de l'Angleterre. En prolongeant la guerre, l'empereur compromettait évidemment l'existence de ses états héréditaires, tandis que l'Angleterre ne risquait que de l'or. Retranchée dans son île, elle troublait ainsi impunément la paix du continent, et tandis que son or pénétrait dans les cabinets et soumettait les princes et les ministres à ses vues politiques, ses flottes monopolisaient le commerce des deux mers, et rentraient chargées de ces trésors, qu'elle prodiguait pour étendre son influence fatale. Néanmoins, de graves revers vinrent à cette époque compromettre le repos et la force de notre éternelle ennemie. Le duc d'York, à la tête de vingt mille hommes, fut battu au Helder par le général Brune; d'autres tentatives échouèrent pareillement à Quiberon, où les Anglais voulaient descendre une seconde fois: au Ferrol, où ils essayèrent vainement d'incendier l'arsenal; à Cadix, qu'ils ne purent surprendre avec une flotte de cent quarante voiles et vingt mille hommes de débarquement, au moment où la fièvre jaune désolait cette belle ville. Ils prirent, il est vrai, l'île de Malte, que Vaubois défendit vaillamment; mais ce succès dut être pour eux une bien faible compensation à des échecs réitérés. L'Europe avait vu avec indignation l'expédition contre Cadix : là encore les Anglais avaient eu la double honte de tenter une lâche entreprise et d'y échouer.

Le premier consul avait rendu à la France sa gloire et la tranquillité intérieure ; et cependant les circonstances étaient telles, qu'il se trouvait environné d'ennemis particuliers. Fouché exploita ces circonstances à son profit; il avait besoin de prouver son dévouement à la personne du premier consul, et il fallait, pour qu'on le jugeât un homme indispensable, qu'il justifiât de son habileté. Chaque jour il découvrait quelque nouvelle conspiration, et, pour que sa vigilance parût des plus actives, il déjouait des complots qu'il avait fait ourdir par ses agens provocateurs. C'est à lui qu'appartient cette sublime invention de l'alliance des royalistes et des républicains qui s'est reproduite de nos jours avec un succès bien propre à faire croire que la réputation d'esprit de la nation française n'est qu'un préjugé. Fouché dressa d'abord ses batteries contre les hommes du parti dans lequel il avait figuré avec une exaltation bien atroce : il chercha à les enlacer dans ses filets : il multiplia contre eux les accusations, pendant qu'il faisait jouer mille ressorts secrets pour changer en action la haine qu'ils devaient porter au général qui avait assassiné la liberté : c'est ainsi qu'il poussa vers l'échafaud l'infortuné Ceracchi, journaliste plein de talens, l'adjudant-général Aréna, et le peintre Topineau Lebrun, qui furent arrêtés et condamnés pour avoir formé le projet d'attenter aux jours du premier consul. D'autres conjurations républicaines, qui n'avaient pas une plus grande réalité, furent signalées par le ministre. Il y eut celle de Jouvenot, ex-aide-de-camp de Henriot : il avait voulu, disait-on, avec une vingtaine de complices, aller tuer Bonaparte à la Malmaison ; d'autres hommes obscurs, Humbert, Chapelle, le tanneur Medge, furent aussi, pour des motifs semblables, livrés à la vindicte des lois : Fouché s'attachait à montrer sans cesse le fatal poignard dans les mains des républicains, qu'il persécutait avec un acharnement incroyable. Toutefois ce n'était point dans ce parti, qui n'agit jamais dans l'ombre, qu'était le véritable danger.

Le 10 octobre 1800 eut lieu l'explosion de la machine infernale. Cette invention diabolique, qui causa tant de rumeur et fit tant de victimes, fut préparée par les royalistes. Il est très-remarquable que le soir de la catastrophe, le premier consul montra une répugnance extrême pour sortir ; on donnait à l'Opéra un concert ; le bel *Oratorio* d'Hayden, la *Création du monde*, y devait être exécuté pour la première fois ; madame Bonaparte et quelques intimes du premier consul voulaient absolument qu'il allât l'entendre : Bonaparte était endormi sur un canapé, et il fallut qu'on l'en arrachât ; que l'un lui apportât son épée, et l'autre son chapeau. Dans la voiture même, il sommeillait de nouveau. Arrivé rue Saint Nicaise, on trouva le passage embarrassé par une petite charrette attelée d'un seul cheval. Le cocher évita l'obstacle sans ralentir la course de ses chevaux. A peine était-il au-delà, qu'une explosion terrible brisa les glaces de la voiture, blessa le cheval du dernier homme du piquet, et inonda la rue de mitraille, d'artifices et de fumée.

Bonaparte racontant lui-même cet événement à Sainte-Hélène, disait : J'ouvris subitement les yeux, rêvant que je me noyais dans le Tagliamento : quelques années auparavant j'avais couru le plus grand danger, en passant de nuit cette rivière. Or, en cet instant je m'éveillais au milieu d'une conflagration ; la voiture était soulevée : je retrouvais en moi toutes les impressions du Tagliamento, qui, du reste, n'eurent que la durée d'une seconde, car une effroyable détonation se fit aussitôt entendre.

« Nous sommes minés ! » furent les seules paroles que le premier consul adressa à Lannes et à Bessières, qui se trouvaient avec lui : ces généraux voulaient arrêter à toute force, mais il s'y opposa, et ils arrivèrent à l'Opéra, comme si de rien n'était. Le premier consul fut sauvé par l'audace de son cocher et la rapidité de ses chevaux ; ce qu'il y a de plus extraordinaire dans cette circonstance, c'est que le cocher était ivre à tel point, que ce n'est que le lendemain qu'il sut ce qui était arrivé; il avait pris la détonation pour un salut militaire.

Aussitôt après l'événement, on s'en prit encore aux jacobins, Bonaparte haïssait tout ce qui restait de républicains purs: il savait qu'aucun des hommes vraiment honorables de la révolution ne se façonnerait à la tyrannie, qu'il se proposait dès lors d'établir : il mit donc à profit le moment de terreur que le crime du 3 nivose causait, et, par la mesure la plus inique, il enveloppa dans une cruelle proscription les patriotes connus par la sévérité de leurs principes. Cinq cents furent proscrits, et cent cinquante furent déportés dans les déserts de la Guiane, où presque tous ont depuis péri misérablement.

Tandis que la haine de Bonaparte se vengeait ainsi sur les patriotes innocens, les vrais coupables ne se cachaient guères : c'étaient des royalistes chouans. Ils se plaignaient tout haut de n'avoir pas réussi. Quelques uns furent saisis ; on instruisit leur procès. Les deux chefs Carbon et Saint-Régent furent condamnés à mort.

Plusieurs autres conspirations plus ou moins obscures furent dirigées, à la même époque, contre les jours du premier consul ; mais, suivant son système de ne jamais parler des dangers qu'il avait courus, il en fit garder le secret.

Une particularité assez étrange c'est que, pendant que le premier consul était ainsi en butte aux machinations du parti royaliste, soudoyé par l'Angleterre, les Français du dehors ne doutaient nullement de l'opinion du premier consul en faveur des Bourbons. L'un des agens secrets du comte de Lille, l'abbé de Montesquiou, fit remettre à Bonaparte, par le troisième consul Lebrun, deux lettres du prétendant, conçues en ces termes :

AU GÉNÉRAL BONAPARTE.

« Quelle que soit leur conduite apparente, des hommes tels que vous, Monsieur, n'inspirent jamais d'inquiétudes. Vous avez accepté une place éminente, et je vous en sais gré. Mieux que personne vous avez ce qu'il faut de force et de puissance pour faire le bonheur d'une grande nation. Sauvez la France de ses propres fureurs, et vous aurez rempli le vœu de mon cœur. Rendez-lui son roi, et les générations futures béniront votre mémoire. Vous serez trop nécessaire à l'état, pour que je songe à acquitter par des places importantes la dette de mon agent et la mienne.

» Louis. »

« Depuis long-temps, général, vous devez savoir que mon estime vous est acquise. Si vous doutiez que je fusse susceptible de reconnaissance, marquez votre place, fixez le sort de vos amis. Quant à mes principes, je suis Français : clément par caractère, je le serais encore par raison.

» Non, le vainqueur de Lodi, de Castiglione et d'Arcole, le conquérant de l'Italie ne peut pas préférer à la gloire une vaine célébrité. Cependant vous perdez un temps précieux. Nous pouvons assurer la gloire de la France : je dis *nous*, parce que j'aurais besoin de Bonaparte pour cela, et qu'il ne le pourrait pas sans moi.

» Général, l'Europe vous observe, la gloire vous attend, et je suis impatient de rendre la paix à mon pays.

» Louis »

Bonaparte n'avait pas répondu à le première lettre, il répondit en ces termes à la seconde, le 7 septembre :

« J'ai reçu, Monsieur, votre lettre. Je vous remercie des choses honnêtes que vous m'y dites. Vous ne devez plus souhaiter votre retour en France : il vous faudrait marcher sur cent mille cadavres. Sacrifiez votre intérêt au repos et au bonheur de la France ; l'histoire vous en tiendra compte. Je ne suis pas insensible au malheur de votre famille. Je contribuerai avec plaisir à l'adoucir et à la tranquillité de votre retraite.

» BONAPARTE. »

L'ouverture de M. le comte d'Artois eut plus d'élégance et de recherche encore : il dépêcha la duchesse de Guiche, femme charmante, bien faite, par les grâces de sa figure, pour mêler beaucoup d'attraits à l'importance de sa négociation. Elle pénétra facilement auprès de madame Bonaparte ; mais dès que le premier consul apprit la mission de la jolie duchesse, il lui fit donner l'ordre de quitter Paris dans la nuit même.

Le bruit courut plus tard que le premier consul avait fait à son tour aux princes français des ouvertures touchant la cession de leurs droits ou leur renonciation à la couronne, ainsi qu'on s'est plu à le consacrer dans des déclarations pompeuses jetées en Europe avec profusion. Ces bruits ne pouvaient-être fondés, et l'astucieuse Angleterre les répandait à dessein. Bonaparte ne pouvait régner que par le principe qui faisait exclure les Bourbons, celui de la souveraineté du peuple, et il se souciait peu de ce transfert d'une légitimité qui ne valait pas des droits plus positifs.

Le cours naturel des événemens obligeait la République française à reprendre une attitude offensive : toutefois le premier consul ne voulut négliger aucun des moyens qui pouvaient amener ses ennemis à conclure une paix générale. L'Angleterre et l'Autriche s'étaient engagées à ne traiter que de concert. Il reçut les plénipotentiaires anglais, et déclara être prêt à continuer provisoirement l'armistice avec l'empereur, si de son côté l'Angleterre consentait à un armistice naval. Mais dès les premiers pourparlers qui eurent lieu, le premier consul put s'apercevoir que le cabinet anglais ne voulait que gagner du temps, et que jamais il ne consentirait à faire à la République française aucun sacrifice, ni même à l'indemniser des pertes que lui faisait éprouver la prolongation de l'armistice avec l'empereur d'Allemagne. D'un autre côté, la mauvaise foi de la cour de Vienne était manifeste.

Les généraux en chef de l'armée du Rhin et d'Italie reçurent donc l'ordre de dénoncer l'armistice, et de reprendre sur-le-champ les hostilités. L'Autriche fut d'autant plus étourdie de cette détermination, qu'elle n'avait pu penser que nous reprissions les hostilités au milieu d'un hiver rigoureux, et que d'ailleurs elle n'était pas encore en mesure; aussi s'empressa-t-elle d'implorer une nouvelle trêve de quarante-cinq jours, consentant à remettre les trois places d'Ulm, Ingolstadt et Philipsbourg, comme garantie de la sincérité de ses sentimens pour la paix. Cette nouvelle trêve lui fut accordée le 20 septembre.

L'Autriche n'avait fait le sacrifice de ces trois places que pour gagner la saison pluvieuse, et avoir ensuite tout l'hiver pour rétablir ses armées ; mais, pendant l'armistice, le premier consul aussi pouvait faire de nouvelles levées, et les nombreuses populations de la Hollande, de la France et de l'Italie, façonnées déjà à marcher sous nos drapeaux, lui permettaient de faire un déploiement de forces encore plus imposant que celui de l'Autriche. D'un autre côté, pendant ces quarante-cinq jours, l'armée d'Italie allait avoir le temps de soumettre Rome, Naples et la Toscane, qui n'avaient pas été comprises dans l'armistice.

M. de Cobentzell, le même ministre autrichien qui avait signé le traité de Campo Formio, succéda à cette époque à M. de Thugut, dont la disgrâce eut pour motif, assura-t-on dans le temps, la précipitation qu'il avait mise à signer le traité de subside avec l'Angleterre. Ce ministre s'annonçait comme l'homme de la paix. Il se rendit lui-même à Lunéville, où s'étaient assemblés les plénipotentiaires français, présidés par Joseph Bonaparte. Le premier consul exigea que les négociations fussent entamées sans délai; mais à l'ouverture du protocole, M. de Cobentzell déclara qu'il ne pouvait traiter sans le concours d'un ministre anglais. Or, un ministre anglais ne pouvait être reçu au congrès qu'autant qu'il adhérerait au principe de l'application de l'armistice aux opérations navales. Quelques courriers furent échangés entre Paris et Vienne, et aussitôt que l'on eut la preuve que l'Autriche s'était mise à la solde du cabinet de Londres, ce dont on ne pouvait douter en la voyant disgrâcier les généraux Kray et Mélas, pour avoir signé l'armistice, et enfermer dans une forteresse le comte de Saint-Julien, son ancien ambassadeur à Paris, les généraux en chef des armées de la République reçurent de nouveau l'ordre de dénoncer l'armistice, et de commencer les hostilités. L'Autriche alors appela toute sa population aux armes; elle proclama nationale cette guerre, et mit en mouvement toutes ses forces.

Au moment où cette campagne allait s'ouvrir pour la France sous les auspices de son bon droit et de sa loyauté, l'empereur des Russies, Paul Ier, dont Bonaparte cherchait à captiver l'amitié, parut vouloir sérieusement se détacher de la ligue européenne. Mécontent déjà de ses anciens alliés, il se montra si indigné de la mauvaise foi de l'Angleterre, relativement à l'île de Malte, que dès lors une rupture devint inévitable. Peu de temps après la bataille de Marengo, le premier consul voulant flatter l'imagination impétueuse du czar, lui envoya l'épée que le pape Léon X avait donnée à l'Ile-Adam, comme un témoignage de sa satisfaction pour avoir défendu Rhodes contre les infidèles. Plus tard, Bonaparte ayant vainement proposé aux Anglais et aux Autrichiens l'échange de huit à dix mille soldats russes, prisonniers de guerre en France, prit le parti de les faire habiller et armer complètement, et de les renvoyer à leur souverain. Paul Ier s'exalta à ce trait généreux, et porta toute l'ardeur de ses vœux vers la France. Il écrivit alors au premier consul : « Citoyen premier consul, je ne vous écris point pour entrer en discussion des droits de l'homme ou du citoyen : chaque pays se gouverne comme il l'entend. Partout où je vois à la tête d'un pays un homme qui sait gouverner et se battre, mon cœur se porte vers lui. Je vous écris pour vous faire connaître le mécontentement que j'ai contre l'Angleterre, qui viole tous les droits des nations, et qui n'est jamais guidée que par son égoïsme et son intérêt. Je veux m'unir à vous pour mettre un terme aux injustices de ce gouvernement, etc. »

Dès ce moment, la correspondance entre Paul Ier et Bonaparte devint journalière et des plus intimes : bientôt la guerre se trouva déclarée entre l'Angleterre, d'une part ; la Russie, la Suède et le Danemarck, de l'autre. L'Angleterre prévit le coup terrible qui allait lui être porté : dans la nuit du 23 au 24 mars, Paul Ier fut assassiné : l'escadre anglaise sortit de la Baltique deux jours après cet horrible attentat !....

Depuis cinq mois cependant que l'armistice existait, l'Autriche avait reçu de l'Angleterre soixante millions qu'elle avait bien employés ; elle comptait en ligne, à la fin de novembre, deux cent quatre-vingt mille hommes présens sous les armes ; ses forces étaient divisées en cinq armées. Sur la rive gauche du Danube, le général Klenau, avec vingt mille hommes, a devant lui le général Sainte-Suzanne. Au corps de Klenau se lient, en Franconie, les levées mayençaises soldées par l'Angleterre, sous les ordres du baron d'Albini, et sept à huit mille Autrichiens sous ceux du général Simbshon. Ils ont vis-à-vis d'eux le général Augereau et l'armée gallo-batave. La grande armée autrichienne, opposée à celle du général Moreau sur le Rhin, est conduite par l'archiduc Jean, âgé de dix-huit ans, qui, sous la tutelle du général Lauer, remplace le général Kray. Dans le Tyrol, le marquis de Chasteler commande vingt mille hommes et les milices guerrières de ce pays, contre le général Macdonald, qui marche sur la Valteline. Dans le Mantouan et le Ferrarais, à la tête de quatre vingt mille hommes, le comte de Bellegarde est placé en face du général Brune. Un corps de dix mille hommes d'élite, destiné à former une seconde armée de réserve pour des desseins ultérieurs, se rassemble à Amiens, sous les ordres de Murat.

Les hostilités recommencèrent le 17 novembre à l'armée

d'Italie, et le 27 à l'armée du Rhin. Le premier consul était résolu de marcher sur Vienne; l'armée de Moreau devait passer l'Inn, et se porter sur cette capitale par la vallée du Danube; l'armée d'Italie, sous les ordres de Brune, devait passer le Mincio, l'Adige, et se porter sur les Alpes Noriques. Ainsi, deux grandes armées, et deux autres petites, commandées par Macdonald et Murat, qui, par une haute combinaison stratégique, doivent lier nos forces et leur imprimer à la fois un terrible concert, allaient se diriger sur Vienne, formant une masse de deux cent cinquante mille combattans. Les troupes françaises étaient bien habillées, bien armées, munies d'une nombreuse artillerie, et dans la plus grande abondance; jamais la République n'avait eu un état militaire aussi formidable; nos armées avaient été plus nombreuses en 1793, mais alors la plupart des troupes étaient des recrues, mal habillées, non aguerries, et une partie était employée dans la Vendée et à l'intérieur.

Les opérations du général Moreau, commandant la grande armée du Rhin, commencèrent le 28. Les deux avant-gardes se trouvaient entre l'Inn et l'Iser. Il fallait franchir l'Inn. Une habile manœuvre fit replier les avant-postes autrichiens. L'archiduc Jean commandait cent vingtmille hommes. Il tenta d'envelopper l'armée française, et marcha sur Hohenlinden avec l'intention de livrer bataille dans la vaste plaine d'Anzing. Moreau devine son plan, et par d'habiles manœuvres parvient à le faire échouer. L'archiduc se vit forcé d'accepter le combat sur un terrain moins vaste, entre les deux rivières, et où il se trouvait isolé de toute coopération avec l'armée du Tyrol. Plusieurs jours furent donnés à cette merveilleuse combinaison, dont le succès eut pour théâtre le village et la forêt de Hohenlinden et les défilés. Le général Moreau confia au général Richepanse le soin glorieux de décider la victoire. Ce général, encore à près de deux lieues du centre, reçut l'ordre de se mettre en route, le 3, avec sa division, et d'assaillir les derrières de l'archiduc quand on le verrait engagé dans les défilés. L'exécution de cette mission périlleuse rencontra un puissant auxiliaire dans l'intrépidité du général Drouet, qu'une première attaque sépara, avec sa brigade, de la colonne de Richepanse, et qui tint l'ennemi en échec; Richepanse s'élança dans la forêt avec le 48° régiment, et porta le désordre sur les derrières des Autrichiens, tandis que le général Walter contenait leur cavalerie. Trois bataillons de grenadiers hongrois s'avançaient en colonne serrée. « *Grenadiers de la 48°*, s'écria Richepanse, *que dites-vous de ces gens-là ? — Ils sont morts*, » répondirent les grenadiers, et en un instant ils les enfoncèrent au pas de course, pendant que l'intrépide Ney rompait la ligne ennemie dans Hohenlinden. A deux heures de l'après midi, les Français étaient vainqueurs sur trois champs de bataille différens.

Ainsi, dès le début d'une campagne à laquelle la maison d'Autriche attachait l'honneur et peut-être la sûreté de sa couronne, notre armée avait d'un seul coup détruit le centre et une partie de l'aile gauche de sa grande armée. Moreau voulut partager ses lauriers avec ses généraux; à la tête des divers corps de cette armée brillaient des noms illustres : les soldats pouvaient-ils ne pas se montrer invincibles, commandés qu'ils étaient par Lecourbe, Grenier, Ney, Grouchy, Bonnet, Grandjean, Bastoul, Decaen, Richepanse, Legrand, Collaud, Laborde, d'Hautpoul, Gudin, Montrichard !

La victoire de Hohenlinden ruina les espérances des

Autrichiens : vingt-cinq mille hommes, sans compter les déserteurs, sept mille prisonniers, cent pièces de canon, une immense quantité de voitures, furent les trophées de cette journée.

Il restait à franchir l'Inn pour dominer le théâtre de la guerre et pénétrer dans la Haute-Autriche par Saltzbourg. La triple ligne de l'Inn, de l'Alza et de la Salza, derrière laquelle vinrent se retrancher les cent mille hommes que comptait encore l'archiduc, était impossible à aborder de front. Moreau surmonta toutes les difficultés que lui présentaient la nature du pays et les positions inexpugnables de l'ennemi, en le trompant par des démonstrations qui attirèrent son attention vers l'Inn inférieur : l'Inn fut passé le 8, sous les ordres du général Grenier, à Wasserbourg, tandis que Lecourbe engageait une action quinze lieues plus haut. L'armée française ne cessa de poursuivre les débris autrichiens, et le 25 décembre un armistice fut signé à Steyer. La paix définitive ne pouvait être éloignée ; il fut convenu que nous resterions dans nos positions jusqu'à sa ratification.

En Italie, Brune s'était avancé vers le Mincio, et avait tenté de le passer le 24 décembre ; mais ce général fit ce jour-là de grandes fautes qui compromirent son armée : heureusement la valeur française les répara. L'armée passa l'Adige le 1er janvier 1801, le lendemain l'ennemi évacua Vérone. Les Français entrèrent à Vicence et à Roveredo ; le 11, ils franchirent la Brenta devant Fontanina. L'armée autrichienne, découragée par les nouvelles qu'elle recevait du Rhin, abandonna tous les points qu'elle pouvait disputer, et aussitôt que nos troupes furent au-delà de la Brenta, le feld-maréchal Bellegarde renouvela la demande d'un armistice général.

Le premier consul avait donné les ordres les plus positifs de ne signer aucune trêve que l'armée n'eût passé l'Isonzo, afin de couper les Autrichiens de Venise; il avait surtout insisté pour ne rien conclure avant qu'on n'eût la place de Mantoue. Brune ne déploya aucune énergie dans cette négociation : il renonça de lui-même à demander Mantoue, et signa, le 16 janvier 1801, l'armistice de Trévise. Le premier consul, irrité d'une telle conduite, déclara à M. de Cobentzell, qui se trouvait encore à Lunéville, qu'il désavouait la convention de Trévise, et ce ministre, qui commençait à sentir la nécessité de traiter de bonne foi, signa lui-même, le 26 janvier, l'ordre de livrer Mantoue à l'armée française. Sur ces entrefaites, Murat, qui était opposé à l'armée napolitaine, était entré dans les États de l'Église, qu'il avait immédiatement replacés sous la domination du pape, ce qui excita la reconnaissance de Pie VII. Enfin, par considération pour l'empereur de Russie, les Napolitains obtinrent aussi une suspension d'armes, et signèrent à Florence, le 28 mars suivant, un traité de paix avec la République française.

Le 9 février 1801, après six semaines de conférences et des difficultés de tous genres soulevées par la diplomatie autrichienne, la paix fut définitivement signée à Lunéville. L'empereur confirma de la manière la plus solennelle la cession qu'il avait déjà faite par le traité de Campo-Formio, de la Belgique à la France. Il consentit, tant en son nom qu'en celui de l'Empire germanique, à ce que la République française possédât désormais, en toute souveraineté, le pays et les domaines situés sur la rive gauche du Rhin, qui faisaient partie de l'Empire germanique. Le grand-duc de Toscane renonçait pour lui et ses successeurs au grand duché de Toscane et à l'île d'Elbe, en faveur de l'infant de Parme. -

L'empereur renonçait pour lui et ses successeurs, en faveur de la république cisalpine, à tous les droits et titres qu'il pouvait avoir avant la guerre, sur tous les pays qui, aux termes du traité de Campo-Formio, faisaient partie de cette république.

De son côté, la République française consentit à ce que l'empereur possédât en toute souveraineté et propriété l'Istrie, la Dalmatie, les îles vénitiennes, les bouches du Cataro, la ville de Venise et les pays compris entre les états héréditaires de S. M., la mer Adriatique et l'Adige...

Cette paix garantit à la France, en outre, les comtés d'Avignon et de Nice, le duché de Savoie et la principauté de Monaco. La France eut dès-lors pour frontières l'embouchure de l'Escaut, le Rhin, le Jura, les Alpes et les Pyrénées.

Les cabinets durent être effrayés de ces immenses acquisitions de la France : son territoire et sa population se trouvaient accrus d'un quart depuis dix ans; *l'équilibre de puissance*, pour lequel on avait tant versé de sang depuis le traité de Westphalie, se trouvait rompu, et telle était la prépondérance que la gloire de ses armes avait acquise à la France, qu'il n'y avait plus que sa modération qui pût servir de garantie contre elle à l'Europe.

La nouvelle de la signature de la paix de Lunéville arriva à Paris le 12, au milieu des joies du carnaval. La population se porta alors toute entière aux Tuileries aux cris de : *Vive Bonaparte!* des danses se formèrent sous les fenêtres du château, et la musique de la garde servit d'orchestre à ce bal d'une nouvelle espèce. Les poètes républicains improvisèrent des chants qui furent exécutés sur tous les théâtres de Paris; et le canon accompagna de ses sons belliqueux la fête de la victoire et de la paix.

Par le traité de Lunéville, la coalition se trouvait restreinte à l'Angleterre, au Portugal et à la Porte ottomane. Tout, au-delà de l'Elbe, observait la neutralité. Les cours du Nord, la France, l'Espagne et l'Italie fermaient leurs ports à l'Angleterre; la République enfin était parvenue à un si haut degré de gloire et de prospérité, qu'il était facile de prévoir que le moment, tant désiré par les nations, d'une paix générale était enfin arrivé. L'Angleterre était la seule puissance qui pût mettre obstacle à cette paix. On ne parla plus que d'une expédition contre l'Angleterre, et l'on s'occupa dès ce moment de réunir au camp de Boulogne une armée de deux cent mille hommes; on commença à construire les bateaux plats, destinés à transporter cette armée aux bords de la Tamise. La plus grande activité régnait dans tous nos ports.

Tandis que ces préparatifs avaient lieu sous les yeux des Anglais, une autre armée française se réunissait à Bayonne, pour aller forcer le Portugal à renoncer à son alliance avec l'Angleterre; cette armée avait été placée sous les ordres du général Leclerc, beau-frère du premier consul. Le Portugal, tout-à-fait sous l'influence anglaise, se refusa d'abord aux propositions qui lui furent faites par la République; mais dès qu'il se vit menacé d'une invasion, il changea de politique et fit sa paix avec la France. Elle fut signée le 29 septembre 1801; le même jour un traité fut ratifié entre la France et la Bavière. Quelque temps après, furent également publiés les traités de paix que la République française venait de conclure avec la Russie et la Porte ottomane. Il ne restait donc plus, vers la fin de l'année 1801, que l'Angleterre avec laquelle la France fût encore en guerre.

Nelson reçut l'ordre d'aller détruire la flottille de Boulogne, que les Anglais avaient méprisée jusqu'alors. Il se présenta avec trente vaisseaux de ligne, un grand nombre de brûlots, de canonnières et de bombardes ; mais il trouva l'amiral Latouche en position devant la rade. La flottille et les batteries forcèrent bientôt Nelson à se retirer à Déal. Toutefois, ne se rebutant pas, Nelson reparut douze jours après avec soixante-et-dix voiles ; et, toujours fidèle à sa manœuvre d'Aboukir, il voulut tenter de détruire d'un seul coup la seule armée navale qui restait à la France ; mais, malgré l'obscurité de la nuit, Nelson, qui croyait surprendre le port et la flotte, fut obligé de rallier à la pointe du jour, et de se retirer avec une perte de deux cents hommes. Ce léger avantage était une véritable victoire : la France et l'Angleterre le jugèrent ainsi.

Vers la même époque, Bonaparte tenta vainement de faire parvenir des renforts à l'armée d'Égypte. Cinq mille cinq cents hommes commandés par le général Sahuguet furent embarqués sur sept vaisseaux de guerre que conduisait l'amiral Gantheaume ; mais il fut impossible, bien que l'on se fût hasardé trois fois sur la Méditerranée, de parvenir jusqu'aux parages d'Égypte. Au reste, il était trop tard pour secourir Menou, dont la capitulation était antérieure à la pensée de lui porter secours.

Bonaparte, depuis son avènement au pouvoir, avait à peu près réussi à concilier les partis. Un seul demeurait en arrière et conservait sous des dehors de faiblesse et d'humilité une attitude hostile : c'était le clergé. Il était divisé en trois sectes, les constitutionnels, les vicaires apostoliques, et les évêques émigrés, à la solde de l'Angleterre. Il était important de mettre un terme à cet état de choses, ainsi que de dissiper tous les scrupules des acquéreurs de domaines nationaux, et de rompre le dernier fil par lequel l'ancienne dynastie communiquait encore avec le pays. Bonaparte crut qu'un concordat avec le pape atteindrait ce but. Déjà depuis quelque temps le général Murat avait été envoyé près du pape, et dans ses instructions il lui était enjoint d'assister à quelques grandes cérémonies religieuses. Le général Soult, qui occupait Naples, avait, de son côté, reçu l'ordre d'aller à la messe avec son état-major. Tel était alors l'ascendant du premier consul, qu'il pouvait vouloir sans opposition, et même exécuter sans obstacle les entreprises les plus hautement condamnées par l'opinion publique. Il nourrissait donc un projet dont nul autre n'eût osé seulement concevoir la pensée.

Le pape Pie VI, ce faible ennemi des Français, était mort à Valence : l'évêque d'Imola, qui lui avait succédé dans la chaire de saint Pierre, sous le nom de Pie VII, était un homme d'une haute sagesse, qui, loin de s'effrayer des progrès de la philosophie, avait adopté plusieurs de ses principes, et s'était même montré favorable aux institutions républicaines. L'appui de Bonaparte, vainqueur de l'Italie, n'avait pas été sans influence sur l'élection de Pie VII; il résolut de conclure avec lui un concordat qui, en rétablissant en France le culte catholique, restreignît les anciens priviléges du clergé, mit des bornes à ses empiétemens, et les plaçât enfin sous le poids de l'autorité temporelle.

Les négociations s'entamèrent immédiatement. Le pape hésitait à ratifier la vente des biens du clergé, et à consentir à une nouvelle circonscription des diocèses. Bonaparte ne voulait contraindre personne à rentrer dans le giron de l'Église. L'article spécial à cet égard était conçu en ces termes : « Le gouvernement de la République reconnaît que la religion catholique, apostolique et romaine, est la religion de la grande majorité des Français. » Le pape trouvait étrange que le gouvernement n'avouât aucune religion pour la sienne. Enfin, après de longs débats, le pape, ou plutôt le cardinal Consalvi, renouvelant toujours les difficultés, sollicitant tantôt une concession, tantôt une autre, Bonaparte, fatigué de ces tracasseries ecclésiastiques, donna en deux mots son *ultimatum* : « Que le pape signe et se prête à mes vues, ou je vais proclamer la religion protestante religion de l'état. » Il n'y avait plus à hésiter, Pie VII accepta le concordat le 15 juillet. En vertu de cet acte, les temples se rouvrirent, les autels furent relevés, et Bonaparte prescrivit aux fidèles de prier pour la République. Dans sa réorganisation du clergé, il destitua les évêques qui contestaient le concordat et refusaient de se soumettre à ses dispositions.

Le rétablissement du culte fut froidement accueilli des Français. On voyait là un pas rétrograde vers l'ancien régime. Les patriotes ne doutaient pas que l'esprit prêtre ne fît bientôt sentir sa funeste influence ; mais déjà la puissance de Bonaparte était telle, qu'aucune voix ne s'éleva hautement pour désapprouver cet acte en contradiction flagrante avec le système de la République. Toutefois il ne tarda pas à reconnaître la faute qu'il avait commise en assignant une existence à part à ce clergé, qui est toujours si disposé à s'isoler du reste des citoyens, et à chercher sa patrie au-dehors.

Le premier consul avait à cœur de constituer définitivement la république cisalpine ; en conséquence, il endonna à la consulte italienne de se réunir à Lyon; quatre cent cinquante deux notables italiens s'y trouvèrent assemblés le 31 décembre; il s'y rendit lui-même pour faire l'ouverture de la séance. Cette consulte ne tarda pas à émettre le vœu d'avoir pour président de la république le fondateur de cette même république. Bonaparte accepta ce titre le 21 janvier 1802, en vertu de la constitution que la consulte venait de promulguer. Dans le discours qu'il prononça en langue italienne, il insista sur un seul point : « Les choix que j'ai faits, dit-il, pour remplir vos premières magistratures, l'ont été indépendamment de toute idée de parti, de tout esprit de localité. Quant à celle de président, je n'ai trouvé personne parmi vous qui eût encore assez de droit sur l'opinion publique, qui fût assez indépendant de l'esprit de localité, et qui eût rendu d'assez grands services à son pays pour la lui confier.... J'adhère à votre vœu, je conserverai encore la grande pensée de vos affaires.... Ainsi, le premier consul de la République française fut en même temps le premier magistrat d'une autre république, ce qui donnait à la France une influence encore plus directe sur l'Italie.

Les négociations avec l'Angleterre avaient pris une tournure favorable à la paix, et cette puissance avait envoyé lord Cornwalis à Amiens : mais les diplomates anglais ne semblaient se douter ni du temps, ni des hommes, ni des choses. La manière de Napoléon les déconcerta tout-à-fait. On n'avait prétendu qu'amuser les Français à Amiens, on y traita sérieusement. L'affaire convenue, lord Cornwalis avait promis de signer le lendemain ; quelque empêchement majeur le retint chez lui, mais il envoya sa parole. Le soir même un courrier de Londres vint lui interdire certains articles : il répondit qu'il avait signé; et vint apposer sa signature. Ainsi fut conclue, le 25 mars 1802, entre la République française, l'Espagne, la république batave et l'Angleterre, cette paix qui devait rendre le repos à l'Europe. L'Angleterre reconnaissait Bonaparte en qualité de premier consul, et rendait à la République et à ses alliés tout ce qu'elle avait conquis dans les deux hémisphères.

La joie publique, toutefois, n'éclata dans cette grande circonstance qu'avec une sorte de circonspection. Tous les politiques sentaient que cette paix n'était qu'une trêve concertée entre les ennemis de la France. En la signant, les parties contractantes restèrent avec leurs dispositions hostiles, et le consul plus que tout autre conserva une attitude menaçante.

Tout cependant, en France, respirait un grand caractère de force et de prospérité. La compagnie d'Afrique venait d'être rétablie; la route du Simplon était ouverte; une brillante exposition des produits de l'industrie française attestait à Paris les efforts et les progrès de nos manufacturiers; quatre nouveaux departemens venaient d'être formés des territoires cis-rhénaux cédés par le traité de Lunéville; des bourses de commerce avaient été fondées dans les villes qui en manquaient; un décret consulaire ordonnait la construction de trois nouveaux ponts sur la Seine. Une foule d'établissemens utiles et de beaux monumens étaient projetés. Bonaparte voulait que tous les souvenirs des malheurs passés fussent effacés. Il fit proclamer une loi d'amnistie pour tous les émigrés, auxquels on rendit leurs biens non vendus. Bonaparte avait eu d'abord la pensée d'en répartir la valeur entre tous, sur une échelle proportionnelle, mais il opéra dans un sens opposé, et rendit individuellement; il ne tarda pas à s'apercevoir que ce mode de restitution entraînait après lui de graves inconvéniens. Les émigrés rentrés devinrent en un instant ou trop riches ou trop pauvres.

Un autre acte marquant de cette époque fut l'institution de la Légion-d'Honneur. La loi qui la créa donna lieu à de vifs débats dans le tribunat. Sur deux cent soixante-seize votans, il y eut cent dix boules noires. On craignait avec raison que la fondation d'un ordre de chevalerie ne fût un premier pas vers le retour aux idées aristocratiques. Lucien Bonaparte, dans un discours plein d'une mâle éloquence, essaya de démontrer que ce n'était là qu'une récompense nationale, avec tous les degrés capables d'exciter l'émulation. Sous ce dernier point de vue, il ne se trompait pas: cependant il serait difficile de décider si les soldats de la République, qui n'admettaient pas de telles distinctions, ne furent pas aussi vaillans que ceux de l'Empire. Bonaparte, monté sur le trône, récompensa les uns et les autres, et il est juste de dire que sa faveur alla toujours chercher les plus méritans. Cette étoile de l'honneur qu'il attacha sur la poitrine de tant de braves, cette croix qu'il ne donnait qu'avec une réserve presque religieuse, ce signe qui retraçait tant de glorieux souvenirs, qui ne rappelait que des services éclatans ou des talens réels, il était réservé à notre époque de le voir tomber dans la boue.

L'année 1801 est peut-être la mieux remplie parmi celles de la République, elle commença par l'affiliation de la république italienne à la France: le 25 février la paix fut signée entre la France et Tunis; le 25 mars la paix d'Amiens fut proclamée; le 21 mai la république ligurienne adopta sous nos auspices sa nouvelle constitution; le 25 juin la paix fut conclue avec la Porte ottomane, le traité de Naples donna l'île d'Elbe à la France; le 21 juillet le Valais se constitua en république sous la protection de la France; le 11 septembre, enfin, le Piémont, ce théâtre des premiers exploits de Bonaparte, était incorporé à la France. Voici pour l'extérieur; à l'intérieur tout ce qui se passait n'était pas moins remarquable : le 4 mars un arrêté consulaire charge l'institut de tracer un tableau général des progrès et de l'état des sciences, des lettres et des arts depuis 1789; l'instruction publique, confiée à Fourcroy, reçoit une nouvelle organisation; le 15 juin une somme de 60,000 fr. est affectée aux progrès que les savans pourront faire faire au galvanisme et à l'électricité, et la société galvanique se forme à Paris; le 18 un sénatus-consulte accorde les droits de citoyen français à tout étranger, qui, dans l'espace de cinq années, aura bien mérité de la République, par des découvertes, des importations utiles, ou la création d'un grand établissement. Le 24 décembre, enfin, un décret ordonne la formation de chambres de commerce dans les principales villes de France, et celle d'un conseil-général de commerce à Paris. Ainsi Bonaparte, après avoir au-dehors agrandi et consolidé la République par la force de ses armes, la faisait fleurir au-dedans par des institutions utiles et dignes d'une grande nation. Ses amis ne manquèrent pas d'exalter encore ces résultats déjà si grands par eux-mêmes. Ils intriguèrent de concert avec lui pour que la suprême autorité se perpétuât dans ses mains, et un sénatus-consulte avait prorogé de dix ans la magistrature consulaire: Bonaparte, en recevant le message du sénat qui lui transmettait cette décision, avait répondu : « La fortune a souri à la République, mais la fortune est inconstante; eh! combien d'hommes qu'elle avait comblés de sa faveur ont vécu trop de quelques années ! l'intérêt de ma gloire et celui de mon bonheur sembleraient avoir marqué le terme de ma vie publique, au moment où la paix du monde est proclamée..... *Mais vous jugez que je dois au peuple un nouveau sacrifice : je le ferai si le bien du peuple me commande ce que votre suffrage autorise.* » Cette réponse évasive laissait prévoir ses projets ultérieurs ; entre une magistrature temporaire et le trône qu'il voulait édifier, l'intervalle était trop immense : pour l'aplanir ou du moins l'éluder, il fit ouvrir dans les municipalités des livres de votes où cette question était soumise à la sanction du peuple : *Napoléon Bonaparte sera-t-il consul à vie?*

Le 2 août un senatus-consulte proclama le vœu du peuple ; Bonaparte était élu : le message du sénat fut présenté au consul par Barthélemy, son président. Du dépouillement des votes il résultait que sur trois millions cinq cent cinquante-sept mille huit cent quatre-vingt-cinq citoyens, votant librement, trois millions trois cent soixante-huit mille deux cent cinquante-neuf s'étaient prononcés pour l'affirmative. Jamais l'histoire n'avait offert d'exemple d'une telle unanimité. Bonaparte répondit au sénat : « La vie d'un citoyen est à la patrie ; le peuple français veut que la mienne toute entière lui soit consacrée ; j'obéis à sa volonté. La liberté, l'égalité, la prospérité de la France sont assurées. Le meilleur des peuples sera le plus heureux. Content d'avoir été appelé par l'ordre de celui de qui tout émane à ramener sur la terre l'ordre et l'égalité, j'entendrai sonner la dernière heure sans regret.... »

Le principe de la monarchie élective se trouvait établi par le choix de Bonaparte : il organisa rapidement le gouvernement sur de nouvelles bases ; les institutions républicaines ne servirent plus qu'à voiler faiblement les actes du pouvoir absolu : la liberté fut étouffée.

Bonaparte parvint insensiblement à habituer l'opinion publique à considérer sa volonté comme un arrêt du destin. Pour bien apprécier ses talens, c'est à cette époque qu'il faut s'arrêter : on le voit s'emparer graduellement et sans alarmer les consciences républicaines, de tous les pouvoirs qui vont servir à saper la république : les événemens naissent comme préparés par ses volontés, et il suit son système d'ambition avec d'autant plus de sécurité qu'il semble ne s'occuper que des libertés de la France.

A peine élu consul à vie, Bonaparte sentit le besoin de montrer à l'Angleterre que la France, malgré les désastres qu'avaient éprouvés ses flottes, était encore capable de rivaliser sa supériorité navale ; il résolut, en conséquence, de tenter une expédition maritime, et d'envoyer quinze mille hommes à Saint-Domingue. Son intention était de faire recouvrer à la France cette importante colonie, érigée en république par le nègre Toussaint-Louverture, qui s'y était fait proclamer consul.

Les ports de Brest, de Lorient et de Rochefort virent équiper cette expédition. La flotte s'élevait à trente-quatre vaisseaux, portant chacun quarante pièces de canon, sans compter plus de vingt frégates et bon nombre de petits bâtimens armés en guerre. Ils avaient à bord vingt mille hommes, sous le commandement en chef du général Leclerc, beau-frère du premier consul ; l'état-major se composait d'officiers pleins d'expérience, de talent et de bravoure.

L'expédition d'Égypte cependant avait refroidi l'enthousiasme de l'armée pour les entreprises d'outre-mer : les ennemis de Bonaparte répandaient en outre des bruits alarmans sur le sort probable de l'escadre; on parlait de *déportation des patriotes, d'exil des soldats de Moreau*; on insistait sur l'insalubrité du climat : Bonaparte voulut mettre fin à ces clameurs, en plaçant son beau-frère à la tête de l'armée, et en enjoignant à sa sœur d'accompagner son époux. La belle Pauline, depuis mariée au prince Borghèse, ne s'embarqua que sur un ordre positif du premier consul. Pauline était cependant sa sœur favorite ; mais il aima mieux l'exposer au danger commun que de laisser croire, en lui permettant de rester, que lui-même il augurait mal du succès.

La flotte appareilla le 14 décembre 1801, et se présenta devant le cap Français le 29 janvier 1802. Sommé de se soumettre, et probablement effrayé à la vue de cette formidable expédition, que les nègres ne pouvaient espérer de combattre avec succès qu'à la faveur du temps et du climat, Toussaint ne se montra pas d'abord éloigné d'en venir à un accommodement. Une lettre, conçue en termes honorables pour sa personne, lui fut remise de la part du premier consul. Le général Leclerc lui offrit en même temps les conditions les plus avantageuses, et le titre de vice-gouverneur. Cependant Toussaint, loin d'accéder à ces propositions, se résolut à la guerre, qu'il conduisit avec beaucoup d'habileté. Toutefois, mal secondé par la plupart des chefs sous ses ordres, trahi par Cristophe, l'un des principaux, il se vit contraint de céder, et reçut son pardon, à la condition qu'il se retirerait à Gonaïves, dans une plantation d'où il ne sortirait point sans la permission du commandant en chef.

Peu de temps s'était écoulé depuis la victoire des Français, lorsqu'ils découvrirent un projet de conspiration parmi les nègres; Toussaint fut accusé d'encourager la révolte. Sur cette allégation, dont on n'avait cependant aucune preuve, l'infortuné chef fut saisi, avec toute sa famille, et embarqué pour la France.

Bientôt le fléau des Européens, la fièvre jaune, éclata parmi les troupes, et enleva, avec une rapidité incroyable, le général Leclerc, plusieurs de ses meilleurs officiers, et un grand nombre des plus braves soldats. Les nègres, enhardis alors, se soulevèrent de tous côtés. L'incendie du Cap et le massacre des blancs furent un de leurs horribles exploits.

Bientôt les Français, affaiblis par des pertes journalières, furent réduits à la plus cruelle situation, et Rochambeau, qui avait succédé à Leclerc, ne put sauver quelques débris de leur armée qu'en capitulant le 1er décembre 1803.

Bonaparte ne s'était pas attendu à ce revers : éclairé par une fatale expérience, il dût souscrire à la perte de la plus belle des colonies, dans les Indes occidentales, pendant que dans cette île le climat dévorait cette belle armée.

Bonaparte ne négligeait pas les moyens d'asseoir sa propre puissance sur une base plus solide. Sa condition présente, quelque brillante qu'elle fût, ne satisfaisait pas ses désirs. Il exerçait toutes les prérogatives de la royauté; et depuis le consulat à vie il avait chaque jour emprunté quelque chose de la pompe et du cérémonial attaché à l'autorité souveraine. Une garde d'élite veilla de nouveau à la grille extérieure des Tuileries; les cercles recommencèrent dans les appartemens du château; l'étiquette de cour reparut; et Bonaparte, qui connaissait les hommes, ne négligeait aucune des circonstances minutieuses que les princes jugent propres à ajouter à leur autorité : mais il lui restait beaucoup à faire. Bonaparte ne jouissait encore que d'une souveraineté viagère ; il régnait par le fait, mais il avait deux collègues. Il résolut de se donner enfin le titre et les droits d'un monarque, et de prendre place parmi les souverains d'Europe. L'innovation projetée, demandait la plus grande prudence. Avant donc que de tenter cette hasardeuse entreprise, dans laquelle il était certain de rencontrer une opposition vigoureuse, ne fût-ce que par un sentiment de dignité nationale, Bonaparte s'efforça par tous les moyens en son pouvoir, de consolider sa domination.

Il prit soin de réorganiser l'armée sur de nouvelles bases. Les soldats français, qui regardaient le pouvoir de Bonaparte comme le fruit de leurs victoires, étaient en général dévoués à sa cause. La garde consulaire, corps d'élite, qui plus tard forma le noyau de la vieille garde impériale, fut portée à six mille hommes. Ces légions formidables avaient été formées et successivement augmentées sur le plan du corps des guides, créé pendant les campagnes d'Italie. Mais le service de la nouvelle garde était beaucoup plus important : elle se composait d'hommes choisis qu'on accoutumait à se croire supérieurs au reste de l'armée, qui recevaient une paie plus forte, et jouissaient de priviléges particuliers. Formant toujours la réserve sous les yeux de Bonaparte lui-même, la garde a depuis toujours porté le coup décisif, et c'est à elle, à sa discipline, à son impassible courage, que la France a si souvent dû la victoire, à l'instant même où elle paraissait incliner pour l'ennemi. Ce corps devait former un boulevard autour du trône que le consul se proposait d'élever.

Bonaparte avait donné la paix à l'Europe dans les deux

traités d'Amiens et de Lunéville : le premier n'était pas de nature à rassurer les peuples contre les chances de l'avenir, et le second, résultat des défaites de l'Autriche, semblait devoir exciter autour de la France des agitations inquiétantes. Dans le principal article de ce traité, les parties garantissaient mutuellement l'indépendance des républiques batave, helvétique, cisalpine et ligurienne, *et la faculté aux peuples qui les habitent, d'adopter telle forme de gouvernement qu'ils jugeront convenable.* Il était clair, par cet article, que Bonaparte se réservait d'être le législateur suprême du nouveau droit qui allait surgir, et que la République française allait devenir la métropole des républiques voisines; toutes les constitutions devaient se modeler sur une seule. Tout à coup La Haye, Milan, Gênes et Berne apprirent que pour elles la liberté directoriale avait cessé, et qu'il fallait comme la France courber le front sous le joug consulaire.

La nouvelle révolution devait naturellement s'opérer dans chacune des quatre républiques, d'après le caractère de ses habitans. Le hollandais Schimmelpenninck, que le premier consul envoya à La Haye, chargé de pleins pouvoirs et porteur de la nouvelle constitution, n'éprouva aucune opposition. La révolution se fit à domicile et presque à l'insu du peuple. Une proclamation suffit pour dissoudre les deux chambres et fermer le palais du corps législatif. A Gênes et dans la Cisalpine, ce fut avec acclamation que l'on entendit proclamer la constitution italienne; la révolution devait prendre une autre allure dans l'Helvétie.

Les cantons n'étaient pas d'accord relativement au système politique qu'ils devaient adopter. La question avait été solennellement débattue dans une diète tenue à Berne le 7 septembre 1801. La majorité s'était décidée pour une ligue fédérative, base antique du gouvernement helvétique. Un projet de constitution, d'après ce principe, fut en conséquence rédigé et approuvé. L'exécution en avait été confiée à Aloys Reding, également renommé par son courage et son patriotisme. Il sentit la nécessité d'obtenir l'aveu de la France, pour assurer à ses compatriotes la libre jouissance de la constitution qu'ils s'étaient donnée, et se rendit lui-même à Paris, afin de solliciter le consentement de Bonaparte. Ce consentement fut accordé à condition que le gouvernement suisse admettrait à ses délibérations six membres de l'opposition. Soutenus par la France, ces derniers voulaient la constitution une et indivisible, à l'imitation de celle de la République française. Bientôt une constitution fut votée, et Bonaparte, félicitant le gouvernement suisse sur sa sagesse dans cette circonstance, annonça son intention de rappeler les troupes françaises : il les rappella en effet. L'équité de cette mesure fit éclater beaucoup de reconnaissance parmi les Suisses.

Les cantons aristocratiques de l'ancienne ligue helvétique approuvaient la constitution récemment adoptée par le parti français. Il n'en était pas ainsi des cantons démocratiques, c'est-à-dire, des petits cantons : Schwitz, Uri et Underwald déclarèrent qu'ils ne voulaient point s'y soumettre, une guerre civile éclata. Reding, à la tête des mécontens, battit deux fois les forces helvétiques, s'empara de Berne et en chassa le gouvernement.

Mais au moment où Reding et les insurgés prétendaient rétablir l'ancienne constitution avec tous ses privilèges et ses immunités, la main de Bonaparte s'étendait pour rétablir l'équilibre entre les deux partis.

La nouvelle de l'intervention arbitraire de la France fut répandue par l'arrivée subite de Rapp. Il apportait aux dix-huit cantons la proclamation suivante :

« Vous vous êtes disputés trois ans sans vous entendre : si l'on vous abandonne plus long-temps à vous-mêmes, vous vous tuerez trois ans sans vous entendre davantage. Votre histoire prouve d'ailleurs que vos guerres intestines n'ont jamais pu se terminer que par l'intervention efficace de la France.

» Il est vrai que j'avais pris le parti de ne me mêler en rien de vos affaires; j'avais vu constamment vos différens gouvernemens me demander des conseils et ne pas les suivre, et quelquefois abuser de mon nom, selon leurs intérêts et leurs passions.

» Mais je ne puis ni ne dois rester insensible au malheur auquel vous êtes en proie; je reviens sur ma résolution; je serai le médiateur de vos différends; mais ma médiation sera efficace, telle qu'il convient au grand peuple au nom duquel je parle. »

Rapp avait reçu l'ordre de terminer promptement les différends avec la Suisse; et pour appuyer sa négociation, Ney entra par différens points dans le pays, à la tête de quarante mille hommes.

Dans l'impossibilité de résister à de telles forces, Aloys Reding congédia les siennes, après leur avoir adressé une proclamation touchante. La diète de Schwitz se sépara également, attendu, ainsi qu'elle le déclara, l'intervention des troupes étrangères, auxquelles l'état d'épuisement du pays ne permettait pas de s'opposer.

En quelques jours le sénat retourna à Berne, les nouvelles autorités cessèrent leurs fonctions et des députés furent envoyés à Paris. On pressait Aloys Reding de se cacher; il ne le voulut pas; et quand l'officier français qui vint l'arrêter lui reprocha de s'être mis à la tête de l'insurrection, il répondit avec dignité : « J'ai obéi à la voix de ma conscience, à celle de ma patrie; pour vous, exécutez les ordres de votre maître. » Il fut envoyé au château d'Arsbourg.

Cependant la résistance patriotique des Suisses, leur réputation de courage, avaient fait impression sur le premier consul. Il n'avait jamais eu la pensée de leur ravir ces précieuses libertés pour le maintien desquelles ils s'étaient levés en armes; et, dans l'acte définitif de médiation, il permit que le fédéralisme fût conservé comme une des bases fondamentales. Par un traité définitif subséquent, les cantons s'engagèrent à refuser le passage, sur leur territoire, aux ennemis de la France, et à maintenir sur pied un corps de quelques milliers de soldats pour l'exécution de cette promesse : de plus, la Suisse devait fournir à la France une armée auxiliaire de seize mille hommes, dont l'entretien resterait à la charge du gouvernement français. Ces montagnards déployèrent une si grande énergie dans la discussion du traité, qu'ils échappèrent au système de la conscription imposée aux autres états soumis à la domination de la France.

La république française, à dater de ce jour, se trouva l'arbitre de la Suisse comme de l'Italie. Les puissances, pendant cette courte lutte, manifestèrent le désir de s'interposer; la seule Angleterre osa le faire réellement en accréditant un agent, M. Moore, auprès de la diète de Schwitz, afin de s'informer par quels moyens la Grande-Bretagne pourrait appuyer leurs réclamations à l'indépendance; mais cet envoyé n'était pas encore arrivé, que les opérations de Ney avaient déjà rendu toute résistance impossible.

A dater de ce jour, la France eut dans la Suisse une alliée fidèle, et celle-ci put, de son côté, s'applaudir de se trouver sous la protection du gouvernement français, qui la fit respecter, et augmenta sa prospérité.

CHAPITRE XI.

Sommaire : Rupture du traité d'Amiens. — Occupation de l'Italie. — Préparatifs de descente en Angleterre. — Conspiration anglo-royaliste. — Condamnation du duc d'Enghien. — Lettre de Moreau au premier consul. — Réponse de Bonaparte. — Érection du trône impérial. — Protestation du prétendant. — Camp de Boulogne. — Inauguration de la Légion-d'Honneur. — La flottille. — Désastre de Trafalgar. — Les deux couronnemens. — Ouverture du Corps-Législatif.

1803 à 1804.

La paix est rarement durable lorsqu'elle ne concilie pas tous les intérêts. Le traité d'Amiens était loin de satisfaire l'Angleterre, puisqu'il consacrait la suprématie de la France en Europe; aussi était-il probable qu'elle ne tarderait pas à chercher l'occasion d'une rupture en refusant de remplir les conditions qu'elle avait acceptées. Les accroissemens considérables de la France, les avantages immenses qu'elle avait retirés du traité de Lunéville, étaient un sujet perpétuel de récriminations et de craintes pour le cabinet britannique; la France, de son côté, se plaignait de la lenteur avec laquelle s'exécutaient les stipulations du traité d'Amiens : l'île de Gorée n'avait pas encore été remise à la France; la république batave attendait qu'on lui rendît le cap de Bonne-Espérance; l'ordre de Saint-Jean, auquel les Anglais s'étaient engagés à rendre Malte, n'avait pas encore été mis en possession de cette île. Les hostilités recommencèrent dans les feuilles publiques de Paris et de Londres; Bonaparte lui-même ne dédaigna pas de descendre dans l'arène des journaux : la question se bornait à un seul point; l'Angleterre disait : « La France s'est agrandie depuis notre traité. » La France répondait : « L'Angleterre n'exécute pas notre traité. » Cette question si simple, qui n'eût dû donner lieu qu'à des raisonnemens et à des calculs, fut discutée avec véhémence, souvent avec partialité, et l'on ne tarda pas de part et d'autre à en venir aux reproches les plus graves, à des outrages sanglans. Bonaparte, fatigué d'être en butte aux injurieuses personnalités des écrivains à la solde du cabinet de Saint-James, fit présenter par l'ambassadeur Otto une note où il demandait « que l'Angleterre défendît ce qui serait défendu en France par rapport aux intérêts réciproques des deux nations : il exigeait l'éloignement des émigrés de l'île Jersey, l'expulsion des évêques de Metz et Saint-Pol, et la déportation au Canada, de George et de ses adhérens. Il demandait en outre que l'on notifiât à tous les princes de la maison de Bourbon d'avoir à se rendre à Varsovie, près du chef de leur famille. C'était proposer à l'Angleterre de se mettre en contradiction directe avec sa constitution, et de violer les deux garanties fondamentales de sa liberté, la franchise de la presse, et *l'habeas corpus*. Lord Withworth fut chargé de transmettre la réponse : c'était un refus.

Les journaux continuèrent d'exposer les nombreux griefs des deux puissances : les gazetiers anglais instruisirent périodiquement le procès de Bonaparte : aucune récrimination ancienne, aucun grief récent n'y furent omis : l'ambition du consul, les envahissemens de la France, devinrent l'inépuisable texte de leurs plaintes et de leurs accusations. Le *Moniteur*, de son côté, répondit que l'Angleterre ayant refusé d'intervenir dans le traité de Lunéville, et s'obstinant en outre à ne pas reconnaître les trois nouvelles républiques, ne pouvait arguer de ce traité. « Les relations de la France et de l'Angleterre, disait Bonaparte dans un de ses articles, sont le traité d'Amiens, tout le traité d'Amiens, rien que le traité d'Amiens. Au reste le peuple français demeurera constamment dans cette attitude que les Athéniens ont donnée à Minerve, le casque en tête et la lance en arrêt. » Comme il n'y avait pas d'espoir d'accommodement, les deux cabinets s'occupèrent avec activité d'augmenter leurs forces de terre et de mer. En France et en Angleterre tout respirait la guerre, et cependant les conférences diplomatiques se poursuivaient comme auparavant entre lord Withworth et le ministre Talleyrand. On échangeait des notes, et c'était à n'en plus finir. Le premier consul, qui d'abord n'avait pas été fâché de ces lenteurs, parce qu'elles lui donnaient le temps de se mettre en mesure, se détermina enfin à les faire cesser. Il fit appeler l'ambassadeur anglais, et avec une franchise toute différente des tergiversations de Talleyrand, il lui exposa ses volontés. Cette entrevue dura deux heures : l'ambassadeur en écrivit à son gouvernement ; il lui manda qu'il fallait consentir à une exécution entière et non illusoire du traité d'Amiens, ou se résoudre à une rupture. La dépêche de lord Withworth traversa les mers le 22 février ; le 8 mars le roi d'Angleterre adressa à la chambre des communes un message où il disait : « qu'en raison des armemens considérables qui se faisaient dans les ports de France et de Hollande, il jugeait convenable de prendre de nouvelles mesures pour la sûreté de l'état ; qu'à la vérité on assignait pour but à ces armemens une expédition coloniale ; mais que la nature des débats existant entre les deux gouvernemens nécessitait des précautions extraordinaires. Georges adressait cette communication à ses fidèles communes, comptant bien qu'elles le mettraient en état d'employer toutes les mesures que les circonstances paraîtraient exiger pour l'honneur de sa couronne et les intérêts essentiels du peuple anglais.

Le premier consul, de son côté, rédigea une note qu'il fit remettre par l'ambassadeur Andréossy au cabinet britannique. Après y avoir montré comment on avait tort de prendre ombrage de ses armemens, il y revenait sur les outrages sans cesse renouvelés des journalistes, et sur la « tolérance inexcusable éprouvée par des brigands couverts de crimes, et méditant sans cesse des assassinats ; tels que George, qui continuait de demeurer à Londres, protégé et jouissant d'un état considérable. » Bonaparte terminait ainsi : « En résumé, le soussigné est chargé de déclarer que le premier consul ne veut pas relever le défi de guerre que l'Angleterre a jeté à la France, et que, quant à Malte, il ne voit aucune matière à discussion, le traité ayant tout prévu. » Mais l'Angleterre ne pouvait se résigner à une plus longue paix ; elle appelait la guerre ; elle attendait d'elle sa prospérité ; elle seule pouvait faire fleurir son commerce et son industrie. Lord Withworth reçut de sa cour l'ordre de demander : 1° que S. M. britannique conservât ses troupes à Malte pendant dix ans ; 2° que l'île de Lampedouze lui fût cédée en toute propriété ; 3° que les troupes françaises évacuassent la Hollande. Le premier consul irrité, répondit vivement à l'ambassadeur : « Vous êtes décidé à la guerre..... Vous voulez la guerre. Nous l'avons faite pendant quinze ans, vous voulez la faire quinze ans encore. Vous m'y forcez. » Puis s'adressant au comte de Markoff. « Les Anglais, continua-t-il, veulent la guerre, mais s'ils sont les premiers à tirer l'épée du fourreau, je serai le dernier à l'y remettre ; ils ne respectent pas les traités, il faut dorénavant les couvrir d'un crêpe noir..... Si vous voulez armer, j'armerai aussi ; vous pourrez tuer la France, mais jamais l'intimider. »

Un *ultimatum* envoyé de Londres renouvela le 11 mai les demandes déjà faites, et donna insolemment *trente-six heures* pour les accepter. Le 12 mai lord Withworth reçut ses passeports. Le général Audréossy s'embarqua à Douvres le 18. Cependant la rupture n'était pas officiellement déclarée quand l'agression eut lieu de la part de l'Angleterre. Deux bâtimens français furent capturés dans la baie d'Audierne. Une arme terrible était dans les mains de l'Angleterre, nous voulons dire sa marine imposante. Par une violation manifeste du droit des gens, l'ordre fut donné non seulement de garder les colonies non encore restituées, et qui devaient l'être conformément au traité d'Amiens, mais encore de ressaisir, par un *coup de main*, tous les établissemens rendus à la France ou occupés par elle. La France sentit l'urgence de répondre aux hostilités maritimes de son ennemi, par des attaques territoriales : elle réunit le long de ses côtes une armée formidable, comme prête à réaliser ses projets d'invasion : en même temps Bonaparte occupa, sans autre formalité, le territoire de Naples, la Hollande et autres états que l'Angleterre devait voir avec une vive appréhension au pouvoir de son ennemi.

Avant de faire ces dispositions, il avait fait parvenir au sénat un message qui se terminait ainsi : « Les négociations sont interrompues, et nous sommes prêts à combattre si nous sommes attaqués. Du moins nous combattrons pour maintenir la foi des traités, et pour l'honneur du nom français. »

L'Angleterre, sans déclaration préalable, mit embargo sur tous les vaisseaux français qui se trouvaient dans ses ports : la France et son commerce faisaient ainsi une perte immense. Les Anglais, sur les vives réclamations du premier consul, se contentèrent de répondre froidement que c'était leur usage, qu'ils l'avaient toujours fait, et ils disaient vrai, mais les temps n'étaient plus pour la France de supporter patiemment une telle injure ni une telle infraction. Malheureusement le premier consul ne pouvait venger une violence que par une violence plus grande ; des représailles sur des particuliers sont toujours de tristes ressources quand on a à se plaindre d'un gouvernement, mais il n'y avait pas de choix. A la lecture de l'ironique et insolente réponse faite aux réclamations du gouvernement français, le premier consul expédia dans la nuit même l'ordre d'arrêter par toute la France, et sur les territoires occupés par nos armées, tous les Anglais, quels qu'ils fussent, et de les retenir prisonniers. La plupart de ces Anglais étaient des hommes considérables, riches, titrés, venus pour leur plaisir. Plus l'acte était inusité, plus l'injustice était flagrante, plus elle convenait au premier consul. La clameur fut universelle ; tous ces Anglais s'adressèrent à Bonaparte, qui les renvoyait à leur gouvernement : leur sort dépendait de lui seul. Plusieurs, pour obtenir leur liberté, furent jusqu'à se cotiser pour rembourser eux-mêmes la valeur des vaisseaux arrêtés : ce n'était pas de l'argent qu'on voulait, mais l'observation de la simple morale, le redressement d'un tort odieux, et, le croira-t-on, le cabinet anglais, obstiné dans ses prétentions, aima mieux laisser injustement dix ans dans les fers une masse très-distinguée de ses compatriotes, que de renoncer à l'acte inique qui avait motivé la mesure dont ils étaient les victimes.

L'Angleterre, effrayée de la promptitude et de l'énergie des dispositions prises par Bonaparte, tenta d'intéresser les puissances dans sa querelle : elle présenta l'occupation du Hanovre comme une violation de la constitution germanique. Dans les anciennes guerres, ce pays avait été admis au bénéfice de la neutralité, parce qu'on faisait une distinction spécieuse entre l'électeur de Hanovre, comme grand feudataire de l'empire, et le même personnage en sa qualité de roi d'Angleterre. Ce dernier seulement, et non l'autre, était en guerre avec la France : mais Bonaparte se souciait peu de ces distinctions d'une métaphysique à l'usage de la diplomatie; aucune des puissances d'Allemagne ne se trouvait d'ailleurs en position de s'exposer à lui déplaire, en invoquant la constitution et les priviléges de l'empire. L'Autriche avait déjà payé trop cher ses premiers essais de lutte avec la République, pour se permettre autre chose qu'une faible remontrance. La Prusse avait depuis trop long-temps adopté une politique de soumission pour qu'il lui fût possible de rompre brusquement avec la France, et de chercher à mériter un titre, jadis réclamé par un de ses rois, celui de protecteur du nord de l'Allemagne.

Tout au-delà du Rhin se trouvant donc favorable aux projets de la France, Mortier, qui avait déjà réuni une armée de quinze mille hommes en Hollande et sur la frontière germanique, commença sa promenade militaire, et entra dans l'électorat de Hanovre. Le duc de Cambridge et le général Walmoden firent d'abord mine de vouloir résister. Une proclamation du roi d'Angleterre ordonna la levée en masse de ses sujets allemands sous peine de perdre leurs biens; mais il fut bientôt démontré que, réduit à ses propres ressources, et ne recevant aucun secours ni de l'Angleterre, ni de l'empire, l'électorat ne pouvait opposer de résistance efficace, et que des efforts pour le défendre ne feraient qu'aggraver le malheur du pays, en exposant les habitans à toutes les calamités de la guerre. Le duc de Cambridge résolut de quitter les états héréditaires de sa famille, et le général Walmoden signa à Suhlingen une convention d'après laquelle la capitale de l'électorat, ainsi que toutes ses places fortes, seraient remises aux Français, et l'armée hanovrienne se retirerait de l'autre côté de l'Elbe, en promettant de ne point servir contre la France et ses alliés avant l'échange.

Le gouvernement anglais ayant refusé de ratifier cette convention, l'armée hanovrienne fut sommée de se rendre prisonnière, condition dure que Walmoden ne voulut pas recevoir, et dont Mortier se désista lorsque le général lui eut promis que ses troupes se débanderaient, et remettraient leurs armes, artillerie, chevaux de bagages militaires. Mortier écrivit au premier consul : « L'armée hanovrienne était réduite au désespoir, elle implorait votre clémence; j'ai pensé qu'abandonnée par son roi, vous deviez la traiter avec bonté. » L'Autriche accepta, comme raison valable, cette déclaration de la France, qu'elle n'occupait point le Hanovre à titre de conquête, mais qu'elle retiendrait l'électorat uniquement comme un gage pour l'île de Malte, que l'Angleterre gardait contre la foi des traités. Quant à la Prusse, bien qu'elle vît de mauvais œil ces excursions des Français dans son voisinage, elle dut se contenter de la même protestation.

Mais Malte n'était pas la seule possession que le consul cût à revendiquer, aussi, sous le prétexte d'obtenir d'autres compensations, il résolut de se nantir de Tarente et de plusieurs autres ports du royaume de Naples, qu'il destinait à recevoir avant deux mois toute la flotte de Toulon. Un autre avantage qu'offrait d'ailleurs l'occupation de cette partie de l'Italie, c'était de distribuer les troupes sur les territoires neutres, qui étaient obligés de les payer et de les vêtir ; ainsi dans la guerre on trouvait les ressources nécessaires pour la conduire, et la France se trouvait soulagée en partie des frais de l'entretien de son immense armée. Des réquisitions sur les villes anséatiques, sur l'Espagne, le Portugal, Naples, et autres pays neutres, vinrent aussi à titre d'emprunt, remplir son trésor.

Avant la tactique nouvelle introduite par Bonaparte, chacune de ces opérations aurait paru devoir être l'objet d'une longue campagne ; la France cependant n'y voyait que des coups indirects portés à la Grande-Bretagne, soit en occupant le patrimoine héréditaire du monarque anglais, soit en gênant le commerce du royaume, soit en détruisant ce qui restait d'indépendance aux états du continent. Ce n'était là que les préliminaires du coup décisif qui devait terminer la partie. Car c'était au cœur de l'Angleterre que Bonaparte voulait frapper : il avait conçu un plan de descente, et dans sa conversation avec lord Withworh, il avait plusieurs fois appuyé sur la possibilité de le réaliser. Mais une entreprise aussi hasardeuse demandait à être conduite avec prudence, et Bonaparte dut prendre le temps nécessaire pour en assurer le succès. A cette époque l'Angleterre ne se trouvait nullement en garde contre une invasion. Une expédition qui serait partie des ports de la Hollande, immédiatement après les premières hostilités, eût probablement échappé aux escadres de blocus, mais sans doute Bonaparte n'était pas mieux préparé que l'Angleterre à cette brusque rupture du traité d'Amiens; car l'événement fut le résultat de la colère bien plus qu'une combinaison de la politique; de sorte que ni Bonaparte ni l'Angleterre n'avaient pu en calculer d'avance les effets. Cependant il fallait donner une issue à cette guerre, et le consul était bien convaincu qu'elle s'éterniserait si elle se bornait à son action continentale. Il se détermina donc à attaquer l'Angleterre sur son territoire, et prétendit employer à cette grande entreprise toute la puissance de son génie et toutes les forces de l'empire. Dans le cours des premières hostilités, les chaloupes cannonnières avaient causé des dommages considérables aux vaisseaux de guerre anglais dans la baie de Gibraltar, où les calmes plats sont fréquents, et la manœuvre à la voile impossible. On supposa donc que ces petits bâtimens pourraient favoriser la descente projetée. Le système des prames et des bateaux plats employés auparavant comme batteries flottantes, fut aussi remis en vigueur; on en construisit dans différens ports; ils se réunirent ensuite en longeant les côtes de France, sous la protection des batteries de terre. Point de promontoire, en effet, qui ne fût armé d'une redoute. Les côtes de France dans le détroit ressemblaient pour ainsi dire aux retranchemens d'une ville assiégée : elles étaient hérissées de canons. Le rendez-vous général fut à Boulogne, d'où l'expédition devait mettre à la voile.

Après d'incroyables efforts, Bonaparte était parvenu à mettre ce port en état de recevoir deux mille bâtimens de bas bord. Les ports moins considérables de Vimereux, d'Ambleteuse, d'Étaples, de Dieppe, du Hâvre, de Saint-Valery, de Caen, de Gravelines et de Dunkerque étaient également remplis de navires. Une flotille séparée occupait ceux de Flessingue et d'Ostende. Tout ce que la France possédait de gros vaisseaux attendait dans les ports de Brest, de Rochefort et de Toulon. Une armée de terre fut réunie, armée formidable par la valeur des soldats, éprouvés dans les guerres d'Italie et d'Allemagne, par leur nombre et leur immense matériel. Elle couvrait l'embouchure de la Seine jusqu'au Texel. Soult, Ney, Davoust et Victor devaient commander l'armée d'Angleterre, et mettre à exécution les plans tracés par Bonaparte.

L'Angleterre se prépara à résister avec énergie. A environ cent mille hommes de troupes réglées qu'elle possédait, elle en ajouta plus de quatre-vingt mille de milices, qui ne le cédaient guères aux premiers sous le rapport de la discipline. Tout habitant de la Grande-Bretagne fut invité à concourir personnellement à la défense commune; et en peu de temps cette force volontaire se monta à trois cent cinquante mille hommes. Les individus hors d'état de porter les armes furent incorporés comme pionniers, charretiers, ou appelés à d'autres emplois. Le pays se trouva tout-à-coup transformé en un camp immense, la nation entière en armée, et le vieux roi lui-même en général. Toutes les occupations de la paix semblèrent momentanément oubliées. La voix qui appelait le peuple à la défense de ses plus chers intérêts se faisait entendre non seulement dans le parlement et dans les assemblées convoquées pour seconder les mesures de résistance, elle éclatait encore dans les théâtres, elle tonnait du haut de la chaire évangélique : l'Europe entière et Bonaparte lui-même purent voir alors combien est forte la puissance de l'opinion chez un peuple libre. C'était l'élan des Parisiens, lorsqu'ils couraient en Champagne pour repousser les phalanges du roi de Prusse. Indépendamment de ces apprêts sur terre, le gouvernement déploya sur mer toutes les forces disponibles de la grande Bretagne. Cinq cent soixante-dix vaisseaux de guerre de toute espèce couvrirent l'Océan. Des escadres bloquèrent tous les ports de France; et de quelque côté que l'armée destinée à envahir les rivages anglais tournât ses regards elle voyait à l'horizon flotter le pavillon britannique. Le cabinet de Saint-James, selon sa coutume, ne manqua pas d'appeler à son aide les intrigues diplomatiques : il lança sur toutes les cours de l'Europe des espions et des agens; mais en vain chercha-t-il à les mettre dans ses intérêts : l'Autriche, la Russie, la Prusse, l'Espagne, sollicitées tour à tour reculèrent devant l'idée de s'engager dans une nouvelle lutte. Le gouvernement anglais essaya de rallumer la guerre civile au sein de la Vendée, mais il n'était plus temps : dans ce pays il ne pouvait plus y avoir de royalisme militant depuis que l'intérêt religieux était satisfait; le concordat avait rallié le clergé au gouvernement consulaire, et le régime d'oubli et d'équité établi dans les provinces de l'Ouest avait rapidement changé l'esprit de ses habitans. Déjà plusieurs fois le cabinet de Saint-James avait été entraîné à de fausses démarches par les royalistes qui, trompés par leurs propres illusions, l'avaient engagé dans des expéditions fâcheuses; mais s'il était détrompé sur les moyens tant vantés des royalistes, il conservait une haute idée de la puissance et des ressources des jacobins; il se persuada qu'un grand nombre d'entre eux étaient mécontens; qu'ils seraient disposés à réunir leurs efforts à ceux des royalistes, et seraient secondés par des généraux jaloux. Il pensa qu'en coordonnant ces éléments pris dans des partis opposés d'opinions et d'intérêts, mais ralliés pour assouvir leur haine commune, on formerait une faction assez puissante pour opérer une efficace diversion. C'était une fusion anarchique, et par conséquent très-éphémère qu'il méditait : cependant l'accomplissement d'un tel projet devait rencontrer des obstacles ; depuis deux ans il y avait eu cinq conspirations contre le premier consul, et il était bien certain que chaque fois qu'il s'était agi d'en finir avec lui par un assassinat, les républicains s'étaient tenus à l'écart : on pouvait croire qu'ils avaient de la répugnance pour cet odieux moyen. Quoi qu'il en soit le ministère anglais ne renonça point à son dessein de faire faire la guerre à la France par des Français : tous les émigrés à la solde de la Grande-Bretagne reçurent l'ordre de se réunir dans le Brisgaw et dans le duché de Bade. Mussey, agent anglais, résidant à Offenbourg, fournissait l'argent nécessaire à tous ces complots. D'un autre côté, les Anglais inondaient nos côtes d'agens des Bourbons : il y en avait de tous rangs, de toutes couleurs. On en avait arrêté un grand nombre, mais on ne pouvait encore pénétrer leurs projets.

Un jour, au moment où la police commençait à désespérer de trouver le fil de ces obscurs complots, le hasard fit que le premier consul, jetant les yeux sur la liste des personnes arrêtées, y aperçut le nom d'un chirurgien des armées ; il jugea que cet homme ne pouvait pas être un fanatique. Il fit aussitôt diriger sur lui tous les moyens propres à obtenir un prompt aveu. Une commission militaire fut saisie de cette affaire ; quelques heures plus tard il était déjà jugé et menacé de l'exécution s'il ne parlait. Une demi-heure après on avait découvert jusqu'aux plus petits détails ; alors on connut toute la nature du complot ourdi à Londres, et bientôt après on sut les intrigues de Moreau et la présence à Paris de Pichegru et de Georges Cadoudal; ce dernier, fils d'un meunier du Morbihan, homme courageux et d'une grande force de caractère, avait été un des plus audacieux chefs de chouans. Échappé des déserts de Sinamary, Pichegru avait trouvé un asile à Londres. Le parti royaliste l'avait accueilli avec ardeur; déjà on le pressait de rentrer en France, et de se mettre à la tête d'une insurrection organisée sur les côtes de Bretagne. Mais Pichegru se rendait justice, il savait que sa trahison lui avait fait perdre la popularité que lui avaient méritée jadis ses victoires : ce fut Moreau qu'il désigna aux princes français et au cabinet de Londres, comme le seul homme capable d'opérer la contre-révolution. Des ouvertures furent faites à ce sujet au général Moreau, par l'abbé David, ami de Pichegru, et bientôt le général Lajollais, envoyé de Londres par ce dernier, arriva à Paris, et fit part à Moreau des projets contre-révolutionnaires dont on voulait le rendre l'instrument au nom des princes français et du gouvernement britannique. Un plan avait été arrêté; Moreau en prit connaissance.

Partis de Londres au mois d'août, les conjurés se divisèrent en trois bandes; ils débarquèrent successivement à la falaise de Béville et se dirigèrent sur Paris. Pichegru arriva le dernier dans la capitale. Il descendit à Chaillot chez George; bientôt Moreau eut une entrevue avec lui, et, malgré quelques dissidences, ils tombèrent d'accord sur les moyens d'exécution, ainsi que sur le projet de changer totalement la forme du gouvernement. Dès ce moment il y eut de fréquens conciliabules auxquels assistaient quelques autres conjurés; Bouvet de

L'Hozier, Russillon, Armand et Jules de Polignac, Charles d'Hozier, Lajollais, Rivière, du Corps, Joyant, Rolland. Les trois chefs, Moreau, Pichegru et George, concertèrent entre eux le plan de la conspiration : ils eurent à Paris plusieurs conférences, sans que le préfet de police, qui était sur les traces du complot, pût se procurer des renseignemens positifs sur le lieu où elles se tenaient. On n'était pas encore parvenu à découvrir l'endroit où étaient cachés George et Pichegru, et pourtant on avait su où ils étaient débarqués, presque aussitôt qu'ils eurent mis pied à terre. Enfin on apprit que les conjurés s'étaient assemblés près de l'église de la Madelaine, dans une maison du faubourg Saint-Honoré. Leur dessein était d'aller le lendemain de grand matin relever la garde consulaire à Saint-Cloud : le chef qui la commandait ce jour là était gagné au parti et avait donné le mot d'ordre. A son réveil, le premier consul se serait trouvé au pouvoir d'environ douze cents vendéens, chouans et royalistes décidés, qui, de toutes les parties de la France, s'étaient donnés rendez-vous à Paris. Un grand nombre d'autres individus, habillés en gardes nationaux, devaient ensuite venir se joindre à eux. La contre-police royaliste avait mission de veiller à ce que le secret de ces mouvemens ne fût pas éventé.

Cependant Moreau, dont le caractère irrésolu et faible se manifesta dans cette occasion, Moreau, qui dans l'issue d'une telle entreprise ne voyait rien qui flattât son ambition, Moreau, ennemi de la violence, parce qu'il n'en avait pas l'énergie, refusa d'agir. Pichegru, plus actif et plus décidé, ne perdit pas courage; il remit l'exécution de ce coup de main à quatre jours de là; mais ce délai permit aux conjurés de faire des réflexions : la plupart s'éloignèrent, bien décidés à ne plus servir de pareilles intrigues. Quelques-uns craignant pour leur vie firent des révélations à la police, qui, guidée dès-lors par cette défection, eut bientôt sous ses mains les chefs et les agens de cette conspiration. Le 23 pluviose (15 février 1804), Moreau fut arrêté; Pichegru le fut treize jours après, et l'on ne s'empara que le 9 mars de Cadoudal, qui se défendit dans son cabriolet, et ne se rendit qu'après avoir tué d'un coup de pistolet l'un des agens chargés de l'arrêter.

Une remarque qu'il importe de faire, c'est que dans cette circonstance les investigations de la police, bien que très-multipliées, n'excitèrent aucune des plaintes que l'on a entendues à d'autres époques, lorsqu'il s'est agi de semblables événemens. Bonaparte voulut montrer de la modération; il craignait d'ailleurs de faire connaître un trop grand nombre de personnes comme ennemies de son gouvernement.

Fouché n'était plus ministre de la police, les attributions de sa place avaient été réunies à celles du grand juge Régnier, ministre de la justice. Nul doute que le parti qui avait échoué au 3 nivose ne fût l'auteur, le soutien et le provocateur de ce complot, et que ce ne fût encore lui qui échoua trois ans plus tard. Quelques écrivains ont prétendu, et l'abbé Montgaillard est de ce nombre, que le plan en avait été conçu et donné par le chef du conseil du comte d'Artois, l'évêque d'Arras, qui déshonorait son caractère de prêtre par des projets furibonds et insensés; mais en cela M. de Conzié ne fut que l'organe des émigrés et du gouvernement anglais, décidés, à quelque prix que ce fût, à se défaire du premier consul.

La nouvelle de l'arrestation de Moreau produisit la plus profonde sensation dans Paris. Les uns ne croyaient nullement à l'existence du complot ; d'autres, moins incrédules, voyaient, dans le projet avorté de Pichegru, le prétexte dont se servait le premier consul pour perdre Moreau, son rival en réputation militaire, et l'ennemi avoué de son gouvernement.

Moreau fut enfermé au Temple avec ses complices : de cette prison il adressa au premier consul cette lettre, qui si elle ne rend pas sa culpabilité évidente, dépose du moins de toute sa faiblesse.

Le général Moreau au général Bonaparte, premier consul.

Au Temple, le 17 ventose an XII.

« Voilà bientôt un mois que je suis détenu comme complice de George et de Pichegru, et je suis peut-être destiné à venir me disculper devant les tribunaux du crime d'attentat à la sûreté de l'État et du chef du gouvernement.

» J'étais loin de m'attendre, après avoir traversé la révolution et la guerre, exempt du moindre reproche d'incivisme et d'ambition, et surtout quand j'étais à la tête de grandes armées victorieuses, où j'aurais eu les moyens de les satisfaire, que ce serait au moment où vivant en simple particulier, occupé de ma famille et voyant un très-petit nombre d'amis, qu'on puisse m'accuser d'une pareille folie. Nul doute que mes anciennes liaisons avec le général Pichegru ne soient les motifs de cette accusation.

» Avant de parler de ma justification, permettez, général, que je remonte à la source de cette liaison, et je ne doute pas de vous convaincre que les rapports *qu'on peut conserver avec un ancien chef et un ancien ami,* quoique divisés d'opinion, *et ayant servi des partis différens, sont loin d'être criminels.*

» Le général Pichegru vint prendre le commandement de l'armée du Nord au commencement de l'an II; il y avait environ six mois que j'étais général de brigade. Je remplissais, par intérim, les fonctions de divisionnaire. Content de quelques succès et de mes dispositions, à la première fournée de l'armée, il m'obtint très-promptement le grade que je remplissais momentanément.

» En entrant en campagne, il me donna le commandement de la moitié de l'armée, et me chargea des opérations les plus importantes.

» Deux mois avant la fin de la campagne sa santé le força de s'absenter : le gouvernement me chargea, sur sa demande, d'achever la conquête d'une partie du Brabant hollandais et de la Gueldre. Après la campagne d'hiver, qui nous rendit maîtres du reste de la Hollande, il passa à l'armée du Haut-Rhin, me désigna pour son successeur, et la Convention nationale me chargea du commandement qu'il quitta un an après; je le remplaçai à l'armée du Rhin. Il fut appelé au corps-législatif, et alors je cessai d'avoir des rapports fréquens avec lui.

» Dans la *courte campagne* de l'an V, nous prîmes les bureaux de l'état-major de l'armée ennemie : on m'apporta une grande quantité de papiers que le général Desaix, alors blessé, s'amusa à parcourir. Il nous parut par cette correspondance que le général Pichegru avait *eu des relations avec les princes français.* Cette découverte nous fit beaucoup de peine, et *à moi particulièrement.* Nous convînmes de la laisser en oubli. Pichegru, au corps-législatif, pouvait d'autant moins nuire à la chose publique que la paix était assurée. Je pris néanmoins des précautions pour la sûreté de l'armée, relativement à un espionnage qui pouvait lui nuire. Ces recherches et le déchiffrage avaient mis toutes les pièces aux mains de plusieurs personnes.

» Les événemens du 18 fructidor s'annonçaient, l'inquiétude était assez grande; en conséquence, deux officiers qui avaient connaissance de *cette correspondance* m'engagèrent à en donner connaissance au gouvernement, et me firent entendre qu'elle commençait à devenir assez publique, et qu'à Strasbourg on s'apprêtait à en instruire le Directoire.

» J'étais fonctionnaire public, et je ne pouvais garder un plus long silence. Mais sans m'adresser directement au gouvernement, j'en prévins *confidentiellement* le directeur Barthélemy, l'un de ses membres, en le priant de me faire part de ses conseils, et le prévenant que ces pièces, quoique assez probantes, ne pouvaient cependant faire des preuves judiciaires, puisque rien n'était signé et que presque tout était en chiffres.

» Ma lettre arriva à Paris peu d'instans après que le citoyen Barthélemy eût été arrêté, et le Directoire, à qui elle fut remise, me demanda les papiers dont elle faisait mention.

» Pichegru fut à Cayenne, et de retour successivement en Allemagne et en Angleterre, je n'eus aucune relation avec lui. Peu *de temps après la paix d'Angleterre*, M. David, oncle du général Souham, qui avait passé un an *avec lui à l'armée du Nord*, m'écrivit que le général Pichegru était le seul des fructidorisés non rentrés, et il me mandait qu'il était *étonné d'apprendre que c'était sur ma seule opposition* que vous vous refusiez à permettre son retour en France. Je répondis à M. David que, loin d'être opposant à sa rentrée, je me ferais au contraire un devoir de la demander. Il communiqua ma lettre à quelques personnes, et j'ai su qu'on vous fit positivement cette demande.

» Quelque temps après, M. David m'écrivit qu'il avait engagé Pichegru à vous demander lui-même sa radiation, mais qu'il avait répondu ne vouloir la demander qu'avec la certitude de l'obtenir. Qu'au surplus, il le chargeait de me remercier de la réponse que j'avais faite à l'imputation d'être l'opposant à sa rentrée, qu'il ne m'avait jamais cru capable d'un pareil procédé, et qu'il savait même que dans l'affaire de la *correspondance* de Kinglin, je *m'étais trouvé dans une position très-délicate*. M. David m'écrivit encore trois ou quatre lettres très-insignifiantes sur ce sujet. Depuis son arrestation, il m'écrivit pour me prier de faire quelques démarches en sa faveur. Je fus très fâché que l'éloignement où je me trouvais du gouvernement ne me permît pas d'éclairer votre justice à cet égard; et je ne doute pas qu'il n'eût été facile de vous faire revenir des préventions que l'on aurait pu vous donner. Je n'entendis plus parler de Pichegru que très indirectement, et par des personnes que la guerre forçait de revenir en France. Depuis cette époque jusqu'au moment où nous nous trouvons, pendant les deux dernières campagnes d'Allemagne, et depuis la paix, il m'a été quelquefois fait des ouvertures assez éloignées pour savoir s'il serait possible de me faire entrer en relation avec les princes français. Je trouvais cela si ridicule que je n'y fis même pas de réponse.

» Quant à la conspiration actuelle, je puis vous affirmer également que je suis loin d'y avoir eu la moindre part. Je vous avoue même que je suis à concevoir comment une poignée d'hommes épars peut espérer de changer la face de l'État et de remettre sur le trône une famille que les efforts de toute l'Europe et la guerre civile réunis n'ont pu parvenir à y placer, et que surtout je fusse assez déraisonnable en y concourant pour y perdre le fruit de tous mes travaux, qui devraient m'attirer de sa part des reproches continuels.

» Je vous le répète, général, quelque proposition qui m'ait été faite je l'ai repoussée par opinion et regardée comme la plus insigne de toutes les folies, et quand on m'a présenté les chances de la descente en Angleterre comme favorables à un changement de gouvernement, j'ai répondu que le sénat était l'autorité à laquelle tous les Français ne manqueraient pas de se réunir en cas de troubles, et que je serais le premier à me soumettre à ses ordres.

» De pareilles ouvertures faites à moi, particulier isolé, n'ayant voulu conserver nulle relation ni dans l'armée, dont les neuf dixièmes ont servi sous mes ordres, ni avec aucune autorité constituée, ne pouvaient exiger de ma part qu'un refus. Une délation répugnait trop à mon caractère : presque toujours jugée avec sévérité, elle devient odieuse et imprime un sceau de réprobation sur celui qui s'en est rendu coupable vis-à-vis des personnes à qui on doit de la reconnaissance et avec qui on a eu d'anciennes liaisons d'amitié ; le devoir même peut quelquefois céder au cri de l'opinion publique.

» Voilà, général, ce que j'avais à vous dire sur mes relations avec Pichegru ; elles vous convaincront sûrement qu'on a tiré des inductions bien fausses et bien hasardées de démarches et d'actions, qui, pour être imprudentes, étaient loin d'être criminelles, et je ne doute pas que si vous m'aviez fait demander, sur la plupart de ces faits, des explications que je me serais empressé de vous donner, elles vous auraient évité le regret d'ordonner ma détention, et à moi l'humiliation d'être dans les fers; et peut-être d'être obligé d'aller devant les tribunaux dire que je ne suis pas un conspirateur, et appeler à l'appui de ma justification une probité de vingt-cinq ans, qui ne s'est jamais démentie, et les services que j'ai rendus à mon pays. Je ne vous parlerai pas de ceux-ci, général, j'ose croire qu'ils ne sont pas effacés encore de votre mémoire, mais je vous rappellerai que si l'envie de prendre part au gouvernement de la France avait été un seul instant le but de mes services et de mon ambition, la carrière m'en a été ouverte d'une manière bien avantageuse quelques instans avant votre retour d'Égypte, et sûrement vous n'avez pas oublié le désintéressement que je mis à vous seconder au 18 brumaire. Des ennemis nous ont éloignés depuis ce temps; c'est avec bien des regrets que je me vois forcé de parler de moi et de ce que j'ai fait; mais dans un moment où je suis accusé d'être le complice de ceux que l'on regarde comme agissant d'après l'impulsion de l'Angleterre, j'aurai peut-être à me défendre moi-même des piéges qu'elle me tend. J'ai l'amour-propre de croire qu'elle doit juger du mal que je puis encore lui faire par celui que je lui ai fait.

» Si j'obtiens, général, toute votre attention, alors je ne doute plus de votre justice.

» J'attendrai votre décision sur mon sort avec le calme

de l'innocence, mais non sans l'inquiétude de voir triompher les ennemis qu'attire toujours la célébrité.

» Je suis avec respect,

» Le général MOREAU. »

A cette lettre, qu'avec plus de caractère Moreau n'eût pas écrite, le grand-juge Regnier fit, par ordre du premier consul, la réponse suivante :

« J'ai mis, citoyen général Moreau, aujourd'hui à onze heures votre lettre de ce jour sous les yeux du premier consul.

» Son cœur a été vivement affecté des mesures de rigueur que la sûreté de l'État lui a commandées.

» A votre premier interrogatoire, et lorsque la conspiration et votre complicité n'avaient pas encore été dénoncées aux premières autorités et à la France entière, il m'avait chargé, si vous m'en aviez témoigné le désir, de vous mener à l'heure même devant lui. Vous eussiez pu contribuer à tirer l'état du danger où il se trouvait encore (1).

» Avant de saisir la justice, j'ai voulu, par un second interrogatoire, m'assurer s'il n'y avait pas de possibilité de séparer votre nom de cette odieuse affaire, vous ne m'en avez donné aucun moyen.

» Maintenant que les poursuites juridiques sont com-

---

(1) Pour entendre ceci, il faut se rappeler que Moreau fut arrêté le 25 pluviose, et que Pichegru ne le fut que le 8, et Cadoudal le 18 ventose suivant.

mencées, les lois veulent qu'aucune pièce à charge ou à décharge ne puisse être soustraite aux regards des juges, et le gouvernement m'a ordonné de faire joindre votre lettre à la procédure.

Signé REGNIER.

Le 17 février, le grand-juge, ministre de la justice, dans un rapport communiqué au sénat, au corps législatif et au tribunat, dénonça Pichegru, George et d'autres individus, comme étant revenus de leur exil en France, dans le dessein de renverser le gouvernement, et d'assassiner le premier consul. Il accusait aussi Moreau de complicité avec eux.

Dans ses interrogatoires, George avait dit *qu'il attendait l'arrivée d'un prince français pour attaquer le premier consul.* Bonaparte crut reconnaître dans ces paroles un indice suffisant, et dès ce moment il résolut de porter un coup terrible aux royalistes. Le duc d'Enghien était venu récemment habiter Etteinheim, sur la frontière de France, et sa présence se liait à l'entreprise de Pichegru, mais seulement sous le rapport d'une insurrection royaliste à Paris. La police ne perdait de vue aucune de ses démarches, et savait qu'il devait pénétrer en France du côté de l'est, tandis que le duc de Berry souleverait la Vendée. Un conseil des ministres fut donc assemblé; le ministre de la guerre reçut des instructions détaillées pour faire enlever le jeune duc d'Enghien dans sa retraite. Le 14 mars au soir, un corps de soldats français et de gendarmes, entra tout à coup sur le territoire de Bade, et cerna le château qu'habitait le prince : ils étaient commandés par le colonel Ordenner. Les soldats se précipitèrent dans l'appartement, le pistolet à la main, et demandèrent qui était le duc d'Enghien : « Si vous êtes chargés de l'arrêter, dit le duc, vous devez avoir son signalement sur votre ordre. — Hé bien, nous vous arrêtons tous, » répliqua l'officier qui commandait. Il fut conduit avec la plus grande célérité et le plus profond secret à Paris, où il arriva le 20. On le déposa au Temple pour quelques heures seulement, puis il fut transféré au château de Vincennes.

A minuit, il comparut devant une commission militaire composée de huit officiers, présidée par le général Hulin, et désignés par Murat, alors gouverneur de Paris. L'accusé avoua son nom, sa qualité et la part qu'il avait prise dans la guerre contre la France; mais il affirma ne rien savoir de la conspiration de Pichegru. Déclaré coupable d'avoir porté les armes contre la république, d'avoir intrigué avec l'Angleterre, et entretenu des intelligences dans Strasbourg, pour s'emparer de la place, il fut condamné à mort. Vers les quatre heures du matin, une explosion se fit entendre dans les fossés du château: le dernier rejeton du grand Condé avait cessé d'exister.

L'exécution du duc d'Enghien eut lieu le 21 mars; le 7 avril suivant, le général Pichegru fut trouvé mort dans sa prison. Une cravate noire était fortement serrée autour du cou, à l'aide d'un tourniquet passé dans l'un des bouts. Il fut constaté que le général avait lui-même tourné le bâton, jusqu'à ce que la strangulation fût complète; et qu'en plaçant alors sa tête sur l'oreiller, il avait fixé le tourniquet dans cette position.

Cependant le procès de George et de Moreau se poursuivait avec activité : les accusés étaient au nombre de trente-trois. L'intérêt était vivement excité par la gravité de l'accusation et le renom des personnages sur qui elle pesait. George conserva devant ses juges le ton d'audace et d'insulte qu'il avait pris depuis son arrestation. Il avoua qu'il était venu à Paris avec des projets personnellement hostiles à Bonaparte. La peine de mort fut prononcée contre lui et dix-neuf de ses co-accusés, y compris les deux frères Polignac et le marquis de Rivière; mais tous les nobles reçurent leur pardon de Bonaparte; le bannissement ou la prison furent pour eux substitués à la peine capitale. Bonaparte dès lors avait à cœur de se concilier le parti de la noblesse : George et les autres accusés furent exécutés; ils moururent avec une grande fermeté.

La découverte du complot et la punition des conjurés semblèrent produire en grande partie les effets que Bonaparte en attendait. Les royalistes se soumirent; et sans les railleries, les bons mots et les sarcasmes que leur inspirait la haine qu'ils portaient au gouvernement de Bonaparte, on eût à peine soupçonné l'existence de leur parti.

Le procès de Moreau présentait bien plus de difficultés que celui de Cadoudal. Il fut impossible de se procurer des preuves éclatantes contre lui, excepté l'aveu qu'il fit d'avoir vu deux fois Pichegru, mais en repoussant fermement l'accusation d'avoir pris part à ses projets.

Le tribunal, trop faiblement convaincu, ou plutôt voulant user d'indulgence envers un général qui dans d'autres temps avait rendu d'éminens services à la république, adopta un terme moyen. Moreau fut déclaré coupable, mais pas assez pour que la peine capitale s'ensuivît. Il fut condamné à deux années de prison.

L'opinion publique était alors fortement prononcée en faveur de *Moreau*, et un nombre considérable de militaires, parmi lesquels on comptait beaucoup de généraux, notamment *Lecourbe*, témoignaient tout haut leur mécontentement. Il existait une grande fermentation. Il était à craindre que des hommes déterminés ne tentassent d'enlever le général *Moreau*, et de le soustraire à son jugement. *Bonaparte*, instruit de l'état des choses, et pour parer à tout événement, ordonna sur-le-champ l'exil de *Moreau*. Cette mesure fut exécutée dans la nuit même qui suivit le jour du jugement. Tous les biens de *Moreau* lui furent achetés et payés comptant; et le jour commençait à peine à paraître, qu'il avait quitté Paris, pour se rendre à sa destination. Moreau conservait encore alors l'estime d'une partie de l'armée, qui était aveuglée sur son compte; ce ne fut que plus tard qu'elle changea de sentiment pour le vainqueur de Hohinlenden, qui alors n'était plus qu'un traître servant contre la patrie, dans les conseils et les armées de la sixième coalition.

A cette époque, la découverte d'une conspiration incidente, tramée par M. Drake, ministre de l'Angleterre près la cour de Munich, attira l'attention des cabinets. M. de Talleyrand en fit imprimer les étranges pièces et documens, qu'il était adroitement parvenu à saisir, et adressa à tous les membres du corps diplomatique, résidant à Paris, une circulaire où il flétrissait la bassesse des moyens auxquels les ennemis de la république ne dédaignaient pas d'avoir recours.

Bonaparte avait le secret de se faire offrir par la nation ce qu'il désirait en obtenir. En l'an VII, avant le 18 brumaire, il affecta de vivre dans la retraite, et de ne prendre aucun souci des affaires publiques. Il sent l'opportunité, il souhaite de renverser le Directoire; mais il attend que la France le convie à cet acte d'audace. Au moment où il aspirait au consulat à vie, ce n'était pas lui, c'était le peuple qui disait que les gouvernemens temporaires manquent de stabilité. Et lorsqu'il résolut de placer sur sa tête la couronne de Charlemagne, la nation se trouva toute prédisposée à demander son élévation.

Le métamorphose de la république en empire, devait être un événement remarquable dans l'histoire, elle pensa s'accomplir en quelque sorte à huis-clos : un membre obscur du tribunat, le citoyen Curée, fit le 30 avril la proposition de décerner au premier consul le titre d'empereur, et de fixer l'hérédité dans sa famille. Cette proposition passait à l'unanimité, si Carnot ne s'y fut vivement opposé. Le 2 mai, cependant, le corps législatif unit ses votes au vœu du tribunat; le 18 le sénatus-consulte organique qui déférait le titre d'empereur au premier consul fut décrété, et Cambacérès, son président, se rendit à Saint-Cloud à la tête d'une députation, pour le présenter à Napoléon. Au discours de Cambacérès le nouvel empereur répondit : « Tout ce qui peut contribuer au bien de la patrie est essentiellement lié à mon bonheur; j'accepte le titre que vous croyez utile à la gloire de la nation. Je soumets à la sanction du peuple la loi de l'hérédité; j'espère que la France ne se repentira jamais des honneurs dont elle environnera ma famille. Dans tous les cas mon esprit ne sera plus avec ma postérité le jour où elle cessera de mériter la confiance et l'estime de la grande nation. »

Le sénatus-consulte avait consacré le vœu des trois grands pouvoirs de la nation, il fut ratifié par les acclamations populaires. Napoléon s'occupa aussitôt de la nouvelle organisation à donner à son gouvernement. Cambacérès fut archi-chancelier de l'empire, et le troisième consul, Lebrun, archi-trésorier. Napoléon choisit dans les rangs de l'armée dix-huit des hauts dignitaires de l'état : Alexandre Berthier, Murat, Moncey, Jourdan, Masséna, Augereau, Bernadotte, Soult, Brune, Lannes, Mortier, Davoust, Ney, Bessières, Kellerman, Lefèvre, Pérignon et Serrurier furent nommés maréchaux de l'empire. Le clergé salua d'un concert de vœux et de louanges l'avènement du nouvel empereur ; les ministres du culte réformé, et le consistoire israélite s'en réjouirent ; les prisons s'ouvrirent, et la liberté fut rendue à des milliers de prisonniers ; le système des préfectures fut établi sur un plan plus vaste, et le ministère de la police reçut une nouvelle organisation.

L'Europe apprit sans étonnement un changement auquel elle était préparée d'avance ; une seule voix s'éleva contre l'élévation de Bonaparte au rang d'empereur des Français, ce fut celle du frère de Louis XVI, du comte de Lille, depuis Louis XVIII. Dans une déclaration datée de Varsovie, et adressée aux divers cabinets, ce prince protesta contre l'usurpation du trône de France, et dit : « Je déclare que, loin de reconnaître le titre impérial que Bonaparte vient de se faire déférer par un corps qui n'a pas même d'existence légale, je proteste contre ce titre et contre tous les actes subséquens auxquels il pourrait donner lieu. » Pour toute réponse Napoléon fit imprimer textuellement cette protestation dans le *Moniteur*.

L'anniversaire de la fédération approchait, Napoléon choisit pour l'inauguration de l'ordre de la Légion-d'Honneur, le 14 juillet, ce jour qui était encore cher à la France, et qu'un autre règne devait ensanglanter en haine du peuple et de la liberté. Cette fête eut lieu au temple de Mars (l'église des Invalides), la cérémonie brilla à la fois de l'éclat de la grandeur républicaine, et de la pompe impériale.

Cependant l'empereur n'avait pas abandonné ses projets contre l'Angleterre : à peine élevé sur le pavois, il quitta Paris pour se rendre avec l'impératrice à Boulogne. Tout était disposé pour l'invasion; dès son arrivée il passa en revue ces camps redoutables qui menaçaient l'Angleterre. Les cent soixante mille hommes réunis autour de Boulogne étaient exercés journellement à s'embarquer sur la flottille au premier signal. C'était un merveilleux spectacle que cette opération qui s'effectuait sans confusion dans l'espace de quelques heures ! Jamais manœuvre ne s'était exécutée avec plus de précision. Ces bâtimens légers, pour aborder sur les côtes d'Angleterre, devaient être protégés par des bâtimens de haut bord. Napoléon avait en conséquence prescrit à l'amiral Villeneuve, commandant l'escadre de Toulon, forte de quatorze vaisseaux de ligne, de se rendre au Ferrol, où il devait être renforcé par cinq autres vaisseaux français, et par neuf vaisseaux espagnols. L'amiral Villeneuve devait encore rallier cinq vaisseaux et trois frégates dans la rade de l'île d'Aix, et un vaisseau dans celle de Lorient ; tous étaient prêts à appareiller. La rade de Brest contenait vingt et un vaisseaux, sous les ordres de Gantheaume : ils étaient mouillés en avant du goulet, et prêts à sortir dès qu'ils auraient aperçu l'escadre de Villeneuve. Les calculs de Bonaparte semblaient garantir le succès.

Pour réunir ainsi toutes ces escadres, et en former une de soixante à soixante et dix vaisseaux, avec laquelle on serait entré dans la Manche, il fallait d'abord tromper toutes les croisières anglaises, et les obliger, par de fausses démonstrations, à se porter aux Antilles, et même aux Grandes-Indes. Villeneuve sortit de Toulon avec onze vaisseaux ; mais il ne put rallier, des escadres de Carthagène et de Cadix, que six vaisseaux espagnols et un vaisseau français. Il prit aussitôt la route de la Martinique, où il fut rejoint par quatre vaisseaux sortis de l'île d'Aix. Nelson, chargé du blocus de la rade de Toulon, se persuada que l'escadre française de la Méditerranée était destinée pour l'Égypte; il alla la chercher dans les mers de la Syrie et de l'Égypte, et s'opiniâtra à rester dans ces parages : ce ne fut qu'à la fin d'avril qu'il se rendit à Gibraltar. Il fit route alors pour la Barbade, où il arriva le 4 juin avec dix vaisseaux en très-mauvais état. D'un autre côté l'amiral anglais Cochrane avait quitté les côtes de l'ouest pour courir sur l'escadre de Missiessy, sortie de Rochefort le 6 janvier. Cochrane arriva aux Antilles, après avoir parcouru les côtes du Portugal : il se réunit en juin à Nelson avec trois vaisseaux seulement. Les ports du Ferrol et de Rochefort furent successivement débloqués : mais des stations anglaises rejoignirent devant Brest l'escadre qui devint dès-lors très-supérieure à l'escadre de Gantheaume, laquelle ne put plus sortir sans le secours de Villeneuve.

Tout jusqu'alors avait paru seconder le projet d'une descente en Angleterre, seulement on avait à se plaindre de Villeneuve, qui avait gâté ou affaibli le plan de Napoléon, en exécutant mal les instructions qu'il avait reçues. Cet amiral revint dans les mers d'Europe, et eut avec l'amiral Calder, les 22 et 23 juillet, à cinquante lieues du cap Finistère, un engagement qu'il aurait pu éviter, et dans lequel il ne profita pas de ses avantages. Il en fut blâmé par Napoléon, qui ordonna qu'à Brest, Gantheaume prendrait le commandement. Villeneuve entra à la Corogne et ensuite au Ferrol, avec trente-quatre vaisseaux, ne donna point d'ordre à l'escadre de Vigo; et au lieu de se rendre à Brest, ainsi que le portaient les derniers ordres; il alla se faire bloquer à Cadix. Napoléon ordonna au ministre de la marine de lui faire un rapport sur la conduite de Villeneuve, et de le faire passer à un conseil d'enquête. L'amiral Rosily fut nommé pour lui succéder.

Villeneuve imagina que tous ses torts seraient oubliés s'il remportait une victoire, et il alla livrer la désastreuse bataille de Trafalgar. Ainsi, toute la sagesse des dispositions de Napoléon, pour faire concourir les escadres françaises de haut-bord au débarquement de l'armée des côtes de Boulogne, fut inutile. Si Villeneuve, au lieu d'entrer au Ferrol, se fût contenté de rallier l'escadre espagnole, et eût fait voile pour Brest pour s'y réunir avec l'amiral Gantheaume, l'armée française débarquait, et l'Angleterre courait les plus grands dangers. Les Anglais avaient été dupes de la construction des prames et des bateaux plats; ils s'étaient imaginé que Napoléon ne comptait que sur la seule force militaire de la flottille : l'idée de son véritable projet ne leur était point venue. Lorsque le mouvement des escadres françaises eut manqué, et qu'ils reconnurent le danger qu'ils avaient couru, l'effroi fut dans les conseils de Londres, l'Angleterre avait été à deux doigts de sa perte.

La fête de Napoléon fut célébrée à Boulogne avec une pompe toute militaire, et l'Angleterre, de ses rivages, put voir l'enthousiasme et l'ardeur dont sa présence enflammait cette armée si impatiente d'envahir ses rivages. Ce fut là qu'ayant pris place dans le fauteuil de Dagobert, il fit la première grande distribution des croix de la Légion-d'Honneur. Peu de temps après il se rendit à Aix-la-Chapelle; et sur les frontières d'Allemagne il reçut les félicitations de toutes les puissances de l'Europe. Les princes allemands, qui avaient tout à espérer et tout à craindre d'un voisin si redoutable, se hâtèrent de venir faire leur cour à Napoléon, en personne ou par l'organe de leurs ambassadeurs.

L'acte de reconnaissance le plus formel et le plus pompeux n'était point encore accompli. Napoléon voulut déployer pour son couronnement une pompe sans égale : le pape Léon avait placé une couronne d'or sur la tête de Charlemagne et l'avait proclamé empereur : c'était donc de la main du Pape que Napoléon voulait être couronné. Dans un message qu'il lui fit tenir par son ambassadeur, à Rome, il pria le saint-père de vouloir bien y consentir.

« Saint-père, écrivait-il, le moment est venu où la réconciliation de l'Église et de l'Empire va recevoir la sanction la plus auguste. Le premier effet de votre condescendance, très saint père, sera de consacrer la réconciliation du peuple français avec la monarchie, qui est nécessaire à son repos ; de prévenir tous les prétextes de la guerre civile, d'aplanir tous les différends, qui conduisent à un schisme, en établissant d'une manière fixe les rapports de la religion avec l'état, et de l'état avec la religion.

» La France, d'ailleurs, mérite cette faveur particulière. Son église est la fille aînée de l'église romaine : il s'agit de dissiper tous les nuages qui ont obscurci les derniers jours de leur union ; et cette union en deviendra plus sainte, et les jours qui suivront en seront plus sereins.

» Nous nous proposons de notre côté de réparer toutes les ruines de l'église, de rendre au culte son antique splendeur, et à ses ministres toute notre confiance, si votre sainteté répond à nos vœux par l'inspiration du Très-Haut, dont elle est l'organe sur la terre.

» Sous tous les rapports religieux, moraux et politiques,

l'univers chrétien recueillera des avantages immenses du voyage que je supplie votre sainteté de faire à Paris ; de ce voyage que, malgré la saison, les distances et les difficultés, elle ne doit pas hésiter d'entreprendre, si l'intérêt de la religion en prescrit la nécessité.

» Les concerts de la reconnaissance s'unissent déjà dans le cœur de tous les Français, à la vénération qu'ils ressentent pour celui que ses lumières et ses vertus ont appelé au gouvernement de l'église.

» Des hommages universels accompagneront tous les pas du saint-père, à qui nous voulons qu'on décerne les mêmes honneurs que Léon III reçut de Charlemagne, notre glorieux prédécesseur.... »

Le pape n'hésita pas à accéder au vœu de Napoléon Il annonça ainsi sa résolution dans ce discours qu'il prononça au sein du conclave, le 29 octobre.

« Vénérables frères,

» Lorsque nous vous annonçâmes, de ce lieu même, que nous avions fait un concordat avec S. M. l'empereur des Français, nous fîmes éclater, en votre présence, la joie dont le Dieu de toute consolation remplissait notre cœur, à la vue des heureux changemens que le concordat venait d'opérer dans ce vaste et populeux empire, pour le bien de la religion.

» Une œuvre si grande et si admirable dut exciter en nous les plus vifs sentimens de reconnaissance pour le très-puissant prince qui avait employé son autorité à la conduire à sa fin.

» Ce puissant prince, notre très-cher fils en J.-C., nous

a fait connaître qu'il désirait vivement recevoir de nous l'onction sainte et la couronne impériale, afin que la religion, imprimant à cette cérémonie solennelle le caractère le plus sacré en fît la source des plus abondantes bénédictions.

» Cette demande, faite dans de tels sentimens, n'est pas seulement un témoignage authentique de la religion de l'empereur et de sa piété filiale pour le saint-siége; mais elle se trouve encore appuyée de déclarations positives que sa volonté ferme est de protéger de plus en plus la foi sainte, dont il a jusqu'ici travaillé à relever les ruines par tant de généreux efforts.

» Ainsi, vénérables frères, vous voyez combien sont justes et puissantes les raisons que nous avons d'entreprendre ce voyage. Nous y sommes déterminés par des vues d'utilité pour notre sainte religion, et par des sentimens particuliers de reconnaissance pour le très-puissant empereur qui, après avoir rétabli la religion catholique en France, nous témoigne le désir de favoriser ses progrès et sa gloire.

» A ces causes, vénérables frères, marchant sur les traces de nos prédécesseurs, qui se sont quelquefois éloignés de leur siége, et se sont transportés dans des régions lointaines pour le bien de l'église, nous entreprenons ce voyage, sans nous dissimuler que sa longueur, une saison peu favorable, notre âge avancé et notre faible santé, auraient dû nous en détourner; mais nous comptons pour rien ces obstacles, pourvu que Dieu nous accorde ce que notre cœur lui demande. »

Le saint-père quitta Rome le 5 novembre, et arriva à Fontainebleau le 25 du même mois. Napoléon alla au-devant de lui jusqu'à la croix de Saint-Herem, le reçut avec toutes les marques d'un profond respect, et lui fit rendre partout les honneurs dus à son éminente dignité.

Le 2 décembre était le jour fixé pour la cérémonie du couronnement, à laquelle toute l'élite de la France assista par députation. A dix heures du matin, l'empereur sortit des Tuileries pour se rendre à Notre-Dame. Son cortége était nombreux et magnifique : cinq cents voitures escortaient la sienne; il y avait cinquante mille hommes sous les armes, et cinq cent mille curieux aux fenêtres ou dans les rues. L'église métropolitaine était entièrement tendue en étoffes de soie cramoisie, ornées de franges, de galons et d'armoiries brodées en or. La nef, le chœur et le sanctuaire étaient couverts de tapis d'Aubusson et de la Savonnerie. Des gradins en amphithéâtre étaient chargés de spectateurs : les femmes, brillantes de grâces et de parure, les hommes revêtus d'habits éclatans, des places assignées à tous les grands dignitaires de l'état, le trône de l'empereur élevé au milieu de la nef, celui du pape dans le sanctuaire et à côté de l'autel...., tout enfin était beau et bien ordonné. Ce mélange de la pompe des cérémonies de l'église romaine avec la magnificence de la cour des Tuileries, présentait à l'œil un brillant spectacle, mais il éveillait dans les esprits une sorte d'inquiétude. La République expirait, et l'on se reportait par le souvenir aux temps monarchiques qui, même sous les rois les moins mauvais, avaient été des temps d'oppression et de misère. On voyait avec peine la résurrection prochaine d'une influence que la révolution avait détruite.

L'empereur reçut à genoux l'onction sainte des mains du pape : puis il *prit lui-même la couronne sur l'autel*, et la plaça sur sa tête; ensuite, assis sur son trône, et la main sur l'Évangile, il prononça le serment suivant : « Je jure de maintenir l'intégrité du territoire de la république, la vente des biens nationaux, la loi du concordat, la liberté des cultes, l'institution de la Légion-d'Honneur, et de gouverner dans la seule vue de l'intérêt, du bonheur et de la gloire du peuple français. » Le chef des hérauts dit alors d'une voix forte : *le très-glorieux et très auguste empereur Napoléon, empereur des Français, est couronné et intronisé. Vive l'empereur !* » Et pendant dix minutes l'église retentit des cris répétés de *vive l'empereur !*

Aucun accident ne troubla la cérémonie. La police veillait partout. Tous les travaux furent suspendus. Le peuple parut joyeux, fut bruyant et animé, quoique contenu. Le soir la ville fut illuminée avec profusion. Des flammes de Bengale allumées sur les édifices les plus élevés, répandaient au loin une clarté nouvelle et d'un effet extraordinaire.

Toute l'Europe, moins l'Angleterre, voulut être témoin de cette cérémonie. Les princes d'Allemagne furent invités, ce jour-là, à déjeûner chez le maréchal Murat, gouverneur de Paris. Après le repas, le maréchal leur offrit des carrosses à sa livrée, et à six chevaux, pour les conduire à Notre-Dame, où il les fit accompagner chacun par deux aides-de-camp, et par une escorte d'honneur de cent hommes à cheval. La beauté des attelages, la richesse de la livrée et l'élégance des voitures firent remarquer ce cortége parmi tant d'autres, et même après celui de l'empereur. Celui de Napoléon était d'une rare magnificence. On n'avait encore rien vu d'aussi brillant, tant par l'éclat des armes que par la richesse des habits : tout était éblouissant. Sa voiture, d'une construction nouvelle, surmontée d'une immense couronne d'or, attelée de huit chevaux blancs, panachés et caparaçonnés, était à découvert, et lui permettait de tout voir et d'être vu. Jamais aucun mortel ne fut plus avidement regardé, plus applaudi et plus magnifiquement accompagné.

Les fêtes du couronnement durèrent trois jours : le premier appartint à la cérémonie religieuse ; le second fut consacré au peuple, auquel, conformément aux vieux et ignobles usages monarchiques, on distribua abondamment du vin, des comestibles, et de petites médailles d'argent, portant d'un côté l'effigie de l'empereur, avec cette légende : *Napoléon, empereur;* et, de l'autre, sa figure en pied, vêtue à la romaine, élevée sur un bouclier, avec cette légende *le sénat au peuple.* Le troisième jour, l'armée, représentée par des députations qu'elle avait envoyées à Paris, reçut ses aigles et ses drapeaux. En les distribuant au Champ-de-Mars, l'empereur lui adressa ces paroles :

« Soldats, voilà vos drapeaux. Ces aigles vous serviront toujours de ralliement. Elles seront partout où votre empereur les jugera nécessaires pour la défense de son trône et de son peuple. Vous jurez de sacrifier votre vie pour les défendre, et de les maintenir constamment, par votre courage, dans le chemin de la victoire. » Tous les soldats répétèrent : *Nous le jurons.*

Tous les corps de l'état vinrent déposer leurs hommages et leurs vœux aux pieds du nouveau monarque ; et de ce jour une quatrième dynastie régna sur la France.

Les autorités de la république italienne avaient envoyé une députation à Paris, pour demander un gouvernement monarchique héréditaire, et offrir la couronne à Napoléon. Le 17 mars, les députés lui furent présentés, et lui firent connaître le vœu de leurs compatriotes, auquel il s'empressa d'accéder, mais en leur déclarant que l'union des couronnes de France et d'Italie, qui pouvait alors leur offrir quelques avantages, pourrait par la suite avoir de graves inconvéniens. « Vous me déférez la couronne, ajouta-t-il, je l'accepte; mais seulement tout le temps que vos intérêts l'exigeront; et je verrai avec plaisir arriver le moment où je pourrai la placer sur une plus jeune tête, qui, animée de mon esprit, soit toujours prête à se sacrifier pour la sûreté et le bonheur du peuple italien. » En annonçant cette nouvelle acquisition au sénat Français, Bonaparte dit : « La force et la puissance de l'empire français sont surpassées par la modération qui préside à toutes nos transactions politiques. »

Le 11 avril, accompagné de l'impératrice, il partit pour la cérémonie de son couronnement comme roi d'Italie. Cette solennité ressembla, presqu'en tout, à celle de son sacre comme empereur. Le ministère du pape, néanmoins, ne fut point invoqué en cette occasion, ce fut l'archevêque de Milan qui bénit la couronne de fer, qu'avaient jadis portée les rois lombards. Bonaparte la posa sur sa tête, en prononçant tout haut l'orgueilleuse devise des anciens possesseurs : *Dieu me la donne, gare à qui la touche.*

Le nouveau royaume fut organisé sur le plan de l'empire français. *L'ordre de la Couronne de Fer* fut institué à l'instar de celui de la Légion-d'Honneur. De nombreuses troupes françaises restèrent au service de l'Italie ; le fils adoptif de Napoléon, Eugène Beauharnais, qui possédait toute sa confiance, fut chargé de le représenter avec le titre de vice-roi. Bonaparte, avant de quitter Milan, reçut les députés de Gênes, qui demandait à être agrégée au royaume d'Italie, et à laquelle il accorda l'objet de sa demande.

Napoléon ne tarda pas à revenir à Paris, où il voulut clore l'année 1804, la première de son règne, par l'ouverture du corps-législatif. La France entière l'entendit avec joie dire dans son discours : « Je ne veux point accroître le territoire de l'empire, mais en maintenir l'intégrité. »

CHAPITRE XII.

Sommaire : Troisième coalition contre la France.—Napoléon propose la paix à l'Angleterre. — Lever de boucliers de l'Autriche. — Campagne d'Austerlitz. — Fuite des Russes. — Paix et traité de Presbourg. — Retour de Napoléon. — Scènes d'enthousiasme. — Comment il gouverne. — Les puissances de l'Europe le reconnaissent. — Ils reconnaissent les dynasties créées par lui.— Trahison du roi de Naples. — Il est remplacé par Joseph Bonaparte. — Mort de Pitt. — Fox lui succède. — Espoir de la paix promptement déçu.

1805.

Le trône impérial était à peine élevé que Napoléon appela à se grouper autour de lui tous les élémens aristocratiques ; il repêcha dans leur obscurité tous les grands noms de la vieille monarchie, et tira du néant où elles étaient restées depuis que la révolution avait réduit les hommes à l'importance de leur valeur réelle, les familles qui avaient fait le lustre de l'ancienne cour. Il eut des chambellans et des pages, et tout un entourage de seigneurs valets, pour l'aduler bassement en attendant un autre maître. Le peuple, qui avait maudit la royauté, ne prévoyait pas que celle-ci finirait aussi par méconnaître tous ses droits. Napoléon n'eut pas plutôt posé la couronne sur son front, qu'il imagina que les rois, dans la confrérie desquels il venait d'entrer, en seraient plus disposés à accueillir favorablement ses propositions, et comme pour l'affermissement de sa nouvelle puissance, la paix lui était nécessaire, il écrivit pour la seconde fois au roi d'Angleterre : Je n'attache pas de déshonneur à faire le premier pas.., j'ai assez je pense, prouvé au monde que je ne redoute aucune des chances de la guerre.. La paix est le vœu de mon cœur, mais jamais la guerre n'a été contraire à ma gloire... Je conjure votre majesté de ne pas se refuser au bonheur de donner la paix au monde.... Une coalition ne fera jamais qu'accroître la prépondérance et la grandeur continentale de la France... »

Cette lettre ne produisit aucun résultat; l'empire, à l'ombre de ses victoires, pouvait prendre, dans le repos intérieur, un accroissement de prospérité et de forces dont la perspective effrayait les Anglais. Aussi, bien loin de prêter l'oreille aux ouvertures pacifiques de Napoléon, ils intriguaient avec plus d'ardeur que jamais pour lui susciter de nouveaux ennemis. Leurs machinations ne tardèrent pas à porter des fruits.

La Russie s'était engagée, par un traité secret avec le cabinet de Londres, à faire avancer cent quatre vingt mille hommes pour enlever aux Français les avantages de leurs conquêtes. La Suède était entrée dans cette alliance, et l'Autriche, après quelques hésitations, crut y trouver une garantie contre les empiétemens de la France. Au commencement de septembre l'archiduc Ferdinand se met à la tête de quatre-vingt mille soldats; et, sans déclaration de guerre, envahit la Bavière; trente mille hommes, sous les ordres de l'archiduc Jean, prennent position dans les montagnes du Tyrol, et cent mille combattans marchent sur l'Adige avec l'archiduc Charles. La cour de Prusse garde seule encore la neutralité; mais le tombeau du grand Frédéric à Postdam reçoit les sermens de sa haine contre les Français, et notre premier revers deviendra pour elle le signal des hostilités.

Les circonstances diplomatiques qui accompagnèrent l'invasion de la Bavière méritent d'être rapportées. L'empereur François écrivit d'abord à l'électeur palatin une lettre affectueuse pour l'engager à entrer dans la coalition ; le prince bavarois lui fit une réponse évasive, en insistant sur ce que son fils, alors en France, était au pouvoir de Napoléon. Nouvelle missive de l'Autrichien, mais cette fois impérieuse et menaçante. Blessé de ce langage, l'électeur n'hésita plus à mettre ses vrais sentimens à découvert : « Je conserverai l'espoir, mandait-il sans détour à François, que V. M. I. épargnera à des provinces malheureuses l'horreur d'une guerre dont elles n'ont déjà que trop souffert, au moment où les plaies des anciennes hostilités saignent encore. Je dois à mes infortunés sujets, je me dois à moi-même de ne pas prodiguer leur sang pour des discussions qui leur sont étrangères, et contre un gouvernement qui ne leur a fait aucune injure : c'était le motif originaire de la neutralité absolue et complète que j'avais réclamée auprès de V. M. I. Tout me porte à adhérer inviolablement à ce parti. » Durant ces négociations les troupes autrichiennes violaient le territoire bavarois. L'électeur prit le parti de se retirer à Wurtzbourg avec son armée, laissant le champ libre aux puissances belligérantes.

Napoléon était au camp de Boulogne lorsqu'il apprit l'outrage fait à son allié, et les mouvemens non équivoques de la coalition. A la nouvelle des hostilités commencées par l'Autriche, il fit un appel aux anciens militaires, et aux gardes nationales des départemens voisins des côtes maritimes et des frontières du Rhin : tous répondirent à cet appel avec enthousiasme. Les troupes du camp de Boulogne, rappelées en toute hâte, traversèrent la France avec allégresse, passèrent le Rhin, et se réunirent au corps d'armée venu de Hollande, et commandé par le maréchal Bernadotte, qui avait aussi sous ses ordres l'armée bavaroise. Les maréchaux Soult, Davoust, Ney, Lannes commandaient chacun un corps d'armée ; le maréchal Murat commandait la cavalerie, le maréchal Bessières, la garde impériale ; ils avaient sous leurs ordres les généraux Suchet, Marmont, Rivaud, Drouet, Kellermann, Eblé, Wrède, Deroi, Oudinot, Dupont, Loison, Malher, Baraguay-d'Hilliers, Vandamme, Legrand, Saint-Hilaire, Friant, Gudin, Boursier, Duroc, Caffarelli, Claparède, Rapp. Le premier octobre, l'empereur se mit à la tête de la grande armée, la conduisit sur les rives du Danube, tourna les positions de l'armée ennemie, eut avec elle des engagemens partiels à Wertingen, Guntzburg, Memmingen, entra dans Munich le 12 octobre, passa le pont d'Elchingen défendu par quinze mille Autrichiens, força, par des manœuvres habiles, le général Mack à s'enfermer dans Ulm avec trente mille hommes, et à lui livrer la place le 17 octobre. C'est là que Napoléon fit cette réponse à un colonel autrichien, étonné de le voir trempé par la pluie : « Si votre maître a voulu me faire souvenir que j'étais un soldat, il conviendra, j'espère, que le trône et la pourpre impériale ne m'ont pas fait oublier mon premier métier. » Il poursuivit ensuite les débris des colonnes ennemies, et détruisit en quinze jours une armée de cent mille hommes, sans avoir livré une seule bataille. Dans ce court espace de temps, il fit soixante mille prisonniers, dont vingt-neuf officiers généraux et deux mille officiers inférieurs ; il s'empara de deux cents pièces de canon et de quatre-vingt-dix drapeaux. De si brillans résultats dûs aux savantes combinaisons de l'empereur et à la bravoure de ses soldats, ne coûtèrent à la grande armée que deux mille hommes tués ou mis hors de combat.

L'archiduc Ferdinand, réduit à la moitié de son armée, opérait une retraite précipitée. La cavalerie de Murat l'atteignit dans sa marche près de Nuremberg, et lui enleva dix-huit mille hommes, plusieurs généraux, cinquante canons et quinze cents caissons. Même succès à Lowers, Amstetten, Marienzell, Prassling, Lintz et Inspruch. « Nous ne nous arrêterons plus, avait dit Napoléon en ouvrant la campagne, que nous n'ayons assuré l'indépendance du corps germanique, secouru nos alliés, et confondu l'orgueil de nos injustes agresseurs. Nous ne ferons plus de paix sans garantie; notre générosité ne trompera plus notre politique. » Ces paroles étaient l'annonce d'une course triomphale.

Pendant qu'en Italie Masséna, à la tête de quarante mille hommes, franchissait l'Adige, la Brenta, la Piave, le Tagliamento, l'Izonzo, et achevait de mettre les Autrichiens en déroute à Castel-Franco, de son côté Napoléon, après avoir passé l'Inn, se précipitait sur l'arrière-garde des Russes, qui accouraient au secours de l'Autriche, et, vainqueur sur tous les points, il faisait le 13 novembre son entrée solennelle à Vienne.

L'empereur d'Autriche voyait ses plans renversés. Son intention avait été de placer en Italie le principal théâtre de la guerre; la marche rapide des troupes françaises le forçait non-seulement à quitter sa capitale, mais encore à se jeter dans la Bohême avec les débris de ses armées.

Napoléon ne tarda pas à l'y suivre. Vienne ne le retint

qu'un moment. Le 19, il chassait les Russes de Brunn et établissait son quartier-général à Wischau. Mais tant de succès ne rendaient pas sa situation moins critique; il se trouvait au centre de la Moravie, opérant sur un espace de quatre-vingt-dix lieues contre des forces numériques supérieures aux siennes, à gauche ayant à contenir la Bohême, à droite la Hongrie. Les victoires de Masséna et de Gouvion-Saint-Cyr firent disparaître les embarras de sa position : l'armée d'Italie, se frayant un chemin par le fer, rejoignit le 29 à Klangenfurt l'armée d'Allemagne, et une victoire, rendue facile par de savantes combinaisons, signala leur jonction.

Sur ces entrefaites une seconde armée russe venait au secours de la première; le général Kutuzow, après avoir reçu ce renfort, concentra ses troupes dans des positions formidables, dont le village d'Austerlitz était la clé. Là il semblait méditer une vengeance éclatante, lorsque l'envoyé de Prusse, Haugwitz, se présenta devant Napoléon, sans doute pour lui signifier les intentions peu amicales de son souverain. L'empereur ne lui laissa pas le temps de s'expliquer; il lui dit, en montrant les lignes ennemies : « C'est une bataille qui s'annonce, je les battrai; ne me dites rien aujourd'hui, je ne veux rien savoir; allez attendre à Vienne l'issue de cette affaire. »

Napoléon ne pouvait engager que soixante-dix mille hommes dans l'action qui se préparait; il avait en face cent mille combattans sous les ordres de Kutuzow et de l'archiduc Charles; malgré cette disproportion numérique, en voyant les mouvemens de concentration qu'ils opéraient pour tourner la droite des Français, il s'écria d'un ton inspiré : « Avant demain au soir, cette armée est à moi! »

La veille de la bataille, il se passa un événement qui dut bien convaincre l'empereur de l'attachement de ses soldats. A l'entrée de la nuit, une illumination soudaine dessina toute la ligne française, et le camp retentit d'acclamations d'enthousiasme. C'était l'anniversaire du couronnement que l'armée célébrait par cette fête spontanée.

Enfin se leva le soleil du 2 décembre. L'ennemi demeure immobile dans ses positions; mais l'empereur saura bien l'attirer au combat par les séductions de la victoire. Il fait battre en retraite pendant trois heures, comme effrayé de s'être avancé avec tant d'imprudence; les Français reculent dans un désordre apparent jusqu'à une position dont quelques jours auparavant leur chef avait calculé les avantages. Les généraux ennemis veulent profiter de ce mouvement; ils dirigent précipitamment leurs masses vers le centre de l'armée française pour l'écraser et dans l'espoir de séparer ses deux ailes. Mais c'est là que se trouve la principale force de Napoléon. Le choc est terrible; la garde impériale russe se mesure pour la première fois avec la garde impériale française. Après des efforts héroïques de part et d'autre, l'avantage se décide en faveur des Français; les Russes fléchissent, cèdent, se débandent, et bientôt notre cavalerie pousse devant elle leurs masses enfoncées.

Aux ailes la fortune ne nous était pas moins favorable: Lannes et Murat à la droite, Soult à la gauche, se signalent par des prodiges de valeur; sur tous les points l'ennemi recule. Les positions de Pratzen, de Sokolnitz et de Telnitz sont enlevées de vive force; les troupes coalisées précipitent leur fuite; leur déroute est telle que six mille hommes se noient en traversant l'étang de Sokolnitz. Plusieurs colonnes ennemies étaient acculées à des lacs dont l'hiver avait congelé la surface : le désir d'échapper les enhardit à s'aventurer par cette voie dangereuse ; mais la glace ne peut soutenir ce poids énorme d'hommes, d'artillerie, de bagages ; elle rompt, et le lac d'Augezeld engloutit vingt mille hommes avec le matériel qui les accompagnait ; une autre colonne disparaît tout entière dans les eaux du lac Monitz.

Notre réserve, forte de vingt mille soldats, n'eut pas besoin de donner ; l'armée ennemie, vaincue par de savantes manœuvres, était en pleine déroute avant la nuit ; ce qui échappa ne dut son salut qu'à la protection des ténèbres. Telle fut la bataille d'Austerlitz, que la présence de Napoléon, d'Alexandre et de François sur le théâtre de l'action, fit aussi nommer la *Bataille des trois Empereurs*. Dans cette journée, les alliés comptèrent plus de quarante mille hommes tués ou mis hors de combat ; quinze généraux et plus de quatre cents officiers russes furent faits prisonniers ; l'intrépide Rapp, commandant des chasseurs et grenadiers à cheval de la garde, blessa et fit prisonnier le prince Repnin, l'un des officiers supérieurs de la garde russe. La perte des Français fut évaluée à deux mille morts et cinq mille blessés : vingt mille soldats formant la réserve n'avaient pas brûlé une amorce. Quarante drapeaux, les étendards de la garde impériale de Russie, cent vingt pièces de canon furent les trophées de cette victoire mémorable. Toute l'armée française avait fait son devoir ; Bonaparte, au milieu des élans de sa reconnaissance, s'écria : « Il faudrait une puissance encore plus grande que la mienne pour récompenser dignement tous ces braves. » Des secours pour les veuves et les enfants des blessés et des morts furent décrétés ; Napoléon annonça qu'une fête solennelle consacrerait tous les ans le souvenir de la bataille d'Austerlitz : chaque corps de l'armée devait y être représenté : « Vous avez vu votre empereur partager vos périls et vos fatigues; je veux aussi que vous veniez le voir entouré de la grandeur et de la splendeur qui appartiennent au souverain du premier peuple de l'univers. »

Le résultat immédiat de la bataille d'Austerlitz fut de raffermir la Prusse dans une neutralité jusque là douteuse; la victoire fit cesser les incertitudes de cette cour, et M. de Haugwitz s'empressa de venir présenter à Napoléon les félicitations de son maître : « Voilà, dit en souriant l'empereur, un compliment dont la fortune a changé l'adresse.»

Cependant les mouvemens de l'armée française ne s'étaient point ralentis : elle manœuvra pendant quelques jours autour de l'armée austro-russe, qui se vit bientôt enveloppée de toutes parts. Alexandre et François étaient en péril d'être faits prisonniers. A la vue d'un danger aussi imminent, l'empereur d'Autriche sentit s'évanouir ses dispositions belliqueuses; le 24 décembre il arriva lui-même au camp des Français. Napoléon le reçut à son bivouac : « Je n'habite pas d'autre palais depuis six mois, lui dit-il. — Vous savez si bien tirer parti de cette habitation, répondit François, qu'elle doit vous plaire. » Un généreux armistice fut accordé. Les Russes obtinrent la faveur de se retirer des états autrichiens par journées d'étape à travers les monts Krapacks. Alexandre s'éloigna précipitamment du théâtre des négociations, et une fois rentré dans les limites de son empire, il ne se crut pas astreint à donner son assentiment aux clauses du traité de paix, qui fut signé à Presbourg le 26 décembre.

Par ce traité l'Autriche reconnaissait Napoléon comme

roi d'Italie et lui cédait les états de Venise, la Dalmatie et l'Albanie. La principauté d'Ausbourg, le Tyrol, la Souabe autrichienne furent partagés entre l'électeur de Bavière, les ducs de Wurtemberg et de Bade. Le titre de roi récompensa la fidélité des deux premiers.

Après avoir ainsi écrasé d'un coup de massue la troisième coalition, Bonaparte revint en France. Jamais il n'y avait été accueilli avec autant d'enthousiasme. C'était du délire. Sa route, de la frontière à Paris, était couverte d'arcs de triomphe, autour desquels se pressait une immense population, avide de contempler ses traits. Cette fois, les préfets, en épuisant dans les harangues et inscriptions en son honneur toutes les formes de l'hyperboles, se montrèrent les organes de l'opinion publique. Paris, on le pense bien, ne resta pas en arrière des départemens. Les autorités civiles, savantes, religieuses, disputèrent d'éloquence adulatrice, ce fut une véritable apothéose; et si dès ce moment Napoléon ne se crut pas un dieu, ce ne fut pas la faute des fonctionnaires de l'époque. Les arts aussi, et ceux qui en avaient la direction firent fumer leur encens, et ils ne s'en acquittèrent pas toujours avec un sentiment de dignité convenable : le fait suivant en fournit la preuve. Peu de jours après son retour, l'empereur étant à Saint-Cloud, le directeur du cabinet des médailles vint présenter à Napoléon celles qu'il avait préparées pour perpétuer le souvenir de la mémorable campagne d'Austerlitz. A chacune de ces médailles, surchargées d'inscriptions fastueuses, l'empereur faisait un mouvement d'impatience; mais lorsqu'il en vit une qui représentait d'un côté la tête de Napoléon, de l'autre un aigle étouffant un léopard, il ne put se contenir « : Qu'est-ce à dire? s'écria-t-il. — Sire, répondit le directeur, c'est l'aigle française étouffant dans ses serres le léopard, l'un des attributs de l'Angleterre.... » Napoléon lança avec force cette médaille dans la cheminée, en s'écriant avec l'accent d'une noble indignation : « Vil flatteur! comment osez-vous dire que l'aigle étouffe le léopard, quand je ne puis mettre à la mer un seul petit bateau pêcheur que les Anglais ne s'en emparent! C'est bien plutôt le léopard qui étouffe l'aigle française..... Faites fondre tout de suite cette médaille, et ne m'en présentez jamais de pareilles !.... Au sujet d'une autre également fastueuse, et spécialement relative à la bataille d'Austerlitz, il dit : « Mettez seulement d'un côté la bataille d'Austerlitz, et de l'autre les aigles française, autrichienne et russe : la postérité saura bien distinguer le vainqueur. »

Ce même tact des convenances lui dicta sa réponse au général Kellermann, organe d'une réunion de citoyens qui demandaient l'autorisation d'élever à leurs frais un monument à sa gloire : « Je veux le mériter par ma vie entière : m'en élève qui voudra quand je ne serai plus. » Plus tard il changea d'avis. Il ne faut pas cependant lui reprocher de s'être élevé un monument en plaçant sa statue sur la colonne de la place Vendôme; sa première intention était qu'elle fût surmontée d'une statue de la paix; mais les courtisans ne lui permirent pas de la réaliser.

Il fallait des alimens à l'activité continuelle du génie de Napoléon. Sans détourner ses regards des champs étrangers où fermentaient les germes de nouveaux combats, il donnait à la France une foule d'établissemens utiles et d'institutions nécessaires. Dans cette seule année, soixante-cinq nouvelles fontaines versèrent leurs eaux à la capitale; le Conseil d'état fut organisé, le Code de procédure civile fut promulgué, l'Université impériale fut fondée. Il voulait qu'elle travaillât à agrandir et régulariser la sphère des études; à les rendre fortes et complètes : mais il eut le malheur de lui donner pour grand-maître, Fontanes, qui n'avait que les qualités d'un beau parleur, de l'esprit de salon et point de science. L'Université devint ce qu'elle est encore aujourd'hui entre les mains de nos doctrinaires : un étouffoir.

Les résultats de la courte et glorieuse campagne d'Austerlitz avaient été d'un avantage immense pour la France. L'empire d'Allemagne n'existait plus, et la plupart des petits états qui l'avaient composé, organisés en *confédération du Rhin*, sous le protectorat de l'empereur, étaient devenus, en réalité, portion intégrante du territoire français. L'autocrate russe, humilié, paraissait aussi désireux de conserver la paix qu'il avait montré d'empressement pour la guerre. Toutes les cours de l'Europe, excepté l'Angleterre, s'étaient vues forcées de reconnaître la légitimité d'un empire fondé par la victoire. Le roi de Prusse, qui, pendant la lutte de la France contre l'Autriche et la Russie, s'était engagé à nous faire la guerre, au moment même où il redoublait ses protestations d'amitié, évita le châtiment de sa déloyauté, en venant de lui-même se mettre à la discrétion du vainqueur. Le margraviat d'Anspach, qui servit à doter l'un des nouveaux souverains, le grand duché de Berg, que Murat reçut à titre de récompense, et la principauté de Neufchâtel, qui fut donnée à Berthier, furent les seuls sacrifices exigés du monarque prussien, à qui un traité d'échange imposa en outre l'obligation de fermer aux Anglais les ports de l'Elbe et du Weser.

Le roi de Naples, qui, deux mois auparavant, avait juré de garder la neutralité, était aussi entré dans la coalition; il avait reçu les Anglo-Russes et son armée se disposait à marcher avec eux pour envahir l'Italie. C'était là la quatrième fois que ce prince violait ainsi ses sermens. Napoléon, las d'opposer la clémence au parjure, ne balança plus à tirer une vengeance éclatante d'un ennemi qui avait méconnu le bienfait du pardon. Il annonça hautement, par une proclamation datée de Schœnbrun, qu'il était dans l'intention de renverser le trône de Naples. Il fut bientôt en mesure de réaliser ce projet. Dès les premiers jours de janvier, une armée française de cinquante mille hommes destinés à entreprendre la conquête des Deux-Siciles, se mit en mouvement. Joseph Napoléon, en l'absence de son frère, la commandait avec le titre de généralissime, et le maréchal Masséna en dirigeait les opérations : elles furent conduites avec la plus grande rapidité. A peine nos avant-gardes eurent-elles pénétré sur le territoire napolitain, que les troupes de la coalition abandonnèrent les frontières et regagnèrent leurs vaisseaux, en évitant de traverser la capitale du royaume, dans la crainte d'y trouver la population insurgée contre elles. Leur retraite occasionna la dispersion des milices nationales nouvellement levées. Les troupes réglées, peu nombreuses, restèrent seules fidèles à leurs drapeaux. Elles furent réparties dans les forts de Naples et dans les places les plus importantes de la Pouille ; mais ces préparatifs de défense étaient insuffisans pour rassurer la cour. Le roi Ferdinand, après avoir vainement employé les supplications, afin de conjurer l'orage prêt à fondre sur lui, ne songea plus qu'à chercher un refuge. Le 23 janvier, il s'embarqua et fit voile pour Palerme, laissant à son fils aîné des pouvoirs illimités. Ce jeune prince et la reine sa mère firent tous leurs efforts pour organiser la résistance ; ils armèrent les lazzaronis, et parurent vouloir se mettre à leur tête, tandis que quelques affidés de la couronne essayaient de soulever les provinces. La nouvelle de ces tentatives hâta la marche des Français. L'armée de Joseph, divisée en trois corps, passa le Garigliano le 8 février, et quatre jours après, Naples, Capoue, et Pescara avaient ouvert leurs portes. Joseph fit le surlendemain son entrée dans la première de ces villes, d'où la reine s'était enfuie, emportant avec elle tout l'argent des caisses publiques, et les effets précieux des palais. On trouva dans l'arsenal deux cents pièces de canon, deux cents milliers de poudre, et dans le port plusieurs navires richement chargés. Les habitans, à l'aspect de nos aigles, rendirent grâces au ciel de les avoir délivrés de l'odieuse tyrannie qui pesait sur eux. Jamais nos drapeaux ne furent salués par les acclamations d'une joie plus sincère.

Cependant on apprit bientôt que le prince royal venait de rassembler dans la Calabre une armée de vingt mille hommes, presque entièrement composée de malfaiteurs, à qui l'on avait promis l'impunité de leurs crimes et le pillage de la capitale. Le général Reynier, à la tête d'un corps, se porta à la rencontre de cette réunion de brigands, l'atteignit à Campo-Tenese le 9 mars, l'attaqua dans son camp retranché, enleva ses redoutes, la défit et la dispersa. Deux mille prisonniers tombèrent en notre pouvoir; le reste de cette multitude se jeta dans les montagnes en se dirigeant vers le rivage, où, par un prompt embarquement, elle se déroba à la poursuite. Cette victoire était décisive : Napoléon, en ayant appris la nouvelle, annonça qu'il conférait le titre et la dignité de roi de Naples à son frère Joseph. Ce prince reçut, le 13 avril, à Bagnara, le sénatus-consulte qui l'élevait sur le trône. Aussitôt il se fit proclamer, et partit pour visiter les provinces méridionales de son royaume. Un mois après, il rentra à Naples, où le peuple laissa éclater les mêmes transports de joie qui l'avaient partout accueilli sur son passage. Les Napolitains bénissaient le retour de la paix; mais ils n'en jouirent pas complètement. Les Anglais, qui continuaient de diriger les résolutions de la cour de Palerme, firent de la Calabre une autre Vendée. Ce pays fut l'affreux repaire où ils apportèrent encore une fois tous les bandits siciliens : le cabinet britannique eut tout lieu d'être satisfait de la conduite de ces dignes auxiliaires. Cependant, ce n'était pas assez pour lui d'entretenir l'incendie dans cette partie du continent, il nous suscita en même temps de nouveaux ennemis dans le nord.

Pitt, le plus implacable adversaire de notre révolution, était mort, emportant avec lui dans la tombe le regret d'avoir échoué dans toutes ses combinaisons. Fox, depuis long-temps l'ame de l'opposition, lui avait succédé. Ce nouveau ministre, suivant un système bien différent de celui de son prédécesseur, montrait des dispositions pacifiques, et l'on commençait à croire à la possibilité d'un rapprochement entre la France et l'Angleterre. Le prodigieux accroissement de la puissance de Napoléon, et sa grande influence sur le continent, ne paraissaient pas même y mettre obstacle; et quoique, par un nouvel attentat contre la liberté des peuples, l'empereur vint d'imposer un souverain à la Hollande, dans la personne de Louis Bonaparte, son troisième frère, et qu'il se fût arrogé le protectorat de la confédération du Rhin, en obligeant François II de renoncer à l'héritage de Charles-Quint, des négociations, entamées en février 1806, n'avaient point été interrompues. Déjà, de part et d'autre, les bases du traité avaient été posées et acceptées, et tout annonçait l'heureuse issue de ces préliminaires, lorsque

Fox fut atteint d'une maladie grave. Cet événement laissa un champ libre aux partisans de la guerre. Lord Yarmouth, qui, en sa qualité de plénipotentiaire de la Grande-Bretagne, secondait les vues de Fox, fut tout à coup rappelé à Londres, et remplacé par lord Lauderdale, dont la mission était de prolonger les conférences, de manière à voiler aussi long-temps qu'il serait nécessaire les manœuvres du gouvernement britannique, pour renouer un plan offensif. On travaillait sourdement à former une quatrième coalition, les élémens en furent promptement rassemblés. De toutes les puissances que l'on sollicita d'y entrer, l'Autriche, dont les plaies étaient encore saignantes, la Porte-Ottomane et le Danemark furent les seules qui refusèrent leur participation. Le Danemark devait plus tard être puni de sa neutralité par l'incendie de Copenhague et par la perte de la Norwège. La Suède avait depuis long-temps une attitude hostile. La Russie qui, malgré sa défaite à Austerlitz, avait renouvelé ses agressions, rejetait un accommodement qu'elle avait elle-même provoqué; et son empereur, oubliant la générosité de Napoléon, qui avait pu le faire prisonnier à cette fameuse journée, se préparait à rentrer en lice. La Prusse, à qui l'occupation du Hanovre et une prétendue guerre contre la Suède avaient fourni le prétexte de nombreux armemens, les tourna subitement contre nous. Les troupes de la Hesse, de la Saxe et des duchés du nord de l'Allemagne, marchaient sous ses étendards. La mort du ministre Fox, qui eut lieu à cette époque, avait pu seule déterminer cette immense levée de boucliers.

Le cabinet de Londres, n'ayant plus alors besoin de dissimuler ses véritables intentions, rappela brusquement lord Lauderdale : cet ambassadeur arriva de Paris à Boulogne la nuit même où ses compatriotes bombardaient ce port, rendu neutre pour l'échange des courriers, et faisaient le premier essai de ces fusées à la Congrève, qui depuis ont été entre leurs mains un si barbare moyen de destruction. Lord Lauderdale se rembarqua à la lueur des flammes qui accusaient la perfidie de son gouvernement.

CHAPITRE XIII.

Sommaire : Rupture de la Prusse. — Combats de Schleitz et de Saafeld. — Bataille d'Iéna. — Combats d'Auerstaedt, de Greussen, de Halle. — Napoléon à Postdam, à Berlin. — Blocus continental. — Campagne de Pologne. — Entrée à Varsovie. — Bataille d'Eylau. — Siége de Dantzig. — Nouvelles intrigues de l'Angleterre. — L'armée russe. — Bataille de Friedland. — Paix et traité de Tilsitt.

1806 à 1807.

L'Angleterre a atteint le grand but qu'elle s'était proposé : les armées de la coalition s'ébranlent. Celle de la Prusse, que doivent bientôt renforcer des levées extraordinaires, s'élève à plus de cent cinquante mille hommes. Guidés par leur généralissime, le duc de Brunswick qui, à l'âge de quatre-vingts ans, n'a abjuré ni la haine, ni l'orgueil qui lui dictèrent le ridicule manifeste de 1793, animés par la présence de leur roi, et plus encore par celle de la reine, dont la beauté et l'ardeur belliqueuse enflamment tous les cœurs, les soldats prussiens s'avancent remplis d'une folle présomption; ils menacent la Hollande, envahissent la Saxe, violent le territoire de la confédération, et insultent les avant-postes. La nouvelle de cette attaque ne surprit point l'empereur Napoléon, à qui les protestations amicales de Frédéric-Guillaume n'avaient pu en imposer. Sa prévoyance avait pourvu à tout; et dès les premiers jours de septembre, les princes confédérés étaient avertis de se tenir prêts à seconder son armée, qui n'attendait que ses ordres pour entrer en campagne.

Napoléon médite d'écraser la première puissance militaire de l'Europe; et, tandis qu'on le croit encore à Paris, occupé à préparer des fêtes triomphales, il arrive le 6 septembre à Bamberg, d'où il adresse à ses soldats une proclamation qui renfermait ces paroles remarquables : « .... Les insensés ! qu'ils sachent donc qu'il serait mille fois plus facile de détruire la grande capitale que de flétrir l'honneur des enfans du grand peuple et de ses alliés... Leurs projets furent confondus alors (il est question des victoires remportées sur les Prussiens en 1792); ils trouvèrent dans la Champagne la défaite, la mort et la honte..... Marchons donc, puisque la modération n'a pu les faire sortir d'une étonnante ivresse : que l'armée prussienne éprouve le même sort qu'elle éprouva il y a quatorze ans. »

Le signal des combats est donné; Murat force le passage de la Saale; l'ennemi est partout battu, à Hofft, à Schleitz, à Saafeld. Le prince Louis de Prusse, l'un des plus ardens provocateurs de la guerre, périt dans cette dernière action. Il fut tué par un maréchal-des-logis de hussards, l'intrépide Gindré, qui vainement l'avait plusieurs fois sommé de se rendre. Ce n'étaient encore là que les actions d'avant-garde; mais elles étaient importantes par la grandeur des résultats qu'elles faisaient espérer. Le 14 octobre, une bataille générale s'engage sur le plateau d'Iéna; les maréchaux Soult et Ney s'établissent sur les derrières de l'ennemi; Murat donne aussitôt avec les dragons et les cuirassiers de sa réserve. Cinq bataillons prussiens sont enfoncés; artillerie, cavalerie, infanterie, tout est culbuté. L'ennemi, poursuivi pendant l'espace de plus de six lieues, n'arrive à Weimar, sur l'Inn, qu'avec les Français, qui le mènent tambour battant. Pendant cette course victorieuse, le maréchal Davoust triomphe sur un autre point. Chargé de défendre avec vingt-cinq mille hommes les défilés de Koesen, non-seulement il demeure inébranlable au poste qui lui est assigné, mais encore il défait à Auerstaedt un corps d'élite de cinquante mille combattans. Vingt-cinq mille ennemis restèrent sur les deux champs de bataille; soixante drapeaux, trois cents pièces de canon, des magasins immenses, plus de trente mille prisonniers, dont trente officiers-généraux, furent les trophées de cette journée. Le duc de Brunswick, commandant en chef, le feld maréchal Mollendorf, les généraux Schmettau et Ruchel, ainsi que le prince Henri de Prusse, étaient au nombre des blessés. Les trois premiers ne survécurent que de quelques jours à ce désastre de leur patrie.

Les Français ont dignement célébré par cette victoire l'anniversaire de la prise d'Ulm. Ils s'élancent à la fois sur toutes les directions, et ne donnent aucune relâche à l'ennemi, pour qui les places fortes même ne sont pas un refuge assuré. Erfurth et sa citadelle renfermant quatorze mille hommes et des approvisionnemens de tous genres, capitulent le jour même de leur investissement. Blucher, cerné de toutes parts avec six mille chevaux, n'évite d'être pris qu'en attestant sur son honneur que les hostilités sont suspendues. Kalkreuth, qui voulait se sauver par une semblable imposture, éprouve un nouvel échec au village de Greussen. La reine, vêtue en amazone, et le roi, son époux, qui tous deux partagent les dangers de cette retraite, n'échappent que par hasard à la dernière des humiliations. En vain le prince Eugène de Wurtemberg, qui se précipite à leur secours avec vingt-cinq mille hommes de troupes fraîches, s'efforce-t-il de défendre le pont et la ville de Halle; attaqué par Bernadotte, il y laisse deux mille morts, cinq mille prisonniers, deux drapeaux et trente pièces d'artillerie.

Après tant de revers, le monarque prussien s'était arrêté à Magdebourg pour recueillir et rallier les débris de son armée; mais à peine s'est-il jeté dans cette place, qu'assailli par le maréchal Soult, il voit ses meilleures troupes, forcées dans cinq engagemens successifs, déposer les armes devant la division Legrand, qui emporte le camp retranché où elles avaient cherché un asile. Frédéric-Guillaume se trouvait dans la situation la plus critique; les plus solides remparts ne le rassurent pas contre les entreprises d'un ennemi, qu'aucun péril ne saurait rebuter; un faible cordon s'oppose à sa sortie, il le perce à la tête de quelques régimens dévoués; et, ne songeant plus, dans sa fuite, qu'à placer l'Elbe et l'Oder entre ses vainqueurs et lui, il néglige de prendre des mesures pour mettre sa capitale à l'abri d'une invasion.

Le 26 octobre, la forteresse de Spandau, défendue par douze cents soldats, se rend aux troupes du maréchal Lannes. Napoléon, entré le même jour dans Postdam, visite le tombeau du Grand-Frédéric, et envoie à Paris l'épée de ce prince, le cordon de ses ordres, sa ceinture de général et les drapeaux de sa garde durant la guerre de sept ans. « Voilà des trophées, dit-il, en les saisissant avec un noble enthousiasme, que je préfère à vingt millions! J'en ferai présent à mes vieux soldats des campagnes de Hanovre; les Invalides les garderont comme un témoignage des victoires de la grande armée et de la vengeance qu'elle a tirée des désastres de Rosback. »

Le 26, le quartier général français s'établit à Charlottembourg, sur la Sprée, dans cette ville embellie par les soins de Frédéric II, qui y plaça une partie des richesses composant le cabinet du cardinal de Polignac.

La victoire marque toujours les logemens de l'empereur qu'elle précède : le 27, elle l'introduit à Berlin. C'est là qu'il va reproduire aux yeux de l'univers la clémence d'Auguste. Une lettre du prince d'Hatzfeld vient d'être interceptée. Elle prouve sa trahison ; déjà la commission va s'assembler, et l'évidence du crime ne laisse aucun doute sur l'issue du jugement. La princesse, son épouse, n'a plus d'espoir que dans la générosité de Napoléon; elle tombe à ses genoux : il lui montre la fatale lettre ; elle n'y voit que la condamnation de son mari. *Jetez-la au feu*, lui dit l'empereur. Elle n'ose croire à ce qu'elle entend ; elle hésite encore ; mais bientôt rassemblant ses forces, elle obéit ; son époux est sauvé : il n'existe plus de preuves.

Cependant les Français ne perdaient pas de temps ; ils ne devaient se reposer qu'après avoir anéanti l'armée prussienne. On va voir comment ils accomplirent cette tâche glorieuse.

Murat, qui s'était mis à la poursuite du prince de Hohenlohe, l'atteignit au moment où il cherchait à gagner le Mecklenbourg, culbuta son arrière-garde à Zedenich et à Wignensdorf; tourna et attaqua à Prentzlaw le corps qu'il commandait, et le força à mettre bas les armes. Ce combat, l'un des plus remarquables de cette campagne, nous valut quarante-cinq drapeaux ou étendards, soixante canons attelés, et vingt mille prisonniers presque tous de la garde royale prussienne, parmi lesquels le général en chef et un des princes de Mecklenbourg-Schwerin. Six mille hommes, qui s'étaient soustraits à cette capitulation, furent ramassés le lendemain par deux régimens de cavalerie sous les ordres du général Milhaud.

La forteresse de Stettin, munie d'une artillerie formidable, bien approvisionnée et gardée par de nombreuses troupes, était en état de soutenir un long siége; elle ne résista pas à l'audacieuse sommation du général Lasalle, qui, avec quelques escadrons, se présenta sous ses murs. Stettin, situé sur un coteau près de l'Oder, assurait à notre armée une bonne ligne d'opération.

On touche à la fin d'octobre; encore quelques jours et il ne reste plus à l'ennemi un seul corps, une seule place forte qui n'aient subi la loi des vainqueurs. Le général Bila, qui, à la tête d'une colonne, se dirigeait vers la Baltique, est culbuté devant Anklam, ville de la Poméranie prussienne, où il laisse quatre mille fantassins et cavaliers entre les mains des dragons du général Becker. Blucher, poussé l'épée dans les reins par Bernadotte, Soult et Murat, voit son infanterie écrasée dans Lubeck, et capitule lui-même à Schwartau sur le territoire danois, dont il a violé la neutralité. Quinze mille prisonniers, quarante canons, plusieurs drapeaux et étendards furent les fruits de la victoire.

La prise de Lubeck est un des plus beaux faits qui aient illustré les armes françaises. Quoique cette ville fût défendue par la Trawe, et entourée de marais profonds, les soldats de la division Drouet l'emportèrent d'assaut aux cris d'*en avant*. Les Prussiens s'y battirent en désespérés; il fallut les assiéger dans toutes les rues, et ils ne se rendirent qu'au moment où la division Legrand, accourue par le seul point de retraite qui leur était offert, les eut placés entre deux feux. Le 8ᵉ régiment de ligne, qui, électrisé par l'exemple de son colonel, l'intrépide Autier, avait, quelques heures auparavant, enlevé à l'abordage plusieurs chaloupes portant un bataillon de la garde suédoise, mérita de nouveaux éloges dans cette occasion.

Tandis que ces événemens avaient lieu, le général Savary, avec sa cavalerie légère, défaisait les Suédois à Rostoc, les rejetait dans leur Poméranie et s'emparait de cinquante de leurs bâtimens; le maréchal Davoust, après avoir passé l'Oder à Francfort, recevait les clés de Custrin; le maréchal Ney faisait défiler devant lui les vingt-deux mille hommes de garnison de l'importante forteresse de Magdebourg qu'il venait de réduire; enfin, le maréchal Mortier, à la tête de l'armée gallo-batave, soumettait la Hesse sans combat, faisait la conquête du Hanovre, se rendait maître des places de Hameln et de Nienburg, occupait Hambourg et Bremen, et plantant l'aigle française dans toutes les villes anséatiques, fermait à l'Angleterre ses grands entrepôts de la Baltique et de la mer du nord. Ainsi le gouvernement britannique était le premier à ressentir le contre-coup du choc qui avait ébranlé la monarchie prussienne.

La Prusse, cette puissance fondée, agrandie par l'épée, et qui naguère était si florissante, si orgueilleuse, l'épée l'a maintenant effacée de la coalition. Son roi, saisi d'épouvante, a fui devant les flots de notre armée, comme un autre Darius à l'approche des phalanges d'Alexandre. La Silésie, quelques lambeaux de la Pologne et vingt mille soldats répartis dans les places fortes de ces provinces, voilà tout ce qui lui reste. Couvert de la malédiction de son peuple, abandonné d'une cour qui s'est éclipsée aussitôt que sa fortune, Frédéric-Guillaume, que six semaines auparavant l'on avait vu afficher les prétentions les plus exagérées, trouve à peine, à l'extrémité orientale de ses états, un coin de terre où il puisse reposer sa tête. Kœnigsberg est la première ville de cette frontière qui soit hors d'un pressant danger ; c'est de là que, déterminé par les conseils de la reine, du général Kalkreuth, et de cinq ou six autres généraux formant toute sa suite, le monarque se résigne à tendre des mains suppliantes, et à solliciter un armistice qui déjà deux fois lui avait été refusé. Cet acte, auquel Napoléon consentit enfin, fut signé à Charlottenbourg, le 16 novembre, peu de jours avant le fameux décret qui, en représailles du blocus maritime, posait les bases du système continental ; système diversement jugé, mais qui, en frappant d'inertie les manufactures anglaises, a cependant concouru avec efficacité au développement de notre industrie.

Ces triomphes rapides remportés sur les prussiens furent peut-être ceux qui flattèrent le plus notre amour-propre national, en France où, malgré leur expulsion honteuse en 1792, il existait un préjugé en faveur de la supériorité de leur tactique et de leurs armées sur celles des autres nations de l'Allemagne.

Le séjour de Napoléon à Berlin au milieu de ses soldats qui étaient sa véritable famille, offre à son historien l'occasion de montrer le guerrier dans les habitudes de sa vie militaire. A l'armée la vie de l'empereur était simple et sans faste. Tout individu, quel que fut son grade, avait le droit de l'approcher et de lui parler de ses intérêts : il écoutait, questionnait et prononçait à l'instant même ; si c'était un refus, il était motivé et de nature à en adoucir l'amertume. On ne pouvait, sans admiration, voir le simple soldat quitter son rang, lorsque son régiment défilait devant l'empereur, s'approcher d'un pas grave, mesuré, et, présentant les armes, venir jusqu'à lui. Napoléon prenait toujours la pétition, la lisait en entier, et faisait droit à toutes les demandes justes. Ce noble privilége qu'il avait accordé à la bravoure et au courage, donnait à chaque soldat le sentiment de sa force et de ses devoirs, en même temps qu'il servait de frein pour contenir ceux des supérieurs qui auraient été tentés d'abuser du commandement.

La simplicité des mœurs et du caractère de Napoléon était surtout remarquable dans ces jours de marche pendant lesquels le canon se reposait; toujours à cheval au milieu de ses généraux, de ses braves aides-de-camp, des officiers de sa maison, et de la jeune et vaillante élite de ses officiers d'ordonnance, sa gaîté, on peut même dire sa bonhomie, pénétraient dans tous les cœurs. Souvent il ordonnait de faire halte, s'asseyait sous un arbre avec le prince de Neufchâtel. Les provisions de bouche étaient étalées devant lui, et chacun, depuis le page jusqu'au grand officier, trouvait çà et là ce qui lui était nécessaire. Napoléon, en éloignant de ses alentours tout ce qui avait quelque couleur d'intrigue, en décidant toujours par lui-même, avait inspiré aux personnes de sa maison un sentiment d'affection, d'union et d'empressement réciproques. Sa frugalité était telle, que par goût il donnait la préférence aux alimens les plus simples; aussi sa tête était toujours libre, et son travail facile, même en sortant de table : doué par la nature d'un estomac sain et robuste, ses nuits étaient calmes comme celles d'un homme qui n'aurait eu aucune affaire; une heure de sommeil réparait chez lui vingt-quatre heures de fatigue. Au milieu des circonstances les plus graves, les plus urgentes, il avait le pouvoir de prendre du sommeil à volonté, et son esprit rentrait dans le calme le plus parfait, dès que les dispositions qu'exigeaient ces mêmes circonstances étaient ordonnées.

Tous les momens de la journée étaient pour Napoléon des momens de travail, même à l'armée. S'il cessait un instant de consulter ses cartes géographiques, de méditer ses plans de bataille, et d'étudier les immenses combinaisons qu'il fallait employer pour faire mouvoir avec une précision mathématique des masses de quatre à cinq cent mille hommes, alors il s'occupait de l'administration intérieure de l'empire. Plusieurs fois dans la semaine, un auditeur au conseil d'état arrivait au quartier-général, chargé du portefeuille de tous les ministres; jamais ce travail n'était remis au lendemain; dans la journée tout était examiné, signé et expédié, tout marchait de front. Les jours qui suivaient une action, un combat, une bataille, étaient employés à recevoir les rapports des différens corps de l'armée, à lier ensemble tous les faits isolés, à distribuer à chacun la part de gloire qui lui appartenait, à rédiger en un mot ces bulletins immortels dont la concision, l'ordre et la mâle simplicité présentent un modèle classique de l'éloquence militaire. C'est dans ces archives brillantes que sont à jamais gravés les titres de noblesse de l'armée française.

La cour de Napoléon n'avait peut-être pas d'égale en magnificence; mais c'était les courtisans riches qui en faisaient les frais. Ceux qui se montraient avares, il les flétrissait par de sanglans sarcasmes. Quant à lui, il n'avait pas quarante millions de liste civile, et chacun disait qu'il était grand et généreux. *Deux millions trois cen^t*

trente-huit mille cent soixante-sept francs suffisaient à la représentation d'un monarque qui avait des rois pour courtisans, et sur cette somme il prélevait encore pour subvenir à l'entretien d'une douzaine de palais impériaux.

On a beaucoup parlé des colères publiques de Napoléon; mais elles n'étaient la plupart du temps que factices; les actes de l'empereur, quelque passionnés qu'ils parussent, étaient toujours calculés. Quand un de ses ministres ou quelque autre grand personnage avait fait une faute grave, qu'il y avait vraiment lieu à se fâcher et qu'il devait se mettre en colère, il avait pour règle s'il se décidait à frapper, que le coup devait porter sur tout le monde. Celui qui le recevait ne lui en voulait ni plus ni moins; et celui qui en était le témoin allait discrètement transmettre au loin ce qu'il avait vu et entendu; une terreur salutaire circulait de veine en veine dans le corps social, les choses en marchaient mieux; l'empereur punissait moins, et recueillait infiniment sans avoir fait beaucoup de mal. C'est ainsi que, dans une occasion, ayant adressé une mercuriale très-vive à l'un de ses grands officiers, celui-ci se crut obligé de demander une audience le lendemain, dans le dessein d'offrir sa démission. Cette audience lui fut accordée, et l'empereur l'apercevant, lui dit aussitôt : « Mon cher, vous venez pour la conversation d'hier; elle vous a affligé et moi aussi; mais c'est un avertissement que j'ai voulu donner à beaucoup de monde; s'il produit quelque bien, ce sera notre consolation à tous deux; qu'il n'en soit plus question. »

Napoléon exigeait des mœurs dans son entourage; il regardait l'immoralité comme la disposition la plus funeste qui puisse se trouver dans un souverain, en ce qu'elle devient contagieuse, et infecte promptement toute la société. La morale publique lui paraissait l'auxiliaire et le complément indispensable des lois. Il disait que, sous ce rapport, la révolution avait véritablement régénéré la France en balayant de son sol toutes les ordures qu'y avaient amoncelées les désordres de la régence, et le goût des crapuleuses débauches héréditaires dans les deux branches de la maison de Bourbon.

Napoléon était toujours à Berlin, d'où il dirigeait toutes les opérations militaires et l'administration intérieure de son vaste empire, lorsqu'il apprit que le roi de Prusse, cédant aux insinuations de la Russie, qui le berçait de l'espoir d'une vengeance prochaine, ne voulait plus ratifier l'armistice qu'il avait lui-même proposé. L'empereur n'eut pas plutôt reçu cette nouvelle, qu'il s'élança vers la Pologne avec une armée plus formidable qu'au moment où s'ouvrit la campagne. Cent soixante mille hommes des conscriptions de 1806, et de celle de 1807, levées par anticipation, lui permettaient de déployer un appareil de forces des plus imposans. L'élan des braves Polonais, qui coururent aux armes pour ressaisir, à l'ombre de nos aigles, la liberté, et l'indépendance de la patrie, ajouta encore à cette masse, dont toutes les parties déjà en mouvement s'étendaient depuis le Mecklenbourg jusque au-delà de Posen.

Le monarque russe venait alors d'échouer dans son projet d'envahir quelques provinces de la Turquie d'Europe. Il n'avait pas été plus heureux dans la Dalmatie, d'où, malgré l'appui de dix mille Monténégrins, ses troupes avaient été chassées par Marmont. Ces échecs, d'un sinistre présage, ne l'empêchèrent point de tenter la fortune en faveur d'un allié désormais hors d'état de se défendre par lui-même. Après être arrivé jusqu'à Warsovie, un mois plus tard qu'il ne s'était engagé à le faire, l'empereur Alexandre, qui paraissait résolu à venir au-devant de notre armée, ordonna tout-à-coup à la sienne de se replier sur la Pologne russe. Cette détermination semblait d'autant plus extraordinaire, que ses avant-postes ayant à peine aperçu les nôtres, aucun engagement sérieux n'avait pu le forcer à rétrograder. Mais il voulait ainsi attirer sur ses pas l'armée française, afin de la combattre dans des contrées où elle aurait été assaillie par le climat et par des privations de tout genre. Napoléon ne donna point dans ce piége, et les plaintes du roi de Prusse, justement alarmé d'un système de guerre qui retardait la libération de son territoire, obligèrent Alexandre à se porter en avant pour prendre position sur la Narew et sur le Bug.

Nos soldats, enflammés par le souvenir récent de leurs triomphes et par l'éloquence toute guerrière de leur chef, brûlent de renouveler les prodiges d'Iéna. Concentrés sur la rive droite de la Vistule, qu'ils ont franchie, ils attendent avec impatience le signal de fondre sur un ennemi qu'ils voient avec satisfaction se rapprocher d'eux. Napoléon ne laissa pas refroidir cette ardeur; le 16, il partit de Posen, arriva le 19 à Warsovie, et visita les ouvrages qu'il faisait construire en avant du faubourg de Praga. Le 23, il passa le Bug, et après avoir reconnu la Wkra et les retranchemens construits par les Russes pour couvrir leur position, il fit jeter au confluent des deux rivières un pont que le général d'artillerie Lariboissière termina en deux heures. L'attaque commença aussitôt par le combat de Czarnowo, dans lequel les divisions Morand et Beaumont mirent en déroute quinze mille hommes que défendait une nombreuse artillerie. Cette victoire, complétée simultanément sur deux autres points par les maréchaux Ney et Bessières, fut immédiatement suivie de celles de Karmidjen, de Nazielsk, de Cursomb, de Dziadolw, de Mlwa, de Pulstuck et de Golymin. Partout les Russes opposèrent le plus grand acharnement à l'impétuosité française, et partout ils furent culbutés. En trois jours, ils perdirent quatre-vingt bouches à feu, presque tous leurs caissons, douze cents voitures et plus de douze mille hommes tués, blessés ou prisonniers. Un dégel, qui rendit les routes impraticables, put seul les sauver d'une entière destruction. Ces événemens jetèrent la consternation dans Kœnisberg. Le roi et la reine de Prusse prirent alors le parti de quitter cette ville pour se rendre à Mémel, que son éloignement et l'état de ses fortifications mettaient plus à l'abri d'un coup de main.

Après l'expérience d'un premier revers, l'empereur Alexandre parut revenir à son projet d'attirer notre armée dans les glaces du nord; mais Napoléon ne se laissa point abuser par cette tactique. Ses troupes, fatiguées par trois mois de combats et de marches continuelles, avaient besoin de repos; il leur fit prendre des quartiers d'hiver, et rentra lui-même dans Warsovie, où il établit sa résidence, en attendant le terme d'une suspension d'armes qui n'existait que par les obstacles de la saison et par le grand intervalle que les Russes avaient mis entre eux et lui.

L'élévation de l'électeur Frédéric-Auguste à la royauté, avec la perspective d'un accroissement de puissance, son admission, ainsi que celle des princes de la maison ducale de Saxe, dans la confédération du Rhin, et la déclaration par laquelle les ducs de Brunswick, l'électeur de Hesse-Cassel et le prince de Nassau-Fulde étaient déchus de leurs souverainetés, furent les actes les plus importans qui marquèrent le séjour de l'empereur dans la capitale de la Pologne.

Tandis que tout était tranquille sur les bords de la Vistule, les opérations militaires en arrière de la grande ligne de bataille n'avaient pas été interrompues. Jérôme Bonapar, à qui son frère avait confié le commandement d'un corps de troupes alliées dans la Silésie, travaillait sans relâche à réduire les places de cette province. La reddition de Plassembourg et du fort de Czenstochau, situés hors des frontières, avaient signalé son début. Ses progrès à l'intérieur n'avaient pas été moins rapides : Glogau, à peine investie, avait livré ses remparts, ses canons et des approvisionnemens immenses. Breslau, assiégée par Vandamme et défendue par une garnison de six mille hommes, avait capitulé après cinq sommations et trente jours de tranchée ouverte. Brieg, foyer d'une insurrection considérable fomentée par le prince d'Anhalt-Pleiss, avait succombé à la menace d'un bombardement, et le blocus de Kosel était commencé ainsi que celui de Schweidnits, où, après trois défaites, le chef des insurgés s'était enfermé avec les débris de ses bandes, dans lesquelles on avait compté jusqu'à douze mille paysans armés.

Le rivage de la Baltique offrait le spectacle d'une semblable activité. Le maréchal Mortier, à la tête du petit nombre de troupes que l'occupation du Hanovre lui permettait de mobiliser, avait fait une incursion dans la Poméranie-Suédoise, et y avait préludé par des avantages partiels à des succès plus étendus. L'expédition de l'île prussienne de Wollin, dans laquelle trois compagnies du 2ᵉ d'infanterie légère, sous les ordres du chef de bataillon Armand, taillèrent en pièces mille hommes de la garnison de Colberg, sera long-temps citée comme un des plus beaux faits de cette campagne. Quelques autres actions, telles que l'enlèvement des postes fortifiés de Volgast et de Greiswald, dont l'enceinte fut escaladée par un de nos régimens; la prise de Grimmen et celle des hauteurs de Rheinkenhagen, d'où les Suédois furent débusqués, nous conduisent naturellement à la fin de 1806.

L'année 1807 commence, et avec elle le terrible réveil de la grande armée que les Russes ont provoquée dans ses cantonnemens. Le 25 janvier, le maréchal Bernadotte, dont les troupes avaient fait seize lieues dans la journée, atteint, sur les hauteurs de Mohrungen, une division ennemie, la culbute, la met dans une déroute complète, la poursuit pendant quatre lieues et la force de repasser la Passarge : mais l'action avait été vive, et dans le trouble de la mêlée l'aigle du 9⁰ d'infanterie légère avait disparu: ce brave régiment ne peut supporter cet affront, que ni la victoire, ni les lauriers de cent combats ne sauraient effacer : il se précipite au milieu des bataillons russes, avec une impétuosité sans égale, les enfonce au premier choc, et ressaisit le précieux dépôt confié à sa valeur. Tels les Romains virent, aux champs de Bebriacum, la 21ᵉ légion de Vitellius perdre et recouvrer son aigle dans la même journée.

Les Russes laissèrent à Mohrungen près de deux mille morts, quatre cents prisonniers et deux pièces d'artillerie. Cet échec, en arrêtant l'ennemi dès ses premiers pas, détruisit en quelque sorte l'espoir conçu par le général en chef Benningsen de surprendre l'armée française. Napoléon n'avait pas attendu jusqu'à ce jour pour imprimer un mouvement général à toute sa ligne : informé que les Russes avaient reçu des renforts considérables, et que la cour de Saint-Pétersbourg envoyait de nouveaux corps en Pologne pour ajouter aux cent soixante mille combattans qu'elle y comptait déjà, il s'était mis en mesure de les prévenir. Le 31 janvier, il arrive à Willemberg avec sa garde, et bientôt des succès partiels à Passenheim, à Bergfried, à Deppen, à Walterdoff et à Hoff, ainsi que l'enlèvement du plateau de Preusch-Eylau et la prise de cette ville, après une action des plus meurtrières, sont les préludes d'une grande bataille. Ce combat, dans lequel les généraux Klein, Legrand et Viviez montrèrent autant d'intrépidité que de sang-froid, s'engagea le 7 février, dans la matinée, et ne cessa qu'à dix heures du soir, après que l'église et le cimetière, où l'arrière-garde ennemie se défendit avec opiniâtreté, furent emportés d'assaut. Le lendemain, au point du jour, l'armée russe, forte de quatre-vingt mille hommes, parut en colonnes à une demi-portée de canon, ayant sur son front une artillerie formidable dont les foudres, dirigés aussitôt contre Eylau, et contre la division Saint-Hilaire, faisaient d'affreux ravages dans nos rangs. L'empereur, qui, suivant sa coutume, est au fort du danger, oppose à ce feu terrible un feu plus terrible encore, et qui force les masses des ennemis à se porter en avant. Ce mouvement compromet un instant notre gauche, il faut promptement la dégager ; mais à peine a-t-on repoussé les tirailleurs qui s'avancent pour la couper, qu'une neige épaisse, obscurcissant tout-à-coup l'horizon, couvre les deux armées sans arrêter l'ardeur des combattans. Nos colonnes perdent alors le point de direction ; mais le grand duc de Berg, à la tête de sa cavalerie et de celle de la garde impériale que commande Bessières, tombe sur les derrières de l'ennemi et rétablit l'ordre dans notre attaque. Plus de vingt mille hommes d'infanterie sont culbutés par cette charge brillante, dans laquelle deux escadrons des chasseurs de la garde, conduits par l'intrépide colonel Dalhmann, percent deux fois les plus forts bataillons. Sur ces entrefaites, le maréchal Davoust, qui a manœuvré pour tourner la gauche de l'ennemi, arrive sur le plateau en avant du village de Klein-Sausgarten, se place à la droite de la division Saint-Hilaire, et couronne avec elle cette position dont elle avait chassé les Russes, qui vainement jusqu'à trois fois avaient tenté de la reprendre. Dès ce moment, l'ennemi est en pleine retraite; l'armée française reste maîtresse du champ de bataille, et la victoire, enfin décidée à quatre heures du soir, reçoit un nouvel éclat par la défaite, à Schmoditten, de la division du général prussien Lestocq, et par la dispersion de six bataillons de grenadiers que l'avant-garde du maréchal Ney mène battant jusqu'à la rivière de Frisching. La nuit mit seule un terme à la poursuite.

La bataille d'Eylau, dans laquelle une moitié de notre armée ne donna pas, et l'autre ne parvint à fixer la fortune un instant infidèle à ses aigles, que par des efforts inouis de courage et par les dispositions qu'improvisa l'empereur, est l'une des plus sanglantes des temps modernes. Sept mille Russes y périrent; seize mille de leurs blessés entrèrent dans Kœnigsberg, douze mille prisonniers, soixante-cinq pièces de canon, et seize drapeaux, en y comprenant les trophées de Passenheim, de Bergfried, de Deppen, de Hoff, restèrent en notre pouvoir. De notre côté, nous eûmes plus de deux mille morts, parmi lesquels le brave général Corbineau; le nombre des blessés s'éleva à près de six mille. Un dégel, qui survint après cette mémorable journée, nous ravit, comme à Golymin, les avantages de la victoire. Les Russes, étant parvenus à se rallier, se retranchèrent devant Kœnigsberg et derrière la rivière de Prégel, tandis que nos soldats, prenant pour ligne la Passarge jusqu'à Omulew, rentrèrent dans leurs cantonnemens d'hiver. Le 15 février, ils n'y avaient pas encore été inquiétés, lorsqu'un corps de vingt cinq mille hommes commandés par le général Essen s'avança par les deux rives de la Narew, afin d'attaquer notre droite et d'opérer ainsi une diversion que le général en chef Benigsen pût mettre à profit. Napoléon adressa alors cette proclamation à son armée :

« SOLDATS !

» Nous commencions à prendre un peu de repos dans nos quartiers d'hiver quand l'ennemi a attaqué le premier corps et s'est présenté sur la Basse-Vistule ; nous avons marché à lui, et nous l'avons poursuivi pendant l'espace de quatre-vingts lieues. Il s'est réfugié sous les remparts de ses places et a repassé la Prégel. Nous lui avons enlevé aux combats de Bergfried, de Deppen, de Hoff, à la bataille d'Eylau, soixante-cinq pièces de canon, seize drapeaux, et tué, blessé ou pris plus de quarante mille hommes. Les braves qui, de notre côté, sont restés sur le champ d'honneur, sont morts d'une mort glorieuse ; c'est la mort des vrais soldats ! Leurs familles auront des droits constans à notre sollicitude et à nos bienfaits.

» Ayant ainsi déjoué tous les projets de l'ennemi, nous allons nous rapprocher de la Vistule et rentrer dans nos cantonnemens. Qui osera en troubler le repos s'en repentira, car au-delà de la Vistule, comme au-delà du Danube, au milieu des frimas de l'hiver, comme au commencement de l'automne, nous serons toujours les soldats français, et les soldats français de la grande armée. »

Les Russes ne furent pas heureux dans leur tentative :

battus dans deux engagemens, l'un sur la route de Nowa-gorod contre les troupes du général Gazan, l'autre dans la ville d'Ostrolenka, dont les généraux Ruffin et Campana défendirent les rues avec la plus grande résolution, ils purent se convaincre une seconde fois que l'on ne trouble pas impunément le repos d'un ennemi victorieux : mais, comme si cette leçon était insuffisante, ils ne craignirent pas, quand la prudence leur conseillait une prompte retraite, de se reformer pour ainsi dire sur le terrain où ils venaient d'éprouver un échec. Tant de sécurité leur fut fatale ; à peine prenaient-ils position, que le général Savary, ayant rassemblé les divisions Suchet et Oudinot, se précipita sur eux, les culbuta dans une action des plus vives, les chassa à une distance de plus de trois lieues, et ne s'arrêta qu'au moment où l'obscurité vint protéger les fuyards. Cette affaire, dans laquelle périt le général Soworow, fils du célèbre maréchal de ce nom, coûta à l'ennemi plus de quatre mille des siens, morts, blessés ou prisonniers.

Ce dernier succès fut pour l'armée française le signal de prendre à son tour l'offensive, et de balayer la rive droite de la Passarge. Partout l'ennemi fut forcé à la retraite. Fatigués d'être vaincus dans toutes les rencontres, les Russes, qui semblaient s'être promis d'être plus circonspects à l'avenir, se bornèrent quelques temps à des démonstrations insignifiantes. Sur ces entrefaites, Mortier, ayant réduit le roi de Suède, Gustave IV, à demander merci, accourait de la Poméranie pour se joindre au maréchal Lefebvre, qui, avec dix mille hommes, faisait le siége de Dantzick. Déjà le gouverneur de cette ville, le feld-maréchal Kalkreuth, était réduit à presser l'armement du corps de la place ; le délabrement des ouvrages extérieurs entamés par la sappe et par le canon, lui faisait redouter l'approche d'un assaut que rendait plus encore probable le couronnement du chemin couvert, opération qu'il n'avait pu empêcher. Chaque jour, les assiégeans faisaient de nouveaux progrès; aucun obstacle, aucun péril ne lassaient ni leur persévérance, ni leur courage. Cent combats qu'il leur avait fallu soutenir contre des forces doubles des leurs, n'avaient pas suspendu un instant les travaux. On les avait vus tout affronter: l'inondation qui protégeait les remparts, les glaces que roulait un fleuve furieux, les maladies inséparables de l'intempérie du climat, le feu continuel des batteries, et les sorties meurtrières d'une garnison dont rien ne pouvait égaler l'acharnement; partout l'intrépidité de l'attaque avait surpassé l'opiniâtreté de la défense. Français, Saxons, Italiens, Polonais, tous, dans l'accomplissement d'un même but, n'avaient aspiré qu'à se montrer dignes les uns des autres; tous s'étaient illustrés par les mêmes exploits, la même vaillance, la même résolution. Ce mélange de guerriers de diverses nations, loin de nuire à l'accord et à l'ensemble si nécessaires dans les grandes entreprises, entretenait, au contraire cette émulation qui se signale par des prodiges. Le maréchal Lefebvre, chez qui l'audace était toujours compagne du sang-froid, électrisait par son exemple les cœurs de tous ces braves. Presque seul de tous les généraux de la liberté, il avait conservé, sous l'empire, cette franchise et cette popularité républicaines qui sont toute l'éloquence des camps; aussi les soldats mettaient-ils en ses ordres une confiance sans bornes; un mot de lui suffisait pour les précipiter au milieu du danger: ils étaient sûrs qu'ils l'y rencontreraient.

Mais ce n'était pas seulement autour de lui qu'il exerçait une semblable influence, et quoique l'immense développement des fortifications et l'irrégularité d'un terrain, tantôt couvert de marais, tantôt traversé par des rivières, ou entrecoupé de canaux, quelquefois encore parsemé de lacs et de collines, l'obligeassent à étendre ses quartiers, à disséminer ses troupes et à multiplier ses postes, l'enthousiasme gagnait de proche en proche, et chacun faisait son devoir. Toutes les expéditions, soit partielles, soit générales, ordonnées par le maréchal, furent marquées par des actes d'une bravoure extraordinaire. Le nom du généreux Fortunas, qui renouvela, dans le rang de simple chasseur, le beau trait du capitaine d'Assas à Closter Camp; celui du sergent Chapot, qui, descendu dans le chemin couvert, désarma et fit prisonniers douze mineurs ennemis, au moment où ils allaient mettre le feu à la mine; ainsi que l'admirable présence d'esprit d'un artilleur qui, s'étant élancé dans le magasin à poudre de la batterie du Stolzenberg, arracha la mèche d'une bombe prête à faire explosion, demeureront à jamais consignés dans l'histoire.

Au milieu de ce concours unanime des corps composant l'armée de siége, le feld-maréchal Kalkreuth, qui craignait que d'un instant à l'autre une surprise nouvelle, ou quelques coups hardis ne vinssent déconcerter sa vieille expérience, et mettre en défaut ses plus sages dispositions pour la défense de la place, s'empressa de demander des secours. Le général Beningsen, à qui il s'adressa, lui expédia sur le champ vingt-mille hommes, qui, sous le commandement du général Kaminski, se dirigèrent vers le port de Pillau, où des embarcations les attendaient. Pendant que ce mouvement s'exécutait, Beningsen, qui voulait détourner l'attention de l'empereur Napoléon, et tenir en échec la plus grande partie de ses forces en Pologne, forma des attaques simulées sur les divers points occupés par la grande armée, depuis la Baltique jusqu'à la Narew. La nécessité de donner à ces manœuvres quelque apparence de réalité, tourna constamment au désavantage des Russes ; non-seulement ils furent défaits toutes les fois qu'ils provoquèrent un engagement, mais encore ils furent complètement déçus dans l'espoir de dérober à l'empereur les motifs qui les rendaient si entreprenans. Napoléon, averti de leurs préparatifs pour secourir Dantzick, avait déjà pris toutes les mesures propres à paralyser les efforts qui allaient être tentés en faveur de cette place, et dans le même temps que le général Kaminski, sous la protection du canon de Weichselmundeg débarquait ses troupes au camp retranché de Newfahrwasser, dont heureusement les communications avec la ville avaient été interceptées auparavant, le maréchal Lannes, à la tête de la réserve composée des grenadiers d'Oudinot, se joignit au corps du maréchal Lefebvre. Cette réunion, qui eut lieu le 12 mai, jeta de l'irrésolution dans les plans de l'ennemi. Cependant Kaminski, après trois jours d'hésitation, se décida à attaquer. Le 15 mai, à cinq heures du matin, il déboucha de son camp sur quatre colonnes, et le combat commença aussitôt : trois fois les Russes essayèrent d'enfoncer la ligne française, et trois fois ils furent repoussés avec perte. Ils revenaient à la charge avec de nouvelles forces, se disposant à accabler de leur choc le général Schramm, dont la résistance excitait leur fureur, lorsque le maréchal Lannes parut sur le champ de bataille guidant une colonne de grenadiers. La présence de cette élite redouble à la fois l'énergie des troupes de Schramm, et l'acharnement de leurs adversaires. La lutte devient des plus sanglantes : Oudinot y est démonté : malgré cet accident, il s'élance à la tête de ses braves; culbute les Russes, et ne s'arrête qu'au bord de la mer où, par l'entière destruction d'une de leurs colonnes, il achève de rendre la victoire décisive. Témoins de la défaite de leurs alliés, cinq mille Prussiens qui n'avaient pas encore donné, balancent à venir se mesurer avec nos soldats : mais les généraux Albert et Beaumont ne laissent pas à cette troupe le temps de prendre un parti; ils se précipitent à sa rencontre, l'atteignent entre Passenwerder et Stege, la combattent, la dispersent, et cueillent à sa poursuite les derniers lauriers d'une journée qui coûtait déjà plus de quatre mille hommes à l'ennemi.

Ainsi battu presqu'en arrivant, Kaminski n'eut pas même la gloire d'avoir interrompu les travaux du siège; et le feld-maréchal Kalkreuth, qui avait compté sur le secours de ses valeureux auxiliaires, se trouva, comme auparavant, réduit aux seules forces de la garnison. La détresse de Dantzick allait parvenir à son comble : des ponts élevés comme par enchantement couvrent la Vistule, le canal de Laak, et la Motlau; les assiégés, resserrés de plus en plus dans leurs remparts, ne peuvent plus rien recevoir du dehors : des postes établis sur les deux rives du fleuve en ferment l'accès à tout bâtiment qui entreprendrait de le remonter. Une corvette anglaise, armée de vingt-quatre canons, et défendue par cent-soixante marins ou soldats, la Sans-Peur, qui, en dépit de cette surveillance, cherchait à introduire des munitions dans la place, fut assaillie et prise à l'abordage par les grenadiers de la garde de Paris. Le succès de ce coup audacieux qui enlevait au gouverneur Kalkreuth sa dernière ressource, n'abattit cependant point son courage. L'assaut était imminent : pour le retarder, il résolut de faire une grande sortie et de dé-

truire les ouvrages des assiégeans. Mais l'issue de cette
tentative ne servit qu'à prouver la faiblesse et le dénuement
des troupes qu'il commandait. A peine se montrèrent-
elles, qu'elles furent forcées de rentrer précipitamment
dans l'enceinte de leurs fortifications. Sur ces entrefaites,
le maréchal Mortier arrivait devant Dantzick avec une
portion de son corps d'armée. Ce renfort décida le maréchal Lefebvre à ne plus différer l'assaut ; mais, avant d'en
venir à cette extrémité, il adressa une sommation au gouverneur, qui se soumit à capituler. Napoléon était à Finc-
kinstein quand, le 25 mai, on lui présenta l'acte d'après
lequel devait s'effectuer la remise de la place : il le ratifia sur-le-champ, et deux jours après, le maréchal Lefebvre qui avait dirigé ce siége, l'un des plus fameux des
temps modernes, fit, à la tête du dixième corps d'armée,
son entrée triomphale dans la ville que son habileté et sa
valeur venait de conquérir. Il avait témoigné au maréchal Lannes et au général Oudinot le désir de leur faire
partager les honneurs de cette journée, mais ces deux
guerriers s'y refusèrent avec une noble modestie.

En nous rendant maîtres de l'embouchure de la Vistule, la chute de Dantzick privait les alliés d'un appui des
plus importans, et délivrait la gauche de notre armée des
inquiétudes qu'elle aurait pu concevoir si cette place, la
reine de la Baltique, eût fait une plus longue résistance.
Cependant, loin d'épouvanter les souverains de la coalition, cet événement ralluma dans leurs cœurs l'espoir de
vaincre et la soif de la vengeance. Des négociations de
paix, entamées depuis quelques mois, furent brusquement
rompues au moment même où la modération de Napoléon
et l'avantage de sa position ôtaient tout prétexte à la
guerre. L'empereur Alexandre, séduit par le plan d'une

agression gigantesque, pour laquelle le cabinet de Saint-James avait promis quarante mille hommes, s'était persuadé que l'Angleterre allait enfin, en faveur de la cause commune, tenter de grands efforts matériels. Mais le plan proposé par cette puissance, ainsi que la promesse de sa participation, n'étaient qu'un appât offert à la crédulité du monarque russe, et un motif pour l'empereur des Français de ne négliger aucune des précautions convenables dans la supposition d'une descente. Déjà un nouveau corps de quatre-vingt mille hommes, sous le commandement du maréchal Brune, formait une ligne qui s'étendait de Magdebourg au littoral, et qui, se réunissant par une chaîne de postes aux troupes du maréchal Mortier en observation sur la Peene, donnait la main de proche en proche aux autres corps de la grande armée. Quoique ces dispositions fissent assez connaître que le vainqueur d'Eylau ne se laisserait pas prendre au dépourvu, le czar, comptant sur l'assistance de la Grande-Bretagne, se flattait de pouvoir bientôt placer les Français entre deux feux, et de reconquérir la Prusse, tandis que leur chef serait occupé dans la Pologne. Une faible démonstration de la part des Anglais, qui débarquèrent devant Stralsund l'avant-garde d'une légion allemande à leur solde, fut pour Alexandre le signal de reprendre la plus vigoureuse offensive. Les Russes quittèrent aussitôt leurs quartiers d'hiver, et l'on courut aux armes.

Les premiers engagemens eurent lieu sur la Passarge le 4 juin. L'ennemi débuta par l'attaque de la tête du pont de Spanden : vingt mille hommes, artillerie, cavalerie et infanterie s'avancèrent pour s'emparer d'une redoute, mais ils furent repoussés sept fois par le maréchal Bernadotte, qui, quoique grièvement blessé dès le commencement de l'action, ne consentit à aller se faire panser qu'après que ses savantes dispositions et l'exemple de son intrépidité eurent assuré la victoire. Pendant ce combat, la brigade Ferey culbutait deux divisions à Lomitten, et les troupes du maréchal Ney, disséminées à Guttstadt, à Wolfesdorf, à Amt et à Altkirken, se maintenaient dans ces postes, malgré les efforts combinés du général en chef Beningsen et du grand duc Constantin, qui avaient avec eux toute la garde impériale russe renforcée de trois divisions d'élite. Ce succès de la résistance de Ney, assailli, pour ainsi dire, à l'improviste sur toute sa ligne par des forces doubles des siennes, était si prodigieux, qu'il ne pouvait pas se promettre de le renouveler en gardant les mêmes positions. Il se replia en conséquence sur Deppen, où il concentra son corps, et se prépara à soutenir un second choc. L'ennemi ne se fit pas attendre : dès le lendemain il se présenta devant Deppen, et voulut l'emporter d'assaut. La lutte fut terrible, mais elle ne demeura pas long-temps indécise : les Russes, dispersés et mis en fuite, laissèrent sur le champ de bataille plus de deux mille morts et un grand nombre de blessés.

Cependant Napoléon désirait terminer la guerre par un coup de foudre. Le 7, il coucha au bivouac de Deppen, et le 9 il se porta sur Guttstadt avec sa garde, la cavalerie de réserve et les corps des maréchaux Ney, Davoust et Lannes. Quinze mille hommes de l'arrière-garde ennemie, commandée par le prince de Bagration, voulurent en vain disputer aux Français le passage de Glottau : Murat les débusqua de leurs positions. Les brigades Pajol, Bruyères, et Durosnel, ainsi que les cuirassiers et carabiniers de la division Nansouty, renversèrent tous les obstacles. Guttstadt, emportée de vive force à huit heures du soir reçut, aussitôt l'empereur dans ses murs. Mille prisonniers russes, et la déroute de leurs différens corps, parmi lesquels se trouvait celui de Kaminski, qui, déjà la veille, à Wolfesdorf, avait éprouvé un échec, attestèrent la valeur de nos troupes.

Le lendemain l'armée française, continuant son mouvement en avant, se dirigea vers Heilsberg. A midi, Murat atteignit une seconde fois l'arrière-garde russe; elle était soutenue par de nombreuses lignes d'infanterie; mais plusieurs charges brillantes la forcèrent d'abandonner un terrain sur lequel elle s'était défendue pendant deux heures avec fureur. Le corps du maréchal Soult arriva sur ces entrefaites, et se forma devant l'ennemi. Les deux divisions Saint-Hilaire et Leval marchèrent sur la droite, et celle du général Legrand s'empara sur la gauche de la pointe d'un bois qui pouvait appuyer notre cavalerie. L'armée russe était en grande partie réunie autour d'Heilsberg. Elle fit des efforts incroyables pour se maintenir en avant de la ville ; mais à dix heures du soir elle fut réduite à chercher un abri dans ses retranchemens.

Les deux armées prirent quelque repos. Le lendemain, Napoléon visita le champ de bataille, et disposa ses différens corps pour une affaire décisive. Il s'attendait à voir sortir les Russes de leurs retranchemens, mais l'activité avec laquelle ils s'occupaient de fortifier leur camp, dont les ouvrages avaient déjà coûté plus de quatre mois de travail, le convainquit bientôt qu'ils n'accepteraient le combat que dans l'enceinte qui les protégeait. Il fallait donc les attaquer sur le terrain qu'ils avaient eux-mêmes choisi. Le 11 au soir, Napoléon changea son plan; mais à l'aspect des nouveaux préparatifs, l'ennemi, craignant tout-à-coup d'être forcé et enveloppé, renonça à sa défense, et passa sur la rive droite de l'Alle. Le 12, au point du jour, les colonnes françaises s'ébranlèrent, et Heilsberg, où elles s'étonnèrent d'entrer sans éprouver la moindre résistance, fut immédiatement occupé. Cette ville, dans laquelle les Russes avaient abandonné plus de quatre mille de leurs blessés, renfermait des approvisionnemens immenses en vivres et en munitions.

Les brillans avantages remportés par Napoléon sur la Passarge et sur l'Alle, se répétaient en même temps à l'extrême droite de notre armée, sur l'Omulew et sur la Narew, où Masséna battait et repoussait jusqu'à Ostrolenka, un corps de seize mille hommes qui s'étaient présentés pour enlever la tête du pont de Drewkenow.

L'empereur ne s'arrêta pas à Heilsberg; après avoir donné à Murat, dont la cavalerie était soutenue par les corps des maréchaux Soult et Davoust, l'ordre de manœuvrer sur Kœnisberg, afin de déborder l'ennemi et de lui couper la retraite, il porta le soir même son quartier-général à Eylau, et le 14, à trois heures du matin, il parut devant Friedland au moment où l'armée russe, débouchant par le pont de cette ville, était déjà aux prises avec les corps des maréchaux Lannes et Mortier. Aux premiers coups de canon qui se firent entendre, Napoléon s'écria: « C'est un heureux jour, c'est l'anniversaire de Marengo!» Deux heures après, ses troupes étaient rangées en bataille, et l'ennemi, qui vainement jusqu'alors avait tenté de s'ouvrir un passage, achevait de déployer ses forces. Toutefois l'action ne s'engagea chaudement qu'à cinq heures et demie du soir.

La gauche des Russes est aussitôt attaquée; plusieurs de leurs colonnes chargées à la baïonnette et acculées sur l'Alle, y sont précipitées par la division Marchand; leur garde impériale à pied et à cheval, une partie de leur centre et de leurs réserves, sont enfoncées par les divisions Bisson et Dupont, qui en font un horrible carnage. Notre artillerie, dirigée par le général Sennarmont, emporte des bataillons entiers. Au milieu des dangers qui les environnent de toutes parts, foudroyées, écrasées par un feu continuel, les troupes ennemies se replient en désordre dans Friedland, où elles tâchent de se former de nouveau; mais toute résistance est inutile, Friedland est enlevé, et le maréchal Ney, qui a présidé au mouvement, pénètre dans la ville sur les cadavres de ceux qui voulaient en défendre l'entrée.

Ce succès était, pour les armes françaises, le gage d'un éclatant triomphe. Cependant, le général en chef Beningsen, espérant ramener la fortune sous les étendarts russes, médite un dernier coup contre le centre de notre armée. A la voix de ce chef, cent bataillons et un égal nombre d'escadrons s'élancent pour rompre les rangs qui leur sont opposés: cavalerie, infanterie, ensemble et tour-à-tour, s'épuisent en charges réitérées afin d'entamer le front de fer de nos soldats. Mais, loin d'en être ébranlés, ces guerriers invincibles, à qui le maréchal Lannes, ainsi que les généraux Oudinot et Verdier, communiquent l'impulsion de leur grand courage, redoublent d'ardeur et de résolution à mesure que les périls se multiplient. Les Russes sont partout repoussés, partout ils fuient, et ceux que les boulets et les balles ont épargnés, trouvent la mort sous les baïonnettes de ces adversaires, dont leur impétuosité et leur dévouement n'ont pu dompter la valeur.

L'aile droite de l'ennemi est seule intacte; Korsakow, qui la commande, cherche inutilement à lier ses opérations avec le reste de l'armée russe; il ne peut que partager sa défaite. Il a pour lui la supériorité du nombre ; mais cet avantage lui est arraché par la fermeté et le sang-froid du maréchal Mortier, qui conduit la gauche de nos troupes. Korsakow, après avoir échoué dans ses dispositions offensives, est lui-même assailli avec impétuosité ; il dispute d'abord le terrain pied à pied et continue à se maintenir malgré la violence du choc, quand tout-à-coup, saisi de la crainte de voir fondre sur lui la plus grande partie de nos forces, il rétrograde dans la direction de Friedland, dont il ignore encore que le général en chef Beningsen a été chassé. Korsakow paya chèrement cette erreur : poursuivi, enveloppé, il fut réduit à la cruelle alternative de mettre bas les armes ou de se jeter dans l'Alle en abandonnant ses bagages et son artillerie ; ce dernier parti lui parut préférable à la honte d'être pris. La découverte d'un gué semblait lui offrir une chance de salut ; il l'indiqua à ses colonnes ; mais elles s'y portèrent avec tant de précipitation, et la confusion fut telle, que des milliers de russes périrent dans les flots.

La victoire, qui n'avait pas été un instant incertaine, fut complète à onze heures du soir. Quinze mille ennemis perdirent la vie sur le champ de bataille. Dix pièces de canon, un grand nombre de caissons, plusieurs drapeaux et quelques milliers de prisonniers tombèrent au pouvoir des Français. Vingt-cinq généraux russes furent pris, tués ou blessés.

Napoléon montra dans cette journée les mêmes talens et la même activité que dans les campagnes précédentes.

On le vit, pendant le combat, se transporter au milieu du feu d'une extrémité à l'autre de la ligne, et souvent les soldats remarquèrent avec effroi les boulets qui passaient près de lui, ou qui venaient mourir à ses pieds. L'empereur coucha à Friedland; le lendemain il marcha sur Wehlau, où les têtes de colonnes des deux armées arrivèrent presqu'en même temps, et le 16 il passa la Prégel.

La rapidité de cette course triomphale accéléra la chute de Kœnigsberg. Cette ville, ancienne capitale du duché de Prusse, était un des plus vastes entrepôts de guerre des coalisés. Le général prussien Lestocq, qui s'y était enfermé après avoir été battu à Kreutzbourg par les dragons du général Milhaud, avait entrepris de la défendre. Mais un assaut, dont le succès dû en partie à l'audace du général de brigade Buget rendit le maréchal Soult maître des faubourgs sur la rive gauche de la Prégel, et l'enlèvement de quatre mille Russes cernés par la cavalerie de Murat, au moment où, pour échapper aux vainqueurs de Friedland, ils tentaient de se jeter dans la place, avertirent l'ennemi qu'il était temps d'abandonner un poste où il ne pouvait que s'attendre à un grand revers. Kœnigsberg, évacué le 16, fut immédiatement occupé par les Français qui y trouvèrent des richesses immenses, trois cents gros navires chargés de toute espèce, des munitions, cent soixante mille fusils que l'Angleterre envoyait au czar, toutes les ambulances de la coalition, ses hôpitaux et plus de vingt mille de ses blessés.

Ce n'était pas seulement sur les bords de la Passarge, de l'Alle et de l'Omulew, que nos armes étaient heureuses; dans la Silésie, un corps nombreux, conduit par le général Kleist au secours des remparts de Neiss, avait été détruit par les généraux Lefebvre Desnouettes et Dumui. La place de Neiss elle-même, avec une garnison de six mille hommes, venait, après quatre mois de siége, de se rendre au général Vandamme; celle de Glatz, malgré sa longue résistance, avait fini par être réduite; la forte resse de Kosel avait aussi succombé; enfin le roi de Prusse ne possédait plus réellement en Silésie que le fort de Silberberg, qui ne pouvait pas tenir long-temps sur la Vistule, que la place de Graudentz, vivement resserrée, et sur la Baltique, que Colberg qui touchait à l'époque de sa reddition.

Le 19, à deux heures de l'après-midi, Napoléon entra dans Tilsitt, que l'empereur de Russie et le roi de Prusse avaient quitté depuis peu de jours. Ce fut aux approches de cette ville que les Français aperçurent pour la première fois des Kalmoucks, espèce de sauvages, armés seulement de flèches, qu'ils décochent en fuyant à la manière des Parthes. L'aspect de ces Tartares, et leur bizarre accoutrement excitèrent la risée de nos soldats, pour qui de tels adversaires n'étaient guère redoutables.

La ville de Tilsitt est située sur le Niemen; ce fleuve, dont les Russes, qui paraissaient vouloir se retirer vers la Samogitie, avaient incendié le pont, était alors la seule barrière à franchir pour que Napoléon portât la guerre sur leur territoire. La saison était favorable; nos troupes étaient remplies de confiance et d'ardeur; celles de la Russie, au contraire, entièrement démoralisées, alliaient, au sentiment de leur faiblesse et de leur impuissance, la persuasion que leurs défaites étaient un châtiment du ciel courroucé par une injuste agression. Le czar trembla de voir nos aigles prendre un nouvel essor : il se résigna pour sauver ses états, à s'humilier une seconde fois, et retrouva à Tilsitt le héros magnanime d'Austerlitz.

Napoléon écouta les premières propositions qui lui furent faites pour le rétablissement de la paix. Un armistice fut conclu le 21 juin. Le lendemain Napoléon, suivant son habitude, récapitula dans une proclamation les travaux de cette guerre. « Soldats, y disait-il, le 4 juin nous avons été attaqués dans nos retranchemens par l'armée russe. L'ennemi s'est mépris sur notre inactivité. Il s'est aperçu trop tard que notre repos était celui du lion ; il se repent de l'avoir troublé.

» Dans les journées de Gielstadt, de Heislberg, dans celle à jamais mémorable de Friedland, dans dix jours de campagne, enfin, nous avons pris cent vingt pièces de canon, sept drapeaux, tué, blessé ou fait prisonniers soixante mille Russes, enlevé à l'armée ennemie tous ses magasins, ses hôpitaux, ses ambulances, la place de Kœnisgberg, les trois cents bâtimens qui étaient dans ce port, chargés de toute espèce de munitions, cent soixante mille fusils que l'Angleterre envoyait pour armer nos ennemis.

» Des bords de la Vistule nous sommes arrivés sur ceux du Niemen avec la rapidité de l'aigle. Vous célébrâtes à Austerlitz l'anniversaire du couronnement ; vous avez cette année dignement célébré celui de Marengo, qui mit fin à la guerre de la seconde coalition.

» Français ! vous avez été dignes de vous et de moi ; vous rentrerez en France couverts de tous vos lauriers, et après avoir obtenu une paix glorieuse, qui porte avec elle la garantie de sa durée.

» Il est temps que la patrie vive en repos à l'abri de la maligne influence de l'Angleterre ; mes bienfaits vous prouveront ma reconnaissance et toute l'étendue de l'amour que je vous porte. »

Le 25, un pavillon, élevé à la hâte au milieu du Niemen, reçut les deux empereurs qui, dans l'effusion de leur joie, s'embrassèrent à la vue des deux armées que séparait le fleuve. Ce fut là que s'établirent des conférences d'où semblaient dépendre les destinées du monde. Jamais entrevue n'offrit un spectacle plus imposant. Le roi de Prusse vint bientôt compléter cette réunion qu'embellit la présence de la reine. Cette princesse, qui joignait aux grâces de son sexe toutes les vertus d'une héroïne, fut l'objet des prévenances de Napoléon : on eût dit que, par une cour assidue, ce monarque cherchait à lui faire oublier les sarcasmes lancés contre elle dans ses bulletins.

La paix, si ardemment désirée, fut enfin signée le 9 juillet. Il y eut deux traités, l'un entre la France et la Russie, l'autre avec la Prusse. Le roi Frédéric-Guillaume paya tous les frais de la guerre. Les provinces entre le Rhin et l'Elbe servirent à doter le royaume de Wesphalie, fondé par Napoléon en faveur du prince Jérôme, son frère, qu'il allait unir à la princesse Frédérique-Catherine de Wurtemberg, de même que, deux ans auparavant, il avait uni son fils adoptif, le prince Eugène de Beauharnais, à une princesse de Bavière. La partie de la Pologne, échue à la maison de Brandebourg par le partage de 1772, fut érigée en duché, et donnée au roi de Saxe, ainsi que le cercle de Colbus dans la Basse-Lusace. Les possessions des princes d'Anhalt sur la droite de l'Elbe, la ville de Dantzick et son territoire furent également distraits de la monarchie prussienne. La Russie céda au roi de Hollande la seigneurie de Sever dans l'Ost-Frise, et obtint en échange d'étendre ses frontières aux bords du Bug et de la Narew. La confédération du Rhin et les nouveaux souverains, créés par Napoléon, furent solennellement reconnus.

Aux yeux de l'impartiale postérité les deux traités de Tilsitt seront des témoignages irrécusables de la modération d'un homme que l'on a voulu assimiler à un conquérant en délire. L'histoire dira que, lorsque la conquête lui donnait le droit de dépouiller un prince qui avait faussé ses promesses, et manqué à la foi jurée, il lui restitua sa couronne, et que, vainqueur du premier potentat de l'Europe, il ne lui demanda que son affection, son estime et son alliance. Napoléon eût pu dès-lors, en commandant l'intégrité de l'indépendance polonaise, en relevant l'antique trône des Jagellons et des Sobieski, acquitter la dette de la reconnaissance envers une nation généreuse et brave, en même temps qu'il en aurait fait une barrière formidable contre les invasions hyperboréennes, et un contre-poids à l'Autriche; mais d'autres vues occupaient sa pensée. La ruine de l'Angleterre était l'unique but qu'il poursuivait, et, pour l'atteindre, il avait résolu de transporter sur le continent les grands foyers de l'industrie et du commerce. L'accomplissement de cette œuvre ne pouvait avoir lieu sans la coopération de la Russie : il ne devait donc pas exiger qu'elle renonçât à ses possessions de la Pologne, surtout si, comme il est vraisemblable, il avait concerté avec l'empereur Alexandre le projet d'établir en Europe deux grandes divisions, celle du midi, dont la France eût été le centre, et celle du nord, sous la domination du czar.

La possibilité de l'adoption d'un pareil plan devait d'autant plus inquiéter le cabinet de Saint-James, que depuis long-temps ce cabinet semblait avoir pris à tâche de mécontenter tous les peuples. Les Anglais craignirent de voir se renouer, à l'ombre des deux premières puissances continentales, la confédération maritime, dissoute par l'assassinat de Paul I*er*. Pour conserver l'empire de la Baltique, ils formèrent le dessein de forcer le roi de Danemarck à se déclarer en leur faveur, de le réduire sous les lois du vasselage, d'enlever sa flotte, de s'emparer du Sund, et d'en rester maîtres aussi irrévocablement que de la forteresse de Gibraltar. Deux fois, en 1800 et 1801, ils avaient tenté inutilement cette entreprise; mais ils espéraient qu'au moyen d'une diversion opérée par les forces de la Suède, ils seraient plus heureux la troisième. Gustave IV, vivement sollicité d'attirer sur lui le corps d'observation français qui couvrait le littoral, céda de nouveau au prestige des séductions britanniques.

CHAPITRE XIV.

Sommaire : Incendie de Copenhague. — Napoléon supprime le tribunat. — Expédition de Portugal. — Intrigues à la cour de Madrid. — Murat envoyé en Espagne. — Napoléon à Venise. — Il désigne Beauharnais pour son successeur à la couronne.

1808.

Les Anglais, irrités d'avoir vu s'éteindre dans le nord le dernier foyer d'une guerre qu'ils avaient allumée, résolurent de se venger de leurs désappointemens sur le roi de Danemarck, le plus fidèle allié des Français.

Dans les premiers jours de septembre 1807, une de leurs escadres se présenta inopinément devant Copenhague, et contre toutes les lois de la neutralité, sans déclaration de guerre, après un bombardement de trois jours, l'incendie de six cents maisons et la ruine de plusieurs milliers de familles, la capitale du Danemarck devint la proie de ces spoliateurs; vingt-huit vaisseaux de ligne, seize frégates, vingt-sept bricks, un grand nombre de chaloupes et plus de deux mille quatre cents bouches à feu furent conduits dans les ports de l'Angleterre. « Vous pouvez nous tuer, car vous êtes les plus forts, disait le général Peyman, qui commandait la ville de Copenhague ; la vie nous est odieuse s'il faut la tenir de vous. »

Cette violation atroce du droit des gens était une continuation de la tyrannie que l'Angleterre prétendait exercer sur tout le genre humain. Napoléon eut le malheur de ne pas comprendre que cet esprit illibéral de ses ennemis les plus acharnés, lui commandait d'adopter un système qui fût tout le contraire du leur. Ainsi, quand il ne devait se montrer animé que de ces pensées libératrices qui séduisent les peuples, son génie, ennemi déclaré de tout affranchissement, semblait ne se complaire que dans les rêves du despotisme.

Le sceptre impérial s'appesantissait à chaque victoire, et la France triomphante, mais veuve de ses libertés, se présentait au monde, non plus comme une bienfaitrice qui allait répandre sur la terre les principes de la grande régénération philantropique, mais comme le docile instrument d'un dominateur redoutable.

Fidèle à sa propension vers le pouvoir absolu, Napoléon, de retour dans sa capitale, depuis le 24 juillet, achevait de faire disparaître de son gouvernement ce qui restait encore des institutions républicaines. Le tribunat, qu'il avait d'abord conservé, n'était pas assez monarchique : le tribunat fut effacé de l'acte des constitutions de l'empire. Les Français ne ressentirent pas alors combien était funeste cette atteinte portée aux prérogatives de la nation; trop d'enthousiasme enflammait tous les cœurs. La paix comblait tous les vœux, et la publique admiration, qui s'attachait au char du conquérant, absorbait jusqu'à la faculté de réfléchir à de plus chers intérêts. Au milieu des transports de l'allégresse universelle, du concert de louanges prodiguées à l'empereur par les grands corps de l'état, de l'éclat des fêtes par lesquelles la France célébrait les exploits de son invincible armée, personne n'entendit la voix du sénat prononçant la suppression de la seule chambre législative qui eût gardé quelques formes démocratiques.

Pendant que les Français, ainsi subjugués par la gloire militaire de leur chef, se montraient indifférens à la perte de leurs droits, les autres peuples, se reposant dans le calme après lequel ils soupiraient depuis long-temps, fermaient les yeux sur l'extension que Napoléon donnait à son empire. La tranquillité était générale, Naples même commençait à en goûter les bienfaits, et ce royaume touchait au terme d'une guerre, qui, allumée avec la troisième coalition, s'était prolongée au-delà de la quatrième.

Napoléon pouvait maintenant appliquer son régime prohibitif depuis les côtes du Holstein jusqu'au détroit de Messine; mais sur d'autres rivages dont il n'avait pas la surveillance immédiate, cette interdiction était fréquemment éludée. Le Portugal surtout, malgré l'apparente soumission de la maison de Bragance, n'était plus qu'une colonie de l'Angleterre, dont les marchandises se répandaient de Lisbonne dans toute la Péninsule. L'empereur résolut de le ranger sous sa domination; et, pour s'en ménager les moyens, il conclut avec la cour de Madrid un traité qui fut signé à Fontainebleau le 27 octobre 1807. Cet acte portait en substance que le prince espagnol qui régnait sur la Toscane, renoncerait à la souveraineté de ce pays, et en serait indemnisé par la province d'Entre-Duero-et-Minho, et par la ville d'Oporto; que l'Alentejo et les Algarves seraient donnés en toute propriété à Manoël Godoï, prince de la paix; que le reste du Portugal demeurerait en dépôt jusqu'à la paix générale, et qu'à cette époque, ou au plus tard dans trois années,

Napoléon reconnaîtrait Charles IV comme empereur des deux Amériques. Les principautés accordées au roi d'Étrurie et à Manoël Godoï, étaient, en cas d'extinction de leurs progénitures, reversibles à la couronne d'Espagne. Une convention, arrêtée le même jour, réglait que l'expédition projetée s'effectuerait de concert par un corps de troupes françaises et par trois divisions castillanes. Le général Junot devait diriger les mouvemens militaires ; le 17 octobre, il franchit les Pyrénées à la tête de vingt-six mille hommes, prit en route une partie du contingent espagnol commandé par le général Caraffa, pénétra le 19 novembre sur le territoire portugais, et entra le 22 dans Abrantès. Cette marche de trois jours, à travers des montagnes incultes, hérissées de rochers, coupées par de profonds ravins, sillonnées par des torrens furieux, interrompues par d'horribles précipices, était déjà, par la nature seule du terrain, une des plus pénibles que pût entreprendre une armée s'avançant pour combattre ; elle devint affreuse par la négligence de nos alliés qui n'avaient rien préparé pour nous aider à en surmonter les obstacles. Un grand nombre de soldats périt de fatigue et de misère dans les épouvantables gorges du Beira ; et il n'est pas douteux que dans cette situation où nous manquions de tout, deux mille ennemis, qui auraient occupé la formidable position de Las-Tailladas, ne nous eussent forcés à rétrograder. Mais il était trop tard quand les Portugais songèrent à défendre ces Thermopyles de leur pays : leurs milices ne purent pas être rassemblées à temps, pour nous en fermer le passage, et Junot était le 29 à une lieue de la capitale, avant que le gouvernement fût parvenu à organiser la moindre résistance. Plusieurs députations vinrent alors annoncer que le prince régent, et tout ce qui tenait à la cour, s'était embarqué pour le Brésil, que les habitans étaient dans la plus grande stupeur, et qu'une flotte anglaise établie à la barre du Tage, semblait vouloir s'introduire dans le port.

Junot n'avait avec lui que son avant-garde, et il n'était pas sans inquiétude sur les autres corps qui se trouvaient en arrière : il ne se dissimulait pas combien il y avait de témérité à se risquer avec des forces si peu imposantes, au milieu d'une population de trois cent cinquante mille ames, dans une ville qui renfermait plus de quatorze mille hommes de troupes réglées, que pouvait enhardir la proximité des Anglais ; toutefois il crut encore plus dangereux de laisser à cette multitude le temps de la réflexion, et dès le lendemain il fit son entrée dans Lisbonne à la tête de quinze cents hommes seulement, sans escorte de cavalerie, sans une pièce de canon et presque sans une cartouche. Les colonnes qu'il attendait arrivèrent successivement, mais dans un état si déplorable, qu'il leur eût été impossible d'aller plus loin. Des compagnies entières n'avaient plus ni armes, ni vêtemens, ni chaussure; un grand nombre de soldats étaient méconnaissables et presque moribonds.

Le général en chef s'occupa d'abord de pourvoir aux premiers besoins de ces malheureux; la nécessité de réparer son matériel, qui se trouvait dans un délabrement extrême, fut le second objet de sa sollicitude; il le renouvela presqu'en totalité, prit ensuite des mesures administratives propres à calmer ou à contenir les esprits violemment agités, régularisa l'invasion qui en peu de jours s'étendit à toutes les provinces, et substitua sur les édifices publics, sur les forts, sur la flotte portugaise, le pavillon tricolore à l'étendard révéré que les crédules habitans de la Lusitanie disaient tenir du fils de Dieu lui-même. Ce dernier acte, en révoltant le sentiment national, faillit aiguiser les poignards du fanatisme ; il n'y eut sortes d'impostures employées par les prêtres pour exciter le peuple à la révolte : des miracles se faisaient dans toutes les églises ; des prophètes parcouraient les rues, annonçant que le fameux roi don Sébastien, mort depuis cinq cents ans à la bataille d'Alcala, allait enfin reparaître pour exterminer les Français ; la statue équestre de Joseph Ier venait, suivant d'autres, de tourner deux fois sur elle-même. A ces signes, dont la superstition ne pouvait nier l'évidence, de nombreux attroupemens se formèrent, des vociférations et des menaces se firent entendre, c'était le signal de l'insurrection générale ; mais ce mouvement, qui avait été prévu, n'eut aucun résultat : la populace fut sur-le-champ dispersée, les instigateurs arrêtés et le calme rétabli.

Nous étions maîtres du Portugal. Pour en conserver la possession, il était indispensable de régner sur l'Espagne ; Napoléon avait plus d'un motif pour déclarer la guerre à cette puissance : plusieurs fois il avait eu à se plaindre de l'instabilité du cabinet de Madrid, et il avait pu se convaincre que la crainte seule d'encourir la vengeance des Français, l'avait empêché de se donner ouvertement à l'Angleterre ; deux proclamations lancées par Godoy pendant la guerre de Prusse, avaient assez fait connaître, malgré le ton ambigu dont elles étaient écrites, que le gouvernement espagnol n'attendait que l'occasion d'un revers pour se ranger parmi nos ennemis. A la vérité, le traité de Fontainebleau avait paru l'effet d'une franche réconciliation, mais comme il n'était que la suite des protestations d'amitié, qu'à chaque nouveau triomphe de Napoléon, le prince de la Paix ne manquait jamais de dicter à son roi, on ne pouvait guère compter sur une alliance qui n'avait d'autres fondemens que la peur. D'ailleurs plusieurs conditions de ce même traité avaient été éludées, mal remplies ou faussement interprétées. Cette mauvaise foi était encore plus manifeste, depuis que l'abdication forcée de Charles IV avait fait monter Ferdinand VII sur le trône de son père. Personne n'ignorait que ce prince, en apparence si soumis aux volontés de l'empereur, était entièrement dévoué au cabinet de Saint-James, dont les émissaires étaient seuls admis dans son intimité.

Ici se nouent les fils d'une intrigue qu'il importe de dérouler, parce que les événemens qu'elle a produits ont exercé la plus grande influence sur les destinées du monde, en faisant naître dans l'esprit de Napoléon la première pensée de l'extorsion du trône des Espagnes. Long-temps avant son abdication Charles IV ne régnait que de nom. Le gouvernement était entre les mains de don Manuel Godoy, qui, de simple garde-du-corps, était parvenu aux plus hautes dignités du royaume, sans posséder aucune des qualités qui auraient pu justifier une fortune aussi rapide. Le luxe effréné de ce favori, ses manières hautaines, avaient blessé au vif l'orgueil de la nation; les grands et le peuple ne portaient qu'avec impatience son joug humiliant; mais il bravait leur haine, assuré qu'il était de la confiance du roi, et de celle plus intime encore de la reine. Les mécontens avaient mis leurs espérances dans le jeune prince des Asturies, objet de l'oppression la plus insidieuse de la part du prince de la Paix, et de l'indifférence la plus complète de la part de ses parens. Sans les soins du chanoine Escoïquez, son précepteur, le prince Ferdinand, héritier de grandes monarchies dans les deux mondes, aurait été privé de l'instruction que l'enfant du particulier le plus obscur reçoit dans le foyer paternel : tel était, dit-on, le plan formé par Godoy, afin de s'assurer pour l'avenir sur le fils l'ascendant absolu qu'il exerçait sur le père.

L'infortune du prince des Asturies attacha à sa personne des amis imprudens qui lui communiquèrent leur irritation. Des conférences fréquentes eurent lieu ; divers plans furent discutés pour échapper à l'oppression du favori. Mais celui-ci était instruit de toutes ces menées par les espions qu'il soudoyait, et peut-être dirigeait-il lui-même les fils de la conspiration, en attendant l'occasion de faire éclater le vieux monarque qu'il impressionnait à son gré. L'époque de la signature du traité secret de Fontainebleau lui parut favorable. Vers la fin d'octobre, Charles IV, par un rescrit royal, fulmina un acte d'accusation contre son fils aîné, le fit arrêter, garder prisonnier dans l'appartement qu'il occupait au palais de l'Escurial, et le signala à la vindicte publique comme chef d'une conspiration *qui tendait à priver son père du trône et de la vie.*

L'original de ce rescrit était écrit de la main du prince de la Paix. Toute la fermeté de Ferdinand s'évanouit aussitôt que ses projets furent éventés. Il poussa la faiblesse jusqu'à révéler les noms des amis qui s'étaient dévoués à sa cause. Ces lettres, qu'il avait écrites, furent rendues publiques.

5 novembre 1807.

» Sire et mon père,

» Je me suis rendu coupable; en manquant à votre majesté, j'ai manqué à mon père et à mon roi. Mais je m'en repens et je promets à votre majesté la plus humble obéissance. Je ne devais rien faire sans le consentement de votre majesté; mais j'ai été surpris. J'ai dénoncé les coupables, et je prie votre majesté de me pardonner, et de permettre de baiser vos pieds à votre fils reconnaissant. »

« Madame et ma mère,

» Je me repens bien de la grande faute que j'ai commise contre le roi et contre vous, mes père et mère. Aussi je vous demande pardon avec la plus grande soumission, ainsi que de mon opiniâtreté à vous nier la vérité l'autre soir. »

En même temps le roi Charles IV dénonçait à l'empereur la conduite de son fils : « Monsieur mon frère, écrivait-il, je vois avec une horreur qui me fait frémir, que l'esprit d'intrigue a pénétré jusque dans le sein de mon palais. Hélas! mon cœur saigne en faisant le récit d'un attentat si affreux! Mon fils aîné, l'héritier présomptif de ma couronne, avait formé le complot horrible de me détrôner; il s'était porté jusqu'à l'excès d'attenter contre la vie de sa mère. Un attentat pareil mérite d'être puni avec la rigueur la plus exemplaire. La loi qui l'appelait à la succession doit être révoquée : un de ses frères sera plus digne de le remplacer, et dans mon cœur et sur le trône. »

Sans doute, de si noirs attentats n'étaient pas entrés dans les plans du prince des Asturies, et l'aveu ne lui en fut arraché que par les menaces de Godoy; mais il est un reproche dont il ne pourra jamais se laver; prévoyant que le roi se refuserait à l'éloignement de son favori, Ferdinand avait pris la précaution de donner au duc de l'Infantado un écrit de sa main, avec la date en blanc, et scellé d'un cachet noir, pour l'autoriser à prendre le commandement des troupes dans la Nouvelle-Castille, *dans le cas où son auguste père viendrait à mourir.*

Du reste, le prince de la Paix sentit lui-même que l'accusation de parricide manquait de base, et son ressentiment n'osa pas aller plus loin. Après avoir reçu la lettre de soumission de Ferdinand, le roi Charles publia l'acte qui suit : « La voix de la nature désarme le bras de la vengeance, et lorsque l'inadvertance réclame la pitié, un père tendre ne peut s'y refuser. Mon fils a déjà déclaré les auteurs du plan horrible que lui avaient fait concevoir des malveillans. Il a tout démontré en forme de droit, et tout conste avec l'exactitude requise par la loi pour de telles preuves. Son repentir et son étonnement lui ont dicté les remontrances qu'il m'a adressées. En conséquence, et à la prière de notre épouse bien aimée, je pardonne à mon fils, et il rentrera dans ma bonne grâce dès que sa conduite me donnera des preuves d'un véritable amendement. »

Telle était l'ambition de Godoy, qu'il avait songé à marier une de ses sœurs avec l'héritier présomptif de la couronne; et ce projet extravagant n'avait trouvé aucune opposition dans la faiblesse du roi et de la reine. Autant par haine de cette alliance que pour se faire un appui de l'empereur, Ferdinand, cédant à des conseils irréfléchis, avait écrit à Napoléon pour lui demander en mariage une princesse de sa famille. Cette lettre avait précédé de quelques jours la découverte du complot. « La crainte, y était-il dit, d'incommoder votre majesté impériale et royale au milieu de ses exploits et des affaires majeures qui l'entourent sans cesse, m'a empêché jusqu'ici de satisfaire directement le plus vif de mes désirs, celui d'exprimer au moins par écrit les sentimens de respect, d'estime et d'attachement que j'ai voués à un héros qui efface tous ceux qui l'ont précédé, et qui a été envoyé par la Providence pour sauver l'Europe du bouleversement total qui la menaçait, pour affermir ses trônes ébranlés, et pour rendre aux nations la paix et le bonheur.

» Les vertus de votre majesté impériale et royale, sa modération, sa bonté même, envers ses plus implacables ennemis, tout me faisait espérer que l'expression de ces sentimens en serait accueillie comme l'effusion d'un cœur rempli d'admiration et de l'amitié la plus sincère.

» L'état où je me trouve depuis long-temps, et qui ne peut échapper à la vue perçante de votre majesté impériale et royale, a été jusqu'à présent un second obstacle qui a arrêté ma plume prête à lui adresser mes vœux : mais, plein d'espérance de trouver dans la magnanime générosité de votre majesté impériale et royale la protection la plus puissante, je me suis déterminé non-seulement à lui témoigner les sentimens de mon cœur envers son auguste personne, mais à l'épancher dans son sein comme dans celui d'un père le plus tendre.

» Je suis bien malheureux d'être obligé, par les circonstances, à cacher comme un crime une action si juste et si louable ; mais telles sont les conséquences funestes de l'extrême bonté des meilleurs rois.

» Rempli de respect et d'amour filial pour celui à qui je dois le jour, et qui est doué du cœur le plus droit et le plus généreux, je n'oserais jamais dire à votre majesté impériale et royale que ces mêmes qualités, si estimables, ne servent que trop souvent d'instrument aux personnes artificieuses et méchantes, pour obscurcir la vérité aux yeux du souverain, quoique si analogues à des caractères comme celui de mon respectable père.

» Si ces mêmes hommes, qui par malheur existent ici, lui laissaient connaître à fond celui de votre majesté impériale et royale, comme je le connais, avec quelle ardeur ne souhaiterait-il pas de serrer des nœuds qui doivent unir nos deux maisons ! et quel moyen plus propre pour cet objet que de demander à votre majesté impériale et royale l'honneur de m'allier à une princesse de son auguste famille ? C'est le vœu unanime de tous les sujets de mon père : ce sera aussi le sien, je n'en doute pas, malgré les efforts d'un petit nombre de malveillans, aussitôt qu'il aura connu les intentions de votre majesté impériale et royale. C'est tout ce que mon cœur désire : mais ce n'est pas le compte de ces égoïstes perfides qui l'assiégent, et ils peuvent, dans un premier moment, le surprendre : tel est le motif de mes craintes.

» Il n'y a que le respect de votre majesté impériale et royale qui puisse déjouer leurs complots, ouvrir les yeux à mes bien-aimés parens, les rendre heureux et faire en même temps le bonheur de ma nation et le mien.

» Le monde entier admirera de plus en plus la bonté de votre majesté impériale et royale, et elle aura toujours en moi un fils le plus reconnaissant et le plus dévoué.

» J'implore donc, avec la plus grande confiance, la protection paternelle de votre majesté, afin que non seulement elle daigne m'accorder l'honneur de m'allier à sa famille, mais qu'elle aplanisse toutes les difficultés et fasse disparaître tous les obstacles qui peuvent s'opposer à cet objet de mes vœux.

» Cet effort de bonté de la part de votre majesté impériale et royale m'est d'autant plus nécessaire que je ne puis pas, de mon côté, en faire le moindre, puisqu'on le ferait passer pour une insulte faite à l'autorité paternelle, et que je suis réduit à un seul moyen, à celui de me refuser, comme je le fais, à m'allier à toute personne que ce soit sans le consentement et l'approbation de votre majesté impériale et royale, de qui j'attends uniquement le choix d'une épouse.

» C'est un bonheur que j'espère de la bonté de votre majesté impériale et royale, en priant Dieu de conserver sa vie précieuse pendant de longues années.

» Écrit et signé de ma propre main, et scellé de mon sceau, à l'Escurial, le 11 octobre 1807.

» De votre majesté impériale et royale le très-affectionné serviteur et frère,

» FERDINAND. »

Lorsque l'examen des papiers de Ferdinand eut mis au jour les démarches qu'il avait faites pour obtenir la main d'une nièce de Napoléon, Godoy conçut les plus vives alarmes en voyant une affaire aussi importante négociée sans son intervention. Il n'eut pas de peine à engager le vieux roi à s'emparer de cette idée et à écrire à l'empereur afin de lui demander directement une de ses nièces pour le prince des Asturies. Izquierdo, qui venait de conclure le traité de Fontainebleau, fut chargé de remettre la lettre de Charles IV.

L'empereur ne crut pas devoir s'expliquer ni s'engager par une réponse écrite; le besoin de se tirer d'embarras fut peut-être une des causes qui déterminèrent son voyage en Italie. Il alla visiter le pays vénitien, dont il était devenu souverain par le traité de Presbourg. Sa présence excita l'enthousiasme dans l'Italie entière. Le 20 décembre, il était à Milan. C'est dans cette ville que fut publié un statut constitutionnel, par lequel, à défaut d'enfans mâles et légitimes dans sa descendance directe, il désignait le prince Eugène Beauharnais pour son successeur à la couronne d'Italie. On voit par cet acte combien Napoléon était sérieusement préoccupé de l'avenir de son trône.

L'effet que produisit en Espagne l'arrestation de Ferdinand fut loin de répondre au but que s'était proposé Godoy. La position fâcheuse du prince des Asturies inspira un intérêt général. L'attachement à la victime, et la haine contre l'oppresseur, augmentèrent dans une proportion qui présageait des événemens orageux.

Le prince de la Paix ne pouvait se dissimuler les sentimens de la nation à son égard, et les dangers dont une explosion inévitable le menaçait. On assure qu'afin de se mettre en sûreté, il aurait déterminé Charles IV à imiter la maison de Bragance et à se retirer avec la famille royale dans ses états d'Amérique. Mais il fallut renoncer à ce projet. A la seule annonce d'un voyage de la cour en Andalousie, l'Espagne entière sembla prête à se lever pour empêcher le roi de se diriger vers les côtes de l'Océan. Dans ces perplexités, Godoy mit tout son espoir dans la présence des troupes françaises. Il appelait leur général à

Madrid, et hâtait son arrivée par des émissaires. Murat était à Vittoria depuis le 20 janvier; le gouvernement espagnol avait fait publier qu'il ne fallait voir dans l'armée impériale qu'une alliée fidèle qui, d'accord avec lui, devait achever la conquête du Portugal, et défendre contre les tentatives des Anglais les côtes de la Péninsule. On avait cru d'abord à cette assurance; mais lorsqu'un mois après on vit le grand duc de Berg se diriger sur la capitale, l'inquiétude se manifesta de nouveau avec les symptômes les plus alarmans. Une mesure imprudente du prince de la Paix mit le comble à l'exaspération des esprits.

Le 18 mars, les Français n'étaient plus qu'à quelques marches de Madrid, lorsque les différens corps de la garnison espagnole reçurent l'ordre de quitter cette capitale pour se rendre à la résidence d'Aranjuès, où se trouvait alors la famille royale. Pour colorer un mouvement si extraordinaire de troupes, on publia que le roi, tranquille sur les sentimens de la France, ne prenait cette précaution que pour n'être pas exposé aux insultes des partisans, dans une habitation non fortifiée. Ce prétexte ne fut pas accueilli. Les troupes partirent, mais avec des cris de rage. Une grande partie de la population de Madrid les suivit en les animant par des vociférations. *Mort au favori!* tel était le mot d'ordre de cette multitude effrénée.

Au premier avis de la marche insurrectionnelle, l'alarme fut grande dans le palais d'Aranjuès. Le roi, croyant que la révolte avait pour but de s'opposer à son départ présumé, fit publier qu'*il n'avait pas l'intention de s'éloigner de sa bonne ville de Madrid, ni de sa résidence d'Aranjuès, et qu'au contraire sa volonté bien prononcée était de rester au milieu de ses fidèles sujets.* Les insurgés n'eurent aucun égard à cette déclaration, et continuèrent leur marche en mêlant à l'expression de leur haine de nouvelles clameurs contre l'approche de l'armée française. Le roi répondit par une seconde proclamation, dans laquelle il se portait garant des intentions bienveillantes de ses alliés. Mais le mouvement était donné, et ce n'était plus par des protestations qu'il était possible de l'arrêter. Lorsque les insurgés arrivèrent aux portes du château, la garde royale se réunit à eux et leur en livra toutes les issues. L'infortuné monarque, se voyant à la discrétion de ses sujets, espéra de conjurer l'orage par un sacrifice qui déchirait son cœur; une troisième proclamation annonça que *le roi donnait au prince de la Paix la démission de toutes ses fonctions, et qu'il se chargeait lui-même du commandement général des troupes.*

Cette concession ne satisfit pas la révolte, et l'on vit alors qu'elle avait un but plus criminel. Ferdinand, jusque là calme, silencieux, et comme étranger aux mouvemens qui l'environnaient, n'hésita plus à se mettre à la tête de son parti. Charles IV abdiqua, le 19, en sa faveur; il n'exigea de son successeur, pour prix d'une couronne, que la promesse de protéger les jours de son favori. Cette condition fut remplie. Godoy, après avoir passé trente-six heures sous des nattes de paille, en proie à tous les tourmens de la faim et de la soif, contraint, par la nécessité, de quitter sa retraite, tomba entre les mains de la multitude rugissante, qui l'accabla de coups et d'outrages, et qui allait le massacrer impitoyablement lorsque Ferdinand vint l'arracher à ces furieux en prenant l'engagement de le livrer à la justice. Godoy fut enfermé au château de Villa-Viciosa, sous la garde du marquis de Castellar; la confiscation de tous ses biens signala l'avènement du nouveau pouvoir.

Pendant ces scènes presque scandaleuses, le grand-duc de Berg s'approchait de Madrid, où il fit son entrée le 23 mars. La présence de l'armée française n'y causa aucun trouble. Les Espagnols étaient en ce moment tout entiers au plaisir de leur triomphe sur un ennemi dont ils avaient si long-temps porté avec horreur le joug humiliant.

A peine arrivé, Murat reçut de la reine une lettre confidentielle, qui avait pour but de dénoncer la violence faite au roi, et surtout d'intéresser les Français au sort du *pauvre* prince de la paix. De son côté, Charles IV avait rédigé une protestation secrète contre l'acte qui le dépouillait du trône; il n'attendait qu'une occasion pour la rendre publique. Murat fit passer à l'empereur ces divers écrits avec le détail des événemens qui venaient de s'accomplir. Des circonstances extraordinaires exigeaient de nouveaux ordres; en attendant, il évita de prendre parti entre le père et le fils; il se renferma dans une prudente réserve. Napoléon ne tarda point à lui envoyer les instructions qui devaient régler sa conduite. Cette pièce appartient à cette histoire; elle prouve que l'empereur avait su parfaitement apprécier le caractère espagnol. La voici fidèlement reproduite.

29 mars 1808.

« Monsieur le grand-duc de Berg, je crains que vous ne me trompiez sur la situation de l'Espagne et que vous ne vous trompiez vous-même. L'affaire du 20 mars a singulièrement compliqué les événemens ; je reste dans une grande perplexité.

» Ne croyez pas que vous attaquiez une nation désarmée et que vous n'ayez que des troupes à montrer pour soumettre l'Espagne. La révolution du 20 mars prouve qu'il y a de l'énergie chez les Espagnols. Vous avez affaire à un peuple neuf, il aura tout le courage, il aura tout l'enthousiasme que l'on rencontre chez des hommes que n'ont point usés les passions politiques.

» L'aristocratie et le clergé sont les maîtres de l'Espagne ; s'ils craignent pour leurs privilèges et pour leur existence, ils feront contre nous des levées en masse *qui pourraient éterniser la guerre.* J'ai des partisans; si je me présente en conquérant, je n'en aurai plus.

» Le prince de la Paix est détesté, parce qu'on l'accuse d'avoir livré l'Espagne à la France; voilà le grief qui a servi à l'usurpation de Ferdinand : le parti populaire est le plus faible.

» Le prince des Asturies n'a aucune des qualités qui sont nécessaires au chef d'une nation ; cela n'empêchera pas que pour nous l'opposer on en fasse un héros. Je ne veux pas que l'on use de violence envers les personnages de cette famille : il n'est jamais utile de se rendre odieux et d'enflammer les haines. L'Espagne a plus de cent mille hommes sous les armes. C'est plus qu'il n'en faut pour soutenir avec avantage une guerre intérieure : divisés sur plusieurs points, ils peuvent servir de soulèvement total à la monarchie entière.

» Je vous présente l'ensemble des obstacles qui sont inévitables, il en est d'autres que vous sentirez : l'Angleterre ne laissera pas échapper cette occasion de multiplier nos embarras ; elle expédie journellement des avis aux forces qu'elle tient sur les côtes du Portugal et dans la Méditerranée ; elle fait des enrôlemens de Siciliens et de Portugais.

» La famille royale n'ayant point quitté l'Espagne pour aller s'établir aux Indes, il n'y a qu'une révolution qui puisse changer l'état de ce pays : c'est peut-être celui de l'Europe qui y est le moins préparé ; les gens qui voient les vices monstrueux de ce gouvernement et l'anarchie qui a pris la place de l'autorité légale, font le plus petit nombre : le plus grand nombre profite de ces vices et de cette anarchie.

» Dans l'intérêt de mon empire, je puis faire beaucoup de bien à l'Espagne : quels sont les meilleurs moyens à prendre ?

» Irai-je à Madrid ? Exercerai-je l'acte d'un grand protectorat en prononçant entre le père et le fils ? Il me semble difficile de faire régner Charles IV. Son gouvernement et son favori sont tellement dépopularisés qu'ils ne se soutiendraient pas trois mois. Ferdinand est l'ennemi de la France, c'est pour cela qu'on l'a fait roi. Le placer sur le trône sera servir les factions qui depuis vingt-cinq ans veulent l'anéantissement de la France. Une alliance de famille serait un faible lien : la reine Elisabeth et d'autres princesses françaises ont péri misérablement, lorsqu'on a pu les immoler impunément à d'autres vengeances. Je pense qu'il ne faut rien précipiter, qu'il convient de prendre conseil des événemens qui vont suivre. Il faudra fortifier les corps d'armées qui se tiendront sur les frontières du Portugal et attendre.

» Je n'approuve pas le parti qu'a pris votre altesse impériale de s'emparer aussi précipitamment de Madrid ; il fallait tenir l'armée à dix lieues de la capitale. Vous n'aviez pas l'assurance que le peuple et la magistrature allaient reconnaître Ferdinand sans contestations. Le prince de la Paix doit avoir dans les emplois publics des partisans; il y a d'ailleurs un attachement d'habitude au vieux roi, qui pourrait produire des résultats. Votre entrée à Madrid, en inquiétant les Espagnols, a puissamment servi Ferdinand. J'ai donné ordre à Savary d'aller auprès du vieux roi voir ce qui s'y passe : il se concertera avec votre altesse impériale. J'aviserai ultérieurement au parti qui sera à prendre ; en attendant voici ce que je juge convenable de vous prescrire.

» *Vous ne m'engagerez à une entrevue en Espagne avec Ferdinand que si vous jugez la situation des choses telle que je doive le reconnaître comme roi d'Espagne.* Vous userez de bons procédés envers le roi, la reine et le prince Godoy ; vous exigerez pour eux et vous leur rendrez les mêmes honneurs qu'autrefois. Vous ferez en sorte que les Espagnols ne puissent pas soupçonner le parti que je prendrai : cela ne sera pas difficile, *je n'en sais rien moi-même.*

» Vous ferez entendre à la noblesse et au clergé que si la France doit intervenir dans les affaires d'Espagne, leurs priviléges et leurs immunités seront respectés. Vous leur direz que l'empereur désire le perfectionnement des institutions politiques de l'Espagne, pour la mettre en rapport avec l'état de la civilisation de l'Europe, pour la soustraire au régime des favoris.... Vous direz aux magistrats et aux bourgeois des villes, aux gens éclairés, que l'Espagne a besoin de recréer la machine de son gouvernement, et qu'il lui faut des lois qui garantissent les citoyens de l'arbitraire et des usurpations de la féodalité, des institutions qui raniment l'industrie, l'agriculture et les arts ; vous leur peindrez l'état de tranquillité et d'aisance dont jouit la France, malgré les guerres où elle s'est toujours engagée ; la spendeur de la religion, qui doit son établissement au concordat que j'ai signé avec le pape. Vous leur démontrerez les avantages qu'ils peuvent tirer d'une régénération politique. L'ordre et la paix dans l'intérieur, la considération et la puissance à l'extérieur : tel doit être l'esprit de vos discours et de vos écrits. Ne brusquez aucune démarche ; je puis attendre à Bayonne, je puis passer les Pyrénées, et, me fortifiant vers le Portugal, aller conduire la guerre de ce côté.

» Je songerai à vos intérêts particuliers, n'y songez pas vous-même.... Le Portugal restera à ma disposition.... Qu'aucun projet personnel ne vous occupe et ne dirige votre conduite : cela me nuirait et vous nuirait encore plus qu'à moi.

» Vous allez trop vite dans vos instructions du 14 ; la marche que vous prescrivez au général Dupont est trop rapide, à cause de l'événement du 19 mars ; il y a des changemens à faire : vous ordonnerez de nouvelles dispositions, vous recevrez des instructions de mon ministre des affaires étrangères.

» J'ordonne que la discipline soit maintenue de la manière la plus sévère : point de grâces pour les plus petites fautes. L'on aura pour l'habitant les plus grands égards ; l'on respectera principalement les églises et les couvens.

» L'armée évitera toute rencontre, soit avec des corps de l'armée espagnole, soit avec des détachemens : il ne faut pas que, d'aucun côté, il soit brûlé une amorce.

» Laissez *Solano* dépasser Badajoz, faites-le observer ; donnez vous-même l'indication des marches de mon armée, pour la tenir toujours à une distance de plusieurs lieues des corps espagnols : *Si la guerre s'allumait tout serait perdu.*

» C'est à la politique et aux négociations qu'il appartient de décider des destinées de l'Espagne. Je vous recommande d'éviter des explications avec Solano, comme avec les autres généraux et les gouverneurs espagnols.

» Vous m'enverrez deux estafettes par jour ; en cas d'événemens majeurs, vous m'expédierez des officiers d'ordonnance ; vous me renverrez sur-le-champ le chambellan de Tournon qui vous porte cette dépêche ; vous lui remettrez un rapport détaillé. Sur ce, etc.

» NAPOLÉON. »

Si Murat se fût conformé scrupuleusement à ce que lui prescrivait Napoléon, peut-être les affaires eussent pris une tournure moins défavorable ; mais Murat, avec son caractère impétueux, n'était propre qu'à conduire une charge de cavalerie, et l'on ne pouvait pas compter sur lui dans une conjoncture qui exigeait de la prudence et de la portée politique.

CHAPITRE XV.

Sommaire : Napoléon à Bayonne. — Sa lettre à Ferdinand. — Réponse de ce prince. — Preuve de sa duplicité. — Les Bourbons d'Espagne en France. — Insurrection de Madrid. — Abdication de Ferdinand et de son père. — Joseph Bonaparte est envoyé en possession de leur couronne. — Retour de Napoléon à Paris. — Il se rend à Erfurt. — Le congrès. — Mutuelles protestations d'amitié d'Alexandre et de Napoléon.

1808.

Napoléon, résolu comme il l'était à ruiner la puissance de l'Angleterre partout où son influence se faisait ressentir, devait nécessairement avoir des vues sur la péninsule hispanique. Sans doute il lui importait peu d'étendre, par un des membres de sa famille, sa domination sur ce pays, et, dans ses projets, il y avait moins de l'ambition d'homme que du dessein de nuire à un ennemi qu'il désirait expulser du continent européen. Les événemens d'Aranjuès semblaient favorables à de telles intentions; Napoléon résolut d'en profiter pour enlever aux Bourbons le seul trône sur lequel cette maison régnât encore. L'entreprise pouvait être injuste; à ce titre elle a été blâmée, mais on ne niera pas qu'elle fut conforme à la saine politique; car parmi les princes qui, dans l'ordre ordinaire, pouvaient être appelés à régner sur l'Espagne, il n'y en avait aucun sur l'alliance duquel il pût compter. Charles IV n'avait point de volonté, et rétablir son autorité, c'était relever Godoy, et irriter la nation. Reconnaître le fils, c'était donner un ami à l'Angleterre. Toutefois l'empereur n'avait pas encore de plan déterminé lorsqu'il se rendit à Bayonne, où il arriva dans la nuit du 14 au 15 avril 1808. Le lendemain, il écrivit à Ferdinand cette lettre où l'on remarque un mélange de sévérité et de bienveillance :

« Mon frère, j'ai reçu la lettre de V. A. R.; elle doit avoir acquis la preuve dans les papiers qu'elle a eus du roi son père, de l'intérêt que je lui ai toujours porté. Elle me permettra, dans la circonstance actuelle, de lui parler avec franchise et loyauté. En arrivant à Madrid, j'espérais porter mon illustre ami à quelques réformes nécessaires dans ses états, et à donner quelques satisfactions à l'opinion publique. Le renvoi du prince de la Paix me paraissait nécessaire pour son bonheur et celui de ses sujets. Les affaires du Nord ont retardé mon voyage. Les événemens d'Aranjuès ont eu lieu. Je ne suis point juge de ce qui s'est passé et de la conduite du prince de la Paix; mais ce que je sais bien, c'est qu'il est dangereux pour les rois d'accoutumer les peuples à répandre du sang, et à se faire justice eux-mêmes. Je prie Dieu que V. A. R. n'en fasse pas elle-même un jour l'expérience. Il n'est pas de l'intérêt de l'Espagne de faire du mal à un prince qui a épousé une princesse du sang royal, et qui a long-temps régi le royaume. Il n'a plus d'amis; V. A. R. n'en aura plus, si jamais elle est malheureuse. Les peuples se vengent volontiers des hommages qu'ils nous rendent. Comment, d'ailleurs, pourrait-on faire le procès au prince de la Paix sans le faire à la reine et au roi votre père? Ce procès alimentera les haines et les passions factieuses. Le résultat sera funeste pour votre couronne; V. A. R. n'y a des droits que ceux que lui a transmis sa mère. Si le procès la déshonore, V. A. R. déchire par là ses droits. Qu'elle ferme l'oreille à des conseillers faibles et perfides; elle n'a pas le droit de juger le prince de la Paix. Ses crimes, si on lui en reproche, se perdent dans les droits du trône. J'ai souvent manifesté le désir que le prince de la Paix fût éloigné des affaires. L'amitié du roi Charles m'a porté souvent à me taire, et à détourner les yeux des faiblesses de son attachement. Misérables hommes que nous sommes! Faiblesse et erreur, c'est notre devise. Mais tout cela peut se concilier : que le prince de la Paix soit exilé de l'Espagne, et je lui offre un refuge en France. Quant à l'abdication de Charles IV, elle a eu lieu dans un moment où nos armées couvraient les Espagnes, et aux yeux de l'Europe et de la postérité, je paraîtrais n'avoir envoyé tant de troupes en Espagne que pour précipiter du trône mon ami et mon allié. Comme souverain voisin, il m'est permis de vouloir connaître, avant de reconnaître cette abdication. Je le dis à V. A. R. .., aux Espagnols, au monde entier, si l'abdication du roi Charles est de pur mouvement, s'il n'a pas été forcé par l'insurrection et l'émeute d'Aranjuès, je ne fais aucune difficulté de l'admettre, et reconnais V. A. R. comme roi d'Espagne : je désire donc causer avec elle sur cet objet. La circonspection que je porte depuis un mois dans cette affaire doit lui être un sûr garant de l'appui qu'elle trouvera en moi, si, à son tour, des factions, de quelque nature quelles fussent, venaient à l'inquiéter sur son trône. Quand le roi Charles me fit part de l'événement du mois d'octobre dernier, j'en fus douloureusement affecté, et je pense avoir contribué par les insinuations que j'ai faites, à la bonne issue de l'affaire de l'Escurial. V. A. R. avait bien des torts, je n'en veux pour preuve que la lettre qu'elle m'a écrite, et que j'ai constamment voulu ignorer. Roi à son tour, elle saura combien les droits du trône sont sacrés. Toute démarche près d'un souverain étranger de la part d'un prince héréditaire est criminelle. Le mariage d'une princesse française avec V. A. R., je le tiens conforme aux intérêts de mon peuple, et surtout comme une circonstance qui m'attacherait par de nouveaux liens à une maison dont je n'ai eu qu'à me louer depuis que je suis monté sur le trône. V. A. R. doit se méfier des écarts, des émotions populaires. On pourra commettre quelques meurtres sur mes soldats isolés, mais la ruine de l'Espagne en serait le résultat. J'ai vu déjà avec peine qu'à Madrid on ait répandu des lettres du capitaine-général de la Catalogne, et fait tout ce qui pouvait donner du mouvement aux têtes. V. A. R. connaît ma pensée tout entière; elle voit que je flotte entre diverses idées qui ont besoin d'être fixées; elle peut être certaine que, dans tous les cas, je me comporterai avec elle comme envers le roi son père; qu'elle croie à mon désir de tout concilier, et de trouver des occasions de lui donner des preuves de mon affection et de ma parfaite estime.

» Sur ce, je prie Dieu qu'il vous ait, mon frère, en sa sainte garde.

» Napoléon. »

Pendant que Napoléon accourait vers la frontière du midi, Murat faisait répandre à Madrid le bruit de son arrivée prochaine en Espagne, et toute la cour se disposait à aller au-devant de lui. Le départ du jeune roi éprouva une vive opposition. Les gens prévoyans auguraient mal de ce voyage. Ferdinand publia une proclamation pour rassurer ses sujets; mais l'inquiétude redoubla lorsqu'on vit le prince de la Paix prendre en même temps la route de Bayonne. C'est à l'intervention puissante de Napoléon que le prisonnier avait dû sa délivrance; cette complaisance acheva de perdre l'empereur aux yeux des Espagnols.

Soit pressentiment, soit crainte de déplaire à son peuple, Ferdinand s'arrêta quelque temps à Vittoria. Ce fut dans cette ville qu'il reçut la lettre de l'empereur. Les insinuations de Savary, qui lui avait été dépêché, le tirèrent de son indécision : il se détermina à poursuivre sa route. Il y eut une espèce d'émeute pour l'en empêcher. Les habitans de Vittoria coupèrent les traits de sa voiture, et le conjurèrent de ne pas s'éloigner. Mais le jeune prince était environné de courtisans qui avaient intérêt à ménager l'empereur, et qui craignaient que le vieux roi ne reprît son autorité. Leurs conseils l'emportèrent sur les vœux d'une immense population. Ferdinand assura à son peuple que « l'amitié la plus tendre existait entre lui et l'empereur, et que, dans quatre ou cinq jours, on remercierait Dieu de cette courte absence qui devait avoir de si heureux résultats pour l'Espagne. » Le 19 avril, il s'arrêta à Irun, à quelques pas de la France. De là, il écrivit à l'empereur :

« Monsieur mon frère, je viens d'arriver à Irun, et je me propose d'en partir demain matin à huit heures pour avoir l'avantage de faire la connaissance de V. M. impériale et royale, en la maison de Marrac; ce que j'ambitionne depuis long-temps, si toutefois elle veut bien le permettre. »

Ainsi Ferdinand venait de son propre mouvement. Napoléon, ne pouvant en croire à cet égard le rapport de son aide-de-camp, s'écria : « Comment ! il vient ? Non, cela n'est pas possible »

Ferdinand entra le 20 à Bayonne, et dès le lendemain ses ministres et ceux de l'empereur entamèrent la discussion des affaires : il fut question de lui donner la couronne d'Étrurie en faveur d'une rénonciation pleine et entière à tous ses droits sur celle d'Espagne; mais on ne termina rien, attendu que la présence du roi Charles était indispensable au dénouement de ce singulier drame.

Sur ces entrefaites, on intercepta une lettre du prince à son frère Antonio. Si l'empereur eût conservé la moindre bienveillance pour Ferdinand, on verra par quelques fragmens de cette lettre qu'elle était de nature à la faire évanouir :

« .... Cher ami, j'ai reçu ta lettre du 24, et j'ai lu les copies des deux autres qu'elle renferme, celle de Murat et ta réponse; j'en suis satisfait, je n'ai jamais douté de ta prudence ni de ton amitié pour moi.

» L'impératrice (Joséphine) est arrivée ici hier au soir à sept heures, il n'y eut que quelques petits enfans qui crièrent *vive l'impératrice!* encore ces cris étaient-ils bien froids; elle passa sans s'arrêter, et fut de suite à Marrac, où j'irai lui rendre visite aujourd'hui.

» Cevallos a eu hier un entretien fort vif avec l'empereur, qui l'a appelé traître, parce qu'ayant été ministre de mon père il s'est attaché à moi... Je n'avais pas bien connu jusqu'à ce jour Cevallos : je vois que c'est un homme de bien, qui règle ses sentimens sur les véritables intérêts de son pays, et qu'il est d'un caractère ferme et vigoureux;

tel qu'il en faut dans de semblables circonstances.

» Je t'avertis que Marie-Louise (reine d'Etrurie) a écrit à l'empereur qu'elle fut témoin de l'abdication de mon père, et qu'elle assure que cette abdication ne fut pas volontaire.

» Gouverne bien, et prends des précautions pour que ces *maudits français* n'en agissent pas mal avec toi, etc. »

Le 30 avril, arrivèrent d'un côté, le roi Charles et son épouse, de l'autre, l'indigne favori, première cause de leurs malheurs. Les carrosses de la cour offrirent le singulier spectacle de lourdes machines fabriquées sur le modèle de celles qui, du temps de Louis XIV, avaient servi à l'entrée de Philippe V dans Madrid. Dans une entrevue qu'ils eurent, Charles reprocha au prince des Asturies d'avoir outragé ses cheveux blancs : Ferdinand, qui se berçait encore de l'espoir de se voir confirmé dans la possession du trône, cherchait vainement à concilier ce qu'il devait à sa dignité avec ce qu'il devait à son père. Muets et incertains, les courtisans attendaient en silence qu'il plût à Napoléon d'imprimer une direction à leur dévouement en faisant un roi.

Pendant un dîner auquel l'empereur avait convié Charles et son épouse, la conversation roula sur la différence des étiquettes et des habitudes. Charles rendit compte, avec une singulière bonhomie, du genre de vie qu'il avait mené sur le trône. « Tous les jours, dit-il, quelque temps qu'il fît, je partais après mon déjeûner, et après avoir entendu la messe, je chassais jusqu'à une heure, et j'y revenais immédiatement après mon dîner, jusqu'à la chute du jour. Le soir, Manuel avait le soin de me dire que les affaires allaient bien ou mal, et j'allais me coucher pour recommencer le lendemain, à moins que quelque importante cérémonie ne me contraignît à rester. » On conviendra qu'en de telles mains les destinées d'une nation étaient bien placées ! Quoi qu'il en soit, les Espagnols ne pouvant se persuader que leurs princes les abondonnassent volontairement, coururent aux armes pour les venger. Les Espagnols se seraient donnés, mais ils ne pouvaient souffrir qu'on leur imposât un maître; cette atteinte portée à leur indépendance réveilla dans leurs âmes un sentiment d'énergie patriotique, qui se manifesta avec violence.

A cette occasion, Murat adressa la lettre suivante à don Antonio, président de la junte de régence :

« MONSIEUR MON COUSIN,

» Je viens d'être informé qu'il y avait eu des troubles à Burgos et à Tolède. La populace, excitée par nos communs ennemis et par des intrigans qui ne veulent que le pillage, s'est livrée à des excès coupables : l'intendant général de Burgos, qui est espagnol, a failli être la victime de son zèle. Il a dû la vie à un officier français qui l'a arraché tout couvert de sang des mains de ces furieux. Son crime était de remplir son devoir avec honneur et fidélité. Pour dissiper ces attroupemens, le général Merle a été obligé de faire tirer quelques coups de fusil. Ce moyen a rétabli l'ordre, contenu la populace, et préservé du pillage les maisons des habitans.

A Tolède le désordre continue. Plusieurs maisons ont été incendiées, et, pour la seconde fois, les troupes espagnoles sont restées spectatrices tranquilles de ces épouvantables scènes. L'annonce d'une gazette extraordinaire pour dix heures du soir a causé un attroupement nombreux dans cette capitale. Les sages habitans de Madrid ont vigoureusement blâmé l'annonce et l'heure indue qui était choisie. Si l'on ne connaissait pas aussi bien la pureté des intentions de tous les membres de la junte d'état, on serait autorisé à penser que son projet était de livrer cette ville au pillage.

» Je le déclare à votre altesse royale; l'Espagne ne peut rester plus long-temps dans cet état d'anarchie. L'armée que je commande ne peut, sans se déshonorer, laisser subsister de pareils désordres. Je dois sûreté et protection à tous les bons Espagnols, principalement à la ville de Madrid, qui a acquis des droits éternels à notre reconnaissance pour le bon accueil qu'elle nous a fait à notre entrée dans ses murs. Il est temps que vous mettiez un terme aux inquiétudes et aux alarmes des riches habitans, des négocians et des particuliers de toute classe. Je dois enfin vous déclarer, pour la dernière fois, que je ne puis permettre aucun rassemblement; je ne verrai que des séditieux et des ennemis de la France et de l'Espagne dans ceux qui formeraient ces rassemblemens, ou qui sèmeraient des nouvelles fausses et alarmantes. Faites connaître, je vous prie, ma ferme résolution à la capitale et à toute l'Espagne, *et si vous n'êtes pas assez fort pour maintenir la tranquillité publique, je m'en chargerai moi-même.*

» Je me flatte que votre altesse royale, le gouvernement et toute la nation espagnole approuveront tout ce que je viens de vous proposer, et qu'ils n'y verront qu'une nouvelle preuve de mon estime et du désir sincère que j'ai de contribuer au bonheur de ce royaume; que les agens de l'Angleterre, que nos communs ennemis perdent l'espérance d'armer l'une contre l'autre deux nations amies et essentiellement unies par des intérêts réciproques. Les bons Espagnols ont dû voir que je ne m'alarme pas facilement, je garderai constamment la même attitude; ils ont dû surtout s'apercevoir que mon armée, loin de se laisser entraîner par de perfides insinuations, n'a jamais confondu la partie saine de la nation avec de misérables et vils intrigans.

» Sur ce, je prie Dieu, monsieur mon cousin, qu'il vous ait en sa sainte et digne garde.

» JOACHIM.

» Madrid, 28 avril 1808. »

Les plaintes de Murat n'étaient que trop fondées; l'agitation était extrême dans Madrid. Le 2 mai les rassemblemens dans les murs de cette capitale eurent un tel caractère de gravité qu'il se vit dans la nécessité de faire prendre les armes à la garnison. Ces démonstrations ne firent qu'irriter l'audace du peuple : les outrages envers les soldats français furent portés à un tel degré, qu'ils eussent spontanément fait feu sur les assaillans lors même qu'ils n'en auraient pas reçu l'ordre. Les mutins ne se dispersèrent que pour se mettre en mesure de combattre. Réfugiés dans les maisons, ils firent un feu continuel et meurtrier sur les Français. Le carnage ne cessa que le 3 au point du jour, les Espagnols ayant épuisé toutes leurs munitions. Une centaine de ces malheureux, pris les armes à la main, furent immédiatement fusillés. A la suite de cet événement, la reine d'Etrurie, l'infant, son fils et don Antonio se décidèrent à partir pour Bayonne, de sorte que toute la famille royale d'Espagne se trouva sous la main de Napoléon.

Dès que l'empereur eut appris ces tristes nouvelles, il s'empressa d'aller les communiquer au roi Charles, qui en fut très-douloureusement affecté : « Lisez, dit-il à son fils, en lui présentant le rapport d'un air irrité; voilà le résultat horrible des infâmes conseils qui vous ont été donnés par de perfides amis, et auxquels vous avez cédé avec un empressement coupable, en oubliant le respect que vous devez à votre père, à votre roi. Vous avez excité la révolte; mais s'il est facile d'allumer un incendie populaire, il faut un autre homme que vous pour l'éteindre. »
— « Mon père, répondit Ferdinand, je n'ai jamais conspiré contre V. M. Si je suis roi, c'est par vous que je l'ai été; mais si votre bonheur et celui de la nation dépendent de mon abdication, je suis prêt à remplir vos désirs. »
— « Faites donc ! » s'écria son père.

Le jour même, 6 mai, Ferdinand signa l'acte de son abdication, conçu en ces termes :

« SIRE,

» Mon vénérable père et seigneur, pour donner à V. M. une preuve de mon amour, de mon obéissance et de ma soumission, et pour céder à ses désirs répétés, je renonce à ma couronne en faveur de V. M., désirant qu'elle en jouisse de longues années, et que par cette fin les choses restent dans le même état où elles se trouvaient avant l'abdication de la couronne, faite par V. M. en ma faveur, le 19 mars dernier. Quant aux sujets qui m'ont suivi, il n'y a aucune difficulté, ni de mon côté ni du leur, de reconnaître V. M. comme leur roi et leur seigneur naturel, ne doutant pas que V. M. ne garantisse leurs personnes, leurs propriétés, et la liberté de rentrer au sein de leur famille. J'espère que V. M. accordera une protection égale à tous ceux qui m'ont reconnu pour roi, en conséquence de son abdication du 19 mars. Je demande à Dieu de conserver à V. M. des jours longs et heureux.

» Je mets aux pieds de V. M.

» Le plus humble de ses fils,

» FERDINAND.

» Fait à Bayonne, le 6 mai 1808. »

« En vertu de la renonciation que je fais à mon père bien-aimé, les pouvoirs que j'avais accordés avant mon départ de Madrid à la junte (conseil de gouvernement), à l'effet de diriger les affaires importantes et urgentes qui pouvaient se présenter pendant mon absence, lui sont retirés ; la junte se le tiendra pour dit, et cessera l'exercice de ses fonctions. »

Le roi Charles, rentré dans tous ses droits, par la rénonciation de Ferdinand, s'empressa d'en faire la rétrocession à l'empereur des Français, par un acte en date du 8 mars 1808; et Napoléon, croyant n'avoir plus d'obstacles à vaincre pour placer Joseph sur le trône d'Espagne, voulut dès le même jour lui montrer ses nouveaux sujets. Il improvisa une audience de présentation. Les députations des grands d'Espagne, du conseil de Castille, de l'inquisition, des Indes, des finances et de l'armée, furent invitées à se rendre sur-le-camp au château de Marrac, pour complimenter le nouveau roi. Elles eurent à peine le temps de régler entre elles le choix de l'orateur qui devait parler en leur nom. Ce fut M. d'Azanza qui prononça le discours. Le duc de l'Infantado en avait préparé un qui ne contenait pas la reconnaissance formelle de Joseph; mais après une discussion orageuse, ce discours fut écarté. On conte qu'à ce sujet l'empereur dit au duc de l'Infantado : « Vous êtes gentilhomme, monsieur, conduisez-vous en gentilhomme, et au lieu de batailler sur les termes d'un serment que votre intention est de violer au premier moment, allez vous mettre à la tête de votre parti en Espagne, battez-vous franchement et loyalement. Je vais vous faire délivrer un passe-port, et je vous donne ma parole d'honneur que les avant-postes de mon armée vous laisseront passer librement et sans vous inquiéter : voilà ce qui convient à un homme d'honneur. » Le duc se confondit en excuses et en protestations de fidélité.

Une junte fut formée à Bayonne. Ses délibérations se succédèrent rapidement.

L'acte constitutionnel fut voté et signé à l'unanimité. Joseph se choisit un ministère parmi ses nouveaux sujets, et partit le 10 juillet pour se rendre à Madrid. Mais déjà toute l'Espagne était en feu ; le nouveau souverain ne traversa que des provinces révoltées. Ferdinand, qui lui avait cédé sa place d'assez mauvaise grâce, se dirigea vers l'intérieur de la France, où l'empereur lui assigna pour résidence le château de Valençay. C'était là que ce prince s'amusait à broder des robes pour la Vierge et des drapeaux pour les dragons de la garde impériale. Charles IV donna la préférence au séjour de Marseille : sa nouvelle condition ne paraissait pas l'affliger ; sur le trône même il avait toujours mené la vie d'un simple particulier. Le prince de la Paix suivit Charles et son épouse.

Napoléon revint à Paris, après avoir fait une tournée dans plusieurs départemens méridionaux. Il supposait que l'incendie allumé en Espagne serait éteint promptement, et il ne croyait plus avoir qu'à se concerter avec les puissances du nord pour assurer la réalité du système continental au moyen duquel il se flattait de réduire aux abois le gouvernement anglais. C'est dans cette vue qu'il proposa un congrès. Avant de se séparer à Tilsitt, Napoléon et Alexandre s'étaient promis de se revoir, afin de resserrer, dans une nouvelle entrevue, les liens d'amitié que la première avait formés. Napoléon rappela à l'autocrate la promesse qu'ils s'étaient faite mutuellement, et il fut convenu que l'un et l'autre se rendraient à Erfurt, où viendraient les rejoindre tous les princes des autres états. Napoléon dit à cette occasion à Talma, qu'il se proposait d'emmener avec lui : « Je vous ferai un parterre de rois. » Qu'il était puissant alors ! Cette brillante réunion eut lieu le 27 septembre 1808.

La garnison de la ville était composée de régimens choisis dans l'élite de l'armée. Tout ce que les magasins du garde-meuble de la couronne renfermaient d'objets précieux avait été employé à l'embellissement des deux palais impériaux. Les premiers artistes du Théâtre-Français devaient jouer en présence des deux empereurs. Les princes de la confédération du Rhin étaient accourus à ce rendez-vous pour former à leur illustre chef une cour digne du rang auquel ses exploits l'avaient élevé. Rien n'avait été négligé pour imprimer à cette solennité un caractère de grandeur.

Le roi de Saxe, qui était le plus dévoué à la France, et qui gardait envers Napoléon une véritable reconnaissance, arriva le premier. L'empereur Alexandre trouva le maréchal Lannes à Bromberg, ville frontière de la confédération du Rhin : il fut accueilli aux cris de *vive l'empereur Alexandre!* mêlés aux salves de l'artillerie. Ce prince ayant témoigné le désir de voir manœuvrer la garnison de cette ville, on lui donna ce plaisir, et il exprima son admiration de la belle tenue de nos troupes, en disant qu'il était heureux de se trouver parmi de si braves gens et de si beaux militaires.

L'empereur Napoléon arriva à Erfurt dans la matinée du 27, et monta aussitôt à cheval pour aller au-devant d'Alexandre, qu'il rencontra à une lieue et demie de la ville. Les deux souverains s'embrassèrent avec la plus grande cordialité. Les tambours battirent aux champs; le peuple et les soldats confondirent dans leurs acclamations les noms des deux monarques. Le bruit des cloches se mêlait aux détonations de l'artillerie. Alexandre portait sur son habit la grande décoration de la Légion-d'Honneur, et Napoléon celle de Saint-André de Russie. La suite de l'empereur des Français se composait de soldats de la république, devenus ducs ou princes, mêlés en nombre égal à des notabilités de l'ancien régime. Le nom de Berthier se trouvait en tête de cette liste, que fermaient huit pages et un *menin*. Napoléon fit à Alexandre la politesse de le prier de donner ce soir là le mot d'ordre à la place, et les deux souverains le donnèrent alternativement pendant toute la durée du séjour à Erfurt. Le grand-duc Constantin accompagnait son frère, et prit part à tous les honneurs qui lui furent rendus.

Alexandre dîna avec Napoléon; le soir leurs majestés allèrent ensemble au spectacle. On jouait *Cinna* : l'empereur Napoléon ayant cru s'apercevoir que, de sa loge, située au centre des premières, Alexandre entendait difficilement les acteurs à cause de la faiblesse de son ouïe, fit élever une estrade sur l'emplacement destiné à l'orchestre: des fauteuils y furent placés pour les deux empereurs, et les autres souverains s'installèrent à droite et à gauche, sur des chaises.

On joua ainsi, sur le théâtre d'Erfurt, les principaux chefs-d'œuvre de la scène française. La représentation d'*OEdipe* fut marquée par un incident dont le souvenir mérite d'être conservé. Au moment où Philoctète, parlant d'Hercule, dit à son confident :

L'amitié d'un grand homme est un bienfait des dieux,

Alexandre se pencha vers Napoléon, et lui présenta la main en disant : *Je compte sur la votre* !!!

Le séjour à Erfurt fut chaque jour marqué par de nouvelles fêtes; les deux princes russes ne se lassaient pas d'admirer la belle tenue de nos troupes et la précision de leurs mouvemens. Mais au milieu de ces plaisirs, Napoléon ne perdait pas de vue ses projets ultérieurs, et chaque jour il s'attachait davantage à rendre plus intime le lien qui, en l'unissant à Alexandre, eût dû consolider une alliance devant laquelle eût fléchi l'orgueil de l'Angleterre. C'est là qu'il fut question de certaine charte, dite *Bulle d'or*, qui, jusqu'à l'établissement de la confédération du Rhin, avait servi de règlement pour l'élection des empereurs et pour déterminer les titres des électeurs. Le prince primat assignait l'année 1409 à la création de cette bulle. Napoléon lui fit observer qu'il était dans l'erreur, et qu'elle avait été faite en 1356, sous le règne de Charles IV. « C'est vrai, Sire, répondit le primat, je me trompais; mais comment se fait-il que votre majesté sache ces

choses-là mieux que moi ? — Quand j'étais *simple lieutenant d'artillerie,* » répondit Napoléon. Que l'on juge de l'étonnement des illustres convives à ce début. « *Quand j'avais l'honneur d'être simple lieutenant d'artillerie,* reprit Napoléon en souriant, je restai trois années en garnison à Valence. J'aimais peu le monde et vivais très-retiré. Un hasard heureux m'avait logé près d'un libraire instruit et des plus complaisans..... J'ai lu et relu sa bibliothèque pendant ces trois années de garnison, et n'ai rien oublié, pas même des matières qui n'avaient aucun rapport avec *mon état.* A cette époque, le texte de la bulle me tomba sous la main, et depuis j'en ai retenu la date. La nature m'a d'ailleurs, doué de la mémoire des chiffres; il m'arrive très-souvent, avec mes ministres, de leur citer le détail et l'ensemble numérique de leurs comptes les plus anciens. »
En sortant de table, Alexandre s'aperçut qu'il avait oublié son épée chez lui. Napoléon lui offrit la sienne, qui fut acceptée avec empressement. L'empereur de Russie dit à cette occasion : « Je l'accepte comme un gage d'amitié : V. M. est bien certaine que je ne la tirerai jamais contre elle !.... » Une autre fois, Alexandre ayant quelque désordre à réparer dans sa toilette, passa dans l'intérieur des appartemens de Napoléon, et fut servi par des valets qui lui présentèrent deux nécessaires en vermeil dont il admira la beauté. Le même soir, ils furent portés chez lui.

Napoléon fit de magnifiques présens aux principaux officiers de l'empereur Alexandre, et il conféra à plusieurs d'entre eux l'ordre de la Légion-d'Honneur. Il saisissait avec empressement toutes les occasions de s'assurer l'amitié de ce prince, qui, de son côté, s'efforçait de répondre à ses prévenances.

Au milieu des fêtes, les deux empereurs avaient de fréquentes conférences politiques desquelles résulta un arrangement qui demeura verbal, tant ils croyaient pouvoir compter sur leur parole mutuelle. Napoléon promit de ne s'immiscer en rien dans les affaires de la Turquie, et Alexandre prit l'engagement de demeurer étranger à tout ce qui se ferait en Italie ou en Espagne. Afin de donner toute garantie de son amour pour la paix, et d'ôter à l'Autriche, dont les deux alliés soupçonnaient les intentions, tout prétexte de la rompre, Napoléon décréta la dissolution de la grande armée française, et nos soldats évacuèrent l'Allemagne. Enfin, avant de quitter Erfurt, les deux princes adressèrent une lettre collective au roi d'Angleterre. « Il est temps, disaient-ils, d'écouter la voix de l'humanité, en faisant taire celle des passions; de chercher, avec l'intention d'y parvenir, à concilier tous les intérêts, et par là garantir toutes les puissances qui existent, et assurer le bonheur de l'Europe. »

Le 14 octobre, Alexandre et Napoléon se séparèrent après s'être embrassés et donné de nouveaux gages des sentimens qui les unissaient. Le 18, Napoléon était de retour à Saint-Cloud, et dès ce moment personne en France ne douta plus que de tous les trônes existans le sien ne fût le plus solidement établi.

CHAPITRE XVI.

Sommaire : Guerre d'Espagne. — Premiers succès. — Capitulation de Baylen.—Arrivée de l'empereur.—Bataille de Sommo-Sierra. — Prise de Madrid. — L'inquisition est abolie. — Délivrance des prisonniers. — Débarquement des Anglais à la Corogne. — Passage du Guadarrama. — Fuite des Anglais.— Prise de la Corogne. — Retour de Napoléon en France.

1808.

L'avènement de Joseph au trône d'Espagne fut notifié par le secrétaire d'état Cévallos aux puissances, qui toutes le reconnurent, à l'exception de l'Angleterre. L'empereur de Russie avait répondu au général del Peudo, ambassadeur d'Espagne, par des félicitations fondées sur le caractère de Joseph. Ferdinand écrivit aussi dans ce sens à son successeur; il implora même son intervention pour obtenir une des nièces de Napoléon; car il n'avait pas renoncé à ce mariage. Le serment de fidélité des Espagnols qui l'avaient suivi en France, accompagnait cette lettre, qui fut communiquée par le marquis de Musquiez aux chefs de l'insurrection, qui commençait à prendre un caractère alarmant; car la domination de Joseph n'existait réellement que dans la partie occupée par les soldats français. Dans le royaume de Léon, dans la Navarre, l'Aragon, l'Estramadure, les deux Castilles, la Catalogne, les Asturies, on avait mis en pièces ou refusé de recevoir les officiers de Joseph ; Cadix se préparait à une défense opiniâtre. Une junte provinciale, organisée à Séville, dirigeait l'insurrection. Ses actes étaient empreints de fanatisme et de haine contre la France. Mais ce qui contribua le plus à donner à cette guerre un caractère de férocité inouïe, c'est qu'elle eut pour moteurs des hommes que leur profession rend nécessairement étrangers à la société. Ce fut pour leurs moines que les Espagnols s'égorgèrent et se firent égorger au nom de Dieu et de Ferdinand. Les poignards étaient bénis : des miracles, des prédications furibondes précédaient toujours le carnage.

Le succès des premiers efforts de l'armée française justifia l'opinion qu'on avait conçue de sa valeur. En quinze jours Bessières pacifie la province de Guipuscoa, l'Alava, la Biscaye, et une grande partie de la Navarre. Lefebvre-Desnouettes soumet le midi de cette dernière province, et forme le blocus de Sarragosse, après avoir battu les insurgés dans plusieurs rencontres. Le général Lasalle s'empare de Burgos et de Valadolid. Le général Frère prend Ségovie. Merle détruit un corps espagnol commandé par l'évêque de Santander, et la ville se rend au vainqueur. Dans la Catalogne, dans le royaume de Valence, Moncey et Duhesme voient également la victoire couronner leurs efforts. Le général Dupont pénètre dans l'Andalousie; Jaen et Cordoue sont enlevées de vive force. Tous les chemins qui pouvaient conduire le nouveau roi à son trône étaient couverts de sang.

Quarante mille insurgés défendaient les approches de Madrid : le maréchal Bessières marche à eux avec douze mille hommes, il les atteint à Medina de Rio Secco, les précipite des hauteurs qu'ils occupaient, et les met en pleine déroute. Cette affaire, si glorieuse pour les armes françaises, coûta aux Espagnols dix mille tués, six mille prisonniers, quarante pièces de canon et d'abondantes munitions. Napoléon, en apprenant la nouvelle de cette victoire, s'écria : « C'est une seconde bataille de Villa-Viciosa; Bessières a mis mon frère sur le trône d'Espagne, comme autrefois le duc de Vendôme y plaça l'arrière petit-fils de Louis XIV. » Le général Junot était alors dans le Portugal, qui avait imité l'exemple de l'Espagne ; ce succès assura nos communications avec son corps d'armée, qui se trouvait dans une situation critique. Battus dans toutes les rencontres, les Espagnols semblent n'avoir plus de chances de salut que dans une prompte soumission.

Un événement funeste vint interrompre le cours de ces prospérités, et rallumer l'incendie près de s'éteindre. Le 20 juillet, jour même de l'entrée du roi dans Madrid, quarante mille insurgés, commandés par Castanos, présentèrent la bataille à Dupont. Ce général fit la double faute de se laisser séparer des divisions Gobert et Vedel, qui formaient les deux tiers de son armée, et d'attendre l'ennemi dans une position désavantageuse. La première de ces fautes pouvait cependant devenir un moyen de succès décisif : le général Vedel arrivant au secours de son chef, avait mis en fuite le corps d'armée qui l'en séparait, après lui avoir enlevé quinze cents prisonniers, trois pièces de canon et deux drapeaux. Vains efforts! Dupont a capitulé.... S'il est vrai que le désir de conserver des chariots remplis d'un butin immense, fut le motif de cet acte inouï dans les fastes de l'armée française, ses auteurs, trompés dans leur attente, obtinrent le seul prix qu'ils eussent mérité. La capitulation fut violée, eux dépouillés et livrés aux Anglais. Malheureusement de braves soldats, aussi incapables de trahison que de lâcheté, subirent le même destin. Quand l'empereur apprit cet événement, il s'écria : « Des généraux français n'aiment pas mieux mourir que de signer que l'armée restituera les vases sacrés qu'elle a volés ! Je voudrais effacer cette honte de tout mon sang. » Il fit aussitôt arrêter les généraux Dupont et Vedel, ainsi que l'officier supérieur Villontrey, qui avaient coopéré à la capitulation. Une enquête fut dirigée contre eux. Dupont fut rayé des contrôles de l'armée, dégradé de ses ordres, et emprisonné. Il était le seul coupable.

Ce que l'on appelait en France le désastre de Baylen détruisit le prestige que la victoire avait attaché aux drapeaux français; les Espagnols ressaisirent leurs armes, et se précipitèrent de toutes parts sur nos troupes étonnées. Huit jours s'étaient à peine écoulés depuis l'entrée de Joseph dans Madrid, qu'il se vit forcé d'abandonner cette ville. Les Français ne sont pas plus heureux en Portugal, mais du moins leur malheur n'est point entaché de la honte d'une capitulation de Baylen. Junot n'a que dix mille soldats; il est attaqué, le 22 août, à Vimeiro, par vingt-six mille Anglo-Portugais commandés par le marquis de Welesley, aujourd'hui Wellington. La victoire est indécise, mais le général français ne peut espérer de secours, et l'armée ennemie reçoit sans cesse de nouveaux renforts. Pour ne pas sacrifier le petit nombre de guerriers qui lui restent, il consent à traiter. L'armée française évacuera le Portugal, et des vaisseaux anglais la transporteront en France avec armes et bagages. Cette **capitulation du moins ne fut pas violée.**

Napoléon ne pouvait voir avec indifférence le sort de son frère, et moins encore peut-être celui de l'armée qu'il lui avait confiée. Dans un message qui fut présenté au sénat, il s'exprimait ainsi : « Je suis résolu à pousser les affaires d'Espagne avec la plus grande activité, et à détruire les armées que l'Angleterre debarquera dans ce pays... Mon alliance avec l'empereur de Russie ne laisse à l'Angleterre aucun espoir dans ses projets. Je crois à la paix du continent, mais je ne veux ni ne dois dépendre des faux calculs et des erreurs des autres cours ; et puisque mes voisins augmentent leurs armées, il est de mon devoir d'augmenter les miennes. Il demandait en conséquence une levée de cent soixante mille conscrits, et le sénat s'empressa de la voter. La France possédait alors douze armées, dont le total effectif se montait à plus de huit cent mille hommes. Le 11 septembre, l'empereur, en passant une revue, et au moment de partir pour Erfurth, adressa cette proclamation aux troupes qui devaient former son avant-garde.

« Soldats,

« Après avoir triomphé sur les bords du Danube et de la Vistule, vous avez traversé l'Allemagne à marches forcées : je vous fais aujourd'hui traverser la France sans vous donner un moment de repos. Soldats ! j'ai besoin de vous. La présence hideuse du léopard souille les continens de l'Espagne et du Portugal. Qu'à votre aspect il fuie épouvanté ! Portons nos aigles triomphantes jusqu'aux colonnes d'Hercule : là aussi nous avons des outrages à venger. Soldats ! vous avez surpassé la renommée des armées modernes, mais avez-vous égalé la gloire des armes de Rome, qui, dans une même campagne, triomphèrent sur le Rhin et sur l'Euphrate, en Illyrie et sur le Tage? »

Parti de Paris le 29 octobre, l'empereur était le 7 novembre à Vittoria, où il trouva Joseph. Le premier engagement sérieux eut lieu à Gamonal, en avant de Burgos : retranchés dans une forte position, les Espagnols couvrent cette ville; mais brusquement attaqués au centre par la division Mouton, qui s'avance au pas de charge, débordés à droite et à gauche par les corps des maréchaux Soult et Bessières, ils prennent la fuite, laissant sur le champ de bataille trois mille morts, trois mille prisonniers, deux drapeaux et vingt-cinq pièces de canon. Ils courent chercher une retraite dans les murs de Burgos. Les Français y entrent en même temps, et la ville est prise. On y trouva des laines pour une valeur de trente millions; l'empereur les fit transporter à Bayonne.

A l'armée d'Estramadure, battue à Burgos, succède l'armée de Galice, qui, vaincue à Durango, à Guènes, à Vulmaceda, est enfin détruite le 12, par le duc de Bellune, à la bataille d'Espinosa. Dix généraux, cinquante pièces de canon tombent en notre pouvoir; vingt mille hommes sont pris, tués ou blessés. Les débris de cette armée tombent en fuyant dans la division du duc de Dalmatie, qui leur enlève canons, bagages et magasins. Des reconnaissances sont poussées sur Madrid. A Santander le duc de Dalmatie s'empare de plusieurs riches dépôts d'armes et de munitions anglaises.

Le 23, le duc de Montebello atteint à Tudela, en avant de Tolède, l'armée ennemie forte de quarante-cinq mille hommes. Castanos la commande. Nos soldats sont de plus d'un tiers inférieurs en nombre; mais ils brûlent d'effacer le souvenir de l'humiliation que les armes françaises ont subie à Baylen. Ils se précipitent : le centre de la ligne espagnole est enfoncé, la cavalerie du général Lefebvre y pénètre et enveloppe la droite, tandis que le général Lagrange culbute la gauche. Castanos s'enfuit en laissant quatre mille morts, trois mille prisonniers, trente pièces de canon et d'immenses magasins renfermés dans Tudela.

Deux routes conduisent de Burgos à Madrid; l'une, par Valladolid, est entièrement dégagée d'obstacles; l'autre se trouve coupée à Sommô-Sierra par une redoute située entre deux montagnes escarpées; les Espagnols la regardaient comme inexpugnable. L'empereur, qui veut frapper un grand coup sur leur imagination, ordonne à ses troupes d'enlever cette position.

Douze mille hommes, commandés par Beni-San-Juan, et seize pièces de canon la défendent. L'artillerie engage le combat, mais ses effets ne répondent point à l'impatience de nos soldats. Les chevau-légers polonais et les chasseurs de la garde, commandés par l'intrépide Montbrun, s'élancent à travers une pluie de feu, sur des escarpemens dont on eût cru que l'infanterie seule pouvait approcher. L'effet de cette brillante charge est aussi rapide que son exécution : les Espagnols se dispersent dans les montagnes, abandonnant artillerie, drapeaux, bagages et caisse militaire. Leur effroi est tel, et leur fuite si rapide, qu'ils disparaissent comme par enchantement. L'armée française arriva devant Madrid le 1er décembre, sans avoir rencontré l'ennemi depuis Sommo-Sierra. Le 2 elle célébra, sous les murs de cette capitale, l'anniversaire du couronnement de Napoléon.

Bessières, en arrivant, avait fait sommer Madrid, envahie alors par soixante mille paysans rangés autour de cent pièces de canon répandues sur les remparts. Mais l'aide-de-camp chargé de la sommation avait failli être assassiné; la veille, un officier d'artillerie, soupçonné d'avoir fait remplir les cartouches de sable, avait été coupé en morceaux.

Instruit de ces circonstances, et désirant ménager la capitale du royaume qu'il avait donné à son frère, l'empereur passa la journée à reconnaître la ville. Le quartier-général fut établi à Champs Martin, dans une maison appartenant au duc de l'Infantado, l'un des généraux de l'insurrection. Le soir, Napoléon fit occuper les faubourgs par le général Maison, qui y trouva peu de résistance. A minuit, nouvelle sommation, avec menace de bombardement. Le général Castellao, président de la junte militaire qui gouvernait Madrid, demanda un délai pour se concerter avec ses collègues.

Tandis qu'ils délibéraient, une colonne d'attaque se porta sur le Retiro, qui, bien que vaillamment défendu par quatre mille hommes, finit par être emporté d'assaut par un bataillon de voltigeurs. Il eût été facile de pénétrer de vive force dans la ville; mais Napoléon voulait épargner aux habitans les horreurs d'une pareille attaque. Les sommations furent réitérées, et les assiégés commencèrent à dépaver la ville pour amortir l'action des bombes. Notre cavalerie légère ramassa une foule d'individus qui fuyaient les dangers que l'exaltation de leurs compatriotes allait attirer sur eux. Enfin le 3, à neuf heures du soir, le général Morla se présenta, député par les notables de la ville. Il annonçait avec douleur que la population persistait à se défendre, et il demanda un délai d'un jour pour calmer son effervescence. Napoléon s'irrita d'abord de cette proposition; puis, passant tout à coup des intérêts généraux de Madrid à des particularités relatives au député, il rappela la capitulation du général Dupont :

« ..... L'inhabileté, lui dit-il, et la lâcheté d'un général avaient mis en vos mains des troupes qui avaient capitulé sur le champ de bataille, et la capitulation a été violée. Vous, M. Morla, quelle lettre avez-vous écrite à ce général ? Il vous convenait bien de parler de pillage, vous qui, étant entré en Roussillon, avez enlevé toutes les femmes et les avez partagées comme un butin entre vos soldats !... Violer les traités militaires c'est renoncer à toute civilisation, c'est se mettre sur la même ligne que les Bédouins du désert. Comment donc osez-vous demander une capitulation, vous qui avez violé celle de Baylen ?... J'avais une flotte à Cadix; elle était l'alliée de l'Espagne, et vous avez dirigé contre elle les mortiers de la ville où vous commandiez. J'avais une armée espagnole dans mes rangs (celle de la Romana), j'ai mieux aimé la voir passer sur les vaisseaux anglais, et être obligé de la précipiter du haut des rochers d'Espinosa, que de la désarmer. J'ai préféré avoir sept mille hommes de plus à combattre que de manquer à la bonne foi et à l'honneur. Retournez à Madrid. Je vous donne jusqu'à demain six heures du matin. Revenez alors, si vous n'avez à me parler du peuple que pour m'apprendre qu'il s'est soumis ; sinon, vous et vos troupes serez tous passés par les armes. »

Le lendemain à l'heure indiquée nos troupes entrèrent dans Madrid. Un pardon général ramena la paix et la sérénité parmi les habitans de cette ville, qui avait eu plus à souffrir des Espagnols que des Français. Ceux qui voulurent s'éloigner, avec leurs biens et leurs armes, eurent la liberté de le faire.

Napoléon par un sentiment de convenance qu'il est facile de s'expliquer, ne voulut point entrer en vainqueur dans la capitale du royaume de son frère. Le soin d'occuper Madrid fut confié au corps d'armée du maréchal Lefebvre. Les troupes campèrent autour de Champ-Martin, séjour de l'empereur.

Cette journée du 4 décembre fut consacrée par un grand acte politique. Alors parut le décret qui abolissait l'inquisition. Ce tribunal de sang, dont le nom seul réveille l'idée de toutes les horreurs, étendait encore sa mystérieuse omnipotence sur l'Espagne, et, de là, bravait les nations civilisées. On brisa l'instrument sacré des tortures; des milliers de victimes furent rendues mutilées à leurs familles, et pour la première fois, la lumière du jour pénétra dans ces cachots où les ténèbres dérobaient au juge sa propre férocité. Tous les amis de l'humanité applaudirent à cette mesure réparatrice; mais la populace espagnole en reçut le bienfait avec une rage secrète; ses moines l'avaient accoutumée à ne voir la religion qu'un poignard à la main.

Le même jour un second décret réduisit au tiers le nombre des couvens, et affecta leurs biens, partie à l'augmentation du traitement des curés, partie à la dette publique et aux dépenses d'utilité générale. Deux autres décrets portent la même date : l'un destituait les membres du conseil de Castille, qui, après avoir reconnu les droits de l'empereur, s'étaient traîtreusement tournés contre son frère; l'autre mettait hors de la loi le duc de l'Infantado et quelques autres grands d'Espagne, violateurs perfides du serment de Bayonne. L'abolition des douanes de province à province, l'anéantissement des droits féodaux, l'ordre d'organiser immédiatement une cour de cassation, signalèrent la présence de Napoléon dans l'intérieur de la Péninsule. Le guerrier se reposait dans les soins du législateur. Il semblait ne vouloir faire sentir aux Espagnols le tort d'une résistance aveugle, qu'en leur donnant des institutions. C'était une noble vengeance.

L'attitude bienveillante des troupes françaises avait calmé les inquiétudes des habitans de Madrid. Une proclamation acheva de les rassurer. Madrid reprit son aspect accoutumé; le cours des affaires recommença comme en pleine paix. Les théâtres furent rouverts, et le flegmatique Espagnol put, chaque soir, se délecter à la danse nationale du *fandango*, qu'il ne se lasse pas de revoir, entre chaque pièce, toujours sur le même air, avec les mêmes figures, et le même costume. Napoléon ne vint qu'une seule fois visiter Madrid, et encore garda-t-il le plus strict incognito.

A Madrid, Napoléon renouvela le mémorable exemple de clémence qu'il avait donné dans Berlin. Parmi ceux qui avaient disputé avec le plus d'acharnement, aux Français, l'entrée de la capitale, se trouvait le marquis de Saint-Simon, Français lui-même, et au service de l'Espagne depuis le commencement de l'émigration. Retranché vers la porte de Fuencarral, il avait fait un feu meurtrier sur nos troupes, même après la capitulation. Obligé de se rendre, M. de Saint-Simon se vit traduit devant une commission militaire qui le condamna à être fusillé. Il allait périr, lorsque sa fille se présenta devant l'empereur et vint implorer sa pitié. Cette démarche fut couronnée d'un plein succès : Napoléon accorda aux vertus de la fille la grâce du père.

La capitulation de l'importante place de Roses, qui se rendit le 6 aux armes du général Gouvion-Saint-Cyr, avait achevé de soumettre toute l'Espagne septentrionale. Cependant Joseph ne faisait aucune disposition pour rentrer dans sa capitale. C'est pour hâter sa présence qu'une députation des habitans se présenta devant l'empereur, qui répondit : « Les Bourbons ne peuvent plus régner en Europe. Les divisions dans la famille royale avaient été tramées par les Anglais. Ce n'était pas le roi Charles et le favori que le duc de l'Infantado, instrument de l'Angleterre, comme le prouvent les papiers trouvés dans sa maison, voulait renverser du trône : c'était la prépondérance de l'Angleterre qu'on voulait établir en Espagne.... La génération présente pourra varier dans ses opinions : trop de passions ont été mises en jeu. Mais vos neveux me remercieront comme leur régénérateur; ils placeront au nombre des jours mémorables, ceux où j'ai paru parmi vous, et de ces jours datera la prospérité de l'Espagne. »

Les mouvemens des divers corps d'armée avaient continué; de Madrid, Napoléon dirigeait tout : le duc de Bellune à Tolède, le duc de Dantzick à Talavera de la Reyna, le général Saint-Cyr à Barcelone, suivaient les impulsions de son génie.

Cependant on savait qu'une armée anglaise venait de débarquer à la Corogne, et qu'elle s'était grossie des débris des armées espagnoles. L'empereur ne se pressa point de marcher à sa rencontre; il voulait laisser s'engager dans l'intérieur ces ennemis avec lesquels depuis si long-temps il brûlait de se mesurer. Les Anglais, sous la conduite des généraux Moore et Baird, s'avancèrent assez rapidement jusqu'à Salamanque. Arrivés dans cette ville, ils montrèrent plus d'hésitation; durant plusieurs jours, leur armée resta stationnaire. Enfin, on reçut la nouvelle que le 15 ils avaient passé le Duero, et que leur cavalerie s'était avancée jusqu'à Valladolid. Aussitôt l'ordre fut donné aux troupes campées à Madrid de se préparer à marcher; l'empereur se mit à leur tête, et le 22 décembre toute l'armée fut en mouvement.

Le soir même, les Français arrivèrent au pied de la Guadarrama, montagne élevée, d'une longue traversée et couverte de verglas. Les difficultés du passage rebutaient l'artillerie et la cavalerie; Napoléon à pied se mit à la tête des différentes colonnes, et par son exemple il ranima l'énergie du soldat. On employa deux jours, par une tourmente affreuse, à franchir ce pas difficile.

Dès que les Anglais furent avertis de l'approche de l'empereur, ils s'empressèrent de rétrograder, comme saisis d'une terreur panique. Le temps que nous avions perdu au passage de la Guadarrama favorisa leur retraite. Pour plus de sécurité, ils rompirent le pont de l'Esla. Napoléon était si impatient de les joindre qu'il fit traverser la rivière à ses troupes par un gué dangereux qu'on découvrit après plusieurs sondes infructueuses. Malgré la rapidité de sa course, il ne trouva les insulaires ni à Benevente ni à Astorga. Notre cavalerie seule eut la satisfaction d'atteindre leur arrière-garde et de la battre dans toutes les rencontres. L'empereur n'alla point au-delà de Valladolid : peu jaloux de poursuivre un ennemi qui n'osait l'attendre, il se reposa sur ses lieutenans du soin d'achever la victoire. Le maréchal Soult remplit dignement cette mission. Les Anglais, après avoir perdu dans leur retraite près de neuf mille hommes, dix mille chevaux, leur artillerie, leurs magasins et leur caisse militaire, se crurent trop heureux de gagner, à la faveur des ténèbres, le port de la Corogne; leur dessein était de se rembarquer. Ne trouvant point de vaisseaux pour les recevoir, ils se virent dans la nécessité de faire les dispositions de défense : le seul point qui rende la Corogne accessible fut hérissé de fortifications. Soult triompha de leurs précautions. Les Français attaquèrent cette position formidable le 16 janvier 1809, à deux heures après midi; on se battit avec acharnement de part et d'autre; la lutte fut opiniâtre, et l'obscurité de la nuit y mit seule fin. Le général Moore resta sur le champ de bataille avec deux mille cinq cents des siens; le général Baird eut un bras emporté. Le commandement de l'armée anglaise passa entre les mains du général Hope, qui n'attendit pas le jour pour la faire embarquer.

Cependant l'Autriche, enhardie par la diversion de la Péninsule, commençait à prendre une attitude hostile. Napoléon, informé des préparatifs qu'elle faisait, partit tout à coup de Valladolid le 17 janvier, et le 23 du même mois il était déjà aux Tuileries.

CHAPITRE XVII.

Sommaire : Rupture de l'Autriche. — Ses troupes entrent en Bavière. — Bataille de Thann et d'Abensberg. — Combat de Landshut. — Bataille d'Eckmühl. — Prise de Ratisbonne. — Napoléon est blessé. — Occupation de Vienne. — Passage du Danube. — Bataille d'Esling. — Lannes est tué. — Contretemps funeste. — Insurrections sur divers points. — Poniatowski. — Campagne d'Italie. — Bataille de Wagram. — Lasalle y périt. — Tentative d'assassinat contre Napoléon. — Armistice de Znaïm. — Expédition des Anglais à Walchren. — François II accepte la paix. — Retour de Napoléon à Fontainebleau.

1809.

Le 6 avril, pendant que l'échange des notes diplomatiques entre les cabinets de Paris et de Vienne était des plus actifs, l'archiduc Charles fit une proclamation pour appeler l'Allemagne aux armes, *au nom du salut de la patrie, contre l'insatiable ambition d'un conquérant étranger.*

L'Autriche, avec une armée de cinq cent mille hommes, se disposa à attaquer le maréchal Davoust, qui avait à peine à lui en opposer vingt-six mille. La campagne devait s'ouvrir par l'invasion de la Bavière : l'archiduc écrivit au maréchal Davoust :

« D'après une déclaration de S. M. l'empereur d'Autriche à l'empereur Napoléon, je préviens M. le général en chef de l'armée française que j'ai l'ordre de me porter en avant avec les troupes sous mon commandement, et de traiter en ennemies toutes celles qui me feront résistance.

» Charles. »

Aussitôt commença le mouvement d'agression de l'armée autrichienne. Informé de cette brusque reprise des hostilités par une dépêche télégraphique parvenue à Paris le 12 avril au soir, l'empereur partit la nuit même des Tuileries, sans gardes, sans équipages ; le 6, il était déjà à Dillingen, sur le Danube. Il promit au roi de Bavière, son allié, de le venger, de le ramener avant quinze jours dans sa capitale, et de le faire plus grand que ne fut jamais aucun de ses ancêtres.

Le lendemain, de Donaverth, où il porta son quartier-général, il expédia ses ordres sur tous les points, et l'armée fut instruite de son arrivée par cette proclamation :

« Soldats !

» Le territoire de la confédération du Rhin a été violé ; le général autrichien veut que nous fuyions à l'aspect de ses armes, et que nous lui abandonnions nos alliés ; j'arrive avec la rapidité de l'éclair. Soldats ! j'étais entouré de vous lorsque le souverain de l'Autriche vint à mon bivouac de la Moravie ; vous l'avez entendu implorer ma clémence, et me jurer une amitié éternelle. Vainqueurs dans trois guerres, l'Autriche a dû tout à notre générosité : trois fois elle a été parjure ! Nos succès passés nous sont un sûr garant de la victoire qui nous attend. Marchons donc, et qu'à notre aspect l'ennemi reconnaisse son vainqueur. »

Napoléon s'occupa sur-le-champ de prendre l'offensive. Le 19, les Autrichiens furent repoussés, près de Thann, par le corps du maréchal Davoust; à Urnhoffen, par le maréchal Lefèvre, commandant le contingent bavarois; à Pfaffenhoffen, par les grenadiers d'Oudinot, et à la suite de ces combats, Davoust et Lefebvre opérèrent leur jonction. La perte de l'ennemi, à Thann, fut de deux mille morts et de sept cents prisonniers.

L'armée du prince Charles, si formidable par le nombre, venait, par un premier échec, d'être divisée en deux parties presques isolées. L'empereur jugea qu'il lui serait facile d'en traverser le centre; de pousser les deux ailes dans des directions contraires, et de les accabler ensuite l'une après l'autre. Ce mouvement fut presque aussi rapidement exécuté que conçu. Le 20, dès le point du jour, Napoléon, dont le quartier-général était, depuis la veille, à Abensberg, s'avança à la tête de cinquante mille combattans. L'armée autrichienne fut battue sur tous les points, et un dernier engagement à Rottemburg eut pour effet de rompre la communication entre l'archiduc Charles et l'archiduc Louis, qui, attaqué lui-même à Siegemburg par les Bavarois, avait été forcé d'abandonner sa position. Nos colonnes ne s'arrêtèrent que sur les bords de la Laber, et la nuit seule mit fin à cette suite d'actions partielles qui furent comprises, dans les relations du temps, sous le nom commun de *bataille d'Abensberg*. Sept mille Autrichiens y furent tués, blessés ou pris; huit drapeaux et douze pièces de canons tombèrent au pouvoir des Français.

Le 21, à cinq heures du matin, notre avant-garde, impatiente de poursuivre les avantages du jour précédent, se jeta sur les troupes ennemies les plus à sa portée, et les chassa devant elle. A onze heures, Napoléon et toute son armée étaient sous Landshut en présence du général Hiller. Le maréchal Bessières commença l'attaque par une charge des plus brillantes. La cavalerie hongroise, sabrée et culbutée, s'enfuit en jetant l'épouvante dans les rangs autrichiens. Bientôt ce désordre s'accrut par l'encombrement des bagages, sur un chemin étroit, et de toutes parts bordé de profonds marais. Hommes, chevaux, artillerie, équipages de pont, tout était pêle-mêle, entassé, confondu. Les Autrichiens, rejetés derrière l'Iser, se retirèrent en toute hâte sur l'Inn, laissant entre nos mains cinq mille prisonniers, trente-huit pièces de canon, trois équipages de pont, des magasins considérables, et plus de six cents voitures attelées. Le général Hiller et son corps, ne se souciant plus de rentrer en ligne, manœuvrèrent pour gagner les états héréditaires, et achevèrent ainsi de découvrir le centre de l'armée, dont ils avaient jusqu'alors formé l'aile gauche.

Sur ces entrefaites, le maréchal Davoust, qui, depuis deux jours, avec vingt-six mille hommes, contenait cent mille Autrichiens commandés par le prince Charles en personne, attaquait, sur la Laber, plusieurs corps ennemis, que les divisions Friant et Saint-Hilaire débusquèrent des villages de Leuerndorf et de Sierling.

L'archiduc, soupçonnant enfin que les forces qui l'avaient tenu en échec n'étaient pas aussi considérables qu'il l'avait pensé d'abord, fit ses dispositions pour une attaque générale. Sa ligne s'étendait d'Eckmühl à Ratisbonne, entre la Laber et le Danube. Le 22, toute son armée s'ébranla. Le maréchal Davoust, renforcé, depuis la veille, par le corps du maréchal Lefebvre, et bien préparé à défendre sa position, dont il connaissait toute l'importance, manœuvra avec tant d'habileté et de précision, que l'ennemi ne put faire un seul pas en avant. L'action était engagée depuis plus d'une heure, quand une forte canonnade dans le lointain annonça l'approche de Napoléon, qui, après avoir détaché deux divisions à la poursuite du général Hiller, était parti de Landshut dans la matinée, et accourait à la tête de ses troupes. Dès son arrivée, il dirigea ses premiers efforts contre Eckmuhl, et ordonna en même temps au maréchal Lannes de passer la Laber, afin de déborder la gauche du prince Charles. Ces mouvemens, combinés avec ceux du maréchal Davoust, décidèrent du succès. L'ennemi, dont le centre était vivement pressé, et les ailes compromises, battit précipitamment en retraite par la route de Ratisbonne. Sa déroute fut telle, que l'armée entière aurait été détruite, si le prince Jean de Lichsteinstein n'eût arrêté, par une charge audacieuse, l'élan de nos cuirassiers. Quinze mille prisonniers, douze drapeaux, seize pièces de canons, furent pour les Français les résultats de cette journée. Cinq mille soldats autrichiens restèrent sur le champ de bataille. Au nombre des morts, qui, de notre côté, s'éleva à près de deux mille, était l'un des compagnons de gloire des vétérans de la liberté, le général de division Cervoni, dont le front était ceint des lauriers cueillis dans les beaux jours de la république.

Le maréchal Davoust, dont le sang-froid et les savantes dispositions avaient puissamment contribué à la victoire, fut récompensé de sa belle conduite par le titre nouveau de *prince d'Eckmuhl*, que lui conféra l'empereur.

L'archiduc Charles avait encore plus de quatre-vingt mille hommes sous ses ordres. Toutefois le découragement de ses soldats lui fit juger qu'il serait imprudent d'attendre son adversaire dans une plaine qui n'offrait aucune position favorable, et où il pouvait être acculé au Danube. Il prit donc le parti de se retirer sur la rive gauche du fleuve, qu'il passa le 23, au-dessous de Ratisbonne. Il y eut une mêlée de cavalerie en avant de cette ville, et le maréchal Lannes vint y former ses troupes en bataille, à huit cents pas des remparts. Napoléon fut alors blessé pour la première fois de sa vie : une balle amortie le frappa au pied droit, et lui fit une forte contusion : « Ce ne peut être, dit-il, qu'un Tyrolien qui m'ait ajusté de si loin : ces gens sont fort adroits. »

Le général qui commandait dans la place avait ordre de tenir jusqu'à la nuit; mais quelques officiers ayant remarqué une ancienne brèche qui n'avait pas été réparée, le maréchal Lannes, à qui ce passage était offert, s'élança sous le feu de l'ennemi, pénétra dans les remparts, et fit ouvrir la porte de Straubing : aussitôt plusieurs de nos bataillons entrèrent de ce côté, pour fermer la retraite à la garnison qui mit bas les armes, au nombre de sept à huit mille hommes. Les colonnes françaises tentèrent de forcer le pont; mais le général Kollowrath les arrêta par le feu de plusieurs batteries formidables.

La prise de Ratisbonne amena la délivrance du 65ᵉ régiment prisonnier dans cette ville, devant laquelle, cinq jours auparavant, il avait arrêté deux corps d'armée pendant quarante-huit heures.

Le 24 avril, Napoléon passa une grande revue. Suivant sa coutume, il saisit cette occasion pour décerner des récompenses, et jeter, dans tous les cœurs, le feu d'un nouvel enthousiasme; il fit lire à la tête de l'armée une proclamation, dans laquelle il la félicitait d'avoir justifié son attente : « Soldats! disait-il, vous avez suppléé au nombre par votre bravoure. Vous avez glorieusement marqué la différence qui existe entre les soldats d'Alexandre et les cohues armées de Xercès.

» En peu de jours nous avons triomphé dans les trois batailles de Thann, d'Abensberg, d'Eckmühl, et dans les trois combats de Peissing, de Landshut et de Ratisbonne..

» L'ennemi, enivré par un cabinet parjure, paraissait ne plus conserver un souvenir de vous. Vous lui avez apparu plus terribles que jamais.

» Naguère il a traversé l'Inn et envahi le territoire de nos alliés; naguère il se promettait de porter la guerre dans le sein de notre patrie; aujourd'hui, défait, épouvanté, il fuit en désordre. Déjà mon avant-garde a passé l'Inn; avant un mois nous serons à Vienne. »

Napoléon ne perdit pas un instant pour réaliser cette prédiction : cinq jours, tous marqués par de beaux triomphes, lui avaient suffi pour déconcerter des projets auxquels se liaient peut-être les vœux d'une grande partie de l'Allemagne; maintenant il ne s'arrêtera que quand la maison d'Autriche sera à ses genoux : à aucune autre époque il n'avait été ni plus actif, ni plus habile; c'était encore, c'était toujours le héros de l'Italie, c'était le même génie, le même bonheur, la même promptitude dans le coup-d'œil, la même hardiesse d'exécution, la même aptitude à dominer l'ensemble, à pénétrer les détails, à profiter des moindres circonstances, à se soumettre le temps et l'espace, à calculer les vitesses et les obstacles, enfin à combiner le choc des masses, leurs mouvemens et leurs directions, de manière à contre-balancer, par son admirable tactique, l'immense supériorité du nombre.

La maison de Lorraine n'avait jamais eu plus de motifs de s'alarmer; cependant, aveuglée sur sa position, elle conservait encore l'espoir de faire tourner à son avantage l'issue d'une guerre dont les commencemens lui avaient été si funestes : de toutes parts elle pressait les levées, et de nouvelles forces étaient appelées au cœur de la monarchie autrichienne, où se méditait un grand et dernier effort.

De semblables dispositions faisaient assez connaître quel devait être le premier but de l'armée française ; Napoléon résolut de se porter au foyer de la défense avant qu'elle ne fût complètement organisée.

Le 26, il partit de Ratisbonne, et toutes ses colonnes, à l'exception du corps du maréchal Davoust, qui avait ordre de rejeter le prince Charles dans la Bohême, et de revenir ensuite pour former l'arrière-garde, s'avancèrent par la rive droite du Danube, dans la direction de l'Inn. Ce grand mouvement obligea le général Hiller à quitter les environs de Neumarkt, où, deux jours auparavant, il avait attaqué avec quelque succès une division bavaroise. Son rôle se bornait désormais à couvrir, autant que possible, les frontières de l'Autriche.

Trop faible pour essayer de défendre l'Inn, le général Hiller s'était replié sur Ebersberg, village protégé par un château fort sur la Traun. Cette rivière offre très-peu d'endroits guéables, et coule entre deux rives naturellement escarpées; un pont forme le seul point de communication avec le village; la position, vue de face, paraissait impénétrable; Hiller l'occupait avec plus de trente mille hommes et une formidable artillerie; il espérait pouvoir s'y maintenir assez long-temps pour rétablir ses communications avec l'archiduc Charles, et concourir avec ce prince au salut de Vienne, en défendant le cours du Danube. Du premier choc, les Français culbutent l'avant-garde d'Hiller, qui défend les approches du pont ; l'intrépide général Cohorn s'élance à la tête de quelques bataillons ; en vain le feu redoublé des batteries ennemies foudroie ces braves ; ils avancent, renversent dans le Traun tout ce qui s'oppose à leur course, et pénètrent dans la ville. Là s'engage un de ces combats de géans auxquels les Français avaient déjà habitué les soldats de l'Autriche. Mais pendant cette lutte, un horrible incendie ayant éclaté dans Ebersberg, et consumé les premiers arches du pont, la division Claparède, parvenue seule à l'extrémité, se trouva tout-à-coup sans communications. A peine forte de 7,000 combattans, elle était engagée contre une armée de 35,000 hommes. Cette effrayante disproportion ne fit qu'enflammer son courage ; pendant trois heures elle soutint avec la plus grande résolution un lutte si inégale ; trois fois les masses les plus formidables se ruèrent sur elle sans pouvoir l'entamer : l'inexpugnable baïonnette de cette poignée de braves résista à tous les chocs : trois cents d'entre eux étaient tombés sur le champ de bataille ; le nombre de ceux qui avaient été mis hors de combat s'élevait à plus de sept cents : mais ni les dangers, ni la perte n'exerçaient aucun empire sur l'âme de si vaillans soldats : ils avaient fait serment de vaincre. Toutefois l'inévitable résultat de tant de prodiges n'eût été que de succomber glorieusement, si les généraux Legrand et Durosnel, avec quelques régimens d'infanterie et de la cavalerie n'eussent enfin réussi à franchir le fleuve. A la vue de ces nouvelles colonnes, l'ennemi, craignant d'être débordé par sa gauche, prit le parti de la retraite, et le maréchal Bessières, survenu pendant le combat avec la cavalerie, se mit à sa poursuite.

L'empereur accourait par la rive droite de la Traun; il n'arriva qu'à la nuit tombante; tout était terminé. La ville offrait un spectacle horrible. Des monceaux de morts obstruaient les rues; les maisons et le château brûlaient encore, et du milieu de leurs débris embrasés s'élevaient les cris des blessés, qu'il était impossible de secourir. Napoléon, en rédigeant le bulletin de cette sanglante action, qu'il nommait un des plus beaux faits d'armes dont l'histoire puisse conserver le souvenir, ajouta: « Le voyageur s'arrêtera et dira : C'est ici, c'est de ces superbes positions qu'une armée de trente-cinq mille Autrichiens a été chassée par deux divisions françaises! »

Napoléon ne devait plus être arrêté par aucun obstacle jusqu'à Vienne. Le 10 mai, il parut aux portes de cette capitale, avec le corps du maréchal Lannes. Les faubourgs se rendirent sans résistance aux troupes du général Oudinot: mais l'archiduc Maximilien, renfermé dans l'enceinte de la cité avec seize mille hommes, sembla décidé à soutenir le siége. Sommé deux fois, il ne répondit qu'en faisant tirer à mitraille sur nos soldats. Le général Lagrange, envoyé en parlementaire, faillit être massacré par la populace; il revint de sa mission tout couvert de blessures : l'exaspération des habitans n'avait jamais été portée à un si haut degré. Ils voulaient, disaient-ils, se défendre jusqu'à la dernière extrémité,

L'empereur, contraint de renoncer à la voie des négociations, fit sur-le-champ ses dispositions pour l'attaque. Son dessein était de bombarder la ville, et de couper en même temps la retraite de l'ennemi. Pour atteindre ce dernier résultat, il fallait se rendre maître du *Prater*, et il était indispensable de jeter un pont sur le bras du Danube par lequel cette promenade est séparée des faubourgs. L'opération était difficile. A huit heures du soir, on eut rassemblé tous les matériaux pour la commencer. Dans ce moment une batterie de vingt obusiers, élevée à cent toises des remparts, lançait la foudre sur la ville. Plusieurs édifices étaient déjà devenu la proie des flammes. A minuit, plus de dix-huit cents obus avaient éclaté dans les différens quartiers : l'épouvante était à son comble. De toutes parts, on entendait les cris des femmes et des enfans. Au milieu de cet effroi général, un officier autrichien, précédé d'un trompette, vint annoncer que la jeune archiduchesse Marie-Louise, qu'une maladie grave avait empêchée de suivre la cour, se trouvait dans le palais impérial exposée au feu des assiégeans. Napoléon ne fut pas plutôt informé de cette circonstance, qu'ordonnant d'épargner la demeure de la princesse, il fit changer la direction des batteries.

L'archiduc Maximilien, voyant ses communications menacées, tenta, pendant la nuit, d'enlever le poste français établi au Prater; mais ses colonnes, accueillies par la mitraille de quinze pièces de canon ayant été obligée de se retirer dans le plus grand désordre, il put enfin apprécier tout le danger de sa position; et dès le lendemain il évacua la place. Le 12, au point du jour, le général Oreilly, à qui le prince avait laissé tous les pouvoirs nécessaires, fit demander une capitulation, et une députation de la ville vint aux avant-postes; elle fut présentée à l'empereur, à Schœnbrunn. Oubliant l'outrage fait à son parlementaire, il assura les députés de sa protection, et leur promit que la ville serait traitée avec la même clémence qu'en 1805. Les articles de la capitulation furent dressés immédiatement, et ratifiés la nuit suivante. Le 13, à neuf heures du matin, les troupes françaises entrèrent dans la ville. Les armes furent enlevées des mains de la populace; la garde urbaine conserva les siennes.

Napoléon ne fit point d'entrée à Vienne. Un ordre du jour, daté de Schœnbrunn, apprit à l'armée l'occupation de la capitale. C'était sans doute un grand avantage; mais quatre jours avaient été consumés inutilement, sous les murs de cette place, incapable d'une défense sérieuse; l'archiduc, en se retirant, venait, par la rupture des ponts, de lui fermer le Danube. Le regret de ces pertes respire évidemment dans la proclamation qu'il mit à l'ordre du jour de l'armée.

« Soldats !

» Un mois après que l'ennemi passa l'Inn, au même jour, à la même heure, nous sommes entrés dans Vienne.

» Ces landwhers, ces levées en masse, ces remparts élevés par la rage impuissante de la maison de Lorraine, n'ont point soutenu nos regards. Les princes de cette maison ont abandonné la capitale, non comme des soldats d'honneur qui cèdent aux circonstances, mais comme des parjures que poursuivent leurs propres remords. En fuyant de Vienne leurs adieux ont été le meurtre et l'incendie; comme Médée, ils ont de leurs mains égorgé leurs enfans.

» Le peuple de Vienne, selon l'expression de la députation de ses faubourgs, délaissé, abandonné, veuf, sera l'objet de vos égards. J'en prends les bons habitans sous ma spéciale protection : quant aux hommes turbulens et méchans, j'en ferai une justice exemplaire.

» Soldats ! soyons bons pour les pauvres paysans, pour

ce bon peuple qui a tant de droits à votre estime : ne conservons aucun orgueil de nos succès, voyons-y une preuve de cette justice divine qui punit *l'ingrat et le parjure.* »

Napoléon voulut marquer son séjour à Vienne par un acte solennel de puissance. C'est de cette capitale qu'il data, le 17 mai, le décret qui réunissait les états du pape à l'empire français.

Cet événement si extraordinaire ne produisit en Europe aucune sensation ; on y vit un acte dès long-temps préparé ; et l'excommunication que le pape Pie VII lança trois semaines après contre Napoléon, ne fut considérée, à Rome même, que comme une représaille impuissante.

Cependant l'archiduc Charles, après avoir fait un long circuit par la Bohême, s'était rapproché de Vienne, et avait rallié à son armée les troupes du général Hiller. Arrivé, depuis le 16, au pied du mont Bisamberg, il avait appris l'occupation de l'île de Lobau, dans laquelle Napoléon avait fait débarquer la division Mouton, afin d'avoir un point d'appui pour commencer et pratiquer les travaux nécessaires pour le passage du Danube. Mais, loin de vouloir empêcher Napoléon de franchir le Danube, il fit au contraire replier ses avant-gardes, afin de faciliter le déploiement de nos troupes, et de livrer bataille sur un terrain où elles seraient adossées au fleuve.

Le 21, à quatre heures du soir, quatre-vingt-dix mille Autrichiens, soutenus par deux cent vingt-huit pièces de canon, débouchèrent sur cinq colonnes dans la plaine de Markfeld. Le but de cette démonstration était de renfermer Napoléon dans un cercle étroit, et ensuite de l'écraser. On savait qu'à peine trente mille hommes étaient alors réunis autour de lui, et l'on ne pensait pas que, dans cette position, il lui fût possible d'échapper au plus éclatant revers. Ses adversaires ne s'étaient pas encore présentés devant lui avec une telle présomption de la victoire. L'action commença aussitôt par une attaque vigoureuse du général Hiller contre Gross-Aspern, où s'appuyait notre gauche commandée par le maréchal Masséna. Trois fois l'ennemi, avec des forces toujours supérieures, essaya d'emporter ce village, et trois fois il fut repoussé. On se battit dans chaque rue, dans chaque maison, avec un acharnement sans exemple. Les divisions Molitor et Legrand furent inébranlables, et le général Hiller, fatigué d'une résistance aussi opiniâtre, dut enfin renoncer à son entreprise. La division Boudet, qui, défendant Essling, formait la droite sous les ordres du maréchal Lannes, ne montra pas moins de fermeté et de valeur ; mais peut-être aurait-elle été forcée à la retraite, si l'empereur, s'apercevant que l'archiduc dirigeait ses principaux efforts sur nos ailes, n'eût à propos opéré une diversion, en portant contre le centre des Autrichiens toute la cavalerie du maréchal Bessières. Cette manœuvre eut un prompt succès. Le corps du général Hohenzollern fut rompu, et le régiment d'Oreilly taillé en pièces. La nuit, qui survint, mit fin à ce combat meurtrier, dont aucun des deux partis ne retira d'avantage, et qui avait été signalé, du côté des Français, par la perte de plusieurs officiers d'un grand mérite. De ce nombre était le général Espagne, emporté par un boulet au moment où, à la tête de sa division de cuirassiers, il venait d'enfoncer deux carrés, et de décider de la prise de quatorze pièces de canon.

Les deux armées conservèrent chacune les positions où elles se trouvaient quand elles avaient cessé de combattre. La division Saint-Hilaire, le corps de grenadiers du général Oudinot, une partie de la garde impériale, la seconde brigade de la division Nansouty, et deux brigades de cavalerie légère arrivèrent de l'île de Lobau pendant la nuit. Ces renforts portaient à quarante-cinq mille hommes l'effectif des troupes françaises, qui étaient entrées en ligne.

Le 22, à quatre heures du matin, partit de tous les points occupés par les Autrichiens un feu d'artillerie croisé sur notre centre, qui répondit vivement à cette canonnade. Les villages de Goss-Aspern et d'Essling furent ensuite attaqués avec la même fureur que la veille, et défendus avec autant de résolution. Napoléon, placé sur une éminence d'où il découvrait toute la plaine, remarqua que le centre des Autrichiens prenait un développement extraordinaire : il conçut alors le projet de le couper en deux.

Aussitôt les divisions Saint-Hilaire et Boudet, les grenadiers d'Oudinot, toute la cavalerie, formée en masse, et une artillerie nombreuse, dirigée par le général Lariboissière, s'avancèrent aux cris de *vive l'empereur*. Le maréchal Lannes guidait cette charge terrible. En un instant, les plus épais bataillons de l'ennemi furent renversés et mis en déroute. L'archiduc lui-même, qui, en agitant un drapeau, essayait de rallier ses soldats, fut entraîné dans leur fuite. Il était neuf heures, et la bataille était décidée. Encore quelques efforts, et les Français triomphaient d'une armée double de la leur. Napoléon lui-même encourageait l'armée de son exemple; il s'exposait avec la témérité d'un soldat. Le général Walter lui criait au fort de l'action : « Retirez-vous, Sire, ou je vous fais enlever par mes grenadiers. » Dans ce moment, on vient apprendre à l'empereur que les ponts du Danube sont rompus, et qu'il n'existe plus aucune communication avec l'île de Lobau. Tout autre chef cût été consterné d'une si affligeante nouvelle. Napoléon, sans montrer la moindre altération, et avec le calme le plus héroïque, envoya au maréchal Lannes l'ordre de ralentir son mouvement, et de reprendre sa position entre Gross-Aspern et Essling.

L'archiduc, en apercevant cette hésitation de la colonne victorieuse, eut d'autant moins de peine à en deviner la cause, qu'il avait d'avance préparé l'événement par lequel il échappait à une défaite certaine. De toutes parts, on se transmet cet avis : les *Français n'ont plus de retraite*. Ces mots volent de bouche en bouche, et se répandent au loin avec la rapidité de l'éclair. Tout-à-coup le désordre cesse, la ligne autrichienne revient à la charge, l'artillerie rallume ses foudres, et le combat recommence sur le même terrain, et avec la même balance de succès que la veille. Deux cents bouches d'airain vomissent à la fois les boulets et la mitraille. Notre armée, obligée de ménager ses munitions, qui ne peuvent plus être renouvelées, n'opposera désormais à ces formidables assauts, que ses baïonnettes et un courage au-dessus des revers. Les troupes, l'arme au bras, ne tirent que lorsque les colonnes d'attaque arrivent à la distance de quarante pas. L'intrépide maréchal Lannes parcourt incessamment son front de bataille : personne mieux que lui ne sait enflammer le cœur des soldats : il les anime de sa voix et de son exemple ; il se multiplie, il est partout, et partout sa présence enfante des prodiges. C'est Ajax, c'est Achille. Dans son sein revit l'âme de tous ces vaillans guerriers : il les égale, il les surpasse ; mais, dans ce jour, les destins ne sont pas pour lui. Un boulet le frappe au genou : il tombe, et, au même instant, le général Saint-

Hilaire, si long-temps associé à ses travaux comme à sa gloire, reçoit une blessure mortelle. D'autres chefs renommés par leurs exploits, paient aussi le dernier tribut à la guerre. Les braves qui les suivent ne s'en laissent point abattre : inaccessibles à tout sentiment de terreur, ils serrent leurs rangs, et affrontent de plus en plus la mort qui les menace.

Napoléon voyait la victoire s'éloigner de ses aigles; mais, supérieur à sa fortune, semblable à ces colosses de la Haute-Égypte qui restent encore debout, au milieu des ruines que le temps a nivelées, il paraissait étranger à tant de désastres. Jamais, même dans ses plus beaux triomphes, il n'avait montré plus de sang froid. Ses dispositions étaient admirables, son œil était partout; mais Gross-Aspern et Essling attiraient plus particulièrement son attention. Le premier de ces villages fut pris et repris quatre fois, et le second treize : à la fin, la valeur des fusiliers et des tirailleurs de la garde, conduits par les généraux Mouton et Curial, conserva ces deux importantes clefs de la résistance. Le général Gros fit passer au fil de l'épée sept cents Hongrois qui s'étaient logés dans un cimetière. La vieille garde, commandée par le général Dorsenne, était placée en troisième ligne : elle attendait avec impatience qu'un danger plus pressant nécessitât sa coopération ; mais les colonnes ennemies craignirent de se briser contre ce bloc de granit. Cette lutte, pendant laquelle les Autrichiens avaient tiré plus de quarante mille coups de canon, finit à neuf heures du soir; on continua de tirailler aux avant-postes jusqu'à minuit. Chacune des deux armées garda la position qu'elle occupait avant la bataille. L'ennemi eut quinze à vingt mille hommes tués ou mis hors de combat. Parmi ces derniers, se trouvaient quatre feld-maréchaux, huit généraux et six cent soixante-trois officiers. Notre perte fut presque égale; mais des trophées attestèrent que, sans le plus terrible des contretemps, la victoire se fût déclarée pour nous. Quatre drapeaux et quinze cents prisonniers, au nombre desquels le feld-maréchal-lieutenant Weber, demeurèrent en notre pouvoir.

Depuis dix heures du matin, les officiers du génie et de l'artillerie, restés dans l'île de Lobau, n'avaient pas perdu un instant pour réparer les ponts, et surtout celui qui communiquait à la rive gauche. Mais contrariés sans cesse par les Autrichiens, qui lançaient dans le fleuve des arbres, des brûlots, des barques et des radeaux chargés de pierres, ils avaient été vingt fois obligés de recommencer leur travail. Toutes les circonstances semblaient s'être conjurées pour ajouter aux difficultés de l'opération : une fonte de neiges dans les montagnes avait élevé les eaux de plus de huit pieds; les cables se rompaient; les bateaux à peine replacés, étaient ou brisés ou entraînés de nouveau. Pendant la journée, il n'avait été possible, que par intervalle, de faire parvenir de faibles secours et quelques munitions aux corps qui en avaient le besoin le plus urgent : aussitôt que les pontons avaient offert la moindre apparence de solidité, des hommes s'y étaient hasardés, et, quoique peu considérables, ces renforts étaient arrivés si à propos, qu'ils avaient mis les Français à même de se maintenir jusqu'à la nuit.

Tandis que l'on prenait toutes les précautions imaginables pour rétablir les communications, et les mettre à l'abri des atteintes les plus violentes, les blessés s'étaient traînés vers le point de passage. Douze mille hommes, presque mourans, mais soutenus encore par leur courage et par l'espoir d'être vengés bientôt, étaient entassés dans un étroit espace. Les uns par leurs cris et leurs gémissemens, les autres par leurs vœux et leurs prières, cherchaient à hâter le moment de pénétrer dans l'île. Un grand nombre s'était avancé jusques dans le Danube, où, surpris par le flot qui s'accroissait sous leurs pas, et pressés par la foule qui les empêchait de reculer, ils étaient emportés par le courant, et disparaissaient à jamais. Ceux qui venaient après eux ne tardaient pas à subir le même sort. Des milliers de cavaliers se noyèrent ainsi avec leurs chevaux.

Napoléon, qui, depuis quelques instans, était dans l'île, pouvait de là apprécier combien d'obstacles il restait à surmonter. Convaincu qu'il n'y avait plus rien à attendre que du temps, il donna ses ordres pour le dégagement des malheureux mutilés. L'accomplissement de ce triste soin occupait toute sa sollicitude, quand il vit s'approcher à pas lents un groupe de grenadiers, tout couverts de sang et de poussière, et dont les visages, noircis par la poudre, portaient l'empreinte d'une profonde douleur. Leurs fusils croisés sont cachés par le chêne funèbre, et sur ce brancard repose évanoui le chef illustre dont leurs récits ont tant de fois célébré la prouesse. Napoléon a distingué les traits du héros : c'est le plus fidèle de ses compagnons d'armes : il vole au devant de lui, se précipite sur son sein, et d'une voix entrecoupée : « Lannes ! s'écrie-t-il, mon ami ! me reconnais-tu ?.... c'est l'empereur...... c'est Bonaparte..... c'est ton ami ! » A ces mots, le maréchal entr'ouvre ses paupières appesanties : il veut parler, le souffle expire sur ses lèvres ; mais il lève ses bras, et les passe au cou de Napoléon, qui le presse quelque temps contre son cœur : leurs sanglots se confondent alors, et les témoins de cette scène déchirante, ces vieux soldats qui naguère frémissaient de rage, quand la victoire se dérobait à leur indomptable valeur, laissent échapper des larmes d'attendrissement. Saisis de respect et tremblans, mornes et silencieux, ils inclinent ces fronts si terribles, et leurs regards farouches et sombres s'égarent pour la première fois. L'empereur, craignant de rompre, dans un embrassement trop prolongé, le fil d'une si fragile existence, se détermina enfin à s'éloigner. Tous les secours furent prodigués pour arracher au trépas une tête si chère ; mais l'heure fatale avait sonnné, et le deuil des Français apprit à leurs ennemis que le plus brave des soldats avait cessé de vivre. La mort de ce grand capitaine surnommé le Bayard moderne fit un vide dans l'armée, et parut être d'un sinistre présage.

Napoléon, accompagné du maréchal Berthier et d'un seul officier d'ordonnance, M. Edmond de Périgord se disposa à passer le grand bras du Danube. Les flots rapides et agités par un vent impétueux, les débris qu'ils charriaient sans cesse, l'obscurité d'une nuit profonde, tout concourait à rendre la traversée périlleuse. Napoléon, monté sur un frêle esquif, se confia à sa fortune ; mais, auparavant, il envoya le colonel Lejeune au maréchal Masséna, pour lui ordonner de faire sa retraite sur l'île de Lobau, dans le plus grand silence, après avoir augmenté le feu de ses bivouacs, afin de donner le change à l'ennemi. Ce mouvement fut heureusement exécuté : à quatre heures du matin, il n'y avait plus un seul Français sur la rive gauche, et le pont était déjà replié. L'empereur, parvenu sur le bord opposé, y trouva le corps d'armée du maréchal Davoust, ainsi que la division de carabiniers et de cuirassiers du général Saint-Sulpice, qui, attirés dans cette direction par le bruit du canon, étaient dans la plus vive anxiété sur le sort de leurs frères d'armes, dont une barrière insurmontable les avait séparés au moment du combat.

Les troupes, qui étaient enfermées dans l'île de Lobau, y restèrent livrées au cruel tourment de la faim : elles manquaient de tout ; on ne put leur faire passer des vivres qu'au bout de quelques jours, après qu'elles eurent dévoré nn grand nombre de chevaux, et que plus de la moitié des blessés eût péri d'inanition et dans un dénuement absolu de tout ce qui aurait allégé leurs souffrances.

L'archiduc Charles ne profita point de l'avantage que lui donnait l'isolement de cette partie de notre armée. Nous ne chercherons pas les motifs de l'inaction dans laquelle demeura ce prince ; seulement nous croyons pouvoir affirmer que, dans une semblable position, son adversaire eût pris une détermination audacieuse dont son génie et la valeur française eussent assuré le succès. Les Autrichiens n'osèrent rien entreprendre. Napoléon, fort de leur hésitation et de la constance de son armée, médita de nouveaux plans et de nouvelles précautions ; et tandis que, dans une attitude inoffensive, on se contentait de l'observer, son activité, toujours féconde en ressources, rassemblait les élémens d'une victoire, et, par des travaux dignes des Romains, préludait à une attaque dont aucune des chances ne devait plus être imprévue. Il brûlait d'effacer jusqu'au souvenir d'un revers qui pouvait ébranler chez les autres la croyance qu'il mettait lui-même en son bonheur ; mais il ne céda pas à cette impatience : trop de précipitation eût tout compromis.

Dans toutes ses autres campagnes, on avait vu Napoléon, rapide comme la foudre, ne consulter que l'ardeur de ses soldats. Ici il leur commande de s'arrêter ; il temporise, mais aucun moment n'est perdu pour lui. Tout entier aux immenses préparatifs qu'il a ordonnés, il en surveille les moindres détails, et ne se dérobera à des soins si pénibles, que lorsqu'il n'y aura plus de Danube pour les Français.

Napoléon réussit, avec une prodigieuse célérité, à rétablir la communication entre la rive droite et l'île de Lobau, qui, en quelques jours, se trouva convertie en un camp immense protégé par des batteries formidables qui la mettaient à l'abri de toute surprise ; les autres petites îles furent fortifiées de même, et le premier juillet, l'empereur établit son quartier-général dans l'île de Lobau, qui prit le nom d'île Napoléon.

Les malheurs d'Essling se trouvaient dès lors réparés ; de nouveaux renforts s'avançaient de toutes parts pour venir achever la perte de l'Autriche.

Mais les autres puissances étaient aux aguets, et dans l'attente d'un revers qui accablerait leur vainqueur, elles préludaient à des hostilités par des tentatives encouragées secrètement, et diplomatiquement désapprouvées. Des soulèvemens partiels qui se rattachaient à une vaste conjuration contre Jérome Bonaparte, dont on devait s'emparer, éclatèrent en Westphalie.

Jérôme eut bientôt étouffé cette révolte, dont le chef Doernberg n'eut d'autre ressource que d'aller se joindre en Bohême au corps insurgé du duc de Brunswick. Toutefois la tenacité allemande donna bientôt naissance à une autre entreprise de ce genre. Schill, ancien partisan, major au service de la Prusse, sortit de Berlin, à la tête de cinq cents hussards de son régiment, auxquels se réunirent trois cents fantassins d'un bataillon d'infanterie légère. Il se porta sur Wittemberg, et entra en Westphalie, où il se vit bientôt à la tête d'une petite armée, vivant de pillage, et levant des contributions au nom du roi de Prusse. Les succès de Schill passèrent son espérance; il fit hardiment sommer le duc de Méklembourg de lui livrer Stralsund, dont bientôt il s'empara.

L'empereur cependant avait donné des ordres pour réprimer tant d'audace : le général Gratien sortit de Hambourg avec une division hollandaise. Après avoir délivré tout le Meklembourg, il arriva sous les murs de Stralsund le 31 mai. Le même jour, ses troupes attaquèrent la place, et malgré la résistance acharnée des Prussiens, qui se barricadaient dans les rues, dans les maisons, elle fut emportée d'assaut.

Schill était tombé mort dans la mêlée. Avec lui finissait l'insurrection. Ceux de ses soldats qui échappèrent au massacre de Stralsund se dispersèrent, et bientôt la Westphalie fut pacifiée.

A l'époque où le prince Charles avait passé l'Inn pour envahir la Bavière, le jeune archiduc Ferdinand, à la tête d'une armée de trente-huit mille hommes, s'était avancé sur la Pologne. Le but de cette expédition était, en occupant Varsovie et le grand duché jusqu'à Dantzig, de donner la main aux Anglais, maîtres de la Baltique, de faire cesser les hésitations de la Prusse et de la Russie, et d'offrir un appui central aux soulèvemens des provinces septentrionales.

Ce fut Poniatowski, dont le nom était célèbre, que Napoléon opposa à l'archiduc. Poniatowski se prépara en toute hâte à une vigoureuse résistance, et, avec douze mille hommes, il alla prendre nne forte position à quelques lieues de Varsovie.

L'avant-garde de l'archiduc se montra le 19 avril au matin ; vers le milieu du jour l'action s'engagea. Les Autrichiens étaient trois fois plus nombreux que les troupes polonaises. Celles-ci cependant, qui se présentaient pour la première fois au combat, soutinrent durant huit heures une lutte inégale. Ce ne fut qu'à la nuit que Poniatowski rentra dans Varsovie.

Convaincu cependant de l'impossibilité de défendre la place, il dut céder aux supplications des habitans que l'archiduc s'apprêtait à bombarder; force lui fut d'abandonner la capitale.

L'armée, à sa sortie de Varsovie, alla prendre position sur le Bug, en s'appuyant sur la forteresse de Modlin. Cette manœuvre habile déconcerta les plans de l'archiduc, qui avait espéré voir les Polonais prendre le chemin de la Saxe. Il lui devint impossible d'entrer en communication avec la flotte anglaise. En vain tenta-t-il de surprendre Praga ; un corps autrichien y fut écrasé ; Gora vit Poniatowski défaire encore un ennemi supérieur en forces; bientôt enfin, les braves Polonais, poursuivant leur marche, entrèrent en Gallicie. Ils ne tardèrent pas à s'emparer des forteresses de Sandomirz et de Zamosc, ils occupèrent Lemberg et Jaroslau. Ces progrès merveilleux enflammaient partout, sur le passage de Poniatowski, le cœur de ses compatriotes. L'esprit patriotique s'était réveillé, et déjà en espoir la Pologne se voyait délivrée du joug odieux de l'Autriche.

C'est sur ces entrefaites qu'arriva la nouvelle de la bataille d'Essling. En vain Poniatowski pressa les généraux russes, Gallitzin et Souvarow, de l'aider à vaincre l'Autriche. Le cas d'un revers était prévu dans les instructions qu'ils avaient reçu de Saint-Petersbourg. Quoiqu'ils se comportassent plutôt en ennemis qu'en alliés, les Autrichiens ne furent pas moins battus dans toutes les rencontres ; ils se décidèrent à faire retraite sur Cracovie ; mais l'avant garde polonaise arriva en même temps que l'archiduc sous les murs de la ville, et Sokolinski se disposa aussitôt à attaquer l'ennemi. Ferdinand refusa le combat, et demanda douze heures pour évacuer la place. Poniatowski y rentra en vainqueur ; les braves Polonais y furent reçus par leurs compatriotes avec enthousiasme.

Au début de la campagne, le cabinet de Vienne avait manifesté son intention d'anéantir la domination de la Bavière, et, pour accomplir ce dessein, il avait appelé à l'insurrection les montagnards du Tyrol. Il comptait en même temps révolutionner en sa faveur les peuples de l'Italie que l'archiduc Jean devait envahir avec une armée de quatre-vingt-cinq mille hommes et cent soixante-quinze pièces de canon. Pour déterminer le succès, on avait attaché à la suite des bagages de l'invasion une foule de tranfuges, la plupart nobles ou prêtres, qui n'avaient quitté leur pays que pour se soustraire à la loi commune par laquelle de gothiques et absurdes privilèges rentraient dans le néant. Ces hommes sans patrie ne pouvaient être que les coupables instrumens d'une cause oppressive : aussi suffit-il de leur seule présence pour déchirer le voile trompeur dont s'enveloppait alors la cour d'Autriche. Les Italiens se gardèrent bien de croire à une liberté que leur promettait le gouvernement le moins libéral de l'Europe. En vain leur fit-on entrevoir l'avenir le plus prospère, s'ils consentaient à arborer l'étendard de la rebellion. La conduite des Espagnols, qui leur fut offerte en exemple, resta sans attrait pour eux. On voulut les émouvoir, en exagérant les malheurs du pape, que Napoléon avait fait conduire à Savonne, en l'accusant d'avoir, à l'instigation des Anglais, fait de Rome un foyer de discordes politiques, de conspirations sourdes, mais très-étendues et très-actives. Le pape, de son côté, se plaignait de la violation de ses droits, et accusait d'ingratitude le prince qu'il avait sacré. Toutes les provinces furent inondées de bulles d'excommunications et de doléances du souverain pontife qui, demandait à grands cris la restitution de son temporel.

Les Italiens résistèrent à toutes les séductions. Sourds à la voix des fauteurs de la vieille aristocratie, sourds à toutes les plaintes, ils demeurèrent calmes, et attendirent avec confiance la prompte libération de leur territoire des armées dont ils avaient tant de fois admiré les triomphes.

L'insurrection tyrolienne fut promptement vaincue par le maréchal Lefebvre; quant à l'invasion d'Italie, elle offrit au prince vice-roi l'occasion de déployer une grande habileté. Toutes les chances lui étaient défavorables; pris à l'improviste, et n'ayant à opposer à une armée formidable que trente mille combattans, dont vingt mille Français, après quelques revers, il sut reprendre l'offensive, livra plusieurs batailles, dans lesquelles il fut toujours victorieux et parvint à se mettre en communication avec la grande armée. Une proclamation de l'empereur aux troupes leur annonça aussitôt cet heureux événement. Eugène arrivait après avoir remporté, le 14 juillet, un dernier et éclatant triomphe sur les forces réunies à Raab des archiducs Jean et Rénier.

Forcés de fuir avec les débris de leurs armées, les archiducs se hâtèrent de passer le Danube et de se retirer derrière le Waag. Napoléon envoya aussitôt à Eugène l'ordre de s'emparer de la ville de Raab; le vice-roi la fit investir par Lauriston. Le commandant ayant refusé de se rendre, le feu commença le 21; et, le 24, la place capitula avant l'arrivée des secours envoyés par l'archiduc Charles : on y fit deux mille prisonniers; de grands magasins de vivres et dix huit canons tombèrent au pouvoir des Français.

Davoust attaquait en même temps Presbourg, où l'archiduc Jean était entré. Napoléon ordonna à ce maréchal de jeter deux mille obus dans la ville, après avoir sommé le commandant de cesser les travaux de la défense : cet ordre fut exécuté le 26. Le refus de Bianchi, commandant de la ville, dont les travaux sur la droite du Danube avaient assuré la défense, fut à peine signifié à Davoust, que l'artillerie commença le bombardement. L'empereur François II venait d'arriver à Presbourg, il en sortit à l'heure même. Une seconde sommation n'ayant pas eu plus de succès, le feu fut continué jusqu'au 28, et l'incendie dévora une partie de la ville.

Cette façon décisive d'attaquer Presbourg déconcerta l'archiduc, il adressa des plaintes à ce sujet à Napoléon : l'empereur lui fit répondre que c'était à lui-même qu'il devait s'en prendre; que toutefois l'attaque de Presbourg allait cesser puisqu'il le désirait.

Depuis la bataille d'Essling, aucune action n'avait eu lieu sur les bords du Danube. L'armée autrichienne, augmentée par de nombreux renforts, s'était livrée à des travaux immenses pour défendre le passage du fleuve; et l'archiduc Charles, qui avait accumulé, pour se fortifier, tous les moyens que l'art peut fournir, attendait patiemment une nouvelle attaque. Il supposait que l'armée française déboucherait sur la rive gauche au même point que la première fois ; et Napoléon, établi dans l'île de Lobau, le confirma dans cette pensée par d'adroites démonstrations, dont le but était de rendre inutiles les ouvrages élevés avec tant de soin par les Autrichiens. Le 2 juillet, cinq cents voltigeurs s'établirent dans la petite île du Moulin. L'ennemi, dont l'attention fut éveillée par cette fausse attaque, y dirigea toutes les batteries du village d'Essling. Le lendemain, à dix heures du soir, le général Oudinot fit embarquer, sur le grand bras du Danube, quinze cents voltigeurs, aux ordres du général Conroux, qui, secondés par dix chaloupes canonnières, que commandait le capitaine de vaisseau Baste, descendirent sur la rive gauche, au-dessus de l'île de Lobau. A onze heures, les batteries du front de la ligne française canonnèrent vigoureusement Enzersdorf, où s'appuyait la gauche de l'ennemi. Un orage terrible éclata, la pluie tombait par torrens, et les éclats de la foudre se confondaient sans interruption avec le bruit de l'artillerie; mais rien ne pouvait s'opposer aux desseins de Napoléon. Le colonel Descorches-Sainte-Croix traversa le petit bras du Danube, à la tête de deux mille cinq cents hommes, et aborda auprès d'Enzersdorf. En même temps le chef de bataillon d'artillerie, Victor Dessale, fit accrocher d'une rive à l'autre un pont d'une seule pièce, qu'il avait construit, et l'infanterie le franchit au pas de charge, sous une voûte d'obus et de boulets, qui sans cesse se croisaient sur sa tête. Deux ponts, parallèles au premier, furent bientôt jetés à peu de distance; en sorte qu'à trois heures du matin, l'armée avait débouché sur quatre points. A cinq heures, les troupes étaient formées en bataille. Masséna occupait la gauche, Bernadotte et le général Oudinot le centre, le maréchal Davoust la droite. La garde impériale et l'armée d'Italie s'établirent en seconde ligne. Le village d'Enzersdorf, dont les maisons étaient en cendres, fut occupé par le général Sainte-Croix, et le château de Sachsengang par le colonel Oudinot, qui y prit neuf cents hommes et douze pièces de canon.

L'archiduc Charles, trompé dans ses espérances, ordonna de suite les manœuvres que l'état présent des choses rendait nécessaires. Dans le dessein de ressaisir, sur un nouveau champ de bataille, les avantages qu'il venait de perdre, il laissa le gros de son armée dans ses lignes, et détacha quelques colonnes d'infanterie, soutenue d'une artillerie nombreuse et de toute sa cavalerie, pour déborder la droite de Napoléon. Ce mouvement ne réussit pas, et l'armée française, continuant à s'avancer dans la plaine d'Enzersdorf, occupa tous les villages qui se trouvent en avant de Russbach. Dans le même temps, le maréchal Masséna s'emparait des ouvrages d'Essling et de Gross-Aspern. A neuf heures du soir, l'empereur dirigea contre Wagram, centre de l'armée ennemie, trois divisions, commandées par le général Macdonald. En peu d'instans, le village fut enlevé et dépassé. Trois mille prisonniers étaient entre les mains des vainqueurs, lorsque de nombreux renforts, envoyés par l'archiduc, forcèrent le général Macdonald à rétrograder. L'obscurité qui régnait alors rendit ce mouvement funeste aux trois divisions ; car, tandis qu'elles étaient canonnées sur leurs flancs, et menacées sur leurs derrières, un corps saxon qui occupait Raasdorf, les prenant pour ennemies, fit feu sur elles et les força à se débander. A la faveur de cette confusion, les prisonniers se sauvèrent, et un seul des drapeaux qu'on venait de conquérir put être conservé.

La nuit fut employée de part et d'autre à faire les dispositions convenables pour la grande bataille qui devait se livrer le lendemain. Au point du jour, l'armée française prit les armes et la canonnade s'engagea. A cinq heures, la gauche de l'armée autrichienne, sous les ordres du prince de Rosemberg, déboucha de Markgrafen-Neusiedel, pour déborder le maréchal Davoust. L'empereur se porta aussitôt sur ce point, qu'il renforça d'une division de cuirassiers et de douze pièces d'artillerie légère. Après un engagement opiniâtre, le maréchal Davoust repoussa son adversaire jusque dans Neusiedel.

L'archiduc, dans l'intention d'enfoncer la gauche des Français et d'isoler l'armée de ses ponts, dirigea de fortes colonnes contre les maréchaux Bernadotte et Masséna, pendant que lui-même conduisait trente-cinq mille hommes de ses meilleures troupes dans l'intervalle qui séparait notre gauche de la position de Gross-Aspern. Cette masse culbuta sans peine les postes qui se trouvaient devant elle, et inquiéta bientôt les flancs de notre armée. Il était neuf heures, et les Autrichiens poussaient déjà des cris de victoire. Napoléon, après avoir reconnu par lui-même la situation des affaires, donna ordre au maréchal Davoust de tourner Neusiedel, et de marcher ensuite sur Wagram. Ce mouvement fut exécuté avec autant de bonheur que de courage. Napoléon n'eut pas plus tôt aperçu les troupes de l'aile droite sur les hauteurs de Wagram, qu'il fit dire à Masséna de tenir bon dans ses positions, et que la défaite du prince Charles était assurée. Dans ce moment on venait lui annoncer que la division Boudet s'était laissé prendre ses canons. Il ordonna en même temps une attaque décisive contre le centre ennemi. Le général Macdonald, qui devait la diriger, forma ses divisions en colonnes serrées; elles étaient appuyées par la division bavaroise de

Wrède et par trois divisions de cavalerie. Les Autrichiens, sans attendre le choc, se replièrent sur Gerasdorf. Ce village, hérissé d'artillerie, fut abordé avec résolution, et pendant plus d'une heure l'avantage resta indécis; mais une dernière charge triompha de l'opiniâtre résistance des ennemis, dont le centre fut entamé. Déjà leur aile gauche rétrogradait devant les corps du maréchal Davoust et du général Marmont, et leur aile droite, après s'être long-temps maintenue contre le maréchal Masséna, que l'empereur avait fait soutenir par cent pièces de canon, avait pris la direction de Strebersdorf.

La bataille était gagnée; l'armée autrichienne précipita sa marche vers la Moravie, abandonnant dix drapeaux, quarante pièces de canons, près de dix-huit mille prisonniers, quatre mille morts, neuf mille blessés et un grand nombre d'équipages. Les feld-maréchaux Nordman, d'Aspre, Wukassowich et le général major P. Weczai, étaient restés sur le champ de bataille. L'archiduc Charles, les feld-maréchaux Rouvroy et Nostiz, les généraux majors prince de Hess-Hombourg, Mayer, Vacquant, Matzen, Stutterheim, Honneberg, Merville et Rothkirch avaient reçu des blessures.

Notre perte, bien moins considérable, était de six mille blessés et de deux mille six cents tués. L'armée eut à déplorer la mort du vaillant Lasalle, la fleur des preux et le premier des généraux de notre cavalerie légère. Le colonel Oudet, du 9e de ligne, promu la veille au grade de général, avait péri dans une embuscade avec vingt-deux officiers de son régiment.

Tous les corps avaient rivalisé d'intrépidité et de gloire: dans cette mémorable journée, Napoléon, qui lui-même s'était plusieurs fois exposé au milieu du feu, décerna à ses dignes soldats les récompenses qu'ils avaient méritées. Les généraux Oudinot et Macdonald reçurent le bâton de maréchal sur le champ de bataille. Masséna fut nommé prince d'Essling.

Durant plusieurs jours, il fut impossible d'avoir des informations positives sur les mouvemens de l'ennemi. Ce ne fut que le 8 que l'on sut que l'archiduc Charles opérait sa retraite sur la Bohême et la Moravie, et que le prince Jean manœuvrait pour se joindre à lui.

Napoléon résolut de terminer la campagne en détruisant les restes de l'armée de l'archiduc : chargeant donc Eugène de couvrir les derrières et la capitale avec cinquante mille hommes, il marcha droit sur l'ennemi.

Le 9, Davoust emporta Nicolsbourg, où il trouva de grands magasins et fit des prisonniers. L'archiduc était à Gunstersdorf, opposant partout des forces supérieures à l'avant-garde de Masséna. Poursuivi par celui-ci, pressé par la marche oblique de Marmont sur Lau, et menacé d'être pris en flanc par l'empereur, l'archiduc fit preuve d'un grand courage et d'une rare habileté en disputant le terrain, de position en position jusqu'à Znaïm. Là, fortement retranché, maître des routes de Budwitz et de Brünn, il attendit les Français le 11 juillet, et soutint sans désavantage, une partie de la journée, les efforts de Masséna et de Marmont.

Oudinot et Davoust accouraient pour soutenir l'attaque; l'archiduc, jugeant que la résistance, tout en lui faisant honneur, n'amènerait aucun résultat, se résolut à faire écrire à Marmont qu'il allait envoyer le prince Lichteinstein à Napoléon pour demander un armistice. Ce simple avis, transmis à l'empereur, ne ralentit pas le combat; au contraire, il importait que la suspension d'armes trouvât les troupes françaises dans une position qui permit à leur chef d'en dicter les conditions avec plus d'avantages. Aussi des ordres furent-ils expédiées, à l'instant même, pour hâter la marche de Davoust et d'Oudinot, tandis que Marmont et Masséna redoublaient d'efforts afin de couronner la journée par un dernier triomphe. Cependant, à sept heures du soir, au moment où Znaïm allait être enlevée, la nouvelle arriva que le prince de Lichtenstein était parvenu jusqu'à l'empereur, et que Napoléon consentait à la paix.

Aussitôt les deux armées s'arrêtèrent, le combat resta suspendu, et Napoléon rassembla dans sa tente un conseil où furent appelés les principaux chefs.

L'armistice fut signé la nuit du 11 juillet. Les principaux articles de ce traité assignaient aux Français de nouvelles et importantes positions. Les Autrichiens évacuaient Gratz, Brünn, Sachsembourg, le Tyrol et le Voralberg; les armées de Pologne restaient dans la position où les surprendraient la suspension des hostilités.

L'empereur retourna le 14 à Schœnbrunn, où il établit de nouveau son quartier-général.

L'Autriche entière soupirait après le jour heureux qui lui rendrait la paix. L'archiduc Charles et Napoléon la hâtaient aussi de leurs vœux. Les conseillers de François II le décidèrent à continuer la guerre et à ne ratifier l'armistice que comme une trêve indispensable pour se disposer à reprendre bientôt les armes. Les conditions en furent habilement éludées, et pour mieux attester sa désapprobation, l'empereur d'Autriche disgrâcia l'archiduc Charles, lui retira le commandement suprême de ses armées, et se mit lui-même à leur tête.

C'est à cette époque que l'Angleterre fit encore contre

nous une tentative que lui suggéra sa haine bien plus que sa prudence. Trente-neuf vaisseaux de ligne et trente-six frégates, protégeant une multitude innombrable de transports, sortirent des dunes le matin du 29 juillet; et, quelques heures après, ces forces furent signalées en vue de Walcheren, menaçant les bouches de l'Escaut. Le soir, les bâtimens vinrent mouiller au nord de cette île. La flotte, commandée par sir Richard Strachan, portait une armée de cinquante-cinq mille hommes d'élite, sous les ordres de lord Chatam.

Le cabinet de Londres avait pensé pouvoir refouler dans l'Escaut la flotte française, mouillée à son embouchure, la poursuivre, s'en emparer ou la détruire; incendier les chantiers d'Anvers, les arsenaux, les casernes, le bagne, les magasins, faire sauter les cales, les écluses et les fortifications. Le ministère anglais avait résolu d'anéantir un établissement devenu menaçant pour les côtes de la Grande-Bretagne.

De la rapidité de l'exécution dépendait surtout la réussite de ce hardi projet. Si lord Chatam fût entré dans l'Escaut, eût débarqué une partie de son armée sur les bords du fleuve, s'en fût rendu maître, et eût marché directement sur Anvers, tout eût favorisé ce coup de main; mais lord Chatam laissa le temps aux vaisseaux français de se rassembler, de remonter le fleuve, afin de choisir une position favorable, à l'abri des batteries de terre, et tandis que les secours arrivaient de tous les côtés avec une activité prodigieuse, le général anglais débarquait lentement son armée dans l'île de Walcheren, et formait le siége de Flessingue. Deux jours après l'apparition de la flotte anglaise sur les côtes de la Belgique, tout était en sûreté, l'expédition était complètement manquée. L'Angleterre encore cette fois venait de faire inutilement une honteuse tentative.

C'est à Schœnbrunn que le télégraphe apporta à Napoléon la nouvelle de l'attaque de l'Angleterre. Les motifs de tergiversations de l'Autriche lui furent alors expliqués; mais il aprenait que toute la Belgique avait volé au secours du point menacé; que la France, appelée à se défendre elle-même, avait spontanément envoyé ses gardes nationales au-devant de l'ennemi; la population entière avait couru aux armes. L'équipée des Anglais révéla à l'empereur et à ses ennemis le secret de ses forces; aussi François II ne tarda-t-il pas à traiter de la paix.

Ce fut la petite ville d'Altembourg que l'on choisit pour le lieu des conférences : Napoléon y envoya M. de Champagny : le prince de Metternich y vint représenter l'Autriche.

Le 14 octobre, trois mois après la cessation des hostilités, l'empereur d'Autriche ratifia un traité qui rendait encore une fois Napoléon l'arbitre de l'Europe. Le cercle de Gorice, le territoire de Monte-Falcone, le gouvernement et la ville de Trieste, la Carniole, le cercle de Wellach en Carinthie et tous les pays situés à la droite de la Suave, jusqu'à la frontière de la Bosnie, ainsi que la seigneurie de Radziard enclavée dans le pays des Grisons, furent cédées à la France. Les pays de Salzberg et de Berchtlos-Gaden, ainsi que plusieurs autres provinces, furent distraits de la monarchie autrichienne et donnés aux princes de la confédération. Le roi de Saxe reçut pour sa part tous les enclaves dépendant de la Bohême, toute la nouvelle Gallicie, un arrondissement autour de Cracovie et le cercle de Zamosc. L'empereur de Russie eut aussi un accroissement de territoire avec une population de quatre cent mille ames dans l'ancienne Gallicie. Par le même traité l'empereur d'Autriche sanctionnait tous les changemens survenus ou qui qui pourraient survenir en Espagne, en Portugal et en Italie, et adhérait au système continental.

Deux jours avant la ratification de ce traité, par lequel l'Autriche, ravalée au niveau des puissances secondaires, ne devait plus être que l'esclave des volontés du guerrier qui lui dictait la loi, Napoléon courut le danger d'être assassiné, en passant la revue de sa garde, sur la place d'armes du château de Schœnbrunn. Un jeune homme d'une figure intéressante, douce et régulière, s'élançant brusquement sur l'empereur, voulut lui porter un coup de poignard; le maréchal Berthier détourna le bras, et le général Rapp se saisit aussitôt de l'assassin. Un effroi général s'était emparé des témoins de cet attentat : Napoléon, assez maître de lui-même pour garder un calme inaltérable, continua d'ordonner les évolutions, comme s'il n'eût été distrait que par un incident sans importance.

On conduisit le jeune homme au corps-de-garde des gendarmes, et l'on ne trouva sur lui, en le fouillant, que le poignard, quatre frédérics d'or et un portrait de femme. On l'interrogea, mais il ne répondit que par ces mots : « Je voulais parler à l'empereur. » Napoléon se le fit alors amener. — D'où êtes-vous, et depuis quand êtes-vous à Vienne, demanda l'empereur? — Je suis d'Erfurth, et j'habite Vienne depuis deux mois. — Que me vouliez-vous? — Vous demander la paix, et vous prouver qu'elle est indispensable. — Pensez-vous que j'eusse voulu écouter un homme sans caractère et sans mission? — En ce cas, je vous aurais poignardé. — Quel mal vous ai-je fait ? — Vous opprimez ma patrie et le monde entier; si vous ne faites point la paix, votre mort est nécessaire au bonheur de l'humanité ; en vous tuant, j'aurais fait la plus belle action qu'un homme d'honneur puisse accomplir...... Mais j'admire vos talens, je comptais sur votre raison, et avant de vous frapper, je voulais vous convaincre. — Est-ce la religion qui a pu vous déterminer ? — Non ; mon père, ministre luthérien, ignore mon projet ; je ne l'ai communiqué à personne ; je n'ai reçu de conseil de qui que ce soit : seul depuis deux ans je médite votre changement ou votre mort. — Étiez-vous à Erfurth quand j'y suis allé l'année dernière ! — Je vous y ai vu trois fois. — Pourquoi ne m'avez-vous pas tué alors ? — Vous laissiez respirer mon pays ; je croyais la paix assurée, et je ne voyais en vous qu'un grand homme. — Connaissez-vous Schneider et Schill ? — Non. — Êtes-vous franc-maçon, illuminé ? — Non. — Vous connaissez l'histoire de Brutus ? — Il y eut deux Romains de ce nom, le dernier est mort pour la liberté. — Avez-vous eu connaissance de la conspiration de Moreau et de Pichegru ! — Les papiers m'en ont instruit. — Que pensez-vous de ces hommes ? — Ils ne travaillaient que pour eux, et craignaient de mourir. — On a trouvé sur vous un portrait, quelle est cette femme ? — Ma meilleure amie, la fille adoptive de mon vertueux père. — Quoi ? votre cœur est ouvert à des sentimens si doux, et, en devenant un assassin, vous n'avez pas craint d'affliger, de perdre les êtres que vous aimez ? — J'ai cédé à une voix plus forte que ma tendresse. — Mais en me frappant au milieu de mon armée, pensiez-vous échapper ? — Je suis en effet étonné d'exister encore. — Si je vous faisais grâce, quel usage feriez-vous de votre liberté ? — Mon projet a échoué, vous êtes sur vos gardes.... Je m'en retournerais paisiblement dans ma famille.

Napoléon fit alors appeler son premier médecin, Corvisart, et lui demanda s'il ne trouvait pas dans ce jeune homme quelques symptômes de démence. Après l'avoir examiné avec soin, le médecin répondit qu'il ne trouvait pas même en lui les signes de la plus légère émotion.

Le malheureux resta quarante-huit heures dans une salle avec deux gendarmes; il se promenait avec tranquillité, et s'agenouillait quelquefois pour prier Dieu. On lui avait apporté avec son dîner un couteau de table, il le prit et le considéra froidement; un de ses gardes voulut le lui ôter des mains, il le rendit en disant : « Ne craignez rien, je me ferais plus de mal que vous ne m'en ferez. » Le lendemain, il entendit le canon, et en demanda la cause : « C'est la paix, lui répondit-on. — La paix ! ne me trompez-vous point ? » On lui donna l'assurance que rien n'était plus véritable. Il se livra d'abord à des transports de joie; des larmes s'échappèrent ensuite de ses yeux; il se jeta à genoux, pria avec ferveur, et se relevant : « Je mourrai plus tranquille. » On vint le chercher pour être fusillé; il dit à l'officier qui lui annonça son sort : « Monsieur, je ne vous demande qu'une grâce, c'est de n'être point lié. » On la lui accorda; il marcha librement, et mourut avec calme. Napoléon ne pouvait trouver une plus belle occasion d'exercer sa clémence; il ne sut pas la mettre à profit. Il avait souvent pardonné aux princes et aux rois; mais, pour gagner l'amour des peuples, n'aurait-il pas dû montrer que le dévouement sublime qu'inspirent la haine de l'oppression, le fanatisme de l'indépendance et de la liberté, n'était pas à ses yeux un crime irrémissible ? Malheureusement il s'était fait une toute autre politique.

Napoléon partit de Schœnbrunn le 14 octobre, et arriva le 26 au palais de Fontainebleau. Trois jours après, la paix avec l'Autriche fut publiée dans Paris ; elle fut accueillie avec enthousiasme. Déjà la nation commençait à se lasser de guerres qui se renouvelaient sans cesse. Elle espérait que la dernière leçon donnée à l'Autriche serait pour les autres puissances un avertissement de ne pas violer les traités, et elle pensait que Napoléon, pouvant désormais disposer de toutes ses forces, réduirait bientôt l'Espagne, et contraindrait enfin l'Angleterre à entrer en négociation. Flatteuses illusions qui ne tardèrent pas à s'évanouir ! L'Espagne aguerrie n'était plus qu'un monde de soldats; elle ne pouvait plus être subjuguée, et l'Angleterre demeurait plus que jamais implacable.

FIN DU PREMIER VOLUME.

TABLE DES CHAPITRES

CONTENUS DANS CE VOLUME.

Quelques Observations sur Napoléon. 1

CHAPITRE PREMIER. — Famille Bonaparte. — Enfance de Napoléon. — Il est admis à l'école militaire et en sort lieutenant d'artillerie. — Révolte de Toulon. — Dugommier. — Prise de Toulon. — Bonaparte est envoyé à l'armée d'Italie et promu au grade de général de brigade. — Victoires d'Italie. — Masséna. — Dumerbion. — 9 thermidor. — Bonaparte est cité à la barre de la Convention. 1

CHAP. II. — Insurrection de la garde nationale. — Bonaparte chargé de la comprimer. — Le Directoire. — Mariage de Bonaparte. — Il est nommé général en chef de l'armée d'Italie. — Bataille de Montenotte. — Entrée à Milan. — Le roi de Naples demande un armistice. — Wurmser. — Campagne de cinq jours. — Victoire de Castiglione. — Blocus de Mantoue. 18

CHAP. III. — Organisation des pays conquis. — Batailles d'Arcole, de Rivoli. — Reddition de Mantoue. — Traité de Tolentino. — Guerre d'Allemagne. — Marche sur Vienne. — Les préliminaires de la paix sont signés à Léoben. 65

CHAP. IV. — Insurrection de Venise et du Véronnais. — Manifeste. — Démarches tardives du doge et du conseil des dix. — Expédition et occupation du pays vénitien. — L'oligarchie est renversée. — Convention avec les membres de la municipalité élus par le peuple. — Négociations à Léoben. — Établissement de la république Cisalpine. — Proclamation à l'occasion de l'anniversaire du 14 juillet. — 18 fructidor. — Adieux de Bonaparte à l'armée d'Italie. — La réception qu'on lui fait à Paris. 102

Chap. V.— Séjour à Paris.— Fêtes. — Préparatifs de l'expédition d'Égypte. — Départ. 139

Chap. VI.—Prise de Malte. — Arrivée devant Alexandrie. — Débarquement.—Prise d'Alexandrie.—Proclamation aux troupes et aux habitans. — Affaire de Chébreis. — Bataille des Pyramides. — Prise du Kaire. —Combat de Salahieh. — Bataille d'Aboukir. — Lettres à la veuve de l'amiral Brueys et au vice amiral Thévenard. 149

Chap. VII.—Fêtes.— Création de l'Institut d'Egypte.—Etablissement d'un impôt.—Révolte du Kaire. —Expédition de Syrie. — Prise d'El-Arich, de Ghazad, de Jaffa, de Caïffa. — Siége de Saint-Jean-d'Acre. — Bataille du Mont-Thabor. — Retour au Kaire. — Bataille d'Aboukir. 173

Chap. VIII.—Arrivée à Paris.—Situation des partis.—Le 18 brumaire. — Renversement du Directoire.—Création d'une commission consulaire.— Nouvelle organisation administrative.— Travaux législatifs. — Bonaparte premier consul. — Il cherche à conclure la paix avec l'Angleterre. — Situation des armées de la République. — Préparatifs secrets. — Formation d'une armée de réserve. — Étrange conduite de Moreau.—Il refuse d'exécuter les plans du premier consul. 203

Chap. IX. — Passage du mont Saint-Bernard. — Capitulation de Gênes. — Bataille de Montebello. — Victoire de Marengo. — Suspension des hostilités. — Entrée triomphante à Milan. — Retour de Bonaparte à Paris. 231

Chap. X.—Négociations. — Fausses conjurations républicaines.— Explosion de la machine infernale. — Prolongation et rupture de l'armistice. — Bataille de Hohenlinden. — Paix de Lunéville. — Concordat avec le pape. — Organisation définitive de la république cisalpine. —La paix d'Amiens. — Rappel des émigrés. — Institution de la Légion-d'Honneur. — Consulat à vie. — Expédition de Saint-Domingue. — Reconnaissance des nouvelles républiques. 244

Chap. XI.—Rupture du traité d'Amiens.— Occupation de l'Italie. — Préparatifs de descente en Angleterre. — Conspiration anglo-royaliste. — Condamnation du duc d'Enghien.— Lettre de Moreau au premier consul. — Réponse de Bonaparte. — Érection du trône impérial. — Protestation du prétendant. — Camp de Boulogne. — Inauguration de la Légion-d'Honneur. — La flottille. — Désastre de Trafalgar. — Les deux couronnemens. —Ouverture du Corps-Législatif. 278

Chap. XII.—Troisième coalition contre la France.—Napoléon propose la paix à l'Angleterre. — Lever de boucliers de l'Autriche. — Campagne d'Austerlitz. — Fuite des Russes. — Paix et traité de Presbourg. — Retour de Napoléon. — Scènes d'enthousiasme. — Comment il gouverne. — Les puissances de l'Europe le reconnaissent. — Ils reconnaissent les dynasties créées par lui.— Trahison du roi de Naples. — Il est remplacé par Joseph Bonaparte. — Mort de Pitt. — Fox lui succède. — Espoir de la paix promptement déçu. 318

Chap. XIII. — Rupture de la Prusse. — Combats de Schleitz et de Saafeld. —Bataille d'Iéna. — Combats d'Auerstaedt, de Greussen, de Halle. — Napoléon à Postdam, à Berlin. — Blocus continental. — Campagne de Pologne. — Entrée à Varsovie. — Bataille d'Eylau. — Siége de Dantzig. — Nouvelles intrigues de l'Angleterre. — L'armée russe. — Bataille de Friedland. — Paix et traité de Tilsitt. 335

Chap. XIV. — Incendie de Copenhague. — Napoléon supprime le tribunat. — Expédition de Portugal. — Intrigues à la cour de Madrid. — Murat envoyé en Espagne. — Napoléon à Venise. — Il désigne Beauharnais pour son successeur à la couronne. 372

Chap. XV.—Napoléon à Bayonne.— Sa lettre à Ferdinand.—Réponse de ce prince. — Preuve de sa duplicité. — Les Bourbons d'Espagne en France. — Insurrection de Madrid. — Abdication de Ferdinand et de son père. — Joseph Bonaparte est envoyé en possession de leur couronne. — Retour de Napoléon à Paris. — Il se rend à Erfurt.—Le congrès.—Mutuelles protestations d'amitié d'Alexandre et de Napoléon. 394

Chap. XVI.—Guerre d'Espagne. — Premiers succès. — Capitulation de Baylen.—Arrivée de l'empereur.—Bataille de Sommo-Sierra. — Prise de Madrid. — L'inquisition est abolie. — Délivrance des prisonniers. — Débarquement des Anglais à la Corogne. — Passage du Guadarrama. — Fuite des Anglais.— Prise de la Corogne. — Retour de Napoléon en France. 412

Chap. XVII. — Rupture de l'Autriche. — Ses troupes entrent en Bavière. — Bataille de Thann et d'Abensberg. — Combat de Landshut. — Bataille d'Eckmühl. — Prise de Ratisbonne. — Napoléon est blessé. — Occupation de Vienne. — Passage du Danube. — Bataille d'Esling. — Lannes est tué. — Contretemps funeste. — Insurrections sur divers points. — Poniatowski. — Campagne d'Italie. — Bataille de Wagram. — Lasalle y périt. — Tentative d'assassinat contre Napoléon. — Armistice de Znaïm. — Expédition des Anglais à Walchren. — François II accepte la paix. — Retour de Napoléon à Fontainebleau. 426

FIN DE LA TABLE DU PREMIER VOLUME.

www.ingramcontent.com/pod-product-compliance
Lightning Source LLC
Chambersburg PA
CBHW051406230426
43669CB00011B/1788